Dietrich Bonhoeffer

Du wartest jede Stunde mit mir

Die Briefe aus dem Gefängnis (1943–1944)

Herausgegeben und mit einer Einführung versehen von Peter Zimmerling

Mit einem Geleitwort von Christiane Tietz

BRUNNEN
Verlag GmbH · Giessen

Die hier abgedruckten Briefe, außer die an Maria von Wedemeyer, finden sich auch in:
Dietrich Bonhoeffer, Widerstand und Ergebung: Briefe und Aufzeichnungen aus der Haft, hg. von Christian Gremmels, Eberhard Bethge (†) und Renate Bethge, DBW 8, München: Chr. Kaiser ^{2}2016.

Die Briefe an Maria von Wedemeyer sind veröffentlicht in:
Ruth-Alice von Bismarck, Ulrich Kabitz (Hrsg.), Brautbriefe Zelle 92: Dietrich Bonhoeffer und Maria von Wedemeyer 1943–1945, München: C.H. Beck, ^{7}2016.

Bibelzitate entsprechen der von Bonhoeffer verwendeten Fassung.
Die Rechtschreibung wurde aktualisiert. Grammatikalische Eigenheiten, z. B. bei der Zeichensetzung, wurden teilweise beibehalten.
Hervorhebung von Anrede und Gruß sind nicht original von Bonhoeffer.

MIX
Papier aus verantwortungsvollen Quellen
FSC® C014496

Umschlagfoto: Shutterstock
Umschlaggestaltung: Celia Friedland
Satz: DTP Brunnen
Druck: GGP Media GmbH, Pößneck
ISBN Buch: 978-3-7655-1650-4
ISBN E-Book: 978-3-7655-7526-6

www.brunnen-verlag.de

Inhalt

Geleitwort 9

Zu dieser Ausgabe 11

Einführung von Peter Zimmerling 13

1. An Karl und Paula Bonhoeffer, 14. April 1943 30

2. An Karl und Paula Bonhoeffer, 25. April 1943, ... 32

3. An Karl und Paula Bonhoeffer, 4. Mai 1943 35

4. An Karl und Paula Bonhoeffer, 15. Mai 1943 38

5. An Karl und Paula Bonhoeffer, 4. Juni 1943 42

6. An Karl und Paula Bonhoeffer, 14. Juni 1943 45

7. An Karl und Paula Bonhoeffer, 24. Juni 1943 49

8. An Karl und Paula Bonhoeffer, 3. Juli 1943 52

9. An Karl und Paula Bonhoeffer, 24. Juli 1943 55

10. An Karl und Paula Bonhoeffer, 30. Juli 1943 58

11. An Maria von Wedemeyer, 30. Juli 1943 59

12. An Karl und Paula Bonhoeffer, 3. August 1943 61

13. An Karl und Paula Bonhoeffer, 7. August 1943 64

14. An Maria von Wedemeyer, 12. August 1943 66

15. An Karl und Paula Bonhoeffer, 17. August 1943 69

16. An Maria von Wedemeyer, 20. August 1943 72

17. An Karl und Paula Bonhoeffer, 24. August 1943 74

18. An Maria von Wedemeyer, 27. August 1943 76

19. An Karl und Paula Bonhoeffer, 31. August 1943 79

20. An Karl und Paula Bonhoeffer, 5. September 1943 . . . 82
21. An Maria von Wedemeyer, 9. September 1943. 85
22. An Karl und Paula Bonhoeffer, 13. September 1943 . . 87
23. An Maria von Wedemeyer, 2o. September 1943. 90
24. An Karl und Paula Bonhoeffer, 25. September 1943 . . 92
25. An Maria von Wedemeyer, 30. September 1943 94
26. An Karl und Paula Bonhoeffer, 4. Oktober 1943. 96
27. An Maria von Wedemeyer, 8. Oktober 1943 98
28. An Karl und Paula Bonhoeffer, 13. Oktober 1943. . . 100
29. An Karl und Paula Bonhoeffer, 22. Oktober 1943. . . 103
30. An Karl und Paula Bonhoeffer, 31. Oktober 1943. . . 105
31. An Karl und Paula Bonhoeffer, 9. November 1943 . . 107
32. An Maria von Wedemeyer, 10. November 1943. 109
33. An Karl und Paula Bonhoeffer, 17. November 1943 . 111
34. An Eberhard Bethge, 18. November 1943 113
35. An Maria von Wedemeyer 21. November 1943 126
36. An Eberhard Bethge, 26. November 1943 129
37. An Karl und Paula Bonhoeffer, 28. November 1943 . 137
38. An Maria von Wedemeyer, 1. Dezember 1943 139
39. An Eberhard Bethge, 5. Dezember 1943. 141
40. An Maria von Wedemeyer, 13. Dezember 1943 145
41. An Eberhard Bethge, 15. Dezember 1943 148
42. An Karl und Paula Bonhoeffer, 17. Dezember 1943 . 155
43. An Eberhard Bethge, 18. Dezember 1943. 158

44. An Maria von Wedemeyer, 24. Dezember 1943 169
45. An Renate und Eberhard Bethge, 24. Dezember 1943 172
46. An Karl und Paula Bonhoeffer, 25. Dezember 1943 . 178
47. An Maria von Wedemeyer, 2. Januar 1944 180
48. An Maria von Wedemeyer, 14. Januar 1944 182
49. An Karl und Paula Bonhoeffer, 14. Januar 1944..... 184
50. An Eberhard Bethge, 18. Januar 1944 186
51. An Renate und Eberhard Bethge, 23. Januar 1944... 188
52. An Eberhard Bethge, 29. und 30. Januar 1944 196
53. An Eberhard Bethge, 1. Februar 1944............. 201
54. An Eberhard Bethge, 4. Februar 1944............. 206
55. An Renate Bethge, 5. Februar 1944............... 211
56. An Eberhard Bethge, 12. Februar 1944............ 212
57. An Karl und Paula Bonhoeffer, 20. Februar 1944 ... 217
58. An Eberhard Bethge, 21. und 23. Februar 1944..... 219
59. An Eberhard Bethge, 1. März 1944 225
60. An Karl und Paula Bonhoeffer, 2. März 1944 228
61. An Eberhard Bethge, 9. März 1944 230
62. An Maria von Wedemeyer, 11. März 1944 236
63. An Eberhard Bethge, 19. März 1944, Lätare 242
64. An Karl Bonhoeffer, 23. März 1944 245
65. An Eberhard Bethge, 24. März 1944.............. 247
66. An Eberhard Bethge, 2. April 1944 253
67. An Ruth von Wedemeyer, 10. April 1944.......... 257

68. An Eberhard Bethge, 11. April 1944 258
69. An Maria von Wedemeyer, 16. April 1944 262
70. An Eberhard Bethge, 22. April 1944 265
71. An Maria von Wedemeyer, 23. April 1944 268
72. An Maria von Wedemeyer, ohne Datum. 270
73. An Karl und Paula Bonhoeffer, 26. April 1944 275
74. An Eberhard Bethge, 30. April 1944 276
75. An Eberhard Bethge, 5. Mai 1944 282
76. An Eberhard Bethge, 6. Mai 1944 285
77. An Renate und Eberhard Bethge, 9. Mai 1944 289
78. An Eberhard Bethge, 16. Mai 1944 292
79. An Renate und Eberhard Bethge, 18. Mai 1944 294
80. An Renate und Eberhard Bethge, 19. Mai 1944 295
81. An Maria von Wedemeyer, ohne Datum. 298
82. An Eberhard Bethge, 20. Mai 1944 300
83. An Eberhard Bethge, 21. Mai 1944 302
84. An Renate und Eberhard Bethge, 24. Mai 1944 307
85. An Eberhard Bethge, 26. Mai 1944 309
86. An Eberhard Bethge, 27. Mai 1944 311
87. An Eberhard Bethge, 29. Mai 1944 312
88. An Maria von Wedemeyer, 29. Mai 1944 316
89. An Eberhard Bethge, 2. Juni 1944 320
90. An Eberhard Bethge, 5. Juni 1944 323
91. An Eberhard Bethge, 6. Juni 1944 325

92. An Eberhard Bethge, 8. Juni 1944 325
93. An Eberhard Bethge, 21. Juni 1944 333
94. An Maria von Wedemeyer, 27. Juni 1944 335
95. An Eberhard Bethge, 27. Juni 1944 340
96. An Eberhard Bethge, 30. Juni 1944 343
97. An Eberhard Bethge, 8. Juli 1944 347
98. An Eberhard Bethge, 16. Juli 1944 353
99. An Eberhard Bethge, 21. Juli 1944 360
100. An Eberhard Bethge, 25. Juli 1944 362
101. An Eberhard Bethge, 27. Juli 1944 364
102. An Eberhard Bethge, 28. Juli 1944 365
103. An Eberhard Bethge, 3. August 1944 367
104. An Eberhard Bethge, 10. August 1944 369
105. An Eberhard Bethge, 11. August 1944 371
106. An Maria von Wedemeyer, 13. August 1944....... 373
107. An Eberhard Bethge, 14. August 1944 375
108. An Eberhard Bethge, 21. August 1944 378
109. An Eberhard Bethge, 23. August 1944 380
110. An Maria von Wedemeyer, August 1944.......... 383
111. An Maria von Wedemeyer, 19. Dezember 1944 ... 385
112. An Paula Bonhoeffer, 28. Dezember 1944 388
113. An Karl und Paula Bonhoeffer, 17. Januar 1945 ... 389
Erwähnte Personen 391
Anmerkungen 398

Geleitwort

Dietrich Bonhoeffers Briefe aus dem Gefängnis gehören zu den bewegendsten theologischen Texten des 20. Jahrhunderts. Denn in diesen Briefen ist man dabei, wenn Bonhoeffer einen neuen theologischen Ansatz wagt. Man schaut ihm über die Schulter, wenn er tastend versucht, sich im Gespräch mit seinem Freund Eberhard Bethge Klarheit über seine sich verändernden Einsichten zu einer mündigen Welt und einer weltlichen, nicht-religiösen Gestalt des Christentums zu verschaffen. Es sind diese Überlegungen, die Bonhoeffer nach seinem Tod berühmt gemacht haben.

In diesen Briefen erlebt man aber auch hautnah mit, wie Bonhoeffer versucht, mit der belastenden Haftsituation fertigzuwerden. Er vermisst die Eltern, den Freund und seine Verlobte Maria von Wedemeyer. Er zwingt sich einen disziplinierten Tagesablauf ab, um der negativen Gefühle und der Einsamkeit Herr zu werden. Mal trösten ihn alte Kirchenlieder, mal liest er kaum noch in der Bibel. Sein Innenleben schwankt zwischen Zuversicht und Depression, zwischen Selbstzweifeln und Gottvertrauen.

Zum ersten Mal werden hier Bonhoeffers Briefe an Eltern, Freund und Verlobte in chronologischer Reihenfolge abgedruckt. Bislang musste man zwei verschiedene Bücher, „Widerstand und Ergebung“ und „Brautbriefe Zelle 92“, nebeneinanderlegen, um rekonstruieren zu können, wie sich Bonhoeffers Briefe an Eltern und Freund und seine Briefe an die Verlobte zueinander verhalten. Nun ist endlich am Stück nachzulesen, welche Gedanken und Gefühle er mit wem wann teilte und inwiefern diese Beziehungen, aber auch die Hoffnung auf Gott, die „guten Mächte" waren, die ihm in der Haft Trost und Halt gaben.

Christiane Tietz

(Prof. Dr. Christiane Tietz war bis 2018 Vorsitzende der Internationalen Dietrich-Bonhoeffer-Gesellschaft, deutschsprachige Sektion.)

Zu dieser Ausgabe

Dietrich Bonhoeffer wurde am 9. April 1945 von den Nazis hingerichtet. 2015 waren es 70 Jahre, dass dieses Verbrechen geschah. Nach 70 Jahren werden die Bücher und Texte eines Verstorbenen „rechtefrei". Das schien dem Brunnen Verlag und mir eine gute Gelegenheit, zunächst vier Bücher Bonhoeffers neu herauszugeben: *„Das Gebetbuch der Bibel"*, *„Gemeinsames Leben"*, *„Nachfolge"*, *„Schöpfung und Fall"*. Durch sie ist er schon zu Lebzeiten einer größeren Lesergemeinde bekannt geworden.

Die gute Aufnahme der vier Bände, von denen z.T. bereits wieder eine Neuauflage nötig wurde, hat uns bewogen, die Reihe fortzusetzen. Den Anfang machte 2018 ein Band unter dem Titel *„Aber bei dir ist Licht"* mit Gebeten, Gedichten und Gedanken Bonhoeffers aus der Zeit seiner Inhaftierung durch die Nazis. Hier folgt ein Band mit seinen Briefen aus dem Gefängnis an die Eltern, die Verlobte Maria von Wedemeyer und den Freund und theologischen Gesprächspartner Eberhard Bethge. Die Briefe und übrigen Texte Bonhoeffers wurden unter dem Titel *„Widerstand und Ergebung. Briefe und Aufzeichnungen aus der Haft"* weltberühmt. Seine Briefe an die Verlobte wurden erst nach deren Tod separat als Buch unter dem Titel *„Brautbriefe Zelle 92. Dietrich Bonhoeffer/Maria von Wedemeyer (1943–1945)"* veröffentlicht.

Potsdam, im Herbst 2018
Peter Zimmerling

Einführung von Peter Zimmerling

Entstehung und Hintergrund

Die im vorliegenden Buch abgedruckten Briefe schrieb Dietrich Bonhoeffer während seiner Haftzeit zwischen April 1943 und Januar 1945.[1] Sie entstanden fast alle, während er im Wehrmachtsuntersuchungsgefängnis Berlin-Tegel einsaß (von April 1943 bis Anfang Oktober 1944). Nur drei Briefe sind im Dezember 1944 und im Januar 1945 im Kellergefängnis der Gestapo in der Berliner Prinz-Albrecht-Straße verfasst worden, in das Bonhoeffer am 8. Oktober 1944 überstellt worden war. Das Grundstück an der heutigen Niederkirchnerstraße in Berlin-Kreuzberg, auf dem sich das Kellergefängnis befand, gehört seit 2004 zur Gedenkstätte „Topografie des Terrors".

Man merkt diesen Briefen an, dass sie für Bonhoeffer im Gefängnis eine Art Lebenselixier waren.[2] Das gilt für die empfangenen Briefe nicht anders als für die von ihm selbst verfassten. *„Es gibt hier in der Zelle keine größere Freude als Briefe"* (17.8.1943). *„Ich danke Euch sehr für Eure Briefe [...]. Es ist, als täte sich hier in der Zelle für einen Moment die Gefängnistür auf, und man lebt ein Stück Leben draußen mit"* (4.6.1943). Manche der Briefe Bonhoeffers, vor allem die an Eberhard Bethge, erwecken den Eindruck, dass er auch deshalb in ihnen kein Ende findet, weil er wenigstens auf diese Weise am Leben des Freundes teilnehmen will.

Ein erster Auszug aus dem Brief Bonhoeffers vom 21.7.1944 wurde bereits 1945, also unmittelbar nach dem Krieg, unter der Überschrift „Diesseitigkeit des Christentums" vom Ökumenischen Rat in Genf veröffentlicht.[3] Sechs

Jahre später, 1951, publizierte Bonhoeffers Freund und theologischer Gesprächspartner Eberhard Bethge (1909–2000) eine erste Sammlung der Briefe unter dem Titel „*Widerstand und Ergebung. Briefe und Aufzeichnungen aus der Haft*". „*Widerstand und Ergebung*" enthielt neben Bonhoeffers Briefen an seine Eltern und an Eberhard Bethge auch dessen im Gefängnis entstandenen Texte, Gedichte und Gebete. Die Briefe waren z. T. stark gekürzt. Privates wurde, wenn möglich, weggelassen. Persönliche Angaben wurden nicht näher erläutert. Darum wurden auch die Namen mit Initialen belassen. Das Inhaltsverzeichnis sprach von Briefen an „einen Freund", ohne zu verraten, wer sich dahinter verbarg. Auch die Eltern wurden nicht namentlich genannt. Stattdessen hieß es im Inhaltsverzeichnis lediglich: „Briefe an die Eltern". Neben den Antwortbriefen der Adressaten fehlte vor allem der Briefwechsel Bonhoeffers mit seiner Verlobten Maria von Wedemeyer. In einer erweiterten Neuauflage von „*Widerstand und Ergebung*" wurden im Jahr 1970 nicht nur die Briefe meist ungekürzt abgedruckt, sondern auch die Antwortbriefe mitveröffentlicht. Die Brautbriefe von Dietrich Bonhoeffer und Maria von Wedemeyer erschienen 1992 nach dem Tod der Verlobten als eigenständiges Buch: „*Brautbriefe Zelle 92*".[4] 1998 schließlich wurde im Rahmen der „Dietrich Bonhoeffer Werke" unter dem gleich gebliebenen Titel „*Widerstand und Ergebung. Briefe und Aufzeichnungen aus der Haft*" eine neu durchgesehene und vervollständigte Gesamtausgabe der Briefe von und an Bonhoeffer aus dem Gefängnis publiziert (weiterhin mit Ausnahme der Brautbriefe).[5] Sie enthielt auch die meisten übrigen, in der Haft entstandenen Texte Bonhoeffers.[6]

Die Briefsammlung im vorliegenden Buch kehrt in mancher Hinsicht zurück zur Erstausgabe der Bonhoeffer-Briefe von 1951, die ihn weltberühmt gemacht hat. Allerdings mit einer gravierenden Ausnahme: Es werden erstmals Bonhoeffers Briefe an seine Verlobte Maria von Wedemeyer im selben Buch mitveröffentlicht.[7] In chronologischer Reihenfolge kommen in diesem Band ausschließlich die Briefe Bonhoeffers – jetzt ungekürzt – zum Abdruck, und zwar nur die an die Eltern, die Verlobte und an den Freund. Die Briefe der Eltern Bonhoeffers, der Verlobten Maria von Wedemeyer und des Freundes Eberhard Bethge sind noch nicht gemeinfrei und können deswegen nicht mit abgedruckt werden. Allerdings waren es die Gedanken Bonhoeffers, die „Widerstand und Ergebung" zum religiösen Klassiker werden ließen.[8] Sie treten komprimierter vor Augen, wenn man – wie in dieser Ausgabe – nur Bonhoeffers eigene Briefe liest.

Dabei unterscheiden sich die Briefe an die Eltern, an die Verlobte und an den Freund nicht nur in inhaltlicher Hinsicht: In den Briefen an Eberhard Bethge nehmen theologische Überlegungen einen weitaus größeren Raum ein. Darüber hinaus muss beachtet werden, dass die Briefe an die Verlobte, von Ausnahmen abgesehen, und an die Eltern den offiziellen Weg durch die Zensur nahmen, während die Briefe an Bethge an der Zensur vorbei auf konspirative Weise gelangten – vermittelt über Gefängniswärter, deren Vertrauen Bonhoeffer gewonnen hatte. Allerdings ist diese Unterscheidung insofern wieder zu relativieren, als Bonhoeffer sich nicht scheute, auch an die Eltern und die Verlobte persönliche Dinge zu schreiben, während er umgekehrt bei den konspirativen Briefen immer damit rechnen musste, dass sie in die Hände der Gestapo gelangten.

Nach einer zehntägigen Kontaktsperre am Beginn der Haft durfte Bonhoeffer am 14.4.1943 den ersten Brief an seine Eltern schreiben. Der Briefwechsel dauerte bis zum April 1944 (bis zu diesem Zeitpunkt ist er jedenfalls erhalten geblieben). Erst aus dem Dezember 1944 und Januar 1945 sind, wie bereits erwähnt, nochmals zwei kurze Briefe an die Eltern vorhanden. Der Briefwechsel mit der Verlobten beginnt mit dem Brief vom 30.7.1943. Fortan durfte Bonhoeffer offiziell alle vier Tage schreiben. Er wechselte jeweils zwischen der Verlobten und den Eltern ab. Der letzte Brief an die Verlobte stammt vom 19.12.1944, dem auch das Gedicht „Von guten Mächten treu und still umgeben" beigelegt war. Der erste konspirative Brief an Eberhard Bethge stammt vom 20.–23.11.1943, der letzte vom 23.8.1944. Die danach noch geschriebenen Briefe Bonhoeffers an Bethge hat dieser angesichts der drohenden eigenen Verhaftung durch die Gestapo vernichtet.[9] Die übrigen Briefe an Bethge haben den Krieg in Gasmaskenbüchsen überdauert. Sie waren im Garten des Hauses der Eltern von Eberhard Bethges Frau Renate geb. Schleicher in der Berliner Marienburger Allee 42, dem Nachbarhaus der Eltern Bonhoeffers, vergraben.

Eigenart

Charakteristisch für Bonhoeffers Briefe ist die Verbindung von persönlichen Mitteilungen und theologischen Überlegungen auf hohem intellektuellem Niveau. Das gilt vor allem für die Briefe an Bethge. Äußerlich erkennbar wird die Verbindung an der Tatsache, dass Bonhoeffer im Originalbrief zuweilen zwei unterschiedliche Schriftarten verwendet hat: Im Rahmen theologischer Überlegungen kann er unwillkürlich von der lateinischen in die – für andere beinahe unlesbare – deutsche Schrift wechseln. In den Briefen an die Eltern steht deren Ergehen angesichts der zunehmenden Bombardierungen Berlins und die Verbundenheit miteinander im Vordergrund. Die Briefe an die Verlobte thematisieren naturgemäß die gemeinsame Zukunft und die Liebe zueinander, aber auch theologische und spirituelle Fragen und solche des literarischen Geschmacks.

Dass Briefe den wesentlichen Teil eines Lebenswerks bilden, ist im Verlauf der Literaturgeschichte immer wieder vorgekommen. Aus dem Umkreis der Lektüre Bonhoeffers ist hier an Theodor Fontane zu erinnern, dessen Briefe von ihrer literarischen Bedeutung her gleichberechtigt neben seinem Romanwerk zu stehen kommen.[10] In theologischer Hinsicht gilt das natürlich zuallererst für die Briefe des Apostels Paulus im Neuen Testament. Der Vergleich der Briefe Bonhoeffers mit denen des Apostels drängt sich geradezu auf. Paulus hat, ausgehend vom antiken Briefformular, mit ihnen sogar eine eigene Briefgattung überhaupt erst geschaffen. Bis dahin war es nicht üblich, derart lange Briefe zu verfassen. Dabei zeichnen sich auch die Briefe des Paulus durch die Verknüpfung von theologischen Überlegungen und persönlichen Mitteilungen aus. Es handelt sich bei ihnen also nicht um abstrakte theologische Abhandlungen. Stattdessen sind es allesamt anlassbedingte Gelegenheitsschriften. Das gilt sogar für den Römerbrief, in dem Paulus bei der ihm persönlich nicht bekannten Gemeinde in Rom seine theologische Visitenkarte abgibt, um die Gemeinde als Unterstützerin für die von ihm geplante Missionsarbeit in Spanien, dem Westen des Römischen Reiches, zu gewinnen. Schon bei Paulus bedingen sich Theologie und Biografie wechselseitig. Dazu kommt noch eine weitere Gemeinsamkeit mit den Bonhoeffer-Briefen: Manche Briefe des Apostels sind im Gefängnis geschrieben. Das Gefängnis wurde für Paulus zum fruchtbaren Ort theologischer Erkenntnis.

Natürlich waren Bonhoeffer die Briefe des Paulus durch Studium und kontinuierliche Bibellektüre gut bekannt. Auch Bonhoeffer wurde im Gefängnis theologisch kreativ. Schon in „Nach zehn Jahren“ schrieb er – nur wenige Wochen vor seiner Inhaftierung: „Es bleibt ein Erlebnis von unvergleichlichem Wert, dass wir die großen Ereignisse der Weltgeschichte einmal von unten, aus der Perspektive der Ausgeschalteten, Beargwöhnten, Schlechtbehandelten, Machtlosen, Unterdrückten und Verhöhnten, kurz der Leidenden sehen gelernt haben [...], dass das persönliche Leiden ein tauglicherer Schlüssel, ein fruchtbareres Prinzip zur betrachtenden und tätigen Erschließung der Welt ist als persönliches Glück."[11] Während der Haft hat sich diese Perspektive von unten für Bonhoeffer noch einmal forciert. Gerade sie wird jetzt zum fruchtbaren Erkenntnisprinzip. Im Briefwechsel mit Eberhard Bethge erfolgt ein regelrechter Ausbruch an Kreativität.[12]

Dazu kommt noch etwas anderes. Die Briefform entspricht genau – anders als die großen theologischen Werke der Vorfahren Bonhoeffers – dem Fragmentarischen seines Lebens insgesamt. Er musste im Gefängnis nämlich erkennen, dass er – anders als sein Vater und seine übrigen Vorfahren – einmal kein „geistiges ‚Lebenswerk'"[13] hinterlassen würde: „*Wo gibt es noch die schöne Zwecklosigkeit und doch die große Planung, die zu einem solchen Leben gehört? [...] Unsere geistige Existenz aber bleibt dabei ein Torso.*" Über dieser Einsicht wird er „fast etwas wehmütig" gestimmt. Dann aber erkennt er den Wert, den auch ein fragmentarisches Leben bzw. ein Fragment bleibendes Lebenswerk gewinnen kann: „*Es kommt wohl nur darauf an, ob man dem Fragment unsres Lebens noch ansieht, wie das Ganze eigentlich angelegt und gedacht war und aus welchem Material es besteht. [...] Wenn unser Leben auch nur ein entferntester Abglanz eines solchen Fragmentes ist, in dem wenigstens eine kurze Zeit lang die sich immer stärker häufenden, verschiedenen Themata zusammenstimmen und in dem der große Kontrapunkt vom Anfang bis zum Ende durchgehalten wird, sodass schließlich nach dem Abbruch – höchstens noch der Choral: ‚Vor Deinen Thron tret' ich allhier' – intoniert werden kann, dann wollen wir uns auch über unser fragmentarisches Leben nicht beklagen, sondern daran sogar froh werden.*" Der Brief korrespondiert in seinem Gelegenheitscharakter und seiner Vorläufigkeit mit Bonhoeffers Leben insgesamt. Trotzdem ist das für ihn nicht länger ein Grund zur Trauer. Im Gegenteil: In dem Zitat nennt Bonhoeffer die Bedingung dafür, wann man sich über das Fragmentarische des eigenen Lebens sogar freuen kann: Wenn die unterschiedlichen Lebensthemen durch den Glauben an Gott, den großen Kontrapunkt, zusammenstimmen. Der Glaube an Jesus Christus, der selbst als Gescheiterter, als am Kreuz Hingerichteter, das ihm von Gott bestimmte Lebenswerk vollendet hat, vermag auch das fragmentarische menschliche Leben zum Ziel zu führen.

Inhalt

Wie bei einer Ellipse kreisen die Briefe inhaltlich um zwei Brennpunkte: um Menschliches und Theologisches. Familie, Verlobung und Freundschaft wurden für Bonhoeffer in der Nazizeit insgesamt, erst recht aber während der Haft, zu Oasen der Menschlichkeit. Schon im ersten Brief an die Eltern vom 14.4.1943 fällt die ungeheuer wache menschliche Zuwendung und Wärme Bonhoeffers auf. Dieser Ton prägt auch alle folgenden Briefe an die Eltern, die Verlobte und den Freund. Der inhaftierte Bonhoeffer ist voller Interesse und Mitgefühl am Ergehen nicht nur der Eltern, der Verlobten und des Freundes, sondern auch der Geschwister und anderer Angehörigen und Freunde. Zwischen den Zeilen spürt man seinen Kampf mit den Infragestellungen des Menschlichen durch das nationalsozialistische Terrorregime. Immer wieder geht Bonhoeffer darauf ein, was ihm hilft, trotz des unmenschlichen Terrors nicht am Leben zu verzagen: Es sind die „guten Mächte“ – neben geistlichen Dingen wie Paul-Gerhardt-Liedern, den Psalmen, den Losungen und der Bibel insgesamt auch gute weltliche Lektüre (vor allem Adalbert Stifter), mit Liebe gepackte Esspakete der Familie und der Verlobten, aber auch geistige Arbeit allgemein (vgl. den Brief vom 18.11.1943 an Eberhard Bethge und den Brief vom 19.12.1944 an Maria von Wedemeyer[14]). Zeitweise kann Bonhoeffer seine Gefängniszelle mit Erinnerungen an die Eltern, die Verlobte und den Freund so ausgestalten, dass sie für ihn den Charakter eines Zuhauses annimmt. Ohne einem „Kult des Menschlichen“[15] verfallen zu wollen, stellt Bonhoeffer fest: *„Schließlich sind eben die menschlichen Beziehungen doch einfach das Wichtigste im Leben [...].“* Die theologische Begründung dafür findet er, gut lutherisch, in Gottes Gebot. Die beiden höchsten Gebote sind nach den Worten Jesu das Gebot der Gottes- und das der Nächstenliebe, woraus für ihn folgt: *„Gott selbst lässt sich von uns im Menschlichen dienen.“*

Hinter diesen Überlegungen zur Bedeutung des Menschlichen steht Bonhoeffers Entdeckung der *„Polyfonie des Lebens“*[16]. Diese Polyfonie spiegelt sich in seinem Verhalten im Gefängnisalltag. Er lernt, zu eigenen irdischen Wünschen zu stehen,[17] genießt die Wärme, die von der Liebe seiner Verlobten und seiner Familie ausgeht,[18] und freut sich an der Schönheit der irdischen Dinge.[19] Er kann sich von dem Druck befreien, ein besonders religiöser Mensch sein zu müssen, und stattdessen ganz nüchtern als Mitmensch die Nöte der Mitgefangenen wahrnehmen und mittragen.[20]

Die Liebe zu Maria von Wedemeyer ist der „Katalysator“, durch den diese Erkenntnisse bei Bonhoeffer Gestalt gewinnen. In seiner Verlobten – und auch in seinem Freund Eberhard Bethge – hat er Menschen gefunden, die ihr Christsein ganzheitlicher leben als er. In einem Brief an Maria von Wedemeyer heißt es: *„Erkennen, Wollen, Tun, Empfinden und Erleiden bricht bei Dir nicht auseinander, sondern ist ein großes Ganzes [...], das ist es, was ich brauche, was ich in Dir gefunden habe, was ich liebe – das Ganze, Ungeteilte, wonach ich Sehn-*

sucht und Verlangen habe."[21] Durch die Beziehung zu Maria wird Bonhoeffer sich seiner Existenz als theologischer „Kopffüßler" bewusst. In einem Brief beschreibt er seine Sehnsucht, wieder am ganzen Leib die Sonne zu spüren: *„Ich möchte mir von ihr meine animalische Existenz erwecken lassen, nicht jenes Animalische, das das Menschsein erniedrigt, sondern das es aus der Muffigkeit und Unechtheit einer nur geistigen Existenz befreit und den Menschen reiner und glücklicher* macht."[22]

Es geht Bonhoeffer nun nicht mehr darum, ein Heiliger zu werden, sondern wirklicher Mensch zu sein. Er will Christ sein mitten in der Diesseitigkeit der Welt. Am 21.7.1944 – unmittelbar nach dem gescheiterten Attentat auf Hitler – schreibt er an seinen Freund und theologischen Gesprächspartner Eberhard Bethge: *„Ich erfahre es bis zur Stunde, dass man erst in der vollen Diesseitigkeit des Lebens glauben lernt. Wenn man völlig darauf verzichtet hat, aus sich selbst etwas zu machen – sei es einen Heiligen oder einen bekehrten Sünder oder einen Kirchenmann (eine sogenannte priesterliche Gestalt!), einen Gerechten oder einen Ungerechten, einen Kranken oder einen Gesunden [...] –, dann wirft man sich Gott ganz in die Arme, dann nimmt man nicht mehr die eigenen Leiden, sondern die Leiden Gottes in der Welt ernst [...], und so wird man ein Mensch, ein Christ."*[23] Entsprechend soll die Ehe mit Maria von Wedemeyer *„ein Ja zu Gottes Erde sein"*.[24] Dabei ist die von Bonhoeffer gemeinte Diesseitigkeit nicht zu verwechseln mit der *„platten und banalen Diesseitigkeit der Aufgeklärten, der Betriebsamen, der Bequemen oder der Lasziven"*, sondern zu verstehen als eine *„tiefe Diesseitigkeit, die voller Zucht ist"*.[25]

Theologisch begründet Bonhoeffer seinen Weg zu einem ganzheitlichen Menschsein von der Menschwerdung Jesu Christi her: Weil Jesus Mensch war, darf auch der Christ schlicht Mensch sein. Auf diesem Hintergrund wird auch Bonhoeffers Liebe zum Alten Testament verständlich: Indem er das Alte Testament in den Vordergrund rückt, will er verhindern, dass das Diesseits im Glauben vorzeitig aufgehoben wird. So wie Jesus soll auch der Christ das irdische Leben ganz auskosten: *„und nur indem er das tut, ist der Gekreuzigte und Auferstandene bei ihm und ist er mit Christus gekreuzigt und auferstanden.“*[26]

Menschliches und Theologisches gehören in Bonhoeffers Briefen untrennbar zusammen und sind wechselseitig aufeinander bezogen. Genau wie Bonhoeffer seine Hinwendung zum ganzheitlichen Menschsein und damit zum weltlichen Leben theologisch begründet, erwachsen seine neuen theologischen Erkenntnisse organisch aus der für ihn neuen und ungewohnten Situation im Gefängnis. Bonhoeffer geht aus von der Frage, *„wer Christus heute für uns eigentlich* ist.“[27] Er möchte wissen, wie die christliche Botschaft den modernen Menschen heute noch in seiner Lebensmitte erreichen kann. Denn Gott ist nicht ein Gott für die existenziellen oder intellektuellen Grenzsituationen des Menschen, wo dieser mit seiner eigenen Kraft nicht mehr weiterweiß. Der christliche Gott gibt uns – so Bonhoeffer – vielmehr zu wissen, *„dass wir leben müssen als solche, die mit dem Leben ohne Gott fertigwerden. Der Gott, der mit uns ist, ist der Gott, der uns verlässt (Markus 15,34)! Der Gott, der uns in der Welt leben lässt ohne die Arbeitshypothese Gott, ist der Gott, vor dem wir dauernd stehen. Vor und mit Gott leben wir ohne Gott. Gott lässt sich aus der Welt herausdrängen ans Kreuz, Gott ist ohnmächtig und schwach in der Welt, und gerade und nur so ist er bei uns und hilft uns. Es ist in Matthäus 8,17 ganz deutlich, dass Christus nicht hilft kraft seiner Allmacht, sondern kraft seiner Schwachheit, seines Leidens!“*[28]

Diese Sätze haben einer ganzen theologischen Bewegung, der sogenannten Gott-ist-tot-Theologie, in den 1960er-Jahren mit Bischof Robinson und Dorothee Sölle als ihren prominentesten Vertretern als Legitimation gedient. Es ist heute weithin anerkannt, dass sich diese Bewegung zu Unrecht auf Bonhoeffer berufen hat. Er will ja nicht etwa sagen, dass Gott tot sei und wir unser Leben darum nicht mehr an Gott ausrichten müssten. Vielmehr kritisiert er in diesen Aussagen einen traditionellen Gottesbegriff, der nicht wirklich Ernst gemacht hat mit der Offenbarung Gottes in Jesus Christus. Gott ist kein anderer als der Vater Jesu Christi. Bonhoeffer ringt um eine Verchristlichung der herkömmlichen Rede von Gott.[29] Leitgedanke ist für ihn dabei Johannes 1,14: „Das Wort ward Fleisch."[30]

Die nicht-religiöse Interpretation christlicher Begriffe ist der Versuch, traditionelle christliche Begriffe radikal-christlich zu interpretieren. Bonhoeffer hat sie allerdings selbst nicht mehr durchführen können.[31] Die von ihm geforderte Neuinterpretation geht von seiner neuen Erkenntnis dessen aus, was christlich verstanden „Weltlichkeit" bedeutet. „*Vor und mit Gott leben wir ohne Gott. Gott lässt sich aus der Welt herausdrängen ans Kreuz, Gott ist ohnmächtig und schwach in der Welt und gerade und nur so ist er bei uns und hilft uns.*"[32] Ebenso streng inkarnatorisch bestimmt er das Sein Gottes: „*Die Bibel weist den Menschen an die Ohnmacht und das Leiden Gottes; nur der leidende Gott kann helfen.*"[33] Hierin unterscheidet sich für Bonhoeffer die christliche Rede von Gott und der Welt grundsätzlich von allen anderen Religionen. Das hat Konsequenzen für seine Bestimmung von Christsein: Ein Mensch wird Christ, indem er teilnimmt am Leiden Gottes im weltlichen Leben.[34] Nur so erfährt er, dass Gott ihm gerade als der Ohnmächtige, als der Gekreuzigte hilft. Das Gedicht „Christen und Heiden" bringt diesen Doppelakt in der zweiten und dritten Strophe besonders deutlich zum Ausdruck:

2. *Menschen gehen zu Gott in Seiner Not,*
finden ihn arm, geschmäht, ohne Obdach und Brot,
sehn ihn verschlungen von Sünde, Schwachheit und Tod.
Christen stehen bei Gott in Seinen Leiden.

3. Gott geht zu allen Menschen in ihrer Not,
sättigt den Leib und die Seele mit Seinem Brot,
stirbt für Christen und Heiden den Kreuzestod,
und vergibt ihnen beiden.[35]

Hinter der Forderung einer nicht-religiösen Interpretation biblischer Begriffe steckt ein zutiefst missionarisches Motiv: Bonhoeffer will dazu beitragen, dass Menschen berufen werden, das Wort Gottes wieder so auszusprechen, dass sich die säkulare, autonome Welt darunter verändert und erneuert.[36] Es geht letztlich um die Erneuerung der christlichen Predigt, „die den Frieden Gottes mit den Menschen und das Nahen seines Reiches verkündigt".[37] Im Augenblick schwerster Bedrohung des christlichen Glaubens durch den Nazi-Staat sucht Bonhoeffer nach einer Gestalt des christlichen Glaubens, die dieser Herausforderung gerecht wird.

Auf dem Weg dahin regt Bonhoeffer als flankierende Maßnahme die Erneuerung der altkirchlichen Arkandisziplin an, nach der bestimmte Wahrheiten des christlichen Glaubens nicht der allgemeinen Öffentlichkeit zugänglich zu machen, sondern den Christen vorbehalten sind. Das Stichwort kommt in den Gefängnisbriefen der Sache nach dreimal vor,[38] wobei die zweite Stelle besonders aufschlussreich ist. Darum soll sie hier im Zusammenhang zitiert werden: *„Barth hat als erster Theologe – und das bleibt sein ganz großes Verdienst – die Kritik der Religion begonnen, aber er hat an ihre Stelle eine positivistische Offenbarungslehre gesetzt, wo es dann heißt: ‚friss Vogel, oder stirb'; ob es nun Jungfrauengeburt, Trinität oder was immer ist, jedes ist ein gleichbedeutsames und notwendiges Stück des Ganzen, das eben als Ganzes geschluckt werden muss oder gar nicht. Das ist nicht biblisch. Es gibt Stufen der Erkenntnis und Stufen der Bedeutsamkeit; d. h., es muss eine Arkandisziplin wiederhergestellt werden, durch die die Geheimnisse des christlichen Glaubens vor Pro-*

fanierung behütet werden. Der Offenbarungspositivismus macht es sich zu leicht, indem er letztlich ein Gesetz des Glaubens aufrichtet und indem er das, was eine Gabe für uns ist – durch die Fleischwerdung Christi! –, zerreißt. An der Stelle der Religion steht nun die Kirche – das ist an sich biblisch –, aber die Welt ist gewissermaßen auf sich selbst gestellt und sich selbst überlassen, und das ist der Fehler."[39] Barths offenbarungspositivistische Lösung erscheint Bonhoeffer verfehlt, weil sie den wesentlich missionarischen, d. h. dem Menschen zugewandten Charakter der christlichen Botschaft nicht angemessen berücksichtigt. Bonhoeffer begründet seinen Vorschlag, die Arkandisziplin zu erneuern, mit biblischen Aussagen, nach denen es „*Stufen der Erkenntnis und Stufen der Bedeutsamkeit*" gibt (vgl. etwa Hebr 5,14). Es gibt Geheimnisse des christlichen Glaubens, die nicht ohne Weiteres jedem zugänglich sind.

Bethge interpretiert die Überlegungen Bonhoeffers wie folgt: „*Diese ‚Geheimnisse' sind schöpferische Vorgänge des Heiligen Geistes. Sie werden jedoch zu ‚religiösen' Objekten, zum ‚Offenbarungspositivismus', wenn sie unmotiviert angeboten, aufgezwungen und billig verschleudert werden. Bonhoeffer kann auch von einer Unterscheidungsverantwortung der Kirche nach Zeit und Gegenüber sprechen, indem sie ‚Stufen der Bedeutsamkeit' beachtet. Man wird sogar von der anderen Seite her argumentieren dürfen: Die Arkandisziplin schützt ebenso die Welt vor einer Vergewaltigung durch die Religion. So erhält die Arkandisziplin eine wichtige Funktion, das nichtreligiöse Interpretieren vor dem Rückfall in das Religiöse zu bewahren.*"[40] Mit der Forderung eines Arkanums wird die nichtreligiöse Interpretation biblischer Begriffe vor dem Missverständnis platter Verweltlichung des Glaubens bewahrt. Bonhoeffers eigene Frömmigkeitspraxis während der Haft bis unmittelbar vor seiner Ermordung ist hierfür ein deutliches Indiz. Andererseits schützt die Arkandisziplin die Welt vor religiöser Vereinnahmung. In seiner großen Bonhoeffer-Biografie formuliert Bethge prägnant: *„Arkandisziplin ohne Weltlichkeit ist Getto, und Weltlichkeit ohne Arkandisziplin ist nur noch Boulevard.“*[41]

Bonhoeffer wollte die Radikalität der biblischen Aussagen über Jesus Christus in der Situation einer säkularisierten Gesellschaft neu zu Gehör bringen. Es ging ihm dabei um viel „mehr“ als Rudolf Bultmann, der mit seiner Entmythologisierung des Neuen Testaments dessen theologische Aussagen dem modernen Zeitgenossen verträglich machen wollte. Für Bonhoeffer war die Neuinterpretation primär ein inhaltlich-theologisches Problem. Er dachte ontologisch-sozial: Die Frage war für ihn, wie der lebendige Gott in Kirche und Gesellschaft erkannt und geehrt werden kann. Für Bultmann, der individual-existenzialistisch dachte, handelte es sich bei der Neuinterpretation um eine primär hermeneutische Aufgabe: Wie kann der moderne Mensch mit den überholten biblischen Vorstellungsmustern versöhnt werden? Weil Bonhoeffer vom gegenwärtig wirkenden Gott ausgeht, ist seine Fragestellung gerade angesichts heute zu beobachtender Wiederkehr der Religiosität hochaktuell.[42]

Bedeutung für heute

Bonhoeffer wagte es, sich selbst und anderen unbequeme Fragen zu stellen. Er wollte ehrlich fragen und konstatieren, *„was man selbst eigentlich glaubt“*.[43] Nur vom Boden der Redlichkeit sich selbst gegenüber[44] war für ihn ein echter Neuansatz christlicher Existenz angesichts einer *„mündig gewordenen Welt“*[45] denkbar. Er übernahm Verantwortung für Kirche und Gesellschaft unter dem Motto: *„Die letzte verantwortliche Frage ist nicht, wie ich mich heroisch aus der Affäre ziehe, sondern wie eine kommende Generation wei-*

terleben soll. Nur aus dieser geschichtlich verantwortlichen Frage können fruchtbare – wenn auch vorübergehend sehr demütigende – Lösungen entstehen."[46] Bonhoeffer nahm ein bleibendes Anliegen des theologischen Liberalismus aus dem 19. Jahrhundert auf, indem er Theologie und Kirche auftrug, die modernen Infragestellungen des Glaubens ernst zu nehmen: „*Die Kirche muss aus ihrer Stagnation heraus. Wir müssen auch wieder in die freie Luft der geistigen Auseinandersetzung mit der Welt. Wir müssen es auch riskieren, anfechtbare Dinge zu sagen, wenn dadurch nur lebenswichtige Fragen aufgerührt werden.*"[47]

In dem Kampf gegen kirchlich-fromme Sterilität und Phrase liegt ein Grund für die ungebrochene Aktualität von Bonhoeffers Gedanken. In der Kirche sollen Echtheit und Aufrichtigkeit herrschen.[48] Sein Suchen und Sehnen ging nach einer Weise, „*das Wort Gottes so auszusprechen, dass sich die Welt darunter verändert und erneuert. Es wird eine neue Sprache sein, vielleicht ganz unreligiös, aber befreiend und erlösend wie die Sprache Jesu, dass sich die Menschen über sie entsetzen und doch von ihrer Gewalt überwunden werden* [...]."[49] Bonhoeffer wusste, dass er selbst die neue Sprache, die er suchte, noch nicht gefunden hatte: „*Bis dahin wird die Sache der Christen eine stille und verborgene sein; aber es wird Menschen geben, die beten und das Gerechte tun und auf Gottes Zeit warten.*"[50] Auch diese Aussage hat nichts von ihrer Aktualität eingebüßt. Bis heute hat die Gemeinde Jesu Christi noch nicht das Wort für eine fortschreitend entkirchlichte und säkularisierte Gesellschaft gefunden, das sie in der Breite aufhorchen ließe.

Der Theologe Dietrich Bonhoeffer regt heutige Menschen schließlich auch deswegen zum Nachdenken an, weil bei ihm „Denkakt und Lebensakt", Theologie und Biografie, untrennbar verknüpft waren.[51] Seine Theologie war nie nur eine Angelegenheit des Denkens. Darum kämpfte er bis zuletzt gegen den „religiösen Akt“, der immer etwas Partielles ist. *„[...] der ‚Glaube‘ ist etwas Ganzes, ein Lebensakt. Jesus ruft nicht zu einer neuen Religion auf, sondern zum Leben.“*[52] Bonhoeffer hat scharfsichtig erkannt, dass die (bürgerliche) Religion getrennt von der Alltagswirklichkeit bleibt. Sie erlaubt höchstens die Rede von Gott in den Grenzsituationen des Lebens. Ihre Bedeutung ist mit der Sahne auf dem Kakao vergleichbar: durchaus entbehrlich. Bonhoeffer dagegen wollte *„von Gott nicht an den Grenzen, sondern in der Mitte, nicht in den Schwächen, sondern in der Kraft, nicht also bei Tod und Schuld, sondern im Leben und im Guten des Menschen sprechen“*.[53] Nicht Rückzug, liberale Reduktion des christlichen Glaubens, sondern *„die Inanspruchnahme der mündig gewordenen Welt durch Jesus Christus“*,[54] dem sie ohnehin gehört, war sein Ziel. Das Wort Gottes regiert![55] Das hat Bonhoeffer als Theologe, Christ und Zeitgenosse selbst vorgelebt. Sein Engagement für Kirche und Gesellschaft bis zum Märtyrertod zeigt, dass er sich nicht ins Getto zurückgezogen, sondern als Christ in der Welt bewährt hat. Genauso wenig verfiel er in einen gottvergessenen Aktivismus, sondern wartete „aktiv“ auf das Kommen des Reiches Gottes. Bonhoeffer ist damit Theologie und Kirche immer noch voraus. Indem er die Gültigkeit der biblischen Aussagen voraussetzte, hat er einen verheißungsvollen Weg in die Zukunft eröffnet, den jede Generation auf ihre Weise gehen muss.

Für eine weitere Einführung von Peter Zimmerling in das Leben und Werk Dietrich Bonhoeffers finden Sie im Internet:

- *Stationen auf dem Weg zur Freiheit:*
  Dietrich Bonhoeffers Leben
  www.brunnen-verlag.de/
  peter-zimmerling-dietrich-bonhoeffers-leben

- *Stationen auf dem Weg zur Freiheit:*
  Dietrich Bonhoeffers Werk
  www.brunnen-verlag.de/
  peter-zimmerling-dietrich-bonhoeffers-werk

1. An Karl und Paula Bonhoeffer

14. April 1943

Liebe Eltern!

Vor allem müsst Ihr wissen und auch wirklich glauben, dass es mir gut geht. Leider kann ich es Euch erst heute schreiben, aber es war wirklich die ganzen zehn Tage so. Was man sich gewöhnlich bei einer Haft als besonders unangenehm vorstellt, also die verschiedenen Entbehrungen des äußeren Lebens, das spielt merkwürdigerweise tatsächlich fast gar keine Rolle. Man kann sich auch mit trocken Brot morgens satt essen – übrigens gibt es auch allerlei Gutes! – und die Pritsche macht mir schon gar nichts aus und schlafen kann man von abends 8 bis morgens um 6 Uhr reichlich. Besonders überrascht hat es mich eigentlich, dass ich vom ersten Augenblick an so gut wie nie Verlangen nach Zigaretten hatte; ich glaube eben doch, dass bei all diesen Dingen das Psychische die entscheidende Rolle spielt; eine so starke innere Umstellung, wie sie eine so überraschende Verhaftung mit sich führt, die Nötigung, sich innerlich zurecht- und abzufinden mit einer völlig neuen Situation – das alles lässt das Körperliche völlig zurücktreten und unwesentlich werden; und das empfinde ich als eine wirkliche Bereicherung meiner Erfahrung. Alleinsein ist für mich ja nicht etwas so Ungewohntes wie für andere Menschen und ist sicher ein gutes seelisches Dampfbad. Quälend ist oder wäre nur der Gedanke, dass Ihr Euch um mich ängstigt und quält, dass Ihr nicht richtig schlaft und esst. Verzeiht, dass ich Euch Sorgen mache, aber ich glaube, daran bin diesmal weniger ich als ein widriges Schicksal schuld. Dagegen ist es gut, Paul-Gerhardt-Lieder zu lesen und auswendig zu lernen, wie ich es jetzt tue. Übrigens habe ich meine Bibel und Lesestoff aus der hiesigen Bibliothek, auch Schreibpapier jetzt genug. Nun könnt Ihr Euch denken, dass mir meine Braut in dieser Zeit ganz besonders leidtut. Es ist viel für sie, nachdem sie Vater und Bruder erst kürzlich im Osten verloren hat. Als Offizierstochter wird sie vielleicht besonders schwer an einer Verhaftung tragen. Wenn ich ihr doch ein paar gute Worte sagen könnte. Nun werdet Ihr es tun, und vielleicht kommt sie mal zu Euch nach Berlin, es wäre schön. Heute vor 14 Tagen war der 75. Geburtstag. Es war ein schöner Tag. Der Morgen- und Abendchoral mit den vielen Stimmen und Instrumenten klingt noch in mir nach: „Lobe den Herren, den mächtigen König … in wie viel Not hat nicht der gnädige Gott über dir Flügel gebreitet." So ist es, und darauf wollen wir uns weiter getrost verlassen.

Nun kommt ja der Frühling mit Macht. Ihr werdet viel im Garten arbeiten; bei Renate gehen hoffentlich die Hochzeitsvorbereitungen gut voran. Hier im Gefängnishof singt morgens und auch jetzt abends eine Singdrossel ganz wunderbar. Man wird für Geringes dankbar, auch das ist wohl ein Gewinn! Lebt wohl!

Es denkt an Euch und alle Geschwister und Freunde in Dankbarkeit und Liebe immer

Euer Dietrich

Würdet Ihr bitte gelegentlich Hausschuhe, Schnürsenkel (schwarz, lang), Schuhcreme, Briefpapier und -umschläge, Tinte, Raucherkarte, Rasierseife sowie Nähzeug und einen Anzug zum Auswechseln hier für mich abgeben? Vielen Dank für alles!

2. An Karl und Paula Bonhoeffer

25. April 1943, Ostersonntag

Liebe Eltern!

Heute ist endlich der 10. Tag wieder da, an dem ich Euch immer schreiben darf, und wie gern würde ich Euch wissen lassen, dass ich auch hier ein frohes Ostern feiere. Es ist das Befreiende von Karfreitag und Ostern, dass die Gedanken weit über das persönliche Geschick hinausgerissen werden zum letzten Sinn alles Lebens, Leidens und Geschehens überhaupt und dass man eine große Hoffnung fasst. Seit gestern ist es wunderbar still im Haus geworden. „Frohe Ostern" hörte man viele einander zurufen und neidlos gönnt man jedem, der hier schweren Dienst versieht, die Erfüllung dieses Wunsches. Im Stillen höre ich nun auch Eure Ostergrüße, wenn Ihr heute mit den Geschwistern zusammen seid und an mich denkt.

Am Karfreitag war Marias Geburtstag. Wenn ich nicht wüsste, mit wie festem Herzen sie im vorigen Jahr den Tod ihres Vaters, ihres Bruders und zweier besonders geliebter Vettern getragen hat, dann wäre mir wirklich bange um sie. Nun wird Ostern sie trösten, ihre große Familie wird ihr sehr beistehen und ihre Arbeit im Roten Kreuz beansprucht sie ganz. Grüßt sie sehr, sagt ihr, dass ich mich sehr nach ihr sehne, dass sie aber nicht traurig, sondern tapfer sein soll wie bisher. Sie ist eben noch so sehr jung, da ist das schwer.

Nun muss ich Euch aber erst einmal sehr danken für alles, was Ihr mir gebracht habt und für Papas und Ursels Grüße. Das könnt Ihr Euch nicht vorstellen, was es bedeutet, wenn einem plötzlich gesagt wird: „Ihre Mutter, Ihre Schwester, Ihr Bruder waren eben da und haben etwas für Sie abgegeben." Einfach die Tatsache der Nähe, das handgreifliche Zeichen dafür, dass Ihr immer an mich und für mich denkt – was ich ja eigentlich sowieso weiß –, das ist etwas so Beglückendes, dass es durch den ganzen Tag hindurch trägt. Habt vielen, vielen Dank für alles!

Es geht mir weiter gut, ich bin gesund, darf täglich 1/2 Stunde ins Freie, und nachdem ich nun auch wieder rauchen kann, vergesse ich manchmal sogar für kurze Zeit, wo ich eigentlich bin! Ich werde gut behandelt, lese viel, außer Zeitung und Roman vor allem die Bibel. Zum richtigen Arbeiten ist die Konzentration noch nicht da, aber ich habe mich in dieser Karwoche doch endlich mit einem, wie Ihr wisst, mich längst sehr beschäftigenden Stück der Passionsgeschichte, dem hohenpriesterlichen Gebet, gründlich befassen können und sogar ein paar Kapitel paulinischer Ethik für mich auslegen können; das war mir sehr wichtig. Also, ich muss wirklich immer noch sehr dankbar sein. Wie mag es Euch nur gehen? Freut Ihr Euch noch an den vielen herrlichen Geburtstagsblumen? Was machen Eure Reisepläne? Ich fürchte fast, Ihr werdet nun gar nicht in den Schwarzwald fahren, was doch so gut und nötig gewesen wäre! Und zu dem allen kommen ja nun noch Renates Hochzeitsvorbereitungen. Ich möchte dazu als meinen ausdrücklichen Wunsch sagen, dass Ursel den Termin um keinen Tag hinausschiebt, sondern Renate so bald, so fröhlich und so unbeschwert wie möglich heiraten lässt; alles andere wäre mir nur schmerzlich. Renate weiß ja, mit wie viel guten Wünschen ich an sie denke und wie ich mich mit ihr freue. Wir haben es in den letzten Jahren doch wirklich gelernt, wieviel Freude und Kummer zugleich im menschlichen Herzen Platz haben können und müssen. Also je bälder, je besser! Grüßt sie bitte sehr!

Übrigens wüsste ich gern, wie es Marias Großmutter geht. Bitte verheimlicht es mir nicht, wenn sie gestorben ist. Maria und ich haben beide sehr an ihr gehangen.

Nun ein paar Bitten: Ich hätte gern die braunen oder lieber die schwarzen hohen Schuhe mit Schnürsenkeln. Meine Absätze gehen hier ab. Mein Anzug ist sehr reinigungsbedürftig; ich möchte ihn Euch gern mitgeben und den anderen braunen dafür haben; außerdem Haarbürste, viele Streichhölzer, Pfeife, mit Tabak, Beutel und Reiniger, und Zigaretten. Von Büchern: Schilling: Moral Band 11 und einen Band A. Stifter. Verzeiht die Mühe! Vielen Dank!

Merkwürdigerweise gehen die Tage hier schnell vorüber. Dass ich 3 Wochen hier bin, scheint mir unglaublich. Ich gehe gern um 8 Uhr schlafen – Abendbrot gibt es um 4 Uhr! – und freue mich auf meine Träume. Ich habe früher gar nicht gewusst, was für eine glückliche Gabe das ist: Ich träume täglich und eigentlich immer schön. Bis zum Einschlafen sage ich mir die über Tag gelernten Verse auf, am Morgen um 6 Uhr freue ich mich dann, Psalmen und Lieder zu lesen und an Euch alle zu denken und zu wissen, dass Ihr auch an mich denkt.

Inzwischen ist der Tag vorübergegangen, und ich hoffe nur, es sieht in Euch ebenso friedlich aus wie in mir; ich habe vieles Gute gelesen und Schöne gedacht und gehofft. Es wäre doch eine große Beruhigung für mich, wenn Maria einmal einen Tag in aller Ruhe bei Euch wäre. Lasst sie und auch Renate diesen Brief doch lesen! Vor mir liegen immer die kurzen Zeilen von Papa und Ursel, und ich lese sie immer wieder.

Und nun lebt wohl, verzeiht alle Sorge, die ich Euch mache! Grüßt alle Geschwister und ihre Kinder. In großer Liebe und Dankbarkeit grüßt Euch von Herzen

Euer Dietrich

3. An Karl und Paula Bonhoeffer

4. Mai 1943

Liebe Eltern!

Vielen Dank für Mamas, K.-Friedrichs und Rüdigers Briefe! Ich bin so froh, dass Ihr ruhig und zuversichtlich seid, auch dass K. Friedrich öfter bei Euch sein kann. Dass es für mich persönlich gut ist, das durchzumachen, ist mir gewiss, auch glaube ich, dass keinem Menschen mehr auferlegt wird, als er Kraft empfangen kann zu tragen. Dass Ihr daran mittragen müsst, ist mir das Schwerste, aber so wie Ihr es tut, ist es doch auch wieder unendlich beglückend und stärkend für mich. Dass Maria Euch so tapfer und voll Vertrauen geschrieben hat, beglückt mich sehr. Wie lebt man doch ganz vom Vertrauen und ohne Vertrauen wird das Leben arm. Ich lerne nun täglich, wie gut ich es bei Euch immer gehabt habe, und muss im Übrigen einmal selbst exerzieren, was ich in Predigten und Büchern andern gesagt habe.

Jetzt nach 4 Wochen Haft kommt zu der raschen, bewussten, inneren Aussöhnung mit dem Geschickten allmählich eine gewisse unbewusste, natürliche Gewöhnung hinzu. Das ist eine Erleichterung, hat aber auch seine Probleme; denn gewöhnen will und soll man sich wohl an diesen Zustand nicht; das wird Euch ebenso gehen.

Ihr wollt mehr über mein hiesiges Leben wissen: Sich eine Zelle vorzustellen, dazu gehört ja nicht viel Fantasie; je weniger, desto richtiger; aber an Ostern brachte die DAZ eine Reproduktion aus Dürers Apokalypse; die habe ich mir aufgehängt und Marias Primeln sind z.T. auch noch da! Von den 14 Stunden des Tages gehe ich etwa drei in der Zelle spazieren, viele Kilometer, außerdem 1/2 Stunde im Hof. Ich lese, lerne, arbeite. Besondere Freude hatte ich wieder an Jeremias Gotthelf in seiner klaren, gesunden, stillen Art. Es geht mir gut und ich bin gesund.

Nun rückt die Hochzeit bei Schleichers ja schon ganz nahe. Ich werde vorher nicht mehr schreiben können. Dieser Tage las ich bei Jean Paul, dass die „einzigen feuerbeständigen Freuden die häuslichen Freuden“ seien. Wenn die beiden das verstehen – und ich glaube, sie verstehen es schon gut –, dann kann ich mir von dieser Ehe nur ein großes Glück versprechen, und ich freue mich schon darauf, einmal an ihren häuslichen Freuden teilzunehmen. Dazu sollten sie recht bald zusammen „Geld und Geist“ von Jeremias Gotthelf lesen, das ist besser als jede Tischrede, die ich ihnen halten könnte. Schenken möchte ich ihnen das Spinett, das ihnen zur Hälfte ja schon gehört, außerdem, was ich Ursel schon sagte, meinen Beitrag, wie sie ihn brauchen, zum Flügel, den sie hoffentlich bald bekommen. Ich wünsche ihnen von Herzen einen sehr frohen Tag und werde mit vielen frohen Gedanken und Wünschen bei ihnen sein, und ich möchte es gern, dass auch sie *nur* mit frohen Gedanken, Erinnerungen und Hoffnungen an mich denken. Gerade wenn man persönlich etwas Schweres erlebt, möchte man, dass die echten Freuden des Lebens – und dazu gehört eine Hochzeit doch wahrhaftig – daneben ihr Recht behalten. Dass ich dabei ganz im Stillen darauf hoffe, dass wir alle zusammen auch einmal meinen und Marias Freudentag feiern werden – wann?, kommt mir zwar im Augenblick fantastisch vor, aber die Hoffnung ist schön und groß. Für Ursel ist das alles ja etwas viel, wie gern würde man ihr räumen und überlegen helfen. Nun hat sie auch unsertwegen noch so viel Mühe. Grüßt das ganze Haus sehr, besonders das Brautpaar, und den Eltern gratuliere ich zum 20. Hochzeitstag. Sie sollen ein paar Fotos machen!

Und nun wieder der Dank für alles Gebrachte, für alle Mühe, Überlegung und Liebe – der Mittwoch ist so immer ein besonders ersehnter und schöner Tag! – und einige Bitten: Je 1 Kleiderbügel, Spiegel, Handtuch, Waschlappen, und wenn es so kalt bleibt (es scheint heute wärmer zu werden), 1 warmes Hemd und Strümpfe; ferner: Holl, Kirchengeschichte, Band „der Westen“ und Rauchbares, was eben geht, und Streichhölzer. Dass Du meinen Anzug und Jacke nicht findest, verstehe ich auch nicht.

Von der Verlobung wissen nun wohl alle? Aber es bleibt doch in der Familie? Da allerdings nach meiner Zählung „die engste Familie“ auf beiden Seiten zusammen über 80 Menschen sind, wird es wohl nicht lange verborgen bleiben. Ich hätte nur den Wunsch von Marias Mutter gern eingehalten. Dankt Maria doch besonders für ihre Grüße! Wie schön, dass es der Großmutter besser geht, sie hat auch eine große Last zu tragen mit ihren fünf gefallenen und noch sieben draußen stehenden Enkeln und Söhnen. Grüßt sie sehr, ich bin ihres Gedenkens gewiss! Tante Elisabeth habe ich leider nicht mehr für die Bachkantaten danken können. Grüßt sie auch sehr!

Ich denke jetzt oft an das schöne Hugo-Wolf-Lied, das wir in letzter Zeit mehrfach gesungen haben: „Über Nacht, über Nacht kommt Freud und Leid, und eh' dus gedacht, verlassen dich beid‘, und gehen dem Herren zu sagen, wie Du sie getragen.“ An diesem „Wie“ liegt ja alles, es ist wichtiger als alles äußere Ergehen. Es bringt die manchmal quälenden Gedanken über die Zukunft ganz zur Ruhe. Nun also noch einmal vielen Dank für alles, was Ihr täglich für mich denkt, tut und tragt, grüßt Geschwister und Freunde, und Renate soll wirklich eine ungetrübte fröhliche Hochzeit feiern und es mir ruhig zutrauen, dass ich mich auch hier wirklich mit ihr freuen kann! Am 15. darf ich gerade den nächsten Brief abschicken, ich werde ihn also am Tag vor der Hochzeit schreiben.

Übrigens, wenn ich mittwochs hier im Haus bin, gebe ich Euch die alte Wäsche immer gleich wieder mit zurück, andernfalls muss sie eine Woche hier liegen. Ich muss beim Auspacken Eures Pakets immer selbst dabei sein.

Mit dem Wunsch, dass Euch und uns allen alle Sorge bald abgenommen werden möchte, grüßt Euch von ganzem Herzen

Euer dankbarer Dietrich

Eben höre ich, dass eine der Schwestern mit dem Paket hier war, habt wieder vielen Dank! Aus dem Inhalt des Pakets sehe ich, dass mein Brief vom 25. noch nicht bei Euch ist; das tut mir sehr leid für Euch! Aber es dauert wohl oft recht lange! Schreibt nur recht oft! Die Zigarren scheinen mir aus Stettin zu kommen! Vielen Dank!

4. An Karl und Paula Bonhoeffer

15. Mai 1943

Liebe Eltern!

Wenn Ihr diesen Brief bekommt, sind die bewegten Tage der Hochzeitsvorbereitungen und -feier längst verklungen und auch mein bisschen Sehnsucht, dabei zu sein, und stattdessen ist dann wieder die ruhige Freude und Zuversicht eingekehrt, dass die beiden nun ihr Glück gefunden haben. Schleichers werden Renate sehr vermissen, aber sie dürfen sie in den denkbar besten, liebevollsten und treuesten Händen wissen und haben einen Sohn gewonnen, der ganz zu ihnen gehört und an dem sie nur Freude haben werden. Dankbar denke ich heute an viele schöne vergangene Jahre und Stunden und freue mich mit ihnen allen. Ich bin nun begierig, den Trautext zu hören; der schönste, den ich kenne, steht in Röm 15,7; ich habe ihn oft genommen. Was für ein herrliches Sommerwetter haben sie! Da werden sie als Morgenchoral wohl „die güldne Sonne" von P. Gerhardt singen!

Nach längerer Pause erhielt ich Euren Brief vom 9. sehr rasch am 11. 5. Habt vielen Dank! Für wen das Elternhaus so sehr ein Teil des eigenen Selbst geworden ist wie für mich, der empfindet jeden Gruß mit ganz besonderer Dankbarkeit. Ja, wenn wir uns doch wenigstens mal kurz sehen oder sprechen könnten! Das wäre eine große innere Entspannung. Man macht sich draußen natürlich doch schwer eine richtige Vorstellung vom Gefangensein. Die Situation als solche, d. h., der einzelne Augenblick ist ja vielfach gar nicht so anders als anderswo, ich lese, denke nach, arbeite, schreibe, gehe auf und ab – und auch das wirklich ohne mich wie der Eisbär an den Wänden wund zu reiben –, und es kommt nur darauf an, sich an das zu halten, was man noch hat und kann – und das ist immer noch sehr viel – und das Aufsteigen der Gedanken an das, was man nicht kann, und d.h. den Groll über die ganze Lage und die Unruhe in sich niederzuhalten. Allerdings ist mir nie so deutlich geworden wie hier, was die Bibel und Luther unter „Anfechtung" verstehen. Ganz ohne jeden erkennbaren physischen und psychischen Grund rüttelt es plötzlich an dem Frieden und der Gelassenheit, die einen trug, und das Herz wird, wie es bei Jeremia sehr bezeichnend heißt, das trotzige und verzagte Ding, das man nicht ergründen kann; man empfindet das wirklich als einen Einbruch von außen, als böse Mächte, die einem das Entscheidende rauben wollen. Aber auch diese Erfahrungen sind wohl gut und nötig, man lernt das menschliche Leben besser verstehen.

Ich versuche mich jetzt an einer kleinen Studie über das „Zeitgefühl", ein Erlebnis, das wohl für die Untersuchungshaft besonders charakteristisch ist. Einer meiner Zellenvorgänger hat über die Zellentür gekritzelt: „In hundert Jahren ist alles vorbei", das war sein Versuch, mit diesem Erlebnis der leeren Zeit fertigzuwerden, aber dazu ist eben allerlei zu sagen, und ich würde mich gern mit Papa darüber unterhalten. „Meine Zeit steht in Deinen Händen“, Psalm 31, ist die biblische Antwort auf diese Frage. Aber auch in der Bibel gibt es eben die Frage, die hier alles zu beherrschen droht: „Herr, wie lange?“ Psalm 13.

Es geht mir weiter gut, und ich muss für die vergangenen 6 Wochen dankbar sein. Dass Marias Mutter bei Euch war, freut mich ganz besonders. Weiß man schon irgendwas über Konstantin aus Tunis? Das geht mir in Gedanken an Maria und die ganze Familie sehr durch den Kopf. Wenn es doch nicht allzu lange dauerte, bis ich Maria wiedersehen und wir Hochzeit halten könnten! Sie braucht nun wirklich bald einmal ein Zur-Ruhe-Kommen, und man hat eben doch auch noch allerlei irdische Wünsche!

Nun ist eben auch wieder das Wäschepaket gebracht worden, Ihr glaubt nicht, wie einen schon diese indirekte Verbindung freut und stärkt. Habt vielen Dank und sagt ihn bitte auch Susi für alle Hilfe, die sie Euch jetzt leistet, ganz besonders! Auch dass Ihr die Asthmabonbons wieder gekriegt habt, freut mich sehr, sie sind mir sehr angenehm. Einen Spiegel habe ich mir hier schon verschafft. Dankbar wäre ich für etwas Tinte, Fleckenwasser, Laxin, zwei kurze Unterhosen, ein Netzhemd und die reparierten Schuhe, Kragenknöpfe. Wenn sich die Sonne in die dicken Mauern erst mal eingebrannt hat, wird es sicher sehr heiß, bisher ist es noch sehr schön. Hoffentlich gibt Papa nicht zu meinen Gunsten das Rauchen jetzt ganz auf! Vielen Dank übrigens für den Jeremias Gotthelf, in 14 Tagen hätte ich gern „Uli, der Knecht“ von ihm, Renate hat es; Ihr müsst übrigens wirklich den „Berner Geist“ von ihm lesen, und wenn nicht ganz, so doch damit anfangen; es ist etwas Besonderes und interessiert Euch sicher! Ich kann mich erinnern, dass der alte Schoene immer Gotthelf besonders gerühmt hat, und ich hätte Lust, dem Dieterich-Verlag ein Gotthelf-Brevier vorzuschlagen. Auch für Stifter ist der Hintergrund vor allem das Christliche – seine Waldschilderungen machen mich übrigens oft ganz sehnsüchtig nach den stillen Friedrichsbrunner Waldwiesen –, aber er ist nicht so kräftig wie Gotthelf, dabei doch von einer wunderbaren Einfachheit und Klarheit, sodass ich große Freude an ihm habe. Ja, wenn man erst wieder über all das miteinander reden könnte!

Bei allen Sympathien für die Vita contemplativa bin ich doch kein geborener Trappist. Immerhin mag eine Zeit erzwungenen Schweigens auch gut sein, und die Katholiken sagen ja, dass von den rein meditativen Orden die wirksamsten Schriftauslegungen kommen. Ich lese übrigens die Bibel einfach von vorne durch und komme jetzt zu Hiob, den ich besonders liebe. Den Psalter lese ich wie seit Jahren täglich, es gibt kein Buch, das ich so kenne und liebe wie dieses; die Psalmen 3, 47, 70 u. a. kann ich nicht mehr lesen, ohne sie in der Musik von Heinrich Schütz zu hören, deren Kenntnis, die ich Renate verdanke, überhaupt zu den größten Bereicherungen meines Lebens gehört.

Gratuliert bitte Ursel sehr zum Geburtstag; ich denke viel an sie. Grüßt alle Geschwister, Kinder und Freunde und besonders das junge Ehepaar. Hoffentlich kommt Maria bald zu Euch. Ich fühle mich so sehr als ein Teil von Euch allen, dass ich weiß, dass wir alles gemeinsam erleben, tragen, füreinander tun und denken, auch wenn wir getrennt sein müssen. Es dankt Euch für alle Liebe und Fürsorge und Treue täglich und stündlich

Euer Dietrich

Grüßt doch natürlich auch Tante Elisabeth und die Großmutter mit all den Ihren!

5. An Karl und Paula Bonhoeffer

4. Juni 1943, Himmelfahrtstag

Liebe Eltern!

Ich hatte Euch schon einen langen Brief geschrieben, da bringt eben die Post die Briefe von Maria und meiner Schwiegermutter und damit ein ganz unbeschreibliches Glück in meine Zelle; nun muss ich den Brief noch mal anfangen und Euch vor allem bitten, beiden gleich zu schreiben und zu danken! Wie mir zumute ist, dass ich es nicht selbst tun kann, werdet Ihr Euch vorstellen. Maria schreibt so froh über den Tag bei Euch, und wie schwer muss es trotz aller Liebe, die Ihr ihr gezeigt habt, für sie gewesen sein; es ist ein Wunder, wie sie das alles durchsteht, und für mich ein Glück und Vorbild sondergleichen. Das Gefühl, ihr gar nicht beistehen zu können, wäre oft kaum zu verwinden, wenn ich nicht wüsste, dass ich im Gedanken an sie wirklich ruhig sein darf. Ich wünsche es wirklich vielmehr noch um ihret- als um meinetwillen, dass diese harte Zeit nicht allzu lange dauert. Dass aber gerade diese Monate einmal für unsere Ehe unendlich wichtig sein werden, ist mir gewiss und dafür bin ich dankbar. Wie sehr mich der Brief meiner Schwiegermutter bewegt hat, vermag ich kaum zu sagen. Dass ich ihr zu all dem Schmerz des vergangenen Jahres noch einen solchen Kummer hinzufügen musste, hat mich seit dem ersten Tag meiner Festnahme gequält, und nun hat sie gerade diese über uns gekommene Not zum Anlass genommen, die Frist des Wartens abzukürzen und mich dadurch glücklich zu machen. Vor diesem großen Vertrauen, dieser Güte und Größe des Herzens stehe ich wirklich sehr beschämt und dankbar da, und ich werde ihr das niemals vergessen. Im Grunde ist das der Geist, den ich in all den Häusern dieser Familie immer gespürt habe und der

mich so berührt hat, längst ehe ich etwas von meinem künftigen Glück ahnte. Und nun weiß ich auch aus Euren und K. Friedrichs Briefen, dass Ihr Maria gernhabt; es konnte ja auch nicht anders sein. Ja, sie wird Euch eine sehr gute Schwiegertochter sein und sich sicher in unserer Familie bald ebenso zu Hause fühlen, wie ich mich seit Jahren ihrer großen Familie zugehörig gefühlt habe. Dass K. Friedrich meine Schwiegermutter in die Stadt begleitet hat und sie sich so etwas kennenlernten, freut mich sehr, auch dass er Maria in meiner Stellvertretung ins Gewissen geredet hat, sich ihre Rationen nicht abzusparen, die sie bei ihrem schweren Dienst wirklich selbst braucht, ist sehr nett von ihm.
Ich danke Euch sehr für Eure Briefe, *mir* sind sie immer nur zu kurz, aber ich verstehe es ja natürlich! Es ist, als täte sich einen Moment die Gefängnistür auf und man lebt ein Stück Leben draußen mit. Das Verlangen nach Freude ist in diesem ernsten Hause, in dem man nie ein Lachen hört – selbst dem Wachpersonal scheint es über ihren Eindrücken vergangen zu sein –, sehr groß und man schöpft alle inneren und äußeren Quellen der Freude voll aus.

Heute ist Himmelfahrtstag, also ein großer Freudentag für alle, die es glauben können, dass Christus die Welt und unser Leben regiert. Die Gedanken gehen zu Euch allen, zu Kirche und Gottesdiensten, von denen ich nun schon so lange getrennt bin, aber auch zu den vielen unbekannten Menschen, die in diesem Haus ihr Schicksal stumm mit sich herumtragen. Solche und andere Gedanken bewahren mich immer wieder gründlich davor, die eigenen geringen Entbehrungen irgendwie wichtig zu nehmen. Das wäre sehr ungerecht und undankbar.

Ich habe gerade wieder etwas über das „Zeitgefühl" weitergeschrieben, das macht mir großen Spaß, und was man so aus unmittelbarem Erleben schreibt, geht flüssiger von der Hand und man schreibt sich frei. Die „Anthropologie" von

Kant, für die ich Dir, Papa, sehr danke, habe ich durchgelesen; ich kannte sie nicht. Ich fand vieles sehr Interessante darin, aber es bleibt doch eine sehr rationalistische Rokokopsychologie, die an vielen wesentlichen Erscheinungen einfach vorbeigeht. Kannst Du mir etwas Gutes über Formen und Funktionen des Gedächtnisses schicken? Das interessiert mich in diesem Zusammenhang jetzt sehr. Sehr hübsch sind Kants Deutungen des „Rauchens" als Selbstunterhaltung.

Dass Ihr jetzt Gotthelf lest, freut mich sehr; sicher würden Euch auch seine „Wanderungen", die, glaube ich, Susi hat, ebenso gefallen. Wissenschaftlich habe ich hier Uhlhorns große „Geschichte der christlichen Liebestätigkeit" sehr gern gelesen und mich bei Holls Kirchengeschichte an seine Seminare erinnert.

Fast täglich lese ich etwas Stifter; das geborgene und verborgene Leben seiner Gestalten – er ist ja so altmodisch, nur sympathische Menschen zu schildern – hat in dieser Atmosphäre hier etwas sehr Wohltuendes und lenkt die Gedanken auf die wesentlichen Lebensinhalte. Überhaupt wird man hier in der Zelle äußerlich und innerlich auf die einfachsten Dinge des Lebens zurückgeführt; so konnte ich z. B. mit Rilke gar nichts anfangen. Aber vielleicht leidet auch der Verstand etwas unter der Enge, in der man lebt?

Eben kommt nun, es ist inzwischen Freitag, Euer wundervolles Frühjahrspaket mit den ersten Gartenerzeugnissen! Für dieses wie für das vorige danke ich Euch und allen daran Beteiligten wieder sehr! Wie lange wird Euch diese Mühe und dieses Sorgen für mich nun noch auferlegt sein – wer kann es wissen?

Ich hätte gern Hoskyns „Das Rätsel des Neuen Testaments" bei Gelegenheit (steht über meinem Bett), und etwas Watte, es ist nachts manchmal ziemlich laut.

In diesen Tagen hoffe ich wieder auf einen Brief von Euch. Schreibt doch immer alles, was Ihr von Maria wisst. Schön, dass K. Friedrich und Schleichers neulich dabei waren; Schleichers kennen ja auch die ältere Schwester Bismarck, und Ihr erinnert Euch vielleicht noch an den gefallenen Bruder Max, meinen Konfirmanden, aus Stettin? Grüßt auch die Großmutter immer sehr!

Es vergeht doch kaum eine Stunde, in der nicht die Gedanken von den Büchern zu Euch allen wandern und ein Wiedersehn in Freiheit muss unvorstellbar schön sein. Bis dahin wollen wir weiter Geduld und Zuversicht behalten. Dass Ihr nun gar nicht reist und etwas ausspannen könnt, tut mir so leid. Geht es Euch denn einigermaßen? Mir geht es gut, ich bin weiter gesund, werde satt, schlafe leidlich und die Zeit geht immer noch schnell vorüber. Grüßt bitte alle Geschwister, Kinder und Freunde. In großer Dankbarkeit und Liebe grüßt Euch

Euer Dietrich

6. An Karl und Paula Bonhoeffer

14. Juni 1943, Pfingsten

Liebe Eltern!

Nun feiern wir also auch Pfingsten noch getrennt, und es ist doch in besonderer Weise ein Fest der Gemeinschaft. Als die Glocken heute früh läuteten, hatte ich große Sehnsucht nach einem Gottesdienst, aber dann habe ich es gemacht wie Johannes auf Patmos und für mich allein einen so schönen Gottesdienst gehalten, dass die Einsamkeit gar nicht zu spüren war, so sehr wart Ihr alle, alle dabei und auch die Gemeinden, in denen ich Pfingsten schon gefeiert habe. Das P. Gerhardt'sche

Pfingstlied mit den schönen Versen: „Du bist ein Geist der Freude …" und „Gib Freudigkeit und Stärke …" sage ich mir seit gestern Abend alle paar Stunden auf und freue mich daran, dazu die Worte: „der ist nicht stark, der nicht fest ist in der Not" (Sprüche 24) und „Gott hat uns nicht gegeben den Geist der Furcht, sondern der Kraft und der Liebe und der Besonnenheit" (2Tim 1). Die seltsame Geschichte vom „Sprachenwunder" hat mich auch wieder sehr beschäftigt. Dass die babylonische Sprachenverwirrung, durch die die Menschen einander nicht mehr verstehen können, weil jeder seine eigene Sprache spricht, ein Ende haben und überwunden sein soll durch die Sprache Gottes, die jeder Mensch versteht und durch die allein die Menschen sich auch untereinander wieder verstehen können, und dass die Kirche der Ort sein soll, an dem das geschieht, das sind doch alles sehr große und wichtige Gedanken. Leibniz hat sich sein Leben lang mit der Idee einer Universalschrift, die nicht in Worten, sondern in evidenten Zeichen alle Begriffe zur Darstellung bringen sollte, herumgeschlagen – ein Ausdruck seines Verlangens, die damals so zerrissene Welt zu heilen – ein philosophischer Reflex der Pfingstgeschichte.

Es ist wieder völlige Stille im Haus, nur die Schritte der in ihren Zellen auf und ab gehenden Gefangenen hört man, und wie viel trostlose und unpfingstliche Gedanken mögen da mit herumgetragen werden. Wenn ich Gefängnispfarrer wäre, dann würde ich an solchen Tagen von frühmorgens bis abends durch die Zellen gehen; da würde sich manches ereignen.

Euch, K. Friedrich und Ursel habe ich wieder sehr für Briefe zu danken. Ihr wartet alle ebenso wie ich, und ich muss gestehen, dass ich in irgendeinem Bezirk des Unterbewusstseins wohl doch gehofft hatte, Pfingsten wieder frei zu sein, obwohl ich mir bewusst immer wieder verbiete, irgendwelche bestimmten Termine ins Auge zu fassen. Morgen sind es nun

10 Wochen – das hatten wir uns wohl unter einer „vorläufigen“ Festnahme in unserem Laienverstand nicht vorgestellt. Es ist aber überhaupt ein Fehler, in juristischen Dingen so ahnungslos zu sein, wie ich es bin. Ich spüre hier erst, in was für einer verschiedenen Atmosphäre der Jurist leben muss als der Theologe; aber auch das ist lehrreich und es hat wohl jedes an seinem Ort sein Recht. Und uns bleibt nun eben gar nichts übrig, als im Vertrauen darauf, dass ja jeder zur beschleunigten Klärung tut, was er kann, mit möglichst viel Geduld zu warten und nicht bitter zu werden. Bei Fritz Reuter heißt es so schön: „So egal und sacht fließt kein Lebenslauf, dass er nicht mal gegen einen Damm stößt und sich im Kreise dreht, oder dass ihm die Menschen Steine ins klare Wasser schmeißen, na, passieren tut jedem was – und er muss dafür sorgen, dass sein Wasser klar bleibt, dass Himmel und Erde sich in ihm spiegeln kann“ – damit ist eigentlich alles gesagt.

Dass Ihr beide vorgestern hier unten das Pfingstpaket abgegeben habt, hat mich wirklich riesig gefreut, und es ist merkwürdig, nur das Wissen um Eure Nähe hat mir alles, das Haus und Euer ganzes Leben, das mir manchmal schon in so unwirkliche Ferne rückt, wieder ganz nah gebracht. Ich danke Euch sehr dafür und auch für das Paket, das wieder höchst willkommen war, besonders hat mich auch die gelbe Speise begeistert, die sich so gut hält.

Von Maria hatte ich wieder einen lieben Brief. Die Arme muss nun immer schreiben, ohne ein direktes Echo von mir zu bekommen; das muss schwer sein, aber ich freue mich über jedes Wort von ihr und jede Kleinigkeit interessiert mich, weil sie das Mitleben erleichtert. Ich danke ihr sehr dafür. In kühnen Träumen male ich mir manchmal schon unsere künftige Wohnung aus.

Die Studie über das Zeitgefühl ist ungefähr fertig; jetzt muss sie eine Weile ruhen; mal sehen, wie sie das übersteht.

Es ist Pfingstmontag. Eben setze ich mich, um Rüben und

Kartoffeln zu Mittag zu essen, da wird völlig unerwartet Euer Pfingstpäckchen abgegeben, das Renate gebracht hat. Es ist wirklich nicht zu beschreiben, wie einen so etwas freut. Bei aller Gewissheit der geistigen Verbindung zwischen Euch allen und mir, hat der Geist doch offenbar immer ein ungestilltes Verlangen nach Sichtbarmachung dieser Verbindung der Liebe und des Gedenkens, und die materiellsten Dinge werden dann Träger geistiger Realitäten. Ich glaube, das ist etwas Analoges zu dem Verlangen aller Religionen nach dem Sichtbarwerden des Geistes im Sakrament. Ich lasse Renate ganz besonders dafür danken, dass sie mir diese große Freude gemacht hat, und wünsche ihr täglich viel Freude in ihrer Ehe und ihrem Beruf. Wie schön, dass sie einen Flügel bekommen hat; es wird einer der besonders schönen Augenblicke beim Freiwerden sein, wieder einmal mit ihnen zu musizieren. – Sehr dankbar bin ich für alles, was man rauchen kann. – Nun wollen wir sehr hoffen, dass alles bald zum Abschluss kommt. – Grüßt Maria und die Geschwister! Es denkt in Dankbarkeit und Liebe immer an Euch

Euer Dietrich

Bitte doch noch etwas Watte, „Oropax“ macht mir so ein dumpfes Gefühl im Kopf.

7. An Karl und Paula Bonhoeffer

24. Juni 1943

Liebe Eltern!

Ich fange den Brief schon heute an, obwohl ich ja die Hoffnung habe, Euch morgen selbst zu sehen. In der Woche nach Pfingsten habe ich viele Briefe bekommen, die mich sehr gefreut haben. Zuerst die Euren, die mir immer wieder so eine große Beruhigung sind, obwohl ich doch nicht darüber hinwegkomme, dass Ihr unter meinem Missgeschick nun schon so lange mitleiden müsst; dann Marias Brief, der mich mit den märchenhaften Zukunftsträumen richtig vergnügt gemacht hat; aber auch Hans-Walter hat sich von seinen kurzen dienstfreien Augenblicken Zeit für einen Brief an mich abgespart, wofür ich ihm besonders danke – wie schön, dass er jetzt so nahe bei Berlin ist! Christoph hat in seinem Brief so nett aus Sakrow erzählt – wenn doch den Kindern bald dieser Druck abgenommen würde! – und der kleine Michael hat im letzten Paket seinem gefangenen Patenonkel sogar sein Konfekt geschickt; das darf er nun zwar nie wieder tun, aber ich denke mir, dass ihm dieses Opfer – und das ist es doch für so einen kleinen Kerl wirklich – in Erinnerung bleibt, und dass er sich ebenso darüber freut, wie ich es getan habe; wenn ich wieder frei bin, erfülle ich ihm irgendeinen besonderen Wunsch; er soll sich das schon überlegen. Auch K. Friedrich hat wieder so nett geschrieben; für Ursels Brief habe ich wohl schon gedankt. Aus den Paketen erkenne ich immer wieder die Mitwirkung der ganzen Familie, Geschwister und Kinder wie auch der Familie von Maria, alle müssen wissen, wie dankbar ich dafür bin; es ist eine wirkliche Hilfe. Was für ein Reichtum ist in solchen bedrängten Zeiten eine große, eng miteinander verbundene Familie, wo einer dem andern vertraut und beisteht! Ich habe früher bei gelegentlichen Verhaftungen von Pfarrern manchmal gedacht, es müsse doch für die Alleinstehenden unter ihnen am leichtesten zu ertragen sein. Damals habe ich nicht gewusst, was in der kalten Luft der Gefangenschaft die Wärme, die von der Liebe einer Frau und einer Familie ausgeht, bedeutet, und wie gerade in solchen Zeiten der Trennung das Gefühl der unbedingten Zusammengehörigkeit noch wächst. Über Walters Einführung habe ich mich gefreut; ich vergaß neulich, ihm dazu und zu seinem Geburtstag Glück zu wünschen; auch für Susi freut es mich sehr, die schon so an der Gemeinde hing und so viel für sie getan hat.

Eben kommen Mamas und Großmutters Briefe, für die ich Euch sehr danke. Aus den Berichten von Erdbeeren und Himbeeren, von Schulferien und Reiseplänen spüre ich erst, dass es inzwischen wirklich Sommer geworden ist. Hier geht das Leben ziemlich zeitlos dahin. Ich bin froh über die milden Temperaturen. Vor einiger Zeit hatte hier im Hof in einem kleinen Verschlag eine Meise ihr Nest mit 10 Jungen darin; ich hatte mich täglich daran gefreut, eines Tages hatte ein roher Kerl alles zerstört, einige Meisen lagen tot auf der Erde. Unbegreiflich. Auch ein kleiner Ameisenbau und die Bienen an den Linden machen mir auf meinen Gängen im Hof viel Freude. Ich erinnere mich dann manchmal an die Geschichte von Peter Bamm, der auf einer wunderschönen Insel ist, auf der er auch allerlei mehr oder weniger angenehme Menschen trifft, und der bei dem Angsttraum, es könnte einmal eine Bombe alles zerstören, zunächst nur denken kann: Es wäre schade um die Schmetterlinge! Es ist wohl das Gefühl für das ungestörte, stille, freie Leben der Natur, das dem Gefangenen ein ganz besonderes – wahrscheinlich etwas sentimentales – Verhältnis zu Tieren und Pflanzen gibt. Nur das Verhältnis zu den Fliegen in der Zelle bleibt für mich noch ganz unsentimental. Der Gefangene neigt wohl überhaupt dazu, den

Mangel an Wärme und Gemüt, den er in seiner Umgebung empfindet, bei sich selbst durch eine Übersteigerung des Gefühlsmäßigen zu ersetzen, und er reagiert wohl auch leicht überstark auf alles Persönlich-Gefühlsmäßige. Es ist dann gut, sich selbst immer wieder einmal durch eine kalte Dusche Nüchternheit und Humor zur Ordnung zu rufen, sonst gerät man aus dem Gleichgewicht. Ich glaube, dass gerade diesen Dienst einem das recht verstandene Christentum besonders wirksam leistet. Du, Papa, kennst das ja alles gut aus Deinen langen Erfahrungen mit Gefangenen. Was die sogenannte Haftpsychose ist, weiß ich allerdings selbst noch nicht; ich kann mir nur die Richtung ungefähr vorstellen.

Ich werde Euch nächstens meine Raucherkarte wieder schicken; hier kriege ich jetzt kaum noch Zigaretten, nur sehr schlechten Tabak zum Rauchen! Herrlich waren Marias und Mutters Zigaretten. Großvaters „Ideale und Irrtümer" habe ich mit großer Freude gelesen; auch der „Nachsommer" freute mich sehr. Ihr müsst mal den „Waldsteig" von Stifter und den „Uli" von Gotthelf lesen; das lohnt sich sehr!

Eben komme ich zurück und habe Maria gesehen – eine unbeschreibliche Überraschung und Freude! Nur eine Minute vorher hatte ich es erfahren. Es ist mir noch wie ein Traum – wirklich eine fast unbegreifliche Situation –, wie werden wir später einmal daran zurückdenken! Was man in einem solchen Augenblick sagen kann, ist ja so belanglos, aber das ist ja auch nicht die Hauptsache. Es war so tapfer von ihr, zu kommen; ich habe es ihr gar nicht zuzumuten gewagt; denn es ist ja doch für sie viel schwerer noch als für mich; ich weiß, woran ich bin, für sie ist alles unvorstellbar, rätselhaft, schrecklich. Wie wird es sein, wenn dieser böse Albdruck einmal vorüber ist! Und nun ist eben auch noch Marias und Mutters Brief gekommen, um die Freude vollzu achen und als Nachklang von heute Morgen. Wie gut geht es mir doch immer noch! Sagt es ihnen doch, dass ich mir das täglich sage.

Wir dürfen uns voraussichtlich nächste Woche sehen! Darauf freue ich mich sehr. Maria ist so gern bei Euch und erzählte so froh von Schleichers. Dafür bin ich sehr dankbar. – Nun grüßt alle Geschwister, Kinder und Freunde sehr von mir! In großer Liebe denkt immer an Euch

Euer dankbarer Dietrich

8. An Karl und Paula Bonhoeffer

3. Juli 1943

Liebe Eltern!

Wenn am Sonnabend abends um 6 Uhr die Glocken der Gefängniskirche zu läuten anfangen, dann ist das der schönste Augenblick, um nach Haus zu schreiben. Es ist merkwürdig, was für eine Gewalt die Glocken über den Menschen haben und wie eindringlich sie sein können. Es verbindet sich so vieles aus dem Leben mit ihnen. Alles Unzufriedene, Undankbare, Selbstsüchtige schwindet dahin. Es sind lauter gute Erinnerungen, von denen man auf einmal als von guten Geistern umgeben ist; als Erstes sind es immer stille Sommerabende in Friedrichsbrunn, die mir gegenwärtig werden, dann all die verschiedenen Gemeinden, in denen ich gearbeitet habe, dann die vielen schönen häuslichen Feste, Trauungen, Taufen, Konfirmationen – morgen wird mein Patenkind konfirmiert! –, man kann es gar nicht aufzählen, was da alles lebendig wird. Aber es können nur sehr friedliche, dankbare und zuversichtliche Gedanken sein. Wenn man nur andern Menschen mehr helfen könnte!

Ich habe eine Woche mit viel ruhiger Arbeit und schönen

Büchern hinter mir, dazu mit Briefen von Euch und Maria und mit dem wunderschönen heutigen Paket. Es beunruhigt mich etwas, dass Eure Fenster im Luftschutzraum zugemauert werden sollen. Ich finde, Ihr dürft Euch das unter keinen Umständen gefallen lassen; es ist doch der einzige Ausgang und auch sicher nicht so gedacht. Ich habe hier mit dem Hauptmann darüber gesprochen; der hat sich mit Erfolg zur Wehr gesetzt; es ist nur die schematische Durchführung einer Bestimmung, die für Euer Haus gar nicht passt. Rüdiger soll Euch doch da etwas helfen. Dass Ihr nun bei Alarmen oben bleiben wollt, verstehe ich ja, aber ich finde es beunruhigend und das muss in Ordnung kommen. Man kann ja vor dem Fenster eine dicke Sandsackschicht aufbauen.

Sich von den schönen Bildern zu trennen, ist ja traurig; aber vielleicht ist es richtig, so wüst, wie die Angriffe jetzt zu sein scheinen. Für meine Bücher hoffe ich ja wirklich selbst noch sorgen zu können, um Euch diese Arbeit zu sparen. Vielleicht sollte man die großen Rembrandtmappen schon verstauen.

Maria hat mir über Ausstattungsfragen geschrieben, das hat mich ungeheuer gefreut. Die Skizzen von den Möbeln ihres Zimmers finde ich wunderhübsch. Dass sie jetzt eine Weile zu Haus sein kann, freut mich für sie alle. […] Ich lasse sie fragen, ob sie es nicht statt der Geige mit der Laute versuchen will, wenn sie sich wirklich von der Geige nichts verspricht; nur muss man gleichzeitig dann etwas Harmonielehre treiben. Es wäre wirklich hübsch, wenn so etwas noch möglich wäre. […] Ich lasse ihr sehr für ihren Brief und auch die Bilder danken. Sehr gern hätte ich eine Vergrößerung ihres Bildes auf dem Hochzeitszug von Ruth-Alice Bismarck; das ist so sehr hübsch; auch das Kleid finde ich besonders schön. Sie hat mir übrigens einen so märchenhaften Kuchen gebacken, dass mir schon beim Ansehen und erst recht nachher Herz und Magen gelacht haben und dass ich nur bedauerte, Dir, Mama, nicht davon anbieten zu können!

Nur um Euch auf dem Laufenden zu halten, nicht weil ich es für der Rede wert hielte, muss ich noch von meinem Hexenschuss berichten. Er ist nicht schlimm, aber dauert schon über 3 Wochen; das ist etwas lästig. Schuld ist wohl der Steinboden. Hier geschieht alles Erdenkliche, Lichtbäder, Fußbäder, aber nützen tut es gar nichts.

Es ist nun 1/4 Jahr Haft herum. Ich erinnere mich, als Student in der Ethik bei Schlatter gehört zu haben, es gehöre zu den christlichen Staatsbürgerpflichten, eine Untersuchungshaft ruhig auf sich zu nehmen. Damals waren mir das leere Worte. Ich habe in den vergangenen Wochen manchmal daran gedacht; und nun wollen wir auch die Zeit, die uns noch auferlegt ist, ebenso ruhig und mit Geduld abwarten wie bisher. In Träumen bin ich mehr denn je schon wieder in Freiheit bei Euch.

Ganz wunderschön waren die Feuerlilien, die Kelche öffnen sich morgens langsam und blühen nur einen Tag, am nächsten Morgen sind neue da, übermorgen werden die letzten geblüht haben.

Eben komme ich von der Sprecherlaubnis. Das war doch wieder ganz wunderschön; ich bin sehr dankbar dafür. Besonders geht mir der Gedanke an Renate nach, Ihr habt doch mit den Schwestern schon so viel Erfahrung in diesen Zuständen, dass Ihr es ihr werdet erleichtern können; ich freue mich doch sehr; übrigens war Goethes Mutter knapp 18 Jahre, als er zur Welt kam. Grüßt sie doch besonders! Auch alle Geschwister und Kinder lasse ich sehr grüßen; ich glaube, es ist keiner, an den ich nicht alle Tage einmal dächte. Dass es der Großmutter wieder so gut geht, hat mich auch besonders gefreut zu hören. Wenn Ihr nun nur bald die Sorge loswürdet und reisen könntet! Das ist unaufhörlich mein Wunsch. Habt nochmals Dank für alles und nehmt viele Grüße von

Eurem Dietrich

9. An Karl und Paula Bonhoeffer

24. Juli 1943

Liebe Eltern!

Nun seid Ihr gestern bei der Hitze selbst mit dem Paket hier gewesen! Hoffentlich hat es Euch nicht doch zu sehr angestrengt. Ich danke Euch sehr dafür und für alles Gebrachte! Die sommerlichen Erzeugnisse sind mir hier natürlich besonders willkommen. Nun sind also auch die Tomaten schon reif! In diesen Tagen spüre ich zum ersten Mal die Wärme; noch ist sie hier in der Zelle nicht lästig, besonders da ich mich ja wenig bewege. Aber das Verlangen nach frischer Luft wächst. Ich möchte mal wieder einen Abend im Garten erleben. Die halbe Stunde Spazierengehen am Tage ist zwar schön, aber doch zu wenig. Wahrscheinlich werden die verschiedenen Erkältungserscheinungen, Reißen, Schnupfen etc. erst weggehen, wenn ich wieder an die Luft komme. Eine große Freude sind mir immer die Blumen, die etwas Farbe und Leben in die graue Zelle bringen. Für Eure Briefe mit den Familiennachrichten danke ich Euch sehr. Hoffentlich haben es nun alle in ihren Ferien gut getroffen; denn es braucht sie doch jeder. Von Susi hatte ich wieder einen sehr netten Brief, über den ich mich sehr gefreut habe. Sie hat ganz recht, diese Zeit der Trennung macht es einem erst deutlich, dass man sich in normalen Zeiten oft zu wenig Mühe gibt zusammenzukommen. Gerade weil man es nicht für nötig hält, die selbstverständlichen geschwisterlichen Beziehungen eigens zu „pflegen", kommt doch manches zu kurz; und das ist schade. Walter danke ich auch sehr für seine Karte, Susi noch besonders für das häufige Herbringen des Paketes, was für sie doch immer eine Strapaze ist. Aber bei aller Mühe, die Ihr mit den Paketen für mich habt, müsst Ihr doch wissen, dass ich jedes Stückchen mit sehr großer Dankbarkeit und auch mit wirklich gutem Appetit genieße und dass ich dadurch bisher gut bei Kräften geblieben bin. Ich richte mich auch immer so ein, dass ich gerade eine Woche damit reiche und so täglich eine hübsche Erinnerung und Stärkung habe. So fühle ich mich schon beim Frühstück umgeben von Euch allen, und das ist umso schöner, als gerade der Morgen für mich der innerlich am schwierigsten zu bewältigende Teil des Tages ist.

Zwei schöne Briefe von Maria und einen von der Schwiegermutter – übrigens vom 27. VI.! Der ist wohl irgendwo liegen geblieben? – haben mir große Freude gemacht. Maria soll reiten, so viel sie will, ich freue mich darüber und beneide sie nur darum; da sie allerdings auf meinen Vorschlag, mir Reitstunden zu geben, nicht eingeht, nehme ich an, dass sie mich für einen hoffnungslosen Fall ansieht – aber vielleicht täuscht sie sich darin sogar!? Sollte sie jedoch meinen, Reiten schicke sich nicht für einen Pfarrer, so wäre ich darüber anderer Ansicht! Schön, dass ihr der Musikvorschlag einleuchtet. Wenn sie eine Gambe auftreiben könnte, wäre es herrlich. Beibringen kann man sich es zur Not selbst, Renates Mann ist darin ja groß. Aber ich hoffe ja, wir können es zusammen lernen. Dass Maria gegen den Willen des Arztes ihre Ruhezeit abbricht, kommt doch wohl ernstlich nicht infrage? Abgesehen von allem anderen braucht sie später auch als Pfarrfrau gesunde Füße und da wird es allerdings mit dem Reitpferd wohl nichts werden! Schön, dass sie viel zum Lesen kommt.

Ich lebe mit meiner Lektüre ja jetzt ganz im 19. Jahrhundert. Gotthelf, Stifter, Immermann, Fontane, Keller habe ich in diesen Monaten mit neuer Bewunderung gelesen. Eine Zeit, in der man ein so klares, einfaches Deutsch schreiben konnte, muss im Grunde eine sehr gesunde Substanz gehabt haben. Bei den zartesten Dingen wird man nicht sentimental, bei den kräftigsten nicht frivol, bei der Aussprache von Überzeugungen nicht pathetisch, keine übertriebene Simplifizierung und Komplizierung in Sprache und Gegenstand – kurz, das alles ist mir äußerst sympathisch und scheint mir sehr gesund zu sein. Aber es setzt wohl viel ernste Arbeit am deutschen Ausdruck und darum viel Stille voraus. Übrigens haben mich auch die letzten Reuters wieder sehr gefesselt und ich empfinde mit Freude und Erstaunen die innere Gleichgestimmtheit oft bis ins Sprachliche hinein; man fühlt sich doch oft einfach durch die Art und Weise, etwas auszudrücken, mit einem Verfasser verbunden oder von ihm getrennt.

Besonders zu danken habe ich noch für die Versorgung mit Rauchwaren und allen freundlichen Spendern von Zigaretten!

Wie geht es Renate? Grüßt sie doch sehr und ich lasse auch für ihre Grüße sehr danken.

Von Mal zu Mal hoffe ich, dass es der letzte Brief aus dem Gefängnis ist, den ich Euch schreibe. Schließlich wird es ja auch mit jedem Tag wahrscheinlicher und allmählich kriegt man es hier ja auch satt. Ich würde es uns allen so wünschen, dass wir noch ein paar schöne Sommertage zusammen hätten.

Hast Du, Papa, Dich eigentlich nun in dem „Film der Persönlichkeiten“ drehen lassen? Ich fände es ja doch ganz nett. Außerdem kriegt man auf die Weise doch sicher eine Reihe guter Fotografien von Dir heraus?

Nun also noch mal vielen Dank für alles, was Ihr immerfort für mich tut. Viele Grüße an Maria, Mutter, Großmutter, auch an die neuen Schwäger und Schwägerinnen, natürlich auch an alle Geschwister und Kinder! Es grüßt in Liebe und Dankbarkeit

Euer Dietrich

10. An Karl und Paula Bonhoeffer

30. Juli 1943

Liebe Eltern!
Bei der heutigen Besprechung im RKG [Reichskriegsgericht] hat mir Herr Dr. Roeder die Erlaubnis gegeben, an Euch und an Rüdiger Goltz wegen meiner Verteidigung zu schreiben. Da ich Rüdigers bayrische Adresse nicht genau weiß, wollte ich Euch bitten, Euch mit ihm in Verbindung zu setzen. Ob er selbst die Sache übernehmen kann, ist mir ja im Hinblick auf seine Beinverletzung, die, soviel ich weiß, wieder schlechter geworden ist, fraglich. Aber er wird sicher eine geeignete Persönlichkeit empfehlen können. Herr Dr. Roeder meinte, der Verteidiger würde einen Tag für die Akten, einen für Besprechung mit mir und einen für die Verhandlung brauchen, also 3 Tage. Das ist ja nicht sehr viel. Aber auch Du, Papa, kennst doch vermutlich viele Anwälte. Aus dem Lubbe-Prozess kennst Du doch sicher auch Dr. Sack. Aber es ist fraglich, ob so eine „Kanone“ sich einer für ihn so geringfügigen Sache richtig annimmt, außerdem soll er furchtbar teuer sein. Ich wollte nur daran erinnern und kann es gar nicht beurteilen. Ich denke mir einen ruhigen, erfahrenen, älteren, nicht kirchenpolitisch festgelegten Mann, zu dem man sachlich und menschlich Vertrauen haben kann. Ich selber kenne niemand, aber Ihr werdet schon das Richtige finden. Es wäre gut, wenn Ihr die Sache bald klären könntet.

Im Übrigen darf ich Euch von nun an alle 4 Tage schreiben; das ist sehr schön für mich. Ich denke, ich werde zwischen Euch und Maria immer abwechseln.

Habt vielen Dank für alles und bitte beunruhigt Euch nicht!

Es grüßt Euch und die Geschwister

Euer Dietrich

11. An Maria von Wedemeyer

30. Juli 1943

Meine liebste, gute Maria!

Ist das nicht herrlich, dass ich Dir nun auch selbst schreiben kann? Wie habe ich mich nach diesem Augenblick gesehnt! Alle 4 Tage darf ich schreiben und ich werde also zwischen Dir und den Eltern abwechseln. Der heutige Tag war so voller schöner und auch ernster Eindrücke, dass ich noch nicht ganz wieder zur Ruhe gekommen bin, und doch kann ich es nicht lassen, Dir sofort heute noch zu schreiben. Wie soll ich Dir danken für Deine Liebe und Deine Treue und für Deine Tapferkeit, mit der Du alles trägst und mit der Du auch den für Dich doch schrecklichen Gang ins Reichskriegsgericht wieder unternommen hast. Es war heut so unbeschreiblich schön mit Dir zusammen, noch schöner als das letzte Mal – und wie wird es erst sein, wenn wir einmal ganz ohne andere Menschen zusammen sein werden. Ich weiß, ich bin schrecklich ungeschickt bei diesen Sprecherlaubnissen Dir etwas zu sagen, was Dich freut und tröstet und Dir zu zeigen, wie lieb ich Dich habe; ich bin nicht fröhlich und selbstlos genug – daran ist eben das grässliche Gefängnis schuld; aber das weißt Du ja alles und wenn ich zu viel von mir selbst rede, so musst Du doch wissen, dass Du da in mein Ich immer ganz miteingeschlossen bist. Ich bin nicht mehr ohne Dich, das ist mir in den letzten Monaten noch viel deutlicher geworden, als es mir schon war. –

Nun kam eben auch Dein guter, guter Brief! Und morgen werdet Ihr also an Vaters Geburtstag zusammen sein und ich werde an Euch denken. Es hat mich wirklich sehr gerührt, was Du von den kleinen Geschwistern und ihrem An-mich-Denken schreibst. Ja, ich will mir die Mühe geben, ihnen ein guter großer Bruder zu sein. Zu Haus war ich fast der Jüngste und das Glück, nun noch einmal eine Schar jüngerer Geschwister zu bekommen, ist für mich unbeschreiblich groß. Möchte doch alles gelingen, wie wir es erhoffen und erbitten und möchte ich für das, was ich von Eurer Familie empfange, Euch auch irgendetwas bringen können, was Euch freut. Die Vorfreude auf den ersten Tag in Pätzig überwindet immer wieder allen Kummer in mir. – Dass Du mit der Geige ernst machst, finde ich herrlich. Aber die Laute darfst Du mir nicht schlecht machen! Sie ist ein sehr ernsthaftes Instrument und Du darfst sie nicht mit der Mandoline verwechseln. Wir müssen später mal ein gutes Lautenkonzert zusammen hören. In Mexiko habe ich eine unvergessliche Sommernacht mit einem großen Lautenspieler verbracht. –

Eben läutet es zum Schlafengehen, morgen früh geht der Brief ab. Es steht nicht viel drin, Gedanken habe ich heute nicht mehr viel, aber das Herz voll großer Liebe, das ist auch ohne viele Gedanken immer da und immer bei Dir. Leb' wohl, meine liebste Maria. Sei weiter fröhlich, geduldig und tapfer und vergiss mich nicht, wie ich Dich nie vergesse, vom Morgen bis zum Abend und in der Nacht, wenn ich aufwache. Grüße die Mutter dankbar und herzlich von mir, auch die Großmutter, und jedem der Geschwister einen besonderen Gruß!

Dich umarmt und liebt
Dein Dietrich

12. An Karl und Paula Bonhoeffer

3. August 1943

Liebe Eltern!

Ich bin wirklich sehr froh und dankbar, dass ich Euch nun öfter schreiben darf; denn ich fürchte, Ihr macht Euch jetzt Sorgen, erstens wegen der Hitze in der Dachzelle, zweitens wegen der Bitte um den Anwalt. Eben kommt nun Euer herrliches Paket mit Tomaten, Äpfeln, Kompott, Thermosflasche usw. und mit dem fantastischen Kühlsalz, das ich noch gar nicht kannte. Welche Mühe habt Ihr Euch wieder für mich gemacht! Bitte macht Euch keine Gedanken, ich habe ja oft schlimmere Hitze erlebt, in Italien, Afrika, Spanien, Mexiko und am schlimmsten fast in New York im Juli 39, und ich weiß ungefähr, wie man sich am besten verhält; ich trinke und esse wenig, sitze ruhig am Schreibtisch und finde mich in meiner Arbeit eigentlich unbehindert. Zwischendurch erfrische ich Magen und Herz mit Euren schönen Sachen. Um Verlegung in einen andern Stock möchte ich nicht bitten, ich finde das nicht anständig gegen den anderen Gefangenen, der dann in meine Zelle müsste, und vermutlich ohne Tomaten etc.; außerdem macht es objektiv wohl nicht viel aus, ob es 34° oder nur 30° im Zimmer hat. Leider weiß ich aber, dass Hans Hitze immer so schlecht verträgt; das tut mir so leid. Aber es ist eine immer wieder merkwürdige Beobachtung, dass man Unabänderliches ganz anders aushält, als wenn man dauernd den Gedanken hat, man könnte sich irgendetwas erleichtern.

Was nun meine Bitte um den Verteidiger angeht, so hoffe ich sehr, dass Ihr seither nicht in großer Unruhe seid, sondern den Ablauf der Dinge ebenso ruhig abwartet wie ich. Ihr müsst wirklich nicht denken, ich sei nun sehr niedergeschlagen oder unruhig. Natürlich war es eine Enttäuschung, wie vermutlich auch für Euch. Aber in gewisser Weise ist es auch eine Befreiung, zu wissen, dass nun die endgültige Klärung der Sache, auf die wir so lange warten, bald kommen wird. Ich warte täglich auf genaueren Bescheid. Wenn Rüdiger Goltz sich jetzt nicht so plötzlich freimachen kann, so schadet es auch nichts. Herr Dr. Roeder meinte ausdrücklich, es sei eine Sache, die jeder ordentliche Anwalt machen könne, und wenn es ein tüchtiger, warmherziger, anständiger Mann ist, dazu ein ruhiger und vornehmer Verhandler, der den bisher in den Verhandlungen gepflegten Ton einhält – und das könnt Ihr ja am besten beurteilen –, bin ich ganz einverstanden. Persönlich habe ich eigentlich das Gefühl, dass man am besten selbst sagt, was man zu sagen hat; aber für die juristischen Dinge, von denen ich nichts verstehe, ist wohl doch ein Anwalt nötig.

Ich denke jetzt manchmal, ob Ihr nicht doch für die nächste Zeit wegen möglicher Alarme vielleicht nach Sakrow gehen solltet. Maria schlug auch Pätzig vor, aber da sind die Verbindungen so umständlich und reisen werdet Ihr vor Abschluss meiner Sache eben doch nicht wollen. Wäre es nicht auch für Renate vernünftig, sie zöge etwas zu ihrer Schwiegermutter aufs Land und ihr Mann versucht, sich seine Arbeit entsprechend einzurichten? Es ist doch nur 1 Stunde Fahrt. Aber vielleicht sind auch alle Befürchtungen wie so oft ganz unnötig. Hoffentlich!

Ich habe wieder manches Gute gelesen. Mit „Jürg Jenatsch" habe ich eine Jugenderinnerung mit viel Freude und Interesse aufgefrischt. An historischen Sachen fand ich das Werk über die Venezianer sehr instruktiv und fesselnd. Würdet Ihr mir bitte etwas Fontane schicken: „Frau J. Treibel", „Irrungen, Wirrungen", „Stechlin". Diese starke Lektüre der letzten Monate wird auch meiner Arbeit sehr zugutekommen. Man lernt aus diesen Sachen oft mehr für die „Ethik" als aus Lehrbüchern. – „Kein Hüsung" von Reuter habe ich ebenso gern wie Du, Mama. Aber ich bin nun wohl mit den Reuters durch? Oder habt Ihr noch etwas ganz Besonderes?

Übrigens fällt mir noch zur Anwaltsfrage ein: Es wäre gut, wenn der Mann sich etwas Zeit für mich nähme und nicht gar zu hastig ist. Ich glaube, das sollte so sein wie beim Arzt, dem man auch nicht anmerken darf, dass er viel zu tun hat.

Eben habe ich zum Mittag ein paar von den wunderbaren Gartentomaten gegessen und dabei an die Arbeit gedacht, die Ihr beim Ziehen damit gehabt habt. Aber sie sind wirklich ganz herrlich geworden. Habt vielen Dank! Dir, lieber Papa, danke ich sehr für Deinen Brief. In der Liebe zu Friedrichsbrunn will wohl keiner von uns hinter dem andern zurückstehen. In diesem Jahr sind es 30 Jahre, dass Ihr es gekauft habt! Ich hoffe noch sehr auf ein paar schöne Tage dort mit Euch, und vielleicht kuriert das auch meinen Hexenschuss.

Nach dem Wiedersehen mit Maria habe ich ihr schon schreiben können. Darüber war ich sehr froh. Sie tut mir bei dem Gang aufs Gericht immer so schrecklich leid. Aber ich fand sie wohler aussehend.

Sind nun für Renates Zustand diese heißen Tage besonders lästig? Das täte mir sehr leid. Grüßt sie doch sehr samt Mann, auch alle Geschwister natürlich und die Kinder! Im „Grünen Heinrich“ las ich neulich den hübschen Vers: „Und durch den starken Wellengang / der See, die gegen mich verschworen, / geht mir von euerem Gesang, / wenn auch gedämpft, kein Ton verloren.“

In großer Liebe und guter Zuversicht grüßt Euch Euer dankbarer Dietrich

Eben lese ich den Aufruf zur Evakuierung; könnt Ihr nicht eine Zeit lang wenigstens in Sakrow übernachten? Die andern werden ja alle ihre Pläne schon gemacht haben. Es ist wirklich sehr widerwärtig in dieser Zeit hier unnötig sitzen zu müssen und zu warten. Hoffentlich auf baldiges Wiedersehen!

D.

13. An Karl und Paula Bonhoeffer

7. August 1943

Liebe Eltern!

Dieser Brief geht nun doch wieder an Euch statt, wie eigentlich geplant, an Maria. Ich weiß nämlich nicht, ob es richtig ist, ihr Briefe mit meiner gegenwärtigen Anschrift auf dem Umschlag zu schicken. Auf dem Dorf schwatzt sich alles gleich herum, und es könnte doch einer da sein, der weiß, was Tegel, Seidelstraße 39, bedeutet; und das würde ich Maria gern ersparen. Außerdem ist sie jetzt nicht einmal zu Haus, und da möchte ich erst recht vorsichtig sein, um sie nicht in eine Lage zu bringen, die ich von hier aus nicht übersehen kann. Sie hat schon genug durchzumachen. So warte ich also, bis ich von ihr höre, wie sie sich das denkt. Dieses in allen Dingen Angewiesensein aufs Warten ist ja überhaupt das Kennzeichen meines gegenwärtigen Zustandes, und je näher man dem Ziel zu kommen hofft, desto schwieriger ist es, sich in Geduld zu fassen.

Nun ist die Hitze ja gebrochen, und ich sitze schon wieder in der Jacke am Tisch. Aber ich möchte Euch doch noch einmal danken, dass Ihr mir die heißen Tage so erleichtert habt. Dabei war die Fahrt nach Tegel für Euch ja auch immer eine schlimme Strapaze.

Ob Ihr nun auch sehr in Luftschutzvorbereitungen seid? Nach allem, was die Zeitung in den letzten Tagen bringt, kommt man ja nicht umhin, sich alles bis in die Einzelheiten hinein noch einmal zu überlegen. Da geht mir z. B. durch den Kopf, dass wir doch einmal vom Gebälk im Keller gesprochen haben und gewisse Bedenken hatten; an dem Hauptbalken in der Mitte sollten doch noch irgendwelche Veränderungen vorgenommen werden? Ob Ihr noch daran denkt und ob die Hilfskräfte dafür zu kriegen sind? Das stelle ich mir jetzt sehr schwierig vor. Wie gern würde ich Euch dabei helfen. Lasst mich doch alles wissen; es interessiert einen ja jede Einzelheit.

Was für Pläne haben die Geschwister mit den Kindern? Werdet Ihr nach Sakrow gehen, wenigstens für die Nächte?

Um mich aus diesen Gedanken für kurze Zeit wenigstens ganz herausreißen zu lassen, habe ich in den letzten Tagen Hauffs Märchen mit großem Vergnügen gelesen. Man wird in eine ganz andere Welt versetzt, und man hat nur immer etwas Angst, aus dem Bereich des Fantastischen und der Träume wieder allzu nüchtern zu erwachen! Ich würde gern mal wieder den „Lichtenstein" lesen; ich habe ihn in einer Reclamausgabe zu Haus; der kleine Druck würde mich nicht stören.

Im Grunde hoffe ich von Tag zu Tag, dass Ihr nicht mehr so oft nach Tegel fahren müsst, sondern endlich beruhigt die so nötigen Ferien machen könnt.

Dieser Tage las ich von der Anmeldepflicht von Kupfergefäßen. Darunter fällt auch mein spanischer „Brassaro"; nur müsste man vermerken, dass es sich um ein Kunstwerk aus dem 18. Jahrhundert handelt. Merkwürdig, wie gleichgültig einem in solchen Zeiten derartige Dinge werden.

Von meinen Büchern hätte ich gern Vilmar, Schlatter, Calvin sichergestellt, vielleicht auch die alten Bilder in meiner Stube; aber bitte macht Euch nicht zu viel Mühe damit! Bücher kann man sich ja später schließlich immer wieder kaufen, und *vor allem* müsst Ihr in diesen Zeiten bei Kräften bleiben; demgegenüber ist alles andere wirklich ganz nebensächlich!

Der Sonntag ist inzwischen auch fast vorüber, und ich gehe der neuen Woche mit großer Erwartung entgegen. Hoffentlich kommt auch bald wieder Post von Euch und von Maria.

Ich glaube, ich habe bisher noch nie erzählt, dass ich täglich, wenn ich nicht mehr lesen und schreiben kann, etwas

Schachtheorie treibe; das macht mir viel Spaß. Wenn Ihr etwas Kleines, Gutes, vielleicht mit Aufgaben, darüber findet, wäre ich dankbar; aber macht Euch keinerlei Umstände damit; es geht auch so.

Nun grüßt bitte wieder alle Geschwister und lasst mich bitte bald alle Eure Pläne und Entscheidungen wissen. Würdet Ihr mit Maria bitte besprechen, wie sie es sich mit der Post denkt, und grüßt sie dabei bitte sehr! – Es denkt sehr an Euch alle und grüßt Euch

Euer dankbarer Dietrich

14. An Maria von Wedemeyer

12. August 1943

Meine liebste Maria!

Als ich den letzten Brief an Dich abgeschickt hatte, bekam ich plötzlich einen Schrecken, Dir könnte vielleicht meine Tegeler Adresse auf dem Umschlag im Dorf Unannehmlichkeiten machen. Und wenn ich auch förmlich zu hören glaube, wie Du darüber laut lachst – ich freue mich über dieses Lachen –, so meine ich, man soll solche Dinge doch nicht leichtfertig behandeln; es ist wirklich nicht nötig, dass Du einen Dorfklatsch über Deinen Bräutigam über Dich ergehen lassen musst. Um auch jede Möglichkeit in dieser Hinsicht auszuschließen, habe ich Dir also nicht wieder geschrieben, sondern zu Haus angefragt, wie Du darüber denkst. Nun kam aber heute Dein lieber Brief; daraufhin kann ich nun einfach nicht stumm bleiben. Aber bitte schreibe mir das nächste Mal, wie ich künftig an Dich schreiben soll; vorher schreibe ich jetzt nicht wieder. –

Und nun also zu Deinem Brief. Du kannst es gar nicht

ermessen, was es für mich in meiner jetzigen Lage bedeutet, Dich zu haben. Es ist mir gewiss, dass hier eine besondere Führung Gottes über mir waltet. Die Art, wie wir uns gefunden haben, und der Zeitpunkt so kurz vor meiner Verhaftung sind mir zu deutliche Zeichen dafür; es ging wieder einmal „hominum confusione et dei providentia" [nach des Menschen Verwirrung und Gottes Vorsehung]. Täglich überwältigt es mich aufs Neue, wie unverdient ich solches Glück erfuhr, und täglich bewegt es mich tief, in eine wie harte Schule Gott Dich im letzten Jahr genommen hat, und wie es offenbar sein Wille ist, dass ich Dir, kaum dass wir uns kennen, Leid und Kummer zufügen muss, damit unsere Liebe zueinander den rechten Grund und die rechte Tragkraft bekommt. Wenn ich dazu die Lage der Welt, die völlige Dunkelheit über unserem persönlichen Schicksal und meine gegenwärtige Gefangenschaft bedenke, dann kann unser Bund – wenn er nicht Leichtsinn war und das war er bestimmt nicht –, nur ein Zeichen der Gnade und Güte Gottes sein, die uns zum Glauben ruft. Wir müssten blind sein, wenn wir das nicht sähen. Bei Jeremia heißt es in der größten Not seines Volkes, noch soll man Häuser und Äcker kaufen in diesem Lande, als Zeichen des Vertrauens auf die Zukunft. Dazu gehört Glaube; Gott schenke ihn uns täglich; ich meine nicht den Glauben, der aus der Welt flieht, sondern der in der Welt aushält und die Erde trotz aller Not, die sie uns bringt, liebt und ihr treu bleibt. Unsere Ehe soll ein Ja zu Gottes Erde sein, sie soll uns den Mut, auf der Erde etwas zu schaffen und zu wirken, stärken. Ich fürchte, dass die Christen, die nur mit einem Bein auf der Erde zu stehen wagen, auch nur mit einem Bein im Himmel stehen. –

Übrigens bin ich durchaus der Meinung, dass Euer Pastor uns trauen soll. Ich finde, man soll in solchen Dingen immer das Nächstliegende tun; das ist wichtiger als irgendein persönlicher Wunsch. – Und nun habt Ihr also das Haus voller Leute.

Wie gern würde ich Dich in diesen Tagen das Hausregiment führen gesehen haben! Die Mutter hat mir wieder so einen sehr schönen Brief geschrieben und mir darin mancherlei erzählt; sag ihr doch bitte vielen Dank dafür; ich weiß, wie sehr sie sich die Zeit absparen muss, um mir zu schreiben. Aber es gibt hier auch keine größere Freude, als Briefe zu bekommen. Man liest sie ungezählte Male, um mitleben zu können. –

Draußen ist ein trüber Regentag, der so recht zu dem vergeblichen Warten auf Klärung und Aufhellung passt. Aber wir wollen keinen Augenblick vergessen, für wie vieles wir dankbar sein müssen und wie viel Gutes wir immer noch erfahren; ich brauche dabei nur an Dich zu denken und jede kleine Trübung der Seele wird wieder hell. Und nun wollen wir für den Rest der Zeit, der uns noch auferlegt ist, wirklich geduldig bleiben, keine Stunde mit Murren und Hadern vergeuden: Diese Wartezeit ist – von Gott her gesehen – eine ungeheuer kostbare Zeit; es liegt viel daran, wie wir sie bestehen und dass wir uns später nicht schämen müssen, dass wir das Geschenk, das Gott uns mit diesen Monaten der Bewährung gegeben hat, nicht erkannt haben. Ich bin gewiss, aus dieser Prüfungszeit wird unsere Liebe und unsere Ehe für immer Kraft ziehen. So lass uns miteinander und aufeinander warten bis zu unserem Freudentag. Es wird nicht mehr lange dauern, liebe, liebe Maria! –

Grüße bitte die Mutter und die Geschwister. Ist es Lütgert, der gefallen ist? Das wird Euch alle sehr betrüben. Bitte grüße seine Frau! – Leb wohl, liebste Maria, Gott behüte uns und die Unseren.

Dich umarmt Dein Dietrich, der sich von einem Brief auf den anderen freut!

15. An Karl und Paula Bonhoeffer

17. August 1943

Liebe Eltern!

Beiliegend schicke ich eine Vollmacht für Rüdiger für den Fall, dass er es doch einrichten kann; Ihr werdet ja inzwischen von ihm gehört haben; natürlich kann ich es verstehen, wenn er wegen einer solchen Sache nicht extra nach Berlin kommen will, besonders im Augenblick und als Vater von 10 Kindern! Aber Ihr werdet ja mit ihm auch über Dr. Wergin gesprochen haben. Die gestrige Stunde mit Euch war wieder unbeschreiblich schön; ich danke Euch sehr, dass Ihr kamt. Ich finde ja, dass besonders Du, lieber Papa, etwas besser aussehen könntest. Wollt Ihr nicht auch mal eine Zeit lang so wie ich um 8 Uhr oder doch um 9 schlafen gehen und außerdem einen gründlichen Nachmittagsschlaf machen? Die viele Arbeit, die magere Ernährung, die gestörten Nächte und zu all dem noch Eure Sorge um mich – das ist eben einfach zu viel. Besonders aus diesem Grunde bekümmert mich die immer weitere Verzögerung der Entscheidung doch sehr. In normaleren Zeiten sind 4 Wochen gar nichts, in diesen unsicheren bombenbedrohten Zeiten ist jeder Tag lang. Da man aber annehmen darf, dass jedem an möglichst rascher Abwicklung gelegen sein muss, hoffe ich im Stillen, dass wir doch noch schneller zum Ziel kommen. Vor allem macht Euch bitte um mich so wenig wie möglich Sorge. Ich halte alles gut aus und bin innerlich ganz ruhig. Und wie gut, dass wir aus früheren Erfahrungen voneinander wissen, dass uns Alarme wirklich gar nicht beunruhigen. Sehr froh bin ich, dass die Gerichte von Dr. Roeder in Berlin bleiben! Ich stelle es mir für Männer in verantwortlichen Positionen jetzt überhaupt nicht sehr angenehm vor, aus Berlin herausgehen zu müssen. Im Übrigen habt wohl Ihr – wie ich auch – Besseres zu tun, als immerfort über mögliche Alarme nachzudenken. Abstand gewinnen von den Vorgängen und Aufregungen des Tages, das lernt man hier in der Zelle fast von selbst.

Ich vergaß, auf die Geburtstage am 22. und 28. zu sprechen zu kommen. Der Susi, die so oft Mühe mit meinen Paketen gehabt hat, würde ich gern eine Freude machen; aber das Einzige, was mir einfällt, ist eine letzte Flasche Süßwein, die ich habe und ihr gern schenken möchte. Schleichers würden sich wohl über die einbändige, in dickem hellbraunem Leder gebundene neue Bibel, die im Luftschutzkeller steht, freuen; bitte legt sie auf den Geburtstagstisch, und sagt beiden, dass ich mit vielen herzlichen guten Wünschen an sie denke. Wie gern wäre ich dabei! Aber die Geduldsprobe ist eben noch nicht zu Ende. Wenn man bei diesen kleinen Enttäuschungen, die man immer wieder erlebt, nur die großen Maßstäbe nicht aus den Augen verliert, erkennt man schnell, wie geringfügig die eigenen Entbehrungen sind.

Nachdem ich in den letzten 14 Tagen des unsicheren täglichen Wartens kaum zur produktiven Arbeit kam, will ich jetzt versuchen, wieder ans Schreiben zu gehen. Ich hatte in den vergangenen Wochen einen Entwurf zu einem Schauspiel versucht, habe aber inzwischen festgestellt, dass der Stoff eigentlich nicht dramatisch ist und werde ihn nun in die erzählende Form umzuarbeiten versuchen. Es geht um das Leben einer Familie. Da mischt sich naturgemäß viel Persönliches ein.

Ich hätte gern etwas Konzeptpapier und meine Uhr; die andre blieb gestern plötzlich stehen, sie geht nun zwar wieder; aber es ist mir zu riskant, dass ich plötzlich ohne Uhr sitze. Könnt Ihr bitte die „Systematische Philosophie“, herausgegeben von N. Hartmann, Verlag Kohlhammer 1943, für mich kaufen? Ich würde sie gern hier noch durcharbeiten. Sonst darf ich jetzt hier die Personalbibliothek benutzen, in der allerlei Gutes ist, so brauche ich weniger von Euch. Wenn

Ihr allerdings von Stifter den „Witiko“ noch auftreibt, wäre es schön.

Von Schleichers war es neulich wirklich rührend, dass sie mir die Kaninchenleber geschickt haben. So ein richtiges Stück Fleisch ist bei den dauernden Löffelgerichten etwas sehr Willkommenes; auch für Plätzchen, Pfirsiche und Zigaretten danke ich ihnen sehr. Hättet Ihr etwa noch ein bisschen Tee? Ich kann hier gelegentlich kochendes Wasser kriegen.

Der Tod der drei jungen Pastoren geht mir sehr nah. Ich wäre dankbar, wenn ihren Verwandten irgendwie gesagt werden könnte, dass ich ihnen jetzt nicht schreiben kann; sie würden das sonst nicht verstehen. Die drei haben mir unter meinen Schülern mit am nächsten gestanden. Es ist ein großer persönlicher und kirchlicher Verlust. Von meinen Schülern sind es nun wohl über dreißig, die gefallen sind, und großenteils die Besten.

K. Friedrich danke ich wieder sehr für seinen Brief; sie sind immer besonders nett. Auch Hans Christoph schrieb sehr nett zu meiner Verlobung; er tut allerdings so, als wäre sie schon veröffentlicht. Vielleicht muss man Onkel Hans sagen, dass das noch nicht der Fall ist. Es gibt hier in der Zelle keine größere Freude als Briefe.

Ich vergaß ganz, nach Onkel Paul zu fragen. Habt Ihr ihm nach dem Tod seiner Mutter eigentlich meine Teilnahme ausgesprochen? Grüßt ihn doch sehr.

Nun danke ich Euch noch einmal sehr für alles! Schließlich kommt ja der Tag des Wiedersehens in Freiheit immer näher, und es wird einer der Tage im Leben sein, die man nicht wieder vergisst. Viele Grüße an alle Geschwister und Kinder. Schreibt doch bald wieder! Der nächste Brief geht wieder an Maria.

Es denkt immer an Euch

Euer dankbarer Dietrich

16. An Maria von Wedemeyer

20. August 1943

Meine liebste Maria!

Durch eine gute hilfreiche Idee ist nun, wie Du siehst, die Möglichkeit geschaffen, Dir ohne Absender zu schreiben. Nun sehen für Dich meine Briefe doch äußerlich wenigstens schon so aus, als kämen sie aus der Freiheit. Besser noch wäre es, wenn es mir gelänge, Dir jetzt schon so zu schreiben, dass nur die Dankbarkeit, die Freude, das Glück, Dich zu haben, laut würde und nichts von dem Druck und der Ungeduld dieses langen Zellendaseins mit durchklänge. Aber es wäre nicht ganz echt und das käme mir Dir gegenüber wie ein Unrecht vor. Du musst schon wissen, wie es mir wirklich zumute ist, und mich nicht für einen geborenen Säulenheiligen halten. Ich kann mir übrigens auch nicht vorstellen, dass Du Dich mit einem solchen verheiraten möchtest – und ich würde es nach meinen kirchengeschichtlichen Kenntnissen auch nicht empfehlen. Also, damit Du Dir ein Bild machst: Ich sitze bei 30° mit aufgekrempelten Hemdsärmeln und offenem Kragen nach eben zum Abendbrot genossener heißer Mehlsuppe am Schreibtisch und denke sehnsüchtig an Dich, möchte mit Dir durch den Wald und ans Wasser fahren, möchte schwimmen und dann mit Dir irgendwo im Schatten liegen und von Dir hören, vieles hören und selbst nichts erzählen. Es sind also, wie Du siehst, sehr irdische und greifbare Wünsche, die ich habe, und es ist dementsprechend ein sehr irdischer und lebhafter Widerwille gegen meinen derzeitigen Zustand, dem ich eine Zeit lang durchaus sein Recht einräume. Die Sonne hat es mir von jeher angetan und mich oft genug daran erinnert, dass der Mensch von der Erde genommen ist und nicht aus Luft und Gedanken besteht. Das ging so weit, dass ich einmal, als ich an Weihnachten nach Kuba kam, um dort zu predigen, und aus dem Eis Nordamerikas in die blühende tropische Vegetation gelangte, fast dem Sonnenkult erlegen wäre und kaum wusste, was ich eigentlich predigen sollte. Es war eine richtige Krise; und etwas davon überfällt mich in jedem Sommer, wenn ich die Sonne zu spüren bekomme. Die Sonne ist für mich nicht eine astronomische Größe, sondern so etwas wie eine lebendige Macht, die ich liebe und auch fürchte. Ich finde es so feige, an diesen Realitäten rationalistisch vorbeizusehen. Verstehst Du das? Und so muss eben die Geduld und die Freude und die Dankbarkeit und die Gelassenheit und die Vergebung sich immer wieder neu gegen allerlei Widerstände durchkämpfen, und dass, wie es im Psalm heißt, „Gott Sonne und Schild ist", das wirklich zu erkennen und zu erfahren und zu glauben, das ist eine Sache hoher begnadigter Augenblicke, aber keine Alltagsweisheit. Ihr werdet nun übermorgen an Vaters Todestag zusammensein. Ich werde die Nachmittagsstunde nicht vergessen, als mir die Großmutter am Telefon die Nachricht sagte; wir saßen mit den Eltern gerade draußen im Garten beim Tee; und ich glaubte in dem Augenblick von ferne zu ahnen, was Du verloren hattest; und habe damals, glaube ich, wirklich selbstlos an Dich denken und an Deiner Trauer teilnehmen können. Liebste Maria, auch bei Dir geht der Glaube und das Vertrauen nur durch Widerstände hindurch. „Den Abend lang währt das Weinen, aber des Morgens ist Freude", dieser Vers des 30. Psalms ist mir seit einer Abendmahlsfeier besonders lieb. Auch Ihr werdet übermorgen so Eure Abendmahlsfeier halten. Später musst Du mir einmal viel von Vater und vom 22. August erzählen, wenn Du magst. Vielleicht schweigst Du auch lieber darüber. Über manches kann man nicht reden. –

Ich sehe, dass der Bogen sich schon wieder zu seinem Ende neigt. Und wie wenig habe ich Dir sagen können von dem, was mich bewegt, wenn ich an Dich denke. Nun musst Du immer noch warten und ich kann Dir immer noch keine gewisse und frohe Nachricht geben. Dies ist sehr hart. Nachts, wenn die Sirenen gehen, bin ich froh, Dich nicht in Berlin zu wissen. Glaube übrigens bitte nicht, dass ich mich irgendwie beunruhige. Es ist merkwürdig, aber ich denke manchmal, ich bin vielleicht stumpf, dass ich mich so gar nicht aufregen kann. Wenn nur die Eltern bald aus Berlin heraus könnten; sie sind zwar auch bei Alarmen völlig ruhig, aber die gestörten Nächte sind doch sehr anstrengend. –

Im letzten Paket war eine herrliche Erdbeermarmelade und Anisplätzchen. Stammen sie von Dir oder von der Großmutter? Wenn Du kannst, backe mir nur mal wieder etwas Schönes, nicht nur weil es gut schmeckt, sondern weil ich so gern dabei an Dich denke! Grüße die Mutter herzlich und dankbar. Leb wohl, Du liebe gute Maria, warte noch ein bisschen und dann wird es schön werden! Es wartet mit Dir

immer Dein Dietrich

Viele Grüße auch an die Großmutter! Mir fehlen richtig ihre Briefe!

17. An Karl und Paula Bonhoeffer

24. August 1943

Liebe Eltern!

Das war nun doch für Euch eine bewegte Nacht! Ich war sehr erleichtert, als mir der Hauptmann bestellen ließ, es sei bei Euch alles in Ordnung. Von meiner hochgelegenen Zelle und dem bei Alarmen vollständig heruntergelassenen Fenster aus sieht man das schauerliche Feuerwerk über der Stadt in südlicher Richtung sehr deutlich, und ohne das geringste Gefühl persönlicher Beunruhigung kommt einem in solchen Augenblicken doch der ganze Widersinn meiner gegenwärtigen Lage in ihrem untätigen Warten überwältigend stark zu Bewusstsein. Merkwürdig berührte mich dann heute früh die Losung der Brüdergemeinde: „Ich will Frieden geben eurem Lande, dass ihr schlafet und euch niemand schrecke."

Dummerweise bekam ich am Sonntag nachts einen Magen-Darm-Katarrh, hatte gestern Fieber (38°), das aber heute wieder herunter ist. Ich bin aber nur eben zum Briefschreiben aufgestanden und lege mich danach gleich wieder vorsichtshalber hin; ich möchte unter keinen Umständen krank werden. Da es hier für solche Fälle keine besondere Verpflegung gibt, bin ich sehr froh an Eurem Knäckebrot und einer seit Langem für solche Fälle aufgehobenen Leibnizkeksschachtel. Außerdem hat mir ein Sanitäter etwas von seinem Weißbrot abgegeben. So komme ich ganz gut durch. Man sollte wohl für alle Fälle immer etwas Derartiges hier haben, vielleicht auch ein kleines Tütchen Gries oder Flocken, die einem im Revier gekocht werden könnten. Bis Ihr den Brief kriegt, ist die Sache längst erledigt.

Dir, liebe Mama, danke ich sehr für Deinen Brief vom 11., der gestern, am 23., ankam. Dass Ihr Euch mit Onkel Paul Hase mal eine solche Vorführung angesehen habt, ist ja vielleicht ganz gut. Er wird ja in solchen Tagen als Stadtkommandant auch alle Hände voll zu tun haben. Auch von Maria und meiner Schwiegermutter kamen gerade gestern, während ich zu Bett lag, Briefe. Das war besonders erfreulich. Dass Maria Dir, liebe Mama, ihre Hilfe angeboten hat, freut mich wirklich sehr. Ob Du sie hättest abschlagen sollen, kann ich von hier aus nicht entscheiden. Es ist so schwer, sich ganz in die Situation zu versetzen. Man versucht es zwar dauernd, aber es fehlt doch die Kenntnis der Einzelheiten.

Ich habe in der letzten Woche wieder sehr gut arbeiten können und war gerade richtig im Zug, als diese dumme Unterbrechung kam. Nebenbei lese ich mit viel Freude die „Mikrobenjäger", und da K. Friedrich sie schickt, nehme ich an, dass sie wissenschaftlich zuverlässig sind. Es ist doch ein sehr eindrucksvolles Stück Forschungsgeschichte. – So, nun fällt mir wirklich nichts mehr zum Schreiben ein, und ich werde mich wieder hinlegen. Darf ich nochmals um *Briefumschläge* bitten? Ich habe nur noch 3. – Bitte lasst Euch doch ja nicht durch den Brief beunruhigen. Ich wollte ihn nur nicht ausfallen lassen, wenn er auch etwas kürzer ist. Übermorgen bin ich bestimmt gesund. – Grüßt bitte nochmals beide Geburtstagskinder und sagt ihnen, wie sehr ich an sie denke und wie gern ich dabei wäre!

Euch und die ganze Familie grüßt herzlich

Euer dankbarer Dietrich

Grüßt doch Christel besonders, sie tut mir in den Alarmnächten immer besonders leid, auch die Kinder. Maria hatte wieder ihre Migräne. Sie scheint ja bei ihr besonders scheußlich zu sein. Könnt Ihr ihr da irgendetwas raten?

18. An Maria von Wedemeyer

27. August 1943

Meine liebste Maria!
Wie soll ich Dir beschreiben, was Deine Besuche für mich bedeuten? Sie vertreiben jeden Schatten und jeden Kummer und sind tagelang eine Quelle großen und ruhigen Glücks –

wenn Du wüsstest, was das für einen Gefangenen heißt, dann wüsstest Du auch, dass es Größeres nicht gibt. Dass ich mich in Gedanken an Dich nicht quälen muss, dass die Sehnsucht, bei Dir zu sein, nichts Aufreibendes zu haben braucht, sondern dass ich in ruhiger Zuversicht und Freude an Dich denken und mich nach Dir sehnen darf – das habe ich Dir und Deinem tapferen guten Herzen und Deiner Liebe zu danken. Dass Du Dir die Sprecherlaubnis zu so ungewöhnlicher Stunde um meinetwillen erbeten hast und erbitten durftest, dafür bin ich sehr, sehr dankbar. Wenn ich nach unserem Zusammensein in meine Zelle komme, dann überwiegt nicht etwa, wie Du vielleicht denken könntest, das Gefühl der Verzweiflung über die Unfreiheit, sondern es überwältigt mich der Gedanke, dass Du mich genommen hast. Es hätte ja so viel so begreifliche Gründe gegeben, aus denen Du hättest Nein sagen können. Und gegen alle diese Gründe hast Du Ja gesagt, und ich darf spüren, dass Du es immer freier und gewisser sagst. Vor dieser Wirklichkeit versinken alle Fenstergitter. Dann bist Du bei mir; was geht mich die verschlossene Tür an? Als ich neulich in einer Lebensbeschreibung von L. Pasteur dessen Verlobungsgeschichte las, musste ich lächeln und etwas an mich denken. Er schrieb an seine künftige Braut: „Es gibt nichts an mir, was die Fantasie eines jungen Mädchens bezaubern könnte. Aber ich weiß, dass alle, die mich gut kennengelernt haben, mich geliebt haben“. Darauf nahm sie ihn. Auch ich kann auf nichts verweisen als auf eine Anzahl guter, treuer Freunde, die mich kennen und mir trotzdem treu geblieben sind und bleiben werden, und dass sich ihr Kreis auch in Eure engste Familie hinein erstreckt, wird wohl für Dich auch nicht ganz gleichgültig gewesen sein. Wenn bisher in Stunden unfruchtbarer Selbstkritik der Gedanke an die Treue und Liebe so vieler Freunde mir wieder Mut gegeben hat, so spüre ich nun mehr und mehr, wie mir durch Dich – dadurch, dass Du meine Frau werden willst – ein ganz neues Vertrauen zum Leben gegeben wird, und wenn ich Dich wieder eine Stunde gesehen habe, dann denke ich, dass dieses Vertrauen gar nicht mehr verloren gehen kann, und wie wird das erst sein, wenn wir ganz zusammen sind! –

Dass Du mit Großmutter nicht ganz in der alten Harmonie lebst, tut mir eigentlich sehr leid. Das dürft Ihr mir beide nicht antun! Ich weiß, es handelt sich ja bei Euch immer nur um ganz kleine Schwingungsdifferenzen, aber ich möchte gern, dass Ihr ganz aufeinander eingestimmt seid, und eigentlich kann es zwischen Euch doch auch gar nicht anders sein. Die gute Großmutter tut mir mit ihrem – sicher viel zu großen – Kummer um meinen jetzigen Zustand so leid, und ich denke so oft und dankbar an sie. Was habe ich in Krössin für schöne Tage erlebt! Wir müssen unbedingt bald einmal zu ihr fahren. Ich freue mich immer wieder an dem Gedanken, dass sie uns ihre alten Trauringe schenken will. Weißt Du, die sind noch so hübsch altmodisch breit und dick und so ein schönes Gold. Ich habe ja noch auf einen besonderen Gegenstand ihres Hauses ein Auge geworfen. Den verrate ich aber noch nicht, und einstweilen bemühe ich mich, das 9. Gebot nicht zu übertreten. –

Wie Du hoffentlich aus dem Brief ersiehst, bin ich wieder ganz gesund. Dein Besuch hat mir den entscheidenden Stoß gegeben. Heute wurde rührenderweise eine warme Griessuppe und ein Rotweinsago für meinen Magen von zu Hause gebracht und nun ist alles wieder gut. Übrigens bin ich hier seit ein paar Tagen entschieden aufgerückt: Ich kriege zu jeder Mahlzeit Messer und Gabel geliefert! Ich hatte es fast verlernt, damit zu essen. Es ist sehr komisch, wie gleichgültig man gegen derartige Dinge ist – d. h. vielleicht nicht jeder. – Ich versuche nun, mir das Gewusel in Eurem Hause vorzustellen; es ist doch vielleicht sehr nett und wenn man sich nach Belieben retirieren kann, dann habe ich auch gar keine

Angst davor. Ob die Verpflanzungen vielleicht aufs Große gesehen den Sinn der Städter für das Land etwas öffnen und damit eine hoffentlich einmal eintretende Rückwärtsbewegung aufs Land vorbereiten helfen? Was meinst Du? Das wäre in der Tat ein sehr großer Gewinn.

Eigentlich sollte ich längst einmal der Mutter persönlich für ihre lieben Briefe gedankt haben, die mich immer so sehr erfreuen. Aber ich denke dann immer, dass die gute Mutter es versteht, wenn ich keine Gelegenheit vorbeigehen lassen möchte, Dir zu schreiben. So ist es doch, nicht wahr? Schreib es mir bitte mal! Grüße sie bitte herzlich und dankbar. – Die kleine Christine tut mir leid. Sie ist mir aus einigen Tagen bei der Großmutter in Stettin in eindrucksvoller Erinnerung. Grüße alle Geschwister.

Dich, liebste Maria, umarmt
Dein Dietrich

Hab vielen Dank für alles Mitgebrachte und für den Kuchen, den Du der Mama gebacken hast.

19. An Karl und Paula Bonhoeffer

31. August 1943

Liebe Eltern!

Wie Ihr ja schon 2 Tage nach meinem vorigen Brief durch Maria, die mich ganz überraschend hier besuchen durfte, gehört habt, bin ich wieder ganz gesund. Aspirin gegen Fieber und Kohle gegen die entsprechenden Beschwerden sind für mich Allheilmittel, und mithilfe Eurer großen Thermosflaschen war ich kurz darauf wieder mobil. Nicht einmal die herrliche Leberwurst brauchte ich mir zu verkneifen. Habt vielen Dank für Eure Mühe. Mir ist jetzt hier sogar Weißbrot verschrieben worden, und ich bitte Dich, liebe Mama, Dir keins mehr für mich abzusparen!

Marias Besuch hier war wunderschön, und ich habe mich so gefreut, dass sie hauptsächlich Euretwegen gekommen war. Schrecklich leid tut es mir, dass Renate in ihrer neuen Wohnung Bombenschaden hatte; auch für Ursel, die mit der Ausstattung so viel Mühe hatte, ist das scheußlich. Ich mache Renate nun den Vorschlag, sie soll sich auf meine Kosten 2 Zinnteller und 2 Zinnbecher zu kaufen versuchen; in dem Geschäft, in dem wir ihr zur Hochzeit die Zinnterrine besorgt haben, gibt es manchmal noch so etwas. Es würde mich sehr freuen, wenn es ihr gelänge, und dafür kriegt sie nichts von mir zum Geburtstag. Sie soll es also wirklich tun.

Meine Überlegungen für Christophs Geburtstag, dem ich gern etwas Hübsches schenken würde, sind leider ganz unfruchtbar geblieben. Ob ihn „Du und das Wetter" interessiert? Das steht unter meinen Büchern. Vielleicht ist auch in der Plahnschen Buchhandlung (Würdet Ihr dort bitte für mich das eben erschienene Buch „Das Zeitalter des Marius und Sulla" im Dieterich-Verlag (16 RM) bestellen?) noch etwas für ihn aufzutreiben? Könntet Ihr dort mal anrufen? Die haben mich immer gut beliefert. Jedenfalls grüßt ihn doch sehr, und ich hoffe, dass wir das nächste Mal einen vergnügten Geburtstag miteinander feiern können. Diese Belastungsprobe für die Kinder ist wirklich sehr hart. Aber er ist ja schon erstaunlich vernünftig und weiß, was für eine Haltung er seinen Eltern schuldig ist. Inzwischen habt Ihr bei Schleichers Geburtstag gefeiert, und ich habe natürlich ganz besonders zu Euch hingedacht!

In den letzten Tagen habe ich wieder gut arbeiten können und viel geschrieben. Wenn ich nach ein paar Stunden völliger Versenkung in den Stoff mich wieder in meiner Zelle vorfinde, dann brauche ich immer wieder erst einen Moment, um mich zu orientieren. Das Unwahrscheinliche meines gegenwärtigen Aufenthaltes ist doch immer noch nicht überwunden bei aller Gewöhnung an das Äußere. Ich finde es ganz interessant, diesen allmählichen Prozess der Gewöhnung und Anpassung an sich zu beobachten. Als ich vor 8 Tagen zum Essen Messer und Gabel bekam – das ist eine neue Einrichtung –, schien mir das fast überflüssig, so selbstverständlich war es mir geworden, mit dem Löffel das Brot zu streichen etc.

Andrerseits glaube ich, dass man sich an etwas, was man als sinnwidrig empfindet, also z.B. den Zustand des Gefangenseins als solchen, überhaupt nicht oder doch nur sehr schwer gewöhnt. Da bedarf es immer noch eines bewussten Aktes, um sich zurechtzufinden. Wahrscheinlich gibt es darüber doch auch psychologische Arbeiten?

Die Weltgeschichte von Delbrück liest sich sehr schön. Ich finde nur, dass es mehr eine deutsche Geschichte ist. Die „Mikrobenjäger“ habe ich mit sehr viel Freude zu Ende gelesen. Sonst habe ich mehreres von Storm gelesen, aber im Ganzen doch, ohne davon sehr beeindruckt zu sein. Ich hoffe, Ihr bringt mir noch Fontane oder Stifter.

Leider dauern die Briefe jetzt immer so sehr lange, meist 10–12 Tage. Dafür, dass wir nur 10 km voneinander getrennt sind, scheint einem das etwas reichlich. Aber es ist trotzdem immer die größte Freude, einen Brief zu bekommen. Mir ist nun mitgeteilt worden, dass ich, da Dr. Roeder offenbar nicht in Berlin ist, meine Briefe an Maria über Eure Adresse schicken soll. Da muss sie sich also immer noch etwas länger gedulden. Das tut mir leid für sie. Aber ich hoffe ja nun doch, dass es nicht mehr allzu viele Briefe sein werden, die ich von hier aus schreiben muss. Ich finde, fünf Monate Warten und Ungewissheit sind genug, auch für Euch! Und der Sommer ist bald vorüber. Aber es gibt ja auch noch schöne September- und Oktobertage.

Nun grüßt bitte alle Geschwister und Kinder sehr. Ich habe nun doch schon großes Verlangen, sie alle wiederzusehen. Vor allem bleibt bis dahin alle gesund!

Es grüßt Euch von Herzen Euer dankbarer

Dietrich

20. An Karl und Paula Bonhoeffer

5. September 1943

Liebe Eltern!

Von der vorletzten Nacht brauchen wir uns wohl gegenseitig nichts zu erzählen. Ich werde den Blick durch das Zellenfenster auf den grausigen Nachthimmel wohl nicht vergessen. Sehr froh war ich, schon am Morgen durch den Hauptmann zu hören, dass bei Euch alles gut gegangen ist. Dass Susi zum zweiten Mal Schaden hatte und nun ihre Wohnung räumen muss, tut mir sehr leid für sie. Sie hat auch einen Packen zu tragen. Wie gut, dass die Kinder nicht da waren! Dass Maria nicht in Berlin sein muss, ist mir eine ganz große Beruhigung. Aber wäre es nun nicht auch für Euch an der Zeit, wenigstens Euer Nachtquartier in Sakrow aufzuschlagen? Es ist merkwürdig, wie einen in solchen Nachtstunden ganz ausschließlich der Gedanke an diejenigen Menschen, ohne die man nicht leben möchte, bewegt und das Eigene völlig zurücktritt oder geradezu ausgelöscht ist. Man spürt dann erst, wie verwoben das eigene Leben mit dem Leben anderer Menschen ist, ja, wie das Zentrum des eigenen Lebens außerhalb seiner selbst liegt und wie wenig man ein Einzelner ist. Das „als wärs ein Stück von mir" ist schon ganz richtig, und ich habe es bei Todesnachrichten von gefallenen Amtsbrüdern und Schülern oft empfunden. Ich glaube, das ist einfach eine Naturtatsache; das menschliche Leben greift weit über die eigene körperliche Existenz hinaus. Am stärksten empfindet das wahrscheinlich eine Mutter. – Darüber hinaus aber sind es zwei Worte der Bibel, in denen sich für mich immer wieder dieses Erlebnis zusammenfasst. Das eine aus Jeremia 45: „Siehe, was ich gebaut habe, das breche ich ab, und was ich gepflanzt habe, das reute ich aus und du begehrst dir große Dinge? Begehre es nicht! Aber deine Seele will ich dir zur Beute geben", und das andre aus Psalm 60: „Gott, der du die Erde bewegt und zerrissen hast, heile ihre Brüche, die so zerschellt ist."

Nun möchte ich Euch und allen Beteiligten wieder sehr für das letzte Paket danken. Ich vergesse es nie und mache es mir täglich bewusst, wie viel Gedanken, Mühe und Verzicht so ein Paket immer mit sich bringt. Aber es ist gerade darum auch immer wieder nicht nur eine äußere, sondern auch eine große innere Hilfe. Dass die Schleichermädels mir wieder von ihrem bisschen Konfekt, das sie kriegen, geschickt haben, ist wirklich sehr nett von ihnen, aber ich denke, sie könnten es wirklich selbst sehr brauchen. Auch Hans Walter danke ich für seine Tabakspenden sehr. Die Plätzchen von der Großmutter habe ich natürlich erkannt, und die Pätziger Grüße gehören schon ganz selbstverständlich dazu und lenken meine Gedanken täglich auf den Tag, auf den wir uns alle schon freuen. Dass ich mir Maria jetzt an der Aussteuer nähend und arbeitend vorstellen kann – also doch diesen Tag wirklich schon vorbereitend –, macht mich ganz glücklich. Ich kann ja hier gar nichts dazu tun als zu warten, zu hoffen und mich darauf zu freuen. – Schön wäre es, wenn die Briefe nicht so lange unterwegs wären. Da ist wohl irgendetwas in

Unordnung geraten. Euer letzter Brief ist vom 11. 8.! Marias vom 16. Das ist wirklich zu lang. Ich möchte z.B. gern Marias Pläne wissen, auch wie es mit der großen Berliner Einquartierung bei ihnen geworden ist. Von Euch wüsste ich gern, ob der Splittergraben angelegt ist und ob Ihr nicht einen Durchbruch vom Keller zum Graben machen lassen könnt. Der Hauptmann Maetz hat sich das so machen lassen. Wie geht es Renate? Sind nicht für ihren Zustand diese Alarmnächte besonders ungünstig, auch wenn sie sie draußen in Sakrow erlebt?

Mir geht es weiter gut. Ich bin 2 Stock tiefer gelegt worden wegen der Luftgefahr. Nun sehe ich von meinem Fenster gerade auf die Kirchtürme; das ist sehr hübsch. In der vergangenen Woche konnte ich wieder ganz gut schreiben. Nur fehlt mir die Bewegung in der freien Luft, von der ich für produktives Arbeiten sehr abhängig bin. Aber nun ist es ja nicht mehr lange, und das ist die Hauptsache.

Grüßt doch bitte Maria sehr und sie soll noch ein bisschen Geduld haben und in Pätzig bleiben bzw. in Klein Reetz und sich nicht beunruhigen! Auch an alle Geschwister und Kinder viele Grüße. – Lasst Euch doch bitte durch die Alarme nicht zu sehr anstrengen, ruht Euch nachmittags aus und ernährt Euch so gut es eben möglich ist!

In Gedanken ist immer bei Euch allen

Euer dankbarer Dietrich

21. An Maria von Wedemeyer

9. September 1943

Meine liebste Maria!

Also seit einem Monat wartest Du auf einen Brief von mir? Das ist allerdings schauderhaft und mir ganz unverständlich. Pünktlich alle 4 Tage ist ein Brief abwechselnd an Dich und die Eltern abgegangen. Mit Ausnahme vom 5.9., als ich nach dem Alarm an die Eltern schrieb! Aber auch mir ist es ähnlich gegangen. Der von Dir neulich bei der Sprecherlaubnis angekündigte Brief ist bis heute nicht gekommen, stattdessen kam gestern der vom 27. 8. Von den Eltern und Geschwistern fehlt alle Post zwischen dem 11. und 30. 8.! Ich nehme an, dass in dem Umzugstrubel des RKG einiges vorübergehend untergetaucht ist. Hier kam auch plötzlich ein nicht ganz verständlicher Anruf des RKG, ich möchte künftig meine Briefe an Dich *doch* über die Eltern schicken. Kurz, ein kleines Durcheinander, das uns beide vermutlich etwas in Unruhe gebracht hat. Es ist wunderlich, einerseits lernt man ja in der Zelle das Rechnen mit langen Zeiträumen; aber wenn etwas, worauf man bestimmt gerechnet hat, also ein Brief oder das Paket, auch nur um wenige Zeit später kommt, wird man kribblig und macht sich dumme Gedanken und sagt sich dabei doch immerfort, dass es nur dumme Gedanken sind; so ist man eben, wenn man kein Stoiker ist; und das bin ich nicht und will es auch gar nicht sein. –

Und nun muss ich Dich zunächst mal ausschimpfen, dass Du Dir immer noch über meine Gesundheit Gedanken machst! Wenn ich nach 3 Tagen Fasten und Fieber mal etwas mäßig aussehe, so ist das doch kein Wunder. Inzwischen geht es mir wieder so gut wie vorher. Ich finde, wir müssen das so halten: Wenn wir krank sind, sagen wir das ruhig; aber wenn wir sagen, dass wir wieder gesund sind, müssen wir uns das auch glauben! Sonst sind wir nämlich später beide dauernd krank, jedenfalls jeder in den Augen des anderen, wie das in manchen Ehen ist; und dafür bin ich gar nicht! Also, ich bin gesund und habe das Fasten mithilfe Eures Pakets längst wieder aufgeholt! Alles übrigens ohne „Atemkünste" – wie ich Dir (ich lache natürlich nicht! Du doch auch nicht!?) gestehen muss! –

Ich bin so froh, dass Du jetzt *nicht* in Berlin bist. Das macht mir die Alarmnächte leichter, und Euer 34-köpfiger Haushalt wird Dir reichlich zu tun geben. Außerdem ist es ein sehr beruhigender Gedanke, Dich mit der Aussteuer beschäftigt zu wissen. Ich male mir das in jeder Richtung und in allen Farben aus und freue mich daran; es ist so ein Bild der Ruhe, der Zuversicht und des Glücks. Wann werde ich all die Dinge sehen, bewundern und mich daran freuen können? Und wann werden wir sie gemeinsam im täglichen Leben gebrauchen und uns dabei an die seltsame Zeit ihrer Entstehung erinnern? Es kann nun nicht mehr sehr lange sein; aber wir wollen auch bis zum letzten Tag geduldig sein und auch diese schwere Wartezeit für Gottes Weg mit uns halten, bis wir vielleicht eines Tages besser verstehen, wozu er uns gut war. Meine liebste Maria, Du kannst es nicht ermessen, was es für mich bedeutet, darin mit Dir eins zu sein. Wie wunderlich muss Dir Dein Lebensweg jetzt oft vorkommen. Aber auf einen Berg steigt man ja auch im Zickzackweg, sonst käme man garnicht herauf und von oben sieht man oft ganz gut, warum man so gehen musste. Lies doch mal das Lied von Gottfr. Arnold, das die meisten Leute nicht kennen und das ich ganz besonders liebe; es ist schwer nach Inhalt und Melodie, fast zu schwer für ein Gemeindelied, aber man gewinnt es immer lieber; es beginnt „So führst Du doch ..." und steht im Gesangbuch. – Denke Dir, eben kommt Dein Brief vom 23. 8., dem Tage nach Vaters Todestag. Nicht wahr,

Du erwartest nicht, dass ich Dir darauf antworte; das kann man nicht im Brief. Nur danken kann ich Dir, dass und wie Du mir schriebst. Ach, es wird wirklich Zeit, dass wir uns allein sehen und sprechen und miteinander in Pätzig durch den Wald gehen können! –

Grüße die Mutter sehr! Auch die Geschwister! Leb wohl, meine gute Maria. Du begleitest mich vom Morgen bis zum Abend durch den ganzen Tag. Gott behüte Dich und uns alle!

Von ganzem Herzen
Dein Dietrich

22. An Karl und Paula Bonhoeffer

13. September 1943

Liebe Eltern!

Auf meinen in einem der letzten Briefe geäußerten Wunsch, etwas mehr Post zu bekommen, habe ich dieser Tage nun wirklich eine ganze Reihe von Briefen gekriegt, über die ich mich sehr gefreut habe. Fast komme ich mir vor wie Palmström, der sich „ein Quartal gemischte Post" bestellt. Aber im Ernst, ein Tag mit Briefen hebt sich aus der Monotonie der übrigen immer sehr fühlbar hinaus. Nun kam auch noch die Sprecherlaubnis dazu, so ist es mir wirklich sehr gut gegangen. Nach der unangenehmen Verzögerung der Postbestellung in den letzten Wochen habe ich das sehr dankbar empfunden. Ich fand Euch auch ein bisschen besser aussehend, und das hat mich sehr gefreut; denn mir ist immer noch die Tatsache, dass Ihr in diesem Jahr ganz um die so nötigen Ferien gekommen seid, der Hauptdruck bei meiner ganzen Geschichte. Vor dem Winter müsst Ihr doch noch einmal etwas heraus, und am liebsten käme ich mit. Heute kamen Briefe von Euch und K. Friedrich vom 3. 9. und Christoph hat sogar zweimal geschrieben, was ich furchtbar nett von ihm finde und wofür ich ihm sehr danke. Dass Ihr nun ohne meine Hilfe meine Sachen weggeschafft habt, ist natürlich auch noch ein großes Stück Arbeit gewesen und ich danke Euch sehr dafür! Es ist ein merkwürdiges Gefühl, schlechthin in allem auf die Hilfe der anderen angewiesen zu sein. Aber jedenfalls lernt man in solchen Zeiten dankbar werden und wird das hoffentlich nicht wieder vergessen. Im normalen Leben wird es einem oft gar nicht bewusst, dass der Mensch überhaupt unendlich viel mehr empfängt, als er gibt, und dass Dankbarkeit das Leben erst reich macht. Man überschätzt wohl leicht das eigene Wirken und Tun in seiner Wichtigkeit gegenüber dem, was man nur durch andere geworden ist.

Die stürmischen Ereignisse in der Welt, die die letzten Tage gebracht haben, fahren einem hier natürlich in alle Glieder und man möchte an irgendeiner Stelle etwas Nützliches leisten können; aber diese Stelle kann eben im Augenblick nur die Zelle des Gefängnisses sein, und was man hier tun kann, spielt sich im Bereich des Unsichtbaren ab und gerade da ist der Ausdruck „tun" sehr unangemessen. Ich denke manchmal an Schuberts „Münnich" und seinen Kreuzzug.

Im Übrigen lerne und schreibe ich so viel wie möglich, und ich bin froh, dass ich in den mehr als 5 Monaten noch nie einen Augenblick Langeweile empfinden musste. Die Zeit ist immer ausgefüllt, aber im Hintergrund steht eben doch von morgens bis abends das Warten. Vor einigen Wochen bat ich Euch mal um die Besorgung einiger neu erschienener Bücher: N. Hartmann: „System der Philosophie", „Das Zeitalter des Marius und Sulla" im Dieterich-Verlag, nun bitte ich noch um R. Benz: „Die deutsche Musik". Ich möchte diese

Sachen nicht gern ungelesen vorbeigehen lassen und wäre froh, sie hier noch lesen zu können. K. Friedrich schrieb mal von einem allgemeinverständlichen physikalischen Buch, das er mir schicken wollte. Auch Klaus macht doch von Zeit zu Zeit schöne Bücherentdeckungen. Was hier an Brauchbarem ist, habe ich fast alles gelesen. Vielleicht versuche ich es doch noch mal mit Jean Pauls Siebenkäs oder Flegeljahren. Sie stehen in meinem Zimmer. Später entschließt man sich wahrscheinlich nie mehr dazu; und es gibt ja viele belesene Leute, die ihn sehr lieben. Mir ist er trotz mehrerer Anläufe immer zu langatmig und manieriert erschienen. – Da es aber inzwischen Mitte September geworden ist, hoffe ich ja, dass alle diese Wünsche schon überholt sind, bevor sie erfüllt werden.

Eben kommt wieder ein kurzer Gruß von Christoph. Ich habe schon großes Verlangen, ihn und alle die Kinder wiederzusehen. Sie werden sich in diesen Monaten auch verändert haben. Christoph erfüllt seine Pflichten als Patenkind wirklich besser als ich die meinen als Patenonkel; aber ich freue mich schon, mit ihm irgendetwas zu unternehmen, was ihn freut.

Wenn Ihr Maria sprecht oder seht, grüßt sie bitte sehr! Der Großmutter danke ich herzlich für ihren Brief! Bitte grüßt alle Geschwister und Kinder. Euch dankt für alles

Euer Dietrich

Wohin ist Karl-Friedrich eigentlich berufen worden? Nimmt er es an? – Bitte um Briefpapier!

23. An Maria von Wedemeyer

20. September 1943

Liebste Maria!

Morgen fängt nun der Herbst an. Als in den letzten Wochen die Leute schon dann und wann vom frühen Herbst sprachen, mochte ich dieses Wort gar nicht hören. Der Wechsel der Jahreszeiten wird einem hier schwerer als draußen. Ihr werdet jetzt in den späten Abendstunden und wieder vor Tagesanbruch viel im Walde auf den Wildkanzeln sein. Ich liebe die Herbstmorgen mit ihren Nebeln und dem langsamen Durchbrechen der Sonne so sehr. Aber ich weiß, wo Du jetzt auch sein magst, Du wartest jeden Tag und jede Stunde mit mir. Es wird allmählich ein Warten, dessen äußeren Sinn ich nicht begreife; den inneren Sinn muss man täglich neu finden. Es ist uns beiden durch die vergangenen Monate unendlich viel genommen worden; Zeit ist heute das kostbarste Gut, denn wer weiß, wieviel Zeit ihm noch geschenkt ist. Und doch weigere ich mich zu denken, dass es verlorene Zeit war und ist, in der wir getrennt sind, weder für jeden einzelnen von uns noch für uns beide zusammen. Wir sind in anderer Weise zusammengewachsen, als wir es wohl gedacht und gewünscht haben, aber es sind auch andere Zeiten und werden wohl noch lange solche Zeiten bleiben, in denen alles darauf ankommt, dass man im Letzten eins ist und zueinander steht. Dein Leben wäre sehr anders geworden, leichter, übersichtlicher, einfacher, wenn unsere Wege sich nicht vor einem Jahr gekreuzt hätten. Aber es sind eigentlich nur kurze Augenblicke, in denen mir dieser Gedanke zu schaffen macht. Ich glaube, dass nicht nur ich, sondern auch Du in Deinem Leben an den Punkt gekommen bist, an dem wir uns begegnen mussten. Nach einem leichten Leben hatten wir im Grunde beide kein Verlangen, so sehr wir uns gewiss beide an den schönen und frohen Stunden des Lebens freuen können und heute wohl auch eine große Sehnsucht nach solchen Stunden haben. Aber das Glück liegt, glaube ich, für uns beide an einer anderen, verborgeneren Stelle, die manchem unverständlich ist und bleiben wird. Im Grunde suchen wir beide Aufgaben, bisher jeder für sich, von nun an aber gemeinsame Aufgaben. In denen werden wir erst ganz zusammen wachsen – wenn Gott uns die Zeit dazu schenkt. –

Ich warte wieder sehr auf Post von Dir. Es ist alles jetzt so unregelmäßig. Im letzten Paket fand ich Plätzchen, die ich Dir zugeschrieben habe. Sie erfreuen und erinnern mich jeden Nachmittag. Hab vielen Dank für alles! Sag es bitte auch der Mutter. – Ich habe wieder viel gelesen und geschrieben. Aber das Leben geht eben darin – für mich jedenfalls – nicht auf. Später werde ich Dir aus dem Geschriebenen vorlesen und Du wirst meinen Stil glätten und manchen Gedanken klären helfen! – Was wisst Ihr von Konstantin aus Sardinien? Mein Vetter Hans Christoph v. Hase war zuletzt Divisionspfarrer in Calabrien. Er hat 5 kleine Kinder. Wie mag es ihm gehen? Hast Du Deinem gefallenen Schönrader Vetter nahe gestanden? Wie ist Eure Familie getroffen! – Nun leb wohl, meine liebste Maria, warte noch ein bisschen! Es ist gut zu wissen, dass Du mir wartest! Grüße die Mutter und die Geschwister. Bald wird es soweit sein, dass ich bei Euch sein kann! Es kann nicht mehr lange dauern! Bis dahin Geduld und guten Mut! Von ganzem Herzen

Dein Dietrich

24. An Karl und Paula Bonhoeffer

25. September 1943

Liebe Eltern!

Gestern hast Du, liebe Mama, wieder ein so schönes Paket für mich abgegeben. Eure Fantasie ist wirklich unerschöpflich; die warme Speise im Thermosgefäß war besonders überraschend und schön; aber auch für alles andere danke ich Euch und allen Mitbeteiligten sehr. Wenn Euch diese Mühe nur bald erspart bleiben könnte! Draußen scheint es sich allmählich einzuregnen, und ich habe einen entsprechenden blühenden Schnupfen und der Hexenschuss ist auch wieder da. Schuld ist m.E. einfach der Mangel an frischer Luft. Die knappe halbe Stunde, von der der eilige Unteroffizier am liebsten noch einige Minuten abzieht, weil er sonst seinen Dienst nicht schafft, ist eben zu wenig, besonders wenn man Erkältungen so leicht schnappt wie ich. Lästig ist das ja nur, weil es einen an dem Einzigen hindert, was man hier tun kann, lesen und schreiben. Aber schlimm oder zum Beunruhigen für Euch ist es gar nicht, nur ärgerlich – und also wirklich ganz nebensächlich.

Vor einigen Tagen kam ein sehr netter Brief von Renate, für den ich ihr sehr danke. Es ist nun eine richtige Kriegsehe geworden, die sie führen muss, mit viel Entbehrungen und Schwierigkeiten. Aber so leicht verlieren die beiden ja wohl nicht den guten Mut. Jedenfalls hatten sie doch ein paar sehr schöne Monate zusammen. Ich werde ja vielleicht demnächst vor einer ähnlichen Entscheidung stehen. Wenn man voraussehen kann, dass man wenigstens ein paar Monate zusammen sein kann, dann würde ich doch dafür sein zu heiraten; andrerseits finde ich einen Heiratsurlaub von ein paar Tagen doch zu wenig und vor allem für die Frau; darum halte ich es schon für richtiger, zu warten – allerdings, wie lange? Aber man kann solche Fragen eben doch nur praktisch entscheiden und nicht im Voraus. Für Maria tut mir die grässliche Verzögerung meiner Sache so schrecklich leid. Wer konnte das auch im April ahnen? Mir wäre es lieber, es würde einem gleich von vornherein die voraussichtliche Dauer einer solchen Sache mitgeteilt. Auch in meiner hiesigen Arbeit hätte ich manches anders und fruchtbarer gestalten können. Schließlich ist eben, so wie wir eingestellt sind, jede Woche und jeder Tag kostbar. So paradox es klingt, ich war gestern wirklich froh, als erst die Zulassung des Anwalts und dann der Haftbefehl kam. So kommt das scheinbar ziellose Warten doch wohl bald zum Ende. Immerhin hat gerade die lange Dauer meiner Festnahme mich Eindrücke gewinnen lassen, die ich nicht wieder vergessen werde.

Die ausgefallenen Bücher, die Ihr mir von Karl Friedrich bringt, lese ich immer mit viel Freude zwischen den eigentlichen Arbeitsstunden. Im Übrigen schreibe ich und merke, dass mir auch das freie, nichttheologische Schriftstellern Spaß macht. Aber wie schwer die deutsche Sprache ist, erkenne ich erst jetzt richtig, und wie leicht kann man sie verhunzen!

Ich lasse Ursel sehr für das neulich Mitgeschickte danken. Aber sie soll doch jetzt wirklich *alles* für ihre beiden Soldatensöhne verwenden!

Beim Durchlesen finde ich, dass der Brief etwas unzufrieden klingt. Das soll er nicht und das entspräche auch nicht der Wirklichkeit. So sehr ich mich hier heraussehne, so glaube ich doch, dass kein einziger Tag verloren ist. Wie sich diese Zeit später einmal auswirken wird, lässt sich noch nicht sagen. Aber sie wird sich auswirken. – Grüßt bitte Maria und alle Geschwister und ihre Kinder. Ich hatte in letzter Zeit nur Renates Brief. Bleibt in diesen Herbsttagen nur gesund! Es grüßt Euch von Herzen und dankbar

Euer Dietrich

25. An Maria von Wedemeyer

30. September 1943

Liebste Maria!

Gestern bekam ich nach schon etwas ungeduldigem Warten Deinen lieben Brief vom 13. 9., den Du auf der Fahrt nach Klein-Reetz geschrieben hast. Ich bin sehr froh, dass die Familie Dich dorthin kommandiert hatte; denn ich weiß, Du bist gern dort und wärest nur um der Hoffnung auf meine Entlassung willen nicht gefahren. Ich kann Dir gar nicht beschreiben, wie es mich in Gedanken an Dich bekümmert, dass wir noch immer im Ungewissen sind. Für mich ist dieser Zustand ja gewissermaßen die Hauptaufgabe, mit der ich fertigzuwerden habe, Dich aber hemmt und unterbricht der Gedanke der Ungewissheit immer wieder in Deiner Arbeit und Deinen Plänen. Ja, wenn ich Dir selbst irgendeinen Rat geben könnte für das, was Du tun sollst. Ist denn die Arbeit bei Euch zu Hause wirklich für Dich so wenig ausfüllend? Ganz kann ich es eigentlich nicht verstehen. Es ist eben doch so, dass wir erst einen gemeinsamen Plan machen können, wenn die Dinge hier klar sind. Endlos kann es ja nicht mehr dauern. Andrerseits will ich natürlich nicht, dass Du Dich um meinetwillen noch länger mit einer unbefriedigenden Tätigkeit herumquälst. Im Grunde hängt eben alles davon ab, wann wir heiraten können, und gerade das lässt sich einfach heute noch nicht sagen. Wenn Dir die weitere Wartezeit jetzt wirklich als verlorene Zeit erscheint, dann musst Du natürlich irgendetwas anderes ergreifen. Aber wirst Du nicht doch später einmal jeden Tag bereuen, den Du nicht noch zu Hause gewesen bist, und an Aufgaben kann es doch bei Eurem Betrieb gar nicht fehlen? Du musst mir Deine Überlegungen und Gründe möglichst doch noch genauer schreiben. Weißt Du, es ist wirklich grässlich, dass man nicht einfach zusammensein und alles beraten kann. Bei so einer Sprecherlaubnis kommt ja doch auch nicht alles heraus. Und das letzte Mal hat Dich die Umgebung noch so gestört! Ich spüre das schon gar nicht mehr, so abgestumpft ist man dagegen. Du musst das verzeihen! –

Hast Du eigentlich alle meine Briefe gekriegt? Bis auf *einmal* jeden achten Tag! – Die kleine Ina hat mir so einen reizenden Brief geschrieben. Sag ihr doch bitte, wie sehr ich mich darüber gefreut habe. Übrigens, vor Deiner großen Familie brauchst Du Dich für mich, glaube ich, nicht zu fürchten. Die mütterliche Seite kenne ich ja gut genug; außerdem, weißt Du, habe ich ja schon eine ganze Menge sehr verschiedenartiger Menschen – auch „schrecklich festgelegte", wie Du Dich ausdrückst – kennengelernt, und gegebenenfalls kann ich – was Du wohl noch nicht erlebt hast – auch „schrecklich festgelegt" sein! Im Übrigen ist die Zeit, in der wir leben, eigentlich für „Festgelegtheiten" nicht sehr geeignet, sondern jeder muss versuchen, den anderen Menschen zu nehmen und zu verbrauchen, wie er ist; dabei kommt immer am meisten für alle Teile heraus. –

Nun leb wohl, meine liebste Maria, am besten wäre es doch, Du hättest noch etwas Geduld, finde ich! Es kann ja auch alles ganz schnell gehen, dass wir uns wiedersehen!! Das sage ich nicht nur so hin, sondern weil ich es im Grunde glaube und erwarte. – Gott behüte Dich und uns alle, bis wir uns wiedersehen.

Immer Dein Dietrich

Liebste Maria, wir wollen doch bei allem täglichen Hoffen und Bitten um ein baldiges Wiedersehen und Zusammensein keinen Tag vergessen, Gott für das unendlich Viele zu danken, das er gegeben hat und noch täglich gibt. Dann werden alle unsere Gedanken und Pläne klarer und ruhiger werden und wir werden unser persönliches Schicksal leicht und willig auf uns nehmen. Das Evangelium dieser Woche – von der Dankbarkeit – ist mir eines der allerliebsten und wichtigsten.

26. An Karl und Paula Bonhoeffer

4. Oktober 1943

Liebe Eltern!

Habt vielen Dank für Euren Brief vom 20. 9., der hier gleichzeitig mit einem von Maria vom 2. 9. und einem von Christoph vom 28. 9. vor 3 Tagen eintraf! Könnt Ihr bitte Maria wohl gleich wissen lassen, dass ich ihren Brief erst jetzt bekam; sie begreift sonst gar nicht, dass ich ihr nicht darauf antwortete; ein späterer vom 13. 9. kam vorher.

Draußen sind zauberhafte Herbsttage und ich wünschte Euch – und mich mit Euch – in Friedrichsbrunn; auch Hans und seiner Familie, die alle so besonders an dem Häuschen hängen, wünschte ich es so sehr. Aber wie viele Menschen mag es heute in der Welt geben, die sich noch ihre Wünsche erfüllen können? Ich bin zwar nicht der Meinung des Diogenes, dass Wunschlosigkeit das höchste Glück und ein leeres Fass eine ideale Behausung ist; warum soll man sich da ein X für ein U machen lassen? Aber dass es, besonders wenn man noch jünger ist, ganz gut sein kann, eine Zeit lang auf Wünsche verzichten zu müssen, das glaube ich doch; nur darf es, finde ich, nicht dazu kommen, dass die Wünsche in einem überhaupt absterben und man indifferent wird. Aber diese Gefahr besteht auch bei mir zur Zeit noch in keiner Weise.

Maria schrieb in ihrem letzten Brief über Berufsüberlegungen; erst nachdem ich ihr geantwortet hatte, fiel mir ein, ob nicht die Rackowsche Sprachschule für sie das Richtige wäre; ich fände es jedenfalls sehr vernünftig, wenn sie schon wirklich von Pätzig fort will. Würdet Ihr es ihr bitte gleich schreiben, bevor sie möglicherweise andere Entschlüsse fasst. Sie soll sich doch mal einen Prospekt schicken lassen. Man kann dort alle Arten von Dolmetscher-Prüfungen machen und die Kurse dauern nicht sehr lange, sind aber vermutlich ziemlich anstrengend. Aber das scheut sie ja nicht.

Eben kommt wieder ein Brief von Christoph. Ich finde es erstaunlich, wie er immer wieder daran denkt. Was für ein Weltbild mag sich in dem Kopf eines 14-Jährigen gestalten, wenn er monatelang seinem Vater und seinem Patenonkel Briefe ins Gefängnis schreiben muss. Allzu viel Illusionen über die Welt werden in einem solchen Kopf nicht mehr Platz haben. Für ihn ist die Kinderzeit wahrscheinlich doch mit diesen Ereignissen zu Ende gegangen. Ich lasse ihm sehr danken und freue mich schon sehr darauf, ihn wiederzusehen.

Dass Ihr die „Systematische Philosophie“ von Hartmann noch gekriegt habt, ist sehr schön. Ich sitze nun sehr dahinter und werde einige Wochen damit zu tun haben, wenn nicht inzwischen doch die ersehnte Unterbrechung kommt.

Maria hat in einem ihrer letzten Briefe so sehr nett über die Stunden bei Euch geschrieben. Sie fühlt sich so wohl bei Euch, und darüber bin ich natürlich unendlich froh und danke Euch sehr dafür, dass Ihr es Maria immer so hübsch macht. Ich fände den Gedanken, dass sie Dir, liebe Mama, den Haushalt abnähme, ja sehr verlockend, auch im Gedanken an meine Rückkehr, auch glaube ich ja, dass die schlimmste Zeit für Luftangriffe vorbei ist, aber die Verantwortung möchte ich natürlich auch nicht übernehmen.

Ich freue mich auf die nächste Sprecherlaubnis, die Ihr beantragt habt. Kann nicht auch mal eins der Geschwister mit Euch kommen? Wie geht es nun Renate und Mann? Ich denke natürlich viel hin. Grüßt sie und alle andern bitte herzlich.

Euch grüßt sehr
Euer dankbarer Dietrich

Würdet Ihr bitte versuchen, für mich zu besorgen: Ortega y Gasset: „System der Geschichte“ und „Vom römischen Imperium“, 2 Aufsätze, erschienen 1943 bei Deutsche Verlagsanstalt, Stuttgart.

27. An Maria von Wedemeyer

8. Oktober 1943

Liebste Maria!

Gestern Dein Besuch und Dein Paket, heute Dein Brief vom 21. 9. – fast habe ich das Gefühl, als ob zu meinem Glück gar nicht mehr viel fehlte! Der Besuch hatte nur den einen Fehler, dass er trotz langen Wartens so plötzlich kam – ich erfuhr es erst 2 Minuten vorher – dass die Vorfreude nicht zu ihrem Recht kam und dass mir nachher natürlich ungezählte Fragen einfielen, die ich vergessen hatte, als wir zusammen waren; so nett es ist, dass man uns die scheußliche Atmosphäre der kleinen dunklen Sprechzellen erspart, so kommt man sich auf diesem Sofa doch immer etwas wie auf der ersten Bank in der Schule vor, wo man sich besonders brav betragen muss. Aber schön war es eben doch und ich danke Dir von ganzem Herzen, dass Du gekommen bist! Kamst Du eigentlich direkt aus Kl.-Reetz? Und wie war es dort? –

Mit Deinem Paket hast Du meine Liebhabereien so getroffen, als wären wir schon 10 Jahre verheiratet! Es war wirklich verblüffend und begeisternd zugleich. Sag bitte auch der Mutter vielen Dank dafür! Die Grüße von Ina fand ich ganz besonders hübsch! Den Vers aus dem Oktoberlied von Storm: „Und geht es draußen noch so toll/unchristlich oder christlich/ist doch die Welt, die schöne Welt/so gänzlich unverwüstlich!" – Diesen Vers, den ich noch nicht kannte, aber gleich gelernt habe, werde ich von nun an immer mit Inas Gruß ins Gefängnis verbinden. Und nun Dein Rilke! Ich danke Dir dafür, dass Du ihn mir geschickt hast. Ich kannte diese Briefe, aber habe sie in Gedanken an Dich neu und sehr gern gelesen. Aber Du weißt ja schon – ich bin irgendwie auf einen anderen Ton gestimmt und habe mich beim Lesen immer wieder gefragt, wie man sich wohl zu solchen Briefen, die ja ursprünglich rein persönlich gemeint sind (ich nehme das jedenfalls an und hoffe es!), stellen soll. Ich kann sie ja nicht einfach als mir geltend aufnehmen, und ich glaube, es wäre ein Fehler, wollte man sich durch die schönen Gedanken und Worte dazu verleiten lassen und gar dementsprechend sein Leben einrichten. An mich – und ich glaube auch an Dich – hätte Rilke sicher sehr anderes geschrieben (wobei ich überzeugt bin, dass er bei mir überhaupt darauf verzichtet hätte!). In einem musikalischen Vergleich gesagt, muss ich für mich Rilke immer von Des-Dur nach C-Dur transponieren und sein Pianissimo würde ich auch gelegentlich nicht einhalten – Du auch nicht! Verzeih, dass ich das alles so sage; aber ich spüre, dass mir das irgendwie mehr als eine literarische Wichtigkeit hat. Wir müssen da noch manchmal drüber sprechen. Hab vielen vielen Dank! –

Dein Brief hat mich wieder ganz ungeheuer gefreut. Du hast gelegentlich gesagt, Du könntest keine Briefe schreiben. Erstens habe ich es nie geglaubt, zweitens war es von vornherein sehr unwahrscheinlich bei Dir als Enkelin Deiner Großmutter, drittens hast Du Dich nun oft genug so gründlich selbst widerlegt, dass ich gar nichts hinzuzufügen brauche. Frauen schreiben überhaupt bessere Briefe als Männer, und wenn Männer auch – glücklicherweise – wenigstens meist bessere Bücher schreiben, so ist das doch nicht halb so wichtig wie ein guter Brief! Und von Dir habe ich schon viele! Habe ich nicht allen Grund, auch wenn es nur ein entfernter Schimmer von dem Glück ist, das einmal über uns aufgehen soll, schon dafür unendlich dankbar und glücklich darüber zu sein; ja, schon dass ich an Dich denken kann, wann ich will und sooft ich will und dass mir das kein Mensch nehmen kann – ist das nicht ein unbeschreibliches Glück? –

Der Bogen ist zu Ende! Schon wieder eine Grenze! Dass Hans-Werner besondere Grüße von mir erwartet, ist wirklich sehr nett von ihm. Sag ihm, dass ich mich auf ihn freue, wie man sich eben auf den Bruder seiner Braut, der etwas von ihrem Wesen und ihren Zügen trägt, freut. Nein, sag ihm das nicht, denn das ist nichts für ihn – sag ihm, dass ich mich auf ihn freue wie auf einen jüngeren Bruder, der einem unerwartet geschenkt wird, und dass ich wirklich gespannt darauf bin, ihn richtig kennenzulernen; denn das vor 5 Jahren gilt ja kaum. Ina habe ich bei der Großmutter kennengelernt und sie braucht nur so geblieben zu sein, wie sie damals war – dann kann ich mir keine bessere Schwägerin wünschen. – Leb wohl, liebste Maria! Verlier nur nicht die Geduld!

Von ganzem Herzen Dein Dietrich

Bitte sag doch Bismarcks, wie sehr ich mich mit ihnen über den zweiten Jungen freue. Hoffentlich geht es Ruth-Alice bald wieder ganz gut und Mutter kann dort wirklich ein bisschen ausruhen. Ich wünschte es ihr sehr. Am 26. Oktober werdet Ihr wohl wieder in Pätzig zusammen sein? – Das Reiterbuch habe ich noch nicht gelesen; ich freue mich darauf. – Mit wie seltsamen Empfindungen habe ich die Schachtel Zigaretten, die Max Dir noch geschenkt hat, geöffnet.

28. An Karl und Paula Bonhoeffer

13. Oktober 1943

Liebe Eltern!

Vor mir steht der bunte Dahlienstrauß, den Ihr mir gestern gebracht habt, und erinnert mich an die schöne Stunde, die ich mit Euch haben konnte, und an den Garten und überhaupt daran, wie schön die Welt in diesen Herbsttagen sein kann. Ein Vers von Storm, den ich dieser Tage kennenlernte, gehört so ungefähr zu dieser Stimmung und geht mir immer wieder durch den Sinn, wie eine Melodie, die man nicht loswird: „Und geht es draußen noch so toll/unchristlich oder christlich/ist doch die Welt, die schöne Welt/so gänzlich unverwüstlich." Um das zu wissen, genügen sogar ein paar bunte Herbstblumen, ein Blick aus dem Zellenfenster und eine halbe Stunde „Bewegung" auf dem Gefängnishof, auf dem ja ein paar schöne Kastanien und Linden stehen. Aber letzten Endes fasst sich, jedenfalls für mich, die „Welt" doch zusammen in ein paar Menschen, die man sehen und mit denen man zusammensein möchte. Dieses gelegentliche Auftauchen von Euch und von Maria für eine kurze Stunde wie aus weiter Ferne ist es eigentlich, worauf hin und von dem her ich hauptsächlich lebe. Es ist eben die Berührung mit meiner eigentlichen Welt. Wenn ich dazu noch an den Sonntagen gelegentlich eine gute Predigt hören könnte – manchmal trägt mir der Wind Bruchstücke der Choräle zu – wäre es noch schöner. Übrigens soll doch Karl-Friedrich oder Ursel mal beantragen, Euch zu einer Sprecherlaubnis begleiten zu können; das würde mich doch sehr freuen.

Über Euren letzten Brief vom 3. X., der mit überraschender Geschwindigkeit zu mir kam, habe ich mich sehr gefreut. Inzwischen habt Ihr Euch ja selbst überzeugt, dass es mir gut geht, und ich fand diesmal wirklich, dass Ihr ein bisschen besser ausseht. Sehr danke ich Euch auch für die Weintrauben aus dem Garten, sie sind ja ganz ausgezeichnet und es tut mir nur leid, dass Du, lieber Papa, sie jetzt nicht selber isst.

Ich habe in der letzten Zeit wieder viel geschrieben, und bei allem, was ich mir für den Tageslauf vorgenommen habe, sind mir die Stunden des Tages jetzt oft zu kurz, sodass ich sogar manchmal schon das komische Gefühl habe, ich hätte hier – für dies und jenes Nebensächlichere – „keine Zeit"!

Morgens nach dem Frühstück, also ab 7 Uhr ungefähr, treibe ich Theologie, dann schreibe ich bis Mittag, nachmittags lese ich, dann kommt ein Kapitel aus der Weltgeschichte von Delbrück, etwas englische Grammatik, aus der ich doch noch allerlei lernen kann, und schließlich, je nach der Verfassung, schreibe oder lese ich wieder. Abends bin ich dann müde genug, um mich gern hinzulegen, wenn auch noch nicht zu schlafen.

Wann wird nun Maria zu Euch kommen? Willst Du, liebe Mama, ihr nicht doch, wenn auch nur vorübergehend, einfach den Haushalt abtreten? Das könnte doch eine Art von Ferien für Dich sein, und ich stelle mir vor, dass Maria das glänzend macht. – Es tut mir so leid, dass sie und Ihr Euch nun unnötig mit dem Pelz abgeschleppt habt. Aber in dem warmen weißen Sweater und dem Skianzug fühle ich mich wirklich ganz warm trotz der nur 12° im Haus. – Wie lang werden wir uns noch Briefe schreiben müssen? – Am 26. werde ich sehr zu den Geburtstagen von Christel und Renate hindenken. Beide begehen ihn mit Sorgen besonderer Art. Es ist übrigens auch Max Wedemeyers Todestag.

Grüßt bitte alle Geschwister und Kinder sehr. Das Verlangen, sie alle wiederzusehen, wird von Woche zu Woche größer. Sagt doch auch Tante Elisabeth mal einen schönen Gruß. – Bleibt nur gesund bei dem kühlen Wetter!

Es grüßt Euch sehr

Euer dankbarer Dietrich

29. An Karl und Paula Bonhoeffer

22. Oktober 1943

Liebe Eltern!

Eben hat, wie mir mitgeteilt wurde, Suse mit dem kleinen Michael Euer Paket hier abgegeben. Ich danke ihr und Euch sehr dafür. Hoffentlich ist dem kleinen Jungen der Eindruck eines Gefängnisses nicht zu stark gewesen. So ein Kind hat eben doch noch gar keine Maßstäbe für das Mögliche und malt sich meinen Zustand vielleicht doch in zu dunklen Farben aus. Es war mir richtig schmerzlich, dass ich ihn nicht vergnügt begrüßen und mich mit ihm unterhalten konnte; das hätte ihn sicher beruhigt. Suse steht ja wohl auf dem Standpunkt, das, was das Leben nun einmal mit sich bringt, den Kindern nicht absichtlich fernzuhalten, und im Grunde glaube ich, dass das richtig ist; denn es wird eben für diese Generation nicht zufällig und ohne Sinn sein, dass sie sich frühzeitig mit harten Eindrücken abfinden lernt. Aber wie anders werden sie mit 18 Jahren sein als wir, hoffentlich nicht zu desillusioniert und bitter, sondern wirklich nur widerstandsfähiger und kräftiger durch alles, was sie erlebt haben. Sagt doch Michael, dass ich ihm für seinen Strauß sehr schön danken lasse!

Es scheint, dass nun meine Dinge doch in Gang kommen, und ich bin sehr froh darüber. Umso unnatürlicher ist es, das, was einen bewegt, nun nicht, wie sonst alles, mit Euch besprechen zu können. Aber ich denke, sehr lange kann es nun nicht mehr dauern. Ihr müsst übrigens nicht denken, dass ich nun den ganzen Tag mich mit meiner Angelegenheit befasse. Das ist durchaus nicht so und m. E. auch nicht nötig. Ich benutze die letzten ruhigen Tage und Wochen, nun noch möglichst viel zu arbeiten und zu lesen, und ich werde mit meinem Tagespensum leider fast nie ganz fertig. Dass ich in der letzten Zeit in aller Ruhe die großen deutschen Erziehungs- und Bildungsromane, den Wilhelm Meister, den Nachsommer, den Grünen Heinrich, den Hungerpastor – z. Zt. bin ich bei den „Flegeljahren" – lesen und miteinander vergleichen konnte, ist für mich ein großer Gewinn gewesen und ich werde lange davon zehren. Auch die Lektüre der „Weltgeschichte" war mir sehr nützlich. Die Hartmannsche „Systematische Philosophie" gefällt mir nach wie vor sehr gut. Sie ist ein sehr brauchbarer Überblick. So komme ich mir wie nach einem geschenkten Semester mit einer Reihe guter publica vor. Für die eigene Produktion ist sicher auch allerlei dabei abgefallen. Aber nun freue ich mich doch schon unendlich auf den Tag, an dem ich nicht nur mit Gedanken und erdachten Gestalten, sondern mit wirklichen Menschen und mit all den verschiedenen täglichen Aufgaben zu tun haben werde. Es wird eine große Umstellung sein.

Wie geht es Euch? Ist Else weg? Was machen Schleichers? Was wisst Ihr von Hans Christoph aus Calabrien? Mir geht es gut und ich genieße, soweit das möglich ist, die letzten warmen Tage des Jahres. Habt vielen Dank für alles! Hoffentlich hat Eure Sorge nun bald ein Ende! Es wäre an der Zeit! Karl Friedrich danke ich sehr für seinen Brief. Hoffentlich sehe ich ihn mal bei einer Sprecherlaubnis. Es wäre doch sehr schön! In guter Zuversicht grüßt Euch und die ganze Familie

Euer dankbarer Dietrich

Wann kommt Maria zu Euch? Sie schrieb mir heute, sie ginge noch für einige Zeit zu ihrer Schwester Bismarck nach Kniephof. Sie schreibt, Ihr verwöhntet sie zu sehr und ich sollte Euch das sagen. Ich finde es aber gerade sehr nett.

30. An Karl und Paula Bonhoeffer

31. Oktober 1943

Liebe Eltern!

Für Euren Besuch danke ich Euch wieder sehr. Wenn er nur etwas öfter und ausführlicher sein könnte! Bei unsrer großen Familie reicht die Zeit nicht einmal, um nach jedem Einzelnen zu fragen. Aber dass es Euch und allen andern leidlich geht, ist die Hauptsache. Dass jeder seine besonderen Sorgen und viel Arbeit hat, versteht sich ja heute von selbst, wenn auch Ihr in Eurem Alter eigentlich das Recht hättet, davon etwas weniger zu spüren; und statt dass wir Jüngeren Euch manches erleichtern und abnehmen können, ist es leider gerade umgekehrt.

Ich danke Euch auch wieder sehr für das Paket; ich weiß ganz genau, wie viel Mühe und Überlegung Euch das immer kostet, und wenn Du, liebe Mama, neulich schriebst, Du ärgertest Dich immer, wenn irgendetwas vergessen sei, so bitte ich Dich sehr, das doch ja nicht zu tun. Erstens ist tatsächlich fast nie etwas vergessen, sondern im Gegenteil immer alles viel schöner, als ich es für möglich halte, und zweitens ist mir doch ganz klar, was Du jetzt alles im Kopf haben musst. Es täte mir wirklich leid, wenn das, was bei mir immer nur große Freude auslöst, Dich nachträglich irgendwie bekümmerte. Also habt vielen Dank und sagt ihn bitte auch Ursel und allen anderen Beteiligten.

Heute ist Reformationsfest, ein Tag, der einen gerade in unsern Zeiten wieder sehr nachdenklich machen kann. Man fragt sich, warum aus Luthers Tat Folgen entstehen mussten, die genau das Gegenteil von dem waren, was er wollte, und die ihm selbst seine letzten Lebensjahre verdüstert haben und ihm manchmal sogar sein Lebenswerk fraglich werden ließen. Er wollte eine echte Einheit der Kirche und des Abendlandes, d. h. der christlichen Völker, und die Folge war der Zerfall der Kirche und Europas; er wollte die „Freiheit des Christenmenschen“ und die Folge war Gleichgültigkeit und Verwilderung; er wollte die Aufrichtung einer echten weltlichen Gesellschaftsordnung ohne klerikale Bevormundung und das Ergebnis war der Aufruhr schon im Bauernkrieg und bald danach die allmähliche Auflösung aller echten Bindungen und Ordnungen des Lebens. Ich kann mich aus meiner Studentenzeit an eine Auseinandersetzung zwischen Holl und Harnack erinnern, ob die großen geistesgeschichtlichen Bewegungen sich durch ihre primären oder ihre sekundären Motive durchsetzen. Damals glaubte ich, Holl, der das Erste behauptete, müsse recht haben. Heute denke ich, dass er unrecht hatte. Kierkegaard hat schon vor 100 Jahren gesagt, dass Luther heute das Gegenteil von dem sagen würde, was er damals gesagt hat. Ich glaube, das ist richtig – cum grano salis.

Nun noch eine Bitte: Würdet Ihr für mich bestellen: Wolf Dietrich Rasch: „Lesebuch der Erzähler“ (Kiepenheuer Verlag 1943), Wilhelm v. Scholz: „Die Ballade“ (Th. Knaur Verlag 1943), Friedrich Reck-Malleczewen: „Briefe der Liebe aus 8 Jahrhunderten“ (Keilverlag 1943)? Vermutlich sind die Auflagen nicht groß, darum muss man gleich bestellen.

Mein Rheumatismus, der neulich für ein paar Stunden so war, dass ich nicht allein vom Stuhl aufstehen und nicht einmal die Hände zum Essen heben konnte – sie haben mich daraufhin gleich ins Revier unter den Lichtbügel gebracht –, ist wieder viel besser. Aber ganz losgeworden bin ich ihn doch seit Mai nicht mehr. Was tut man eigentlich später mal dagegen? Wie gut, dass Ihr eine ordentliche Sprechstundenhilfe gefunden habt!

Grüßt bitte alle Geschwister und Kinder sehr von mir! Auf ein baldiges Wiedersehn mit Euch hofft täglich

Euer dankbarer Dietrich

Der Brief von Großmutter Kleist kam gestern an.

31. An Karl und Paula Bonhoeffer

9. November 1943

Liebe Eltern!

Jetzt haben die trüben Herbsttage angefangen und man muss versuchen, sie von innen her aufzuhellen. Dazu helfen immer Eure Briefe – die in letzter Zeit übrigens mit erstaunlicher Geschwindigkeit durchkommen. Auch Euer letztes Paket war wieder besonders schön. Sehr erfreut und überrascht war ich über die Stifter-Anthologie. Da sie hauptsächlich aus Briefstücken besteht, ist mir fast alles neu. Die letzten 10 Tage stehen für mich ganz unter dem Eindruck des „Witiko", der sich – nachdem ich Euch so lange mit Suchen danach gequält habe – hier in der Gefängnisbibliothek anfand, wo ich ihn wirklich nicht vermutet hatte! Mit seinen 1000 Seiten, die man nicht überfliegen kann, sondern mit viel Ruhe lesen muss, wird er wohl heute nicht allzu vielen Menschen zugänglich sein, und ich weiß daher nicht, ob ich ihn Euch empfehlen soll. Für mich gehört er zu den schönsten Büchern, die ich überhaupt kenne; dabei versetzt er einen in der Reinheit der Sprache und der Gestalten in ein ganz seltenes und eigenartiges Glücksgefühl. Eigentlich sollte man ihn statt des „Kampf um Rom" mit 14 Jahren zum ersten Mal lesen und dann damit aufwachsen. Auch die guten heutigen historischen Romane, etwa von der Bäumer, kann man gar nicht in einem Atem damit nennen. Es ist ein Buch sui generis. Ich würde es sehr gern besitzen, aber es wird wohl kaum möglich sein, es zu bekommen. Einen ähnlich starken Eindruck hatte ich bisher unter allen Romanen, die ich kenne, nur vom „Don Quijote" und von Gotthelfs „Berner Geist". – An Jean Paul bin ich auch diesmal wieder gescheitert. Ich komme nicht darüber hinweg, dass ich ihn manieriert und eitel finde.

Er muss ja menschlich auch ziemlich fatal gewesen sein. – Es ist schön, so auf Entdeckungsfahrten durch die Literatur zu gehen, und es ist erstaunlich, was man nach so vielen Jahren des Lesens noch für Überraschungen erlebt. Vielleicht könnt Ihr mir noch zu weiteren verhelfen?

Vor ein paar Tagen bekam ich Rüdigers Brief, für den ich ihm sehr danke. An das Programm des Furtwänglerkonzertes, in dem er war, habe ich von hier aus sehnsüchtig gedacht. Hoffentlich verlerne ich in dieser Zeit hier nicht noch den Rest meiner Technik. Nach einem Trio-, Quartett- oder Singabend habe ich manchmal richtigen Hunger. Das Ohr möchte einmal wieder etwas anderes hören als die Stimmen in diesem Bau. Nach über 7 Monaten wird man es eben doch reichlich satt hier. Aber das ist eigentlich selbstverständlich und ich brauchte es Euch nicht erst zu sagen. Hingegen ist es nicht selbstverständlich, dass es mir trotz allem gut geht, dass ich mancherlei Freuden erleben darf und bei allem guten Mutes bin – und dafür bin ich jeden Tag sehr dankbar. Morgen soll Maria zur Sprecherlaubnis kommen. Von Monat zu Monat vertröste ich sie und bitte sie um Geduld, aber es ist doch für sie unbeschreiblich schwer.

Ich hoffe, auch Euch bald wiederzusehen und inzwischen einen Brief zu bekommen. Grüßt alle Geschwister und Kinder sehr von mir! Anna danke ich sehr für die Zigaretten! – Bleibt nur alle gesund und macht Euch um mich keine Sorgen. „Was lange währt …"

Es grüßt Euch sehr Euer dankbarer

Dietrich

Auch für die Schachtheorie vielen Dank!

32. An Maria von Wedemeyer

10. November 1943

Meine liebe, liebe Maria!

Ich muss es wenigstens versuchen, den Brief, den ich Dir eigentlich erst in 3 Tagen schreiben darf, schon heute zu schreiben. Dafür muss ich dann allerdings 7 Tage warten, bis der ersehnte Nachmittag, an dem ich nicht nur in Gedanken, sondern auf dem Schreibpapier mit Dir sprechen kann, wieder herankommt. Trotzdem! Es war so gut, dass Du heute hier warst. Ich hatte es nach Deinem Brief über Ruth-Alices Ergehen diesmal nicht mehr zu hoffen gewagt und nun kamst Du doch. Es war viel zu kurz – natürlich, ich hatte all die Fragen und Bitten, die ich an Dich hatte, gestern und heute noch aufgeschrieben, um sie nicht zu vergessen – und habe natürlich doch alles vergessen. Es war aber auch ganz unwichtig gegenüber der einfachen Tatsache, dass Du eine Weile neben mir auf dem Sofa gesessen hast und bei mir warst. Da hast Du nun eine durchwachte Nacht gehabt, bist gereist und vom Bahnhof – wahrscheinlich ohne Mittagessen – direkt hierher gekommen und Du sagst natürlich nur: Das ist doch selbstverständlich! Ja, Maria, aber dass es selbstverständlich ist, das ist ja gerade das Wunder, das mir immer wieder unbegreifliche Glück, das so ganz und gar Unselbstverständliche! Vor mir hängt Dein Bild, mit dem ich mich wochenlang begnügen muss, aber nun höre ich wieder Deine Stimme. Dein Lachen – nicht wahr, auch wenn wir lachen, sind wir ein bisschen traurig? –, ich sehe Deine Augen, ich spüre Deine Hand. Alles ist wieder ganz wirklich. Wie soll ich Dir für alles danken; ich kann es nicht, ich kann Dir nur sagen, dass alles gut ist, wenn Du bei mir bist. Und nun wollen wir einander helfen, auch den Rest dieser schweren

Geduldsprobe in der rechten Weise dankbar und still durchzuhalten. Ist es wohl unerlaubt zu hoffen, dass nach der Last der vergangenen Monate ein umso strahlenderes Glück auf uns wartet, ja, dass wir einen Teil des Kreuzes, das auf jeder Ehe liegt, nun schon getragen haben?

Ich weiß es nicht, wir dürfen Gottes Wegen nicht vorgreifen, aber wir wissen doch jedenfalls, dass er uns auch in harten Zeiten nicht verlässt, sondern uns nur umso fester zusammenschließt – und darauf allein kommt es an. Ich freue mich so, dass Du in den letzten Wochen auch ein paar frohe Tage hattest. Wie unendlich gern käme ich zur Taufe. Sage bitte Ruth-Alice und ihrem Mann vielen Dank für ihren Gruß und für das Buch. Ich habe den Volkmann-Leander besonders gern. Und nun werde ich heute noch den „Fischer und syne Fru" lesen. Ja, wenn es nur wenigstens eine Fischerhütte wäre, in der wir zusammen sein könnten! Aber es wird alles kommen, wie es gut ist, und wir werden finden, dass es auch für uns gut ist. – Als ich in meine Zelle kam, fand ich Deinen Brief vom 23., den vom 26. hatte ich schon. Ich glaube, es ist alles ganz richtig, wie Du über Rilke schreibst. Ich verstehe es genau und freue mich so, dass Du über das „Einrichten" des Lebens ebenso denkst wie ich auch. Nein, weder Rilke noch sonst irgendeiner noch auch die gute liebe Großmutter, sondern wir beide, so wie es uns geschieht und geschenkt wird. Darauf kommt es allein an. Nun leb wohl, liebste Maria. Gott behüte uns, bis wir in Freiheit zusammen sind. Grüße die Mutter besonders und die Geschwister und auch die Großmutter sehr. Vor allen aber lass Dich von Herzen grüßen und lieb haben von

Deinem Dietrich

Eben hatte ich noch zwei schöne Stunden beim Lesen Eurer Bücher. Wie besonders hübsch habt Ihr sie ausgesucht! Nun gehe ich schlafen. Gute Nacht!

33. An Karl und Paula Bonhoeffer

17. November 1943

Liebe Eltern!

Während ich diesen Brief schreibe, hören Schleichers, wie mir Ursel erzählte, am heutigen Bußtag alle zusammen die h-Moll-Messe. Seit Jahren gehört sie für mich ebenso zum Bußtag wie die Matthäuspassion zum Karfreitag. Ich erinnere mich genau an den Abend, an dem ich sie zum ersten Mal hörte. Ich war 18 Jahre, kam aus einem Harnackseminar, in dem er meine erste Seminararbeit sehr freundlich besprochen hatte und die Bemerkung fallen ließ, er hoffe, ich würde mich einmal für Kirchengeschichte habilitieren; ich war noch ganz erfüllt davon, als ich in der Philharmonie ankam; dann setzte das große „Kyrie eleison" ein und im selben Augenblick versank alles andere. Es war ein unbeschreiblicher Eindruck. Heute gehe ich nun aus der Erinnerung Stück für Stück durch und freue mich, dass Schleichers diese für mich schönste bachsche Musik hören können.

Ursels Besuch heute Vormittag war eine ganz große Freude.

Ich danke ihr sehr dafür. Es ist immer so beruhigend, Euch so gelassen und heiter bei all dem Widerwärtigen, was Ihr durch meine Verhaftung durchmachen müsst, zu finden. Du, liebe Mama, hast kürzlich einmal geschrieben, dass Du „stolz" darauf wärest, dass Deine Kinder sich in so schauderhafter Lage „anständig" benehmen. In Wirklichkeit haben wir alle das von Euch beiden gelernt, besonders wenn Ihr bei ernsten Krankheiten in der Familie so völlig ruhig wurdet und Euch nichts anmerken ließt. So ist das wohl ein Erbstück geworden. Ursel hat mir viel von allen erzählt und es war wirklich Zeit, dass wir uns nach so langen Monaten, in denen so viel uns gemeinsam Bewegendes vorgefallen ist, wiedersahen. Nun hoffe ich *sehr*, dass Eberhards Antrag auf

Sprecherlaubnis bewilligt wird, bevor er ins Feld geht! Sollte es aber doch nicht der Fall sein, so wissen wir ja beide, dass wir in täglichem Gedenken miteinander verbunden sind. Ich freue mich sehr für Renate, dass er diesen Urlaub bekommen hat, und hoffe, dass auch Hans Walter bald zu seinem wirklich längst verdienten Urlaub kommt.

Von mir ist nicht viel Neues zu berichten. Es ist jetzt gegen Abend im Hause still, und ich kann ungestörter meinen Gedanken nachgehen. Über Tag stelle ich immer wieder fest, mit wie verschiedener Lautstärke die Menschen ihre Arbeit tun und wohl von der Natur so ausgestattet sind. Ein Fortissimo vor der Zellentür ist der ruhigen wissenschaftlichen Arbeit nicht gerade besonders zuträglich. – Mit großem Vergnügen habe ich in der letzten Woche Goethes Reineke Fuchs wieder gelesen. Vielleicht macht es Euch auch mal wieder Spaß.

Wie steht es eigentlich mit den Aussichten auf einen Schmuck für Maria? Ich hätte so gern etwas für sie, wenn ich wieder frei bin. Es müsste etwas mit sehr einfachen Formen sein. Aber es wird wohl sehr schwierig sein? – Ursel danke ich noch sehr für die Flasche mit dem herrlichen Kakao und Tine für die Milch, die sie dafür geopfert hat. Auch für die Plätzchen herzlichen Dank! – Von Woche zu Woche hoffe ich auf das Ende dieser Geduldsprobe. Auch für Maria wird es mir allmählich eine allzu große Belastung. Aber sehr lange kann es ja gar nicht mehr sein. Ich wünsche Euch einen schönen ersten Advent zusammen mit den Kindern. Ich werde sehr zu Euch hindenken und Schleichers wünsche ich ein paar schöne Musikabende in der alten Art. Gut, dass Renate den Klavierpart ja jetzt besser versieht als ich. Lebt wohl, und bleibt vor allem gesund! Grüßt alle Geschwister und Kinder sehr von mir. Euch grüßt von Herzen

Euer dankbarer Dietrich

Vielen Dank für Papas Brief vom 5. XI.!

34. An Eberhard Bethge

18. November 1943

Lieber Eberhard!

Ich *muss* die Gelegenheit Deiner Nähe einfach wahrnehmen, Dir zu schreiben. Du weißt ja, dass man mir hier sogar den Pfarrer versagt hat; aber selbst wenn er gekommen wäre – und ich bin eigentlich ganz froh, dass ich *nur* die Bibel habe –, hätte ich mit ihm ja nicht so sprechen können, wie ich es eben allein mit Dir kann.

Du kannst Dir kaum denken, wie ich in den ersten Wochen meiner Haft darum gebangt habe, dass Dir Deine Heiratspläne nicht zerschlagen würden, ich habe sehr für Dich gebetet und für Renate und Gott für jeden Tag gedankt, an dem ich Gutes von Euch hörte. Auch Euer Hochzeitstag war *wirklich* ein Freudentag für mich wie ganz wenige. Später im September habe ich darunter gelitten, Dir nicht beistehen zu können. Aber die Gewissheit, dass Du bisher so unglaublich freundlich geführt worden bist, hat mich ganz zuversichtlich gemacht, dass Gott es sehr gut mit Dir meint. Dass Ihr ein Kind erwartet, Eberhard, das freut mich so, wie ich es gar nicht sagen kann. Lass uns dieses Kind auf seinem Weg in die Welt mit vielen, vielen Gebeten begleiten!

Und nun sei mir heute – nach so langen Monaten ohne Gottesdienst, Beichte und Abendmahl und ohne consolatio fratrum [Rat der Brüder] – wieder einmal, wie Du es schon so oft gewesen bist, mein Pfarrer und höre mich an. Es wäre ja so unendlich viel zu berichten, was ich Euch beiden gern erzählen wollte; aber heute kann es nur das Wesentlichste sein und so gilt dieser Brief Dir allein. Was Du davon weitergeben kannst, weißt Du allein. Seit Du einmal vor vielen Jahren für mich und mit mir gebetet hast – ich vergesse das nie –, glaube ich, dass Du für mich bitten kannst wie kein anderer. Darum wollte ich Dich bitten und auch ich tue es täglich für Dich. Und nun lass Dir also einiges berichten, was Du über mich wissen sollst. In den ersten 12 Tagen, in denen ich hier als Schwerverbrecher abgesondert und behandelt wurde – meine Nachbarzellen sind bis heute fast nur mit gefesselten Todeskandidaten belegt –, hat sich Paul Gerhardt in ungeahnter Weise bewährt, dazu die Psalmen und die Apokalypse. Ich bin in diesen Tagen vor allen schweren Anfechtungen bewahrt worden. Du bist der einzige Mensch, der weiß, dass die „acedia" [Trägheit] – „tristitia" [Traurigkeit] mit ihren bedrohlichen Folgen mir oft nachgestellt hat, und hast Dir vielleicht – so fürchtete ich damals – in dieser Hinsicht Sorgen um mich gemacht. Aber ich habe mir von Anfang an gesagt, dass ich weder den Menschen noch dem Teufel diesen Gefallen tun werde; dies Geschäft sollen sie selbst besorgen, wenn sie wollen; und ich hoffe, immer dabei bleiben zu können.

Anfangs beunruhigte mich auch die Frage, ob es wirklich die Sache Christi sei, um derentwillen ich Euch allen solchen Kummer zufüge; aber bald schlug ich mir diese Frage als Anfechtung aus dem Kopf und wurde gewiss, dass gerade das Durchstehen eines solchen Grenzfalles mit aller seiner Problematik mein Auftrag sei und wurde darüber ganz froh und bin es bis heute geblieben. 1Petr 2,20; 3,14.

Persönlich machte ich mir Vorwürfe, die Ethik nicht abgeschlossen zu haben (z.T. ist sie wohl beschlagnahmt) und es tröstete mich etwas, dass ich das Wesentliche Dir gesagt hatte, und wenn Du es auch nicht mehr wüsstest, so würde es doch irgendwie indirekt wieder auftauchen. Außerdem waren meine Gedanken ja auch noch unfertig.

Dann empfand ich es als Versäumnis, den lange gehegten Wunsch, mit Dir wieder einmal zum Abendmahl zu gehen, nicht durchgeführt zu haben. Ich wollte Dir dabei immer einmal sagen, wie dankbar ich Dir war, dass Du meine tyrannische und selbstsüchtige Art, unter der Du oft zu leiden hattest, und alles, womit ich Dir das Leben manchmal schwer gemacht habe, mit so viel Geduld und Nachsicht getragen hast. Ich bitte Dich dafür um Verzeihung und weiß doch, dass wir – wenn auch nicht leiblich – so doch spiritualiter der Gabe der Beichte, Absolution und Kommunion teilhaftig geworden sind und darüber ganz froh und ruhig sein dürfen. Aber sagen wollte ich es einmal.

Sobald es ging, habe ich angefangen (außer täglicher Bibelarbeit; ich habe 2 1/2 Mal das Alte Testament gelesen und viel gelernt) Nichttheologisches zu arbeiten. Ein Aufsatz über das „Zeitgefühl" entsprang hauptsächlich dem Bedürfnis, mir meine eigene Vergangenheit gegenwärtig zu machen in einer Situation, in der die Zeit so leicht „leer" und „verloren" erscheinen konnte. Dankbarkeit und Reue sind es, die uns unsre Vergangenheit immer gegenwärtig halten. Aber darüber später mehr.

Dann ging ich an ein kühnes Unternehmen, das mir auch schon lange vorgeschwebt hat; ich begann, die Geschichte einer bürgerlichen Familie unserer Zeit zu schreiben. All die unzähligen Gespräche, die wir beide in dieser Richtung geführt haben, und alles selbst Erlebte bildete dafür den Hintergrund, kurz eine Rehabilitierung des Bürgertums, wie wir es in unseren Familien kennen, und zwar gerade vom Christlichen her. Die Kinder zweier befreundeter Familien wachsen allmählich in die verantwortlichen Aufgaben und Ämter einer kleinen Stadt hinein und versuchen gemeinsam den Aufbau des Gemeinwesens, Bürgermeister, Lehrer, Pfarrer, Arzt, Ingenieur. Viele Dir bekannte Züge würdest Du darin entdecken und Du kommst auch darin vor. Aber noch bin ich nicht weit über die Anfänge hinausgekommen, besonders durch die immer wieder falschen Prognosen über meine Entlassung und die damit verbundene innere Ungesammeltheit. Es macht mir aber große Freude. Nur spräche ich gern täglich mit Dir darüber. Ja, das fehlt mir überhaupt mehr, als Du Dir denkst. Der Ursprung unserer Gedanken lag wohl oft bei mir, aber die Klärung völlig bei Dir. Ob ein Gedanke etwas taugte oder nicht, das erfuhr ich nur im Gespräch mit Dir! Ich sehne mich danach, Dir etwas von dem Geschriebenen vorzulesen. Die Einzelbeobachtung ist bei Dir so sehr viel besser als bei mir. Vielleicht stellt es sich als tolle Anmaßung heraus?!

Nebenbei schrieb ich einen Aufsatz über: „Was heißt: die Wahrheit sagen?“ und zur Zeit versuche ich, Gebete für Gefangene zu schreiben, die es merkwürdigerweise noch nicht gibt und die vielleicht Weihnachten verteilt werden sollen.

Und nun die Lektüre. Ja, Eberhard, dass wir Stifter nicht gemeinsam kennengelernt haben, bereue ich sehr. Das hätte unsere Gespräche sehr gefördert. Das muss nun auf später vertagt werden. Aber ich habe Dir darüber viel zu erzählen. Später? Wann und wie wird es sein? Ich habe für alle Fälle dem Anwalt ein Testament übergeben, in dem ich Dir fast alles, was ich habe, zugeschrieben habe. Nur Maria muss sich vorher heraussuchen dürfen, was sie haben möchte als Erinnerung. Sei in diesem Fall zu Maria bitte sehr gut, und wenn es geht, schreibe ihr schon jetzt von Zeit zu Zeit in meiner Vertretung ein paar nette Worte, wie Du das so gut kannst, und sag ihr ruhig, dass ich Dich darum gebeten habe. Aber vielleicht – oder sicher – gehst Du jetzt in größere Gefahr! Ich werde jeden Tag an Dich denken und Gott bitten, Dich zu behüten und zurückzuführen. Nimm bitte *alles*, was Du von meinen Sachen brauchen kannst, mit, es freut mich *nur*, wenn ich es bei Dir weiß! Und lass Dir *bitte* von den Lebensmitteln, die für mich gekommen sind, so viel mitgeben, wie Du irgend verwenden kannst! Es wäre mir ein sehr beruhigender Gedanke!

Ich hörte so gern sehr, sehr viel von Dir! Manchmal habe ich gedacht, es wäre für Euch beide eigentlich ganz gut, dass ich nicht da bin. Der Konflikt zwischen Ehe und Freundschaft, der anfangs gar nicht so leicht zu lösen ist, blieb Euch erspart und wird später keiner mehr sein. Aber das ist nur ein Privat- und Nebengedanke, über den Du nicht lachen musst!

Ob es sich für den Fall, dass ich nicht verurteilt werde, sondern freikomme und eingezogen werde, nicht einrichten ließe, dass ich in Deine Gegend komme? Das wäre doch herrlich! Übrigens mach Dir, falls ich verurteilt werden sollte, was man nie wissen kann, gar keine Sorge um mich! *Das* trifft mich wirklich nicht, außer dass ich dann eben bis zur „Bewährungsfrist" wohl noch ein paar Monate sitzen muss, und das ist natürlich nicht schön. Aber schön ist vieles nicht! Die Sache, für die ich verurteilt werden würde, ist so einwandfrei, dass ich nur stolz darauf sein dürfte. Im Übrigen hoffe ich, dass, wenn Gott uns das Leben erhält, wir wenigstens Ostern wieder froh miteinander feiern können! Und dann taufe ich – sub conditione Jacobea – Euer Kind!

Und nun, leb wohl, lieber Eberhard. Ich erwarte keinen langen Brief von Dir. Du hast jetzt wenig Zeit. Aber lass uns einander versprechen, treu in der Fürbitte füreinander zu bleiben. Ich werde für Dich um Kraft, Gesundheit, Geduld und Bewahrung vor Konflikten und Versuchungen bitten. Bitte Du für mich um das Gleiche. Und wenn es beschlossen sein sollte, dass wir uns nicht wieder sehen, dann lass uns bis zuletzt in Dankbarkeit und Vergebung aneinander denken, und Gott möge es uns dann schenken, dass wir einst füreinander bittend und miteinander lobend und dankend vor seinem Thron stehen.

Gott behüte Dich und Renate und uns alle! In Treue Dein dankbarer

Dietrich

Wie schwer muss es für Dich sein, die nächsten Monate nicht bei Renate sein zu können! Ich werde sehr daran denken, dass Euch der Abschied nicht zu bitter werden möge, sondern voller Zuversicht, Vertrauen und Dankbarkeit. Man kann mit dem Besten, was man hat, doch gewiss nichts Besseres tun als es Gott in die Hand legen. Nur so kommt man über das bittere Gefühl des Abgeschnittenseins, das wir beide ja jetzt kennengelernt haben, hinweg. Immerhin kannst Du ja täglich schreiben und Briefe kriegen. Das ist doch schon viel. Hoffentlich ist Dein künftiger Chef sehr vernünftig! Dass Du so ein glänzender Soldat bist, glaube ich gern und höre ich mit Vergnügen. Es erleichtert doch vieles. Auch darin bist Du mir bestimmt über. Ich werde sicher noch vor Dir strammstehen und freue mich schon darauf. Ist der Ton eigentlich sehr schweinisch und widerlich? Aber ich glaube, Du wirst sehr schnell Vertrauen und Einfluss bei den anderen finden. Übrigens höre ich, dass Warschau furchtbar teuer ist. Nimm Dir möglichst viel mit; wenn Du Geld brauchst, heb Dir ruhig von mir 1000 Mark ab! Ich kann es ja doch nicht gebrauchen. – Kriegst Du eigentlich immer meine Briefe an die Eltern zu lesen? Lass sie Dir doch schicken! – Ich finde hier – und ich denke, auch Du – das Aufwachen am Morgen innerlich am schwersten. Jer 31,26!) Ich bete jetzt ganz einfach um die Freiheit. Es gibt auch eine falsche Gelassenheit, die gar nicht christlich ist. Über etwas Ungeduld, Sehnsucht, Widerspruch gegen das Unnatürliche und eine ganze Portion Verlangen nach Freiheit und irdischem Glück und Wirkenkönnen, brauchen wir uns als Christen durchaus nicht zu schämen. Darin sind wir uns, glaube ich, auch ganz einig. – Im Übrigen bleiben wir wohl beide, trotz all dem, oder gerade wegen all dem, was wir jetzt jeder in seiner Weise erleben, durchaus unverändert die Alten, nicht wahr?! Du glaubst hoffentlich nicht, dass ich als Mann der „inneren Linie“ hier herauskomme, jetzt noch viel weniger als je! Und ebenso glaube ich es von Dir. Was wird das für ein Freudentag sein, wenn wir uns unsere Erlebnisse erzählen! Ich kann doch manchmal sehr böse werden, dass ich jetzt nicht frei bin!

Meine Heiratspläne: Wenn ich frei bin und noch wenigstens ein paar Monate nicht eingezogen werde, so will ich heiraten. Wenn ich nur 2–3 Wochen frei habe bis zur Einziehung, dann will ich bis Kriegsschluss warten. Was für eine Verlobungszeit haben wir! Maria ist erstaunlich. Aber ist es nicht doch eine Überforderung? Wenn wir uns wenigstens im Januar ein paar Mal gesehen hätten! Ich weiß nicht, warum Maria, so jung wie sie ist, so viel Schweres durchmachen muss. Hoffentlich ist es nicht zu viel für sie, und ich bin doch so froh, sie gerade jetzt zu haben. Oder glaubst Du, es wäre richtiger und selbstloser gewesen, ich hätte sie nach meiner Verhaftung gebeten, ohne Briefe und Besuche einfach bis zu meiner Entlassung zu warten? Ich hätte das für unnatürlich gehalten und ich glaube eben, sie auch. Denke bitte auch an sie, wenn Du an mich denkst.

G. Seydels Tod geht mir sehr nah. Immer wieder die Besten! Körperlich habe ich mit Euer aller Hilfe gut durchgehalten (seltsam, eine wie geringe Rolle hier die Concupiscentia spielt, vgl. 1Petr 4,1); was machen denn Deine plötzlichen Müdigkeiten? (Ich denke mit Schrecken, wie rücksichtslos ich oft dagegen gewesen bin! Scheußlich! Aber ich weiß, dass Du mir das nicht nachträgst.) Solltest Du Dir nicht doch für Nachtwachen von Papa ein paar Pervitin geben lassen?! Hier wird es zu solchen Zwecken oft gebraucht und ich habe es neulich auch mal ausprobiert. Es ist sehr gut. Besprich es noch!

Nun Schluss! Wir haben doch jedenfalls unvergleichlich schöne Jahre zusammen erlebt! Und möchten uns noch manche bevorstehen!!

Dietrich

20. 11.
Eben kommt Euer Brief vom 9. 11. mit so vielen Nachrichten, über die ich mich sehr gefreut habe, und zugleich mit der traurigen Nachricht von B. Riemers und R. Augusts Tod. Nun hast Du den letzten Deiner eigentlichen Jugendfreunde verloren. Mehr und mehr wird nun der Blick auf das Gegenwärtige und Zukünftige gelenkt. Gott sei Dank, dass Du Renate hast; und dass hinter ihr eine Familie steht, die in allen ihren vielen Gliedern Dich zu den ihrigen rechnet und immer zu Dir stehen wird, das weißt Du ja selbst. Ich frage mich, habe ich Dich Deinen alten Freunden irgendwie entfremdet? Ich glaube es nicht, sondern es war wohl Dein Weg, der Dich anders geführt hat als sie, ohne dass Deine Treue zu ihnen im Geringsten gelitten hat. Ich bin oft beeindruckt gewesen, wie ernst Du ihnen gegenüber Deine Freundespflichten genommen hast. Deine Ehe mit Renate aber ist mir der stärkste Beweis dafür, dass der Weg, der Dich äußerlich in manchem getrennt hat, der richtige und notwendige war. Ich denke an Gerhard noch heute wie an einen Bruder, und an H. H. Zippel und an Riemer mit Achtung und freundschaftlichen Empfindungen. Es waren besondere und gute Menschen, die Dich durch Deine Jugendzeit begleitet haben. Die Traupredigt für R[iemer] habe ich wohl nicht mehr; ich glaube aber, ich gab sie ihnen damals.

Der Gedanke, bei meiner Entlassung nicht sofort mit Dir sprechen zu können, fällt auch mir schwer. Aber, wenn es wirklich so sein sollte, dann müssen wir uns eine Zeit lang wenigstens ausführliche Briefe schreiben und so bald werden wir unsere verschiedenen Erlebnisse ja nicht vergessen! Falls ich Weihnachten noch hier im Loch sitzen sollte, lass Dich dadurch nicht bekümmern. Ich habe eigentlich keine Angst davor. Weihnachten kann man als Christ auch im Gefängnis feiern – jedenfalls leichter als Familienfeste. Dass Du Sprecherlaubnis beantragt hast, dafür danke ich Dir ganz besonders.

Ich glaube auch, dass es jetzt ohne Komplikationen möglich war. Allerdings hätte ich nicht gewagt, Dich darum zu bitten. Aber da Du es nun von Dir aus getan hast, ist es ja noch viel schöner. Es ist meine ganze Hoffnung, dass es nun wirklich dazu kommt! Aber weißt Du, auch wenn es abgelehnt wird, so bleibt doch die Freude, dass Du es versucht hast, und nur der Zorn über gewisse Leute wird für den Termin noch etwas größer, was nicht schadet. (Ich denke nämlich manchmal, ich bin über die ganze Sache noch nicht wütend genug!) Also wollen wir dann auch diese bittere Pille hinunterschlucken – daran gewöhnen wir beide uns in letzter Zeit ja allmählich. Ich bin froh, dass ich Dich im Augenblick der Verhaftung noch sah und vergesse das nicht, und meine schwachen Versuche der Fürsorge für Dich weiß ich ja jetzt bei Renate und bei der denkbar besten aller denkbaren Schwiegermütter (frei nach Leibniz) in viel besseren Händen.

Noch etwas über mein äußeres Leben: Wir stehen zu gleicher Zeit auf; der Tag dauert bis 20 Uhr; ich sitze mir meine Hosen durch, während Du Dir die Sohlen abläufst. Ich lese V. B. [Völkischer Beobachter] und Reich [Das Reich, Wochenzeitung]; ich habe mehrere sehr nette Leute kennen gelernt. Täglich werde ich allein 1/2 Stunde spazieren geführt. Nachmittags wird im Revier mein Rheumatismus sehr freundlich, aber ohne Erfolg behandelt. Alle 8 Tage kriege ich von Euch die herrlichsten Sachen zum Essen. Ich danke Dir sehr für alles, auch für die Zigarren und die Zigaretten von der Reise! Wenn Ihr nur satt werdet! Hast Du viel Hunger? Das wäre scheußlich! Es fehlt mir nichts – als Ihr alle. Ich möchte die g-Moll-Sonate [von J. S. Bach] mit Dir spielen und Schütz singen und den 70. und 47. Psalm von Dir hören. Das war Dein Bestes!

Die Zelle wird mir gereinigt. Dabei kann ich dem Reiniger etwas zu essen abgeben. Einer wurde neulich zum Tode verurteilt. Das hat mich sehr betroffen. – Man sieht in 7 1/2 Monaten viel, besonders was kleine Dummheiten für große

Folgen haben können. Längere Freiheitsentziehung wirkt sich m. E. auf die meisten in *jeder* Hinsicht demoralisierend aus. Ich habe mir ein andres System des Strafvollzugs ausgedacht, Prinzip: jeden auf dem Gebiet strafen, auf dem er etwas ausgefressen hat; z.B. „unerlaubte Entfernung" mit Urlaubsentzug etc., „unberechtigtes Ordentragen" mit verschärftem Fronteinsatz, „Kameradendiebstahl" mit zeitweiliger Kennzeichnung des Diebes, „Lebensmittelschiebung" mit Beschränkung der Rationen etc. Warum gibt es im A. T. *Gesetz* eigentlich keine Freiheitsstrafen?

Du hast doch für alle Fälle Vorarbeiten für Deine Lic. [Licentiats-] Arbeit, die nicht fertig wurde, vorzuweisen (Psalmenkolleg)? Es stand nie zur Debatte, nur für alle Fälle. – Ist Deine „Burschen"-stellung beim Unteroffizier eigentlich als besondere Ehrung gedacht? Maßlos komisch! oder doch auch widerwärtig? – Ich freue mich so, dass Du noch so oft mit Renate zusammen sein kannst. Danke ihr doch sehr für den Brief! Auch an Christoph viele Grüße, wenn Ihr schreibt! Hoffentlich bleibt Ihr noch recht lange in Lissa zusammen!

Ich wünsche Euch viel Freude und möchte nicht, dass sie durch den Gedanken an mich irgendwie getrübt würde! Ich habe selbst allen Grund, für so unendlich viel dankbar zu sein! Nun auf frohes – baldiges – Wiedersehen wie in alten Zeiten!

Dein Dietrich

Die aufgeschriebenen Verse haben sich auch hier besonders eingeprägt! Vielleicht hast Du Lust, den Zettel in Deine Brieftasche zu stecken? Der übrige Brief muss natürlich weg. Freut es Dich vielleicht zu hören, dass mir hier Gefangene und Wachpersonal immer wieder sagen, sie „bewunderten" (?!) meine Ruhe und Heiterkeit? Ich wundere mich selbst immer über derartige Aussprüche. Aber es ist doch ganz nett?

Wenn Dir *irgendetwas* einfiele, womit ich Dir noch eine

Freude machen könnte, würdest Du mir die größte Freude machen! Es gehört zum Scheußlichsten hier, dass man in dieser Hinsicht so gar nichts tun kann. *Bitte* nimm Dir wenigstens *gelegentlich* von meinem Speck mit; sag es der Mama, dass *ich sehr* darum bitte!

Ich habe noch reichlich und brauche in den nächsten 6 Wochen bestimmt keinen! Wenn ich Dir doch schon die Krössiner Spickgans mitgeben könnte! Kann man was schicken?

21. 11.

Heute ist Totensonntag. Ob Du die Trauerfeier für B. Riemer hältst? Es wäre schön, aber schwer. Dann kommt die Adventszeit, an die wir so viele gemeinsame schöne Erinnerungen haben. Die Welt dieses Musizierens, wie wir es Jahre hindurch in den Adventswochen getrieben haben, hast Du mir eigentlich erst aufgeschlossen. So eine Gefängniszelle ist übrigens ein ganz guter Vergleich für die Adventssituation; man wartet, hofft, tut dies und jenes – letzten Endes Nebensächliches –, die Tür ist verschlossen und kann nur *von außen* geöffnet werden. Das fällt mir nur eben so ein; glaube nicht, dass einem hier viel an Symbolen gelegen ist! Zweierlei aber muss ich Dir doch noch sagen, was Dir vielleicht wunderlich vorkommt: 1. Ich entbehre sehr die Tischgemeinschaft; jeder „materielle“ Gruß, den ich von Euch kriege, verwandelt sich hier in eine Erinnerung an die Tischgemeinschaft mit Euch. Ob sie nicht darum doch ein wesentlicher Bestandteil des Lebens ist, weil sie eine Realität des Reiches Gottes ist? 2. Ich habe die Anweisung Luthers, sich „mit dem Kreuz zu segnen“, bei Morgen- und Abendgebet ganz von selbst als eine Hilfe empfunden. Es liegt darin etwas Objektives, nach dem man hier besonderes Verlangen hat. Erschrick nicht! Ich komme bestimmt nicht als „homo religiosus“ [religiöser Mensch] von hier heraus! Ganz im Gegenteil, mein Misstrauen und meine Angst vor der „Religiosität“ sind hier noch größer geworden als je. Dass die Israeliten den Namen Gottes nie aussprechen, gibt mir immer wieder zu denken und ich verstehe es immer besser. – Habt Ihr eigentlich meine Traupredigt gekriegt? [...] Der Brief wurde viel länger, als ich dachte. Nun steht doch allerlei drin, was auch für andre bestimmt ist. Du kannst es schon unterscheiden.

Ich lese jetzt viel mit Interesse Tertullian, Cyprian und andre Kirchenväter! Z. T. viel zeitgemäßer als die Reformatoren und zugleich eine Basis für das evangelisch-katholische Gespräch.

Wundert Ihr Euch eigentlich manchmal, dass ich mir so widerspruchslos Esssachen schicken lasse, obwohl ich doch weiß, dass Ihr selbst knapp seid? Anfangs, während der Vernehmungsmonate, hielt ich es um der Sache willen für wichtig bei Kräften zu bleiben. Später wurde mir immer wieder der baldige Termin in Aussicht gestellt, für den ich auch physisch möglichst im Stand sein wollte, und jetzt ist es wieder so. Wenn ich erst frei oder verurteilt bin, hört das natürlich auf! Übrigens halte ich rein rechtlich eine Verurteilung eigentlich für ausgeschlossen.

22. 11.

Wenn es irgendetwas gibt, um Renate ihren Zustand etwas zu erleichtern, und Ihr braucht dafür Geld, bitte – ohne viel Worte! – einfach abheben, soviel Ihr braucht. Erst recht natürlich nachher, wenn es so weit ist! Es hat doch wirklich keinen Sinn, dass das Geld auf dem Konto verfault. Sei froh, dass Du damals noch für Renate den Schmuck gekauft hast! Ich werde wohl kaum mehr etwas kriegen für Maria. Ich bin oft froh gewesen, dass Du mich damals zur standesamtlichen Trauung so gebeten hast. Ich denke sehr gern an diesen Tag und habe das Gefühl, bis zu dem entscheidenden Augenblick mit Dir gegangen zu sein.

Sag mal, wie kommst Du bei den Soldaten eigentlich mit Deiner – von mir oft bewunderten – Bereitwilligkeit, ungerechte Vorwürfe einfach einzustecken (wohl ein Stück Deiner anima naturaliter christiana [natürlichen christlichen Seele]), aus? Ich habe hier schon ein paar Mal Leute, die sich nur die geringste Ungezogenheit erlaubten, ganz kolossal angepfiffen, sodass sie ganz verdutzt und von da an völlig in Ordnung waren. Das macht mir dann richtig Spaß; aber ich bin mir klar darüber, dass es eigentlich eine ganz unmögliche Empfindlichkeit ist, über die ich kaum wegkomme. Na, Du weißt das ja gut genug, dass ich sogar gerechte Vorwürfe von Dir kaum herunterschlucken konnte, eine scheußliche Eigenschaft, die Du wirklich mit unendlich viel Geduld getragen hast. – Ganz wild kann ich werden, wenn ich hier erlebe, dass völlig wehrlose Leute ungerecht angebrüllt und beschimpft werden. Diese kleinen Quälgeister der Menschen, die sich dabei austoben können und die es eben überall gibt, können mich noch stundenlang in Aufregung versetzen. Ich glaube, Du findest in diesen Dingen ein besseres Gleichmaß. Es wäre sicher gut für mich, wenn ich in Deiner Nähe Soldat sein könnte. Das „Neue Lied", das ich erst seit ein paar Tagen hier habe, lässt unzählige schönste Erinnerungen wach werden! – Du siehst, immer wieder fällt mir etwas ein, was ich mit Dir bereden möchte. Wenn man nach so langer Zeit erst mal anfängt, findet man kein Ende, und vieles, was ich Dich sehr gern fragte und was ich Dir gern sagte, ist nicht einmal ausgesprochen. Wir müssen uns wirklich bald wiedersehen! Nun wirklich Schluss! Dich und Renate grüßt von Herzen

Euer Dietrich

Schreibst Du eigentlich gelegentlich mal an Papa und Mama? Ich könnte mir denken, dass sie sich im Gedanken an mich sehr über jeden Gruß freuen würden. – Über die Fürbitte beim σύνοδος [„Synode"] habe ich mich sehr gefreut. – Kommst Du morgens wenigstens dazu, die Losungen zu lesen?

23.11.
Der Angriff heute Nacht war nicht gerade schön. Ich habe immerfort an Euch alle und besonders an Renate gedacht. In solchen Augenblicken geht einem das Gefangensein doch über den Spaß. Ihr geht hoffentlich wieder nach Sakrow. Ich habe mich gestern Nacht gewundert, wie nervös alte Frontsoldaten beim Alarm sind. Eben waren die Eltern hier und brachten gute Nachricht. So war der weite Weg doch nicht umsonst. Wie haben sie es nur geschafft, hierher durchzudringen? Denn in der Stadt scheint es ja sehr übel auszusehen. Es tat mir so sehr leid, dass wir uns nicht sprechen konnten, aber ich war doch sehr froh zu hören, dass Euch nichts passiert ist! – Am 17. XII. ist der Termin! Endlich! Ob ich Dich diese Woche noch sehe? Kann Rüdiger nicht wegen Deiner Sprecherlaubnis bei Speckhardt in Torgau anrufen? Auch müsste dafür gesorgt werden, dass sie hier der Hauptmann abnimmt!

35. An Maria von Wedemeyer

21. November 1943

Meine liebste Maria!
Es ist gut, dass gestern noch Dein und Deiner Mutter Brief kam; es war schon etwas lang geworden! Hab vielen vielen Dank! – Heute ist Totensonntag, da seid Ihr zusammen in der Kirche und an den Kreuzen. Bei Stifter heißt es einmal sehr schön: „Der Schmerz ist der heiligste Engel, der den Menschen Schätze zeigt, die sonst ewig in der Tiefe verborgen gewesen wären, durch ihn sind Menschen größer geworden als durch alle Freuden der Welt.“ Es ist wohl so – und ich sage es mir hier

in meiner Lage auch immer wieder – der Schmerz des Entbehrens; der oft bis ins Physische hinein spürbar ist; soll da sein und wir sollen und brauchen ihn uns nicht wegzudisputieren, aber er will doch auch jedes Mal wieder überwunden sein, und so gibt es doch noch einen heiligeren Engel als den Schmerz, das ist die Freude an Gott. Wenn Du den Brief kriegst, ist wohl schon der Advent da, eine Zeit, die ich besonders liebe. Weißt Du, so eine Gefängniszelle, in der man wacht, hofft, dies und jenes – letztlich Nebensächliche – tut, und in der man ganz darauf angewiesen ist, dass die Tür der Befreiung *von außen* aufgetan wird, ist gar kein so schlechtes Bild für den Advent. Könnte ich doch in diesem Jahr bei Eurem Krippenspiel sein, von dem ich seit Jahren aus der Ferne höre und weiß! –

Dein Gedanke, miteinander irgendwo in den Schnee zu reisen, ist wunderbar. Eigentlich wäre Friedrichsbrunn dafür das Gegebene, aber ich weiß nicht, ob dann die „Leipziger" noch oben sind? Übrigens finde ich es doch auch sehr schön, mit Dir in den verschiedenen Familien zusammenzusein und die Zeit zum Alleinsein wird uns gewiss niemand missgönnen. Es geht zwar fast nichts über einen stillen Winterabend in den Bergen, und sobald es möglich ist, machen wir eine solche Reise bestimmt! Wünschen und erträumen wollen wir uns ruhig jetzt schon alles Erdenkliche, Pläne machen werden wir dann schnell genug – und auch mit dem nötigen Nachdruck! –, wenn ich erst frei bin und wir alles übersehen. Was wird nun bis dahin aus Dir? Nach dem vorgestrigen Alarm bin ich nicht mehr ganz so begeistert über den Berliner Plan. Aber ich will Dich in bereits gefassten Entschlüssen nicht mehr unsicher machen. –

Dass Du mit Hans Werner noch eine Reitjagd machst, finde ich sehr nett, wie ich mich überhaupt über jede Freude freue, die Du Dir gönnst. Beunruhigen würde mich nur alles, was Dir Kummer bereitet – zu all dem hinzu, was sowieso schon auf Dir lastet. Nein, denke Dir, ich bin früher nie auf Jagd gegangen. Ich sitze abends sehr gern auf einer Wildkanzel oder am Waldrand und freue mich – bis zum Herzklopfen – die Tiere heraustreten zu sehen. Aber ich habe nie die geringste Lust verspürt, auf sie zu schießen. Warum auch, wenn es nicht sein muss? Ich glaube also, Eure Rehböcke werden auch künftig von mir nichts zu befürchten haben. Aber Reiten, das ist etwas ganz anderes, danach sehne ich mich! Und zwar mit Dir zusammen durch den Wald und über Land und Felder! Weißt Du übrigens, dass Friedrich Wilhelm I. jeden Pfarrer, den er traf, danach fragte, ob die Jagd eine Sünde sei – er war ein leidenschaftlicher Jäger –, und ich glaube, sie sind, einschließlich A. H. Francke, alle so vernünftig gewesen, es nicht für eine Sünde zu erklären. Trotzdem, es ist, wie so manches, nicht jedermanns Sache. Walter, dessen Bild Du gesehen hast, ging regelmäßig mit dem Förster aus und wäre am liebsten schon Förster geworden, aber ich glaube mich zu erinnern, dass der erste Bock, den er mit 15 oder 16 Jahren schoss, ihm ein ganz starkes Erlebnis gewesen ist. – Du fragst, ob ich die Wurst von Bismarcks auch mit „Andacht" gegessen habe? Damit beschreibst Du den Vorgang richtiger, als Du Dir wahrscheinlich selbst denken kannst. Alles „Materielle", was Ihr mir hierher schickt, verwandelt sich bei den Mahlzeiten zu Zeichen Eurer Gemeinschaft und Liebe und Treue. Das Unnatürliche, dass man hier das tägliche Brot nicht miteinander teilen kann, sondern für sich allein isst, wird dadurch aufgehoben, dass ich mich als Gast an Euerm Tisch weiß, und so esse ich wirklich „mit Andacht", was von Euerm Tisch als gutes Zeichen in meine Zelle kommt. Die Tischgemeinschaft ist ja mehr als „gemeinsames Essen". – Nun ist der Bogen zu Ende und ich habe der Mutter noch nicht für ihren Brief gedankt. Ich liebe ihre Erzählbriefe immer so sehr. Bis in jede Einzelheit versuche ich, mit Euch mitzuleben, wenn ich diese Briefe lese. Danke ihr doch sehr! Es ist so sehr gut von ihr.

Leb wohl, liebste Maria! Hab Dank für alles, alles!
Nimm einen Kuss von Deinem Dietrich

36. An Eberhard Bethge

26. November 1943

Lieber Eberhard!

Es ist also wirklich dazu gekommen, wenn auch nur für einen Augenblick; aber das ist nicht so wichtig; auch ein paar Stunden wären ja viel zu wenig, und man wird hier in der Abgeschlossenheit so aufnahmefähig, dass man auch von ein paar Minuten lange zehren kann. Dieses Bild – die vier Menschen, die mir in meinem Leben am nächsten stehen, einen Augenblick um mich gehabt zu haben –, das wird mich nun lange begleiten. Als ich herauf in meine Zelle kam, lief ich eine Stunde lang nur auf und ab, das Essen stand da und wurde kalt, und ich musste schließlich über mich selbst lachen, wie ich mich dabei ertappte, dass ich von Zeit zu Zeit ganz stereotyp vor mich hin sagte: „Das war wirklich schön!" Ich habe immer intellektuelle Hemmungen, wenn ich das Wort „unbeschreiblich" für etwas verwende; denn wenn man sich etwas Mühe gibt und die nötige Klarheit erzwingt, dann gibt es m. E. nur sehr wenig „Unbeschreibliches"; aber im Augenblick scheint mir der heutige Vormittag dazuzugehören. Nun liegt Karls [Karl Barths] Zigarre vor mir, eine wirklich unwahrscheinliche Realität – war er denn nett? Und verständnisvoll? Und V.? Es ist einfach großartig, dass Du sie sahst! –, dann die gute alte beliebte „Wolf" Hamburg aus besseren Zeiten – neben mir auf einem Karton aufgebaut steht Marias Adventskranz –, in meinem Vorratsregal warten u.a. Eure Rieseneier auf die nächsten Frühstücke (es hat ja keinen Sinn, wenn ich sage, „so etwas dürft Ihr Euch nicht absparen!" aber ich denke es und freue mich doch!). Du sahst zu meiner großen Beruhigung eigentlich frisch aus, nur etwas schmäler, aber nicht übermüdet, sondern gesund. Sei so gut und iss den Speck, den ich Dir schickte, ohne Widerspruch und gern! Es ist doch schön, mal wieder etwas teilen zu können, und etwas dicker darfst Du ruhig werden. Es ist mir eine scheußliche Vorstellung, dass Du jetzt gelegentlich Hunger hast. Für Renate, denke ich, sorgt Ihr alle mit vereinten Kräften. Nun hast Du Dich ja selbst davon überzeugen können, dass ich in jeder Hinsicht der Alte bin und dass es mir gut geht. Ich glaube, es hat ein Augenblick genügt, um uns beiden klarzumachen, dass alles, was in den vergangenen 7 1/2 Monaten vorgefallen ist, uns beide im Wesentlichen unverändert gelassen hat; ich hatte es auch keinen Moment je bezweifelt und Du gewiss auch nicht. Das ist der Vorteil, wenn man 8 Jahre lang fast jeden Tag, jedes Ereignis miteinander erlebt, jeden Gedanken miteinander besprochen hat. Da braucht man nur eine Sekunde, um übereinander Bescheid zu wissen, und eigentlich braucht man nicht einmal mehr diese Sekunde. Ich kann mich an meinen ersten Gefangenenbesuch – den bei Fritz O., Du warst auch mit! – erinnern, dass er mich ganz scheußlich mitgenommen hat, obwohl Fritz sehr heiter und nett war. Ich hoffe nun sehr, dass es Dir heute bei mir nicht ähnlich gegangen ist! Das würde nämlich auf der falschen Vorstellung beruhen, als sei das Gefangensein eine ununterbrochen empfundene Qual. So ist es ja nicht, und gerade solche Besuche erleichtern einem das Leben tagelang ganz fühlbar, auch wenn sie natürlich manches in einem aufwecken, was glücklicherweise eine Weile geschlafen hat. Aber auch das schadet nichts. Man weiß wieder einmal, wie reich man war, man wird dankbar dafür und fasst neue Hoffnung und Lebenswillen. Ich danke Dir und Euch allen *sehr*!

Wann und wo werde ich Dich besuchen können? Sieh doch, dass Du noch recht lange in Lissa bleibst! Wir müssen uns wirklich so schnell wie möglich nach meiner Entlassung sehen. Eigentlich ist es doch eine Scheußlichkeit, dass sie einem Soldaten, der seinen nächsten Freund besuchen will, das abschlagen. Verdammte Bürokraten! Aber man lernt aus allem und auch daraus für später!

Inzwischen war hier der erwartete Großangriff auf Borsig. Es ist wirklich ein einzigartiges Gefühl, die „Weihnachtsbäume", diese Leuchtabsteckzeichen, die das Kommandoflugzeug abwirft, unmittelbar über sich heruntergehen zu sehen. Schauderhaft das Toben und Schreien der Gefangenen in ihren Zellen. Wir hatten keine Toten, nur Verwundete, aber bis 1 Uhr waren wir mit Verbinden fertig. Ich konnte gleich danach ganz fest schlafen. Ganz offen reden die Leute hier von der Angst, die sie gehabt haben. Ich weiß nicht recht, was ich davon halten soll; denn eigentlich ist die Angst doch auch etwas, dessen sich der Mensch schämt. Ich habe das Empfinden, man könnte eigentlich nur in der Beichte davon reden. Es kann sonst so leicht etwas Schamloses darin liegen. Deswegen braucht man ja noch lange nicht den Heroischen zu markieren. Andrerseits kann eine naive Offenheit etwas ganz Entwaffnendes haben. Aber es gibt eben auch so eine zynische, ich möchte fast sagen: gottlose, Offenheit, die sich dann ebenso auf dem Gebiet des Saufens und Hurens austobt, und die so einen chaotischen Eindruck macht. Ob nicht die Angst doch auch zu den „pudenda" [Dinge, denen man sich zu schämen hat] gehört, die verborgen werden sollen? Ich muss das noch weiter überlegen, Du wirst ja damit auch Deine Erfahrungen gemacht haben.

Dass wir die grauenhaftesten Dinge des Krieges jetzt so intensiv erleben müssen, ist, wenn wir sie überleben, für später wohl die notwendige Erfahrungsgrundlage dafür, dass nur auf dem Boden des Christentums ein Wiederaufbau des Lebens der Völker im Innern und Äußern möglich ist. Darum müssen wir das, was wir erleben, wirklich in uns bewahren, verarbeiten, fruchtbar werden lassen und es nicht von uns abschütteln. Noch nie haben wir den zornigen Gott so handgreiflich zu spüren bekommen, und auch das ist Gnade. „Heute, so ihr seine Stimme hört, verstocket eure Herzen nicht." Die Aufgaben, denen wir entgegengehen, sind ungeheuer; für sie sollen wir jetzt vorbereitet und reif gemacht werden.

Lieber Eberhard, ich wünschte so sehr, dass Du und Renate in dieser Zeit, in der Ihr Euer Kind erwartet, Euch nicht durch Zukunftssorgen irgendwie bedrücken lasst, sondern dass Ihr in dem kommenden Kind einen persönlichen Segen, ein persönliches Gnadenzeichen Gottes für Euer beider Zukunft seht und wirklich nur in Freude und Glauben auf die Geburt wartet. Darum bitte ich Gott für Euch und ich bin gewiss, er wird es Euch schenken.

28. 11.

Der 1. Advent. Er begann mit einer ruhigen Nacht. Gestern Abend im Bett habe ich zum ersten Mal im Neuen Lied „unsere" Adventslieder aufgeschlagen. Kaum eines kann ich vor mich hinsummen, ohne an Finkenwalde, Schlönwitz, Sigurdshof erinnert zu werden. Heute früh hielt ich meine Sonntagsandacht, hängte den Adventskranz an einen Nagel und band das Lippische Krippenbild hinein. Zum Frühstück aß ich das zweite Eurer Straußeneier mit Hochgenuss. Bald danach wurde ich aufs Revier zu einer Besprechung geholt, die bis Mittag dauerte. Nach dem Essen habe ich aufgrund der üblen Erfahrungen des letzten Alarms (eine Luftmine in 25 m Entfernung, Revier ohne Fenster, Licht, Hilfe schreiende Gefangene, um die sich außer uns aus dem Revier niemand kümmerte; aber auch wir konnten in der Dunkelheit wenig helfen und beim Öffnen einer Zelle von Schwerbestraften muss man immer vorsichtig sein, dass sie einem nicht mit dem Stuhlbein über den Kopf schlagen, um auszureißen – kurz, es war nicht schön!) einen Bericht über Erfahrungen und Notwendigkeiten der ärztlichen Versorgung bei Alarmen hier im Haus geschrieben. Hoffentlich nützt es was. Ich bin froh, irgendwie mithelfen zu können, und zwar an vernünftiger Stelle.

Vergessen habe ich noch, Dir zu berichten, dass ich gestern Nachmittag die märchenhaft duftende „Wolf"-Zigarre im Revier bei netter Unterhaltung geraucht habe. Ich danke Dir sehr dafür! Die Zigarettenfrage ist seit den Alarmen leider katastrophal. Beim Verbinden baten die Verwundeten um eine Zigarette und die Sanitäter und ich selber haben vorher auch allerlei vertilgt. Umso dankbarer bin ich für das, was Ihr mir vorgestern mitgebracht habt! Übrigens sind fast im ganzen Haus die Scheiben heraus, und die Leute sitzen frierend in ihren Zellen. Obwohl ich vergessen hatte, mein Fenster beim Herausgehen zu öffnen, fand ich nachts zu meiner größten Überraschung die Scheibe unversehrt. Darüber bin ich sehr froh, wenn mir auch die andern schrecklich leidtun.

Wie schön, dass Du doch noch Advent mitfeiern kannst! Ihr werdet jetzt gerade die ersten Lieder zusammen singen. Das altdorfersche Krippenbild fällt mir ein und dazu der Vers: „Die Krippen glänzt hell und klar, die Nacht gibt ein neu Licht dar, Dunkel muss nicht kommen drein, der Glaub bleibt immer im Schein" – und dazu die adventliche Melodie

aber nicht im 4/4-Takt, sondern in dem schwebenden erwartenden Rhythmus, der sich dem Text anpasst! Nachher werde ich noch eine der erfreulichen Novellen des alten W. H. Riehl lesen. Die würden Dir auch Spaß machen, auch zum Vorlesen in der Familie sind sie sehr geeignet. Man muss versuchen, sie mal zu kriegen.

Leider bin ich auf literarischem Gebiet mit Maria noch nicht konform. Sie schreibt mir so sehr gute, natürliche Briefe, aber sie liest und schickt mir und liebt gerade Rilke, Bergengruen, Binding, Wiechert, von denen ich die letzten drei für unter unserem Niveau, den ersten für ausgesprochen ungesund halte. Eigentlich passen sie also alle gar nicht zu ihr. Aber irgendetwas zieht sie dahin. Über solche Dinge müsste man miteinander sprechen können, und ich weiß nicht, ob sie so ganz unwichtig sind. Ich möchte gern, dass meine Frau auch in solchen Fragen mit mir möglichst konform geht. Aber ich denke, es ist nur eine Sache der Zeit. Ich mag es gar nicht, wenn Frauen und Männer verschiedener Meinung sind. Sie müssen zusammen wie ein uneinnehmbares Bollwerk dastehen. Findest Du das nicht auch? Oder gehört das etwa auch zu meiner „tyrannischen" Natur, die Du so genau kennst? Dann musst Du es mir sagen! Wahrscheinlich drückt sich in diesen literarischen Dingen auch der Altersunterschied aus. Die Generation von Maria und Renate ist eben leider mit einer sehr schlechten zeitgenössischen Literatur groß geworden und den Anschluss an das ältere Schrifttum finden sie viel schwerer als wir. Je mehr wir an die wirklich guten Sachen herangekommen sind, desto fader ist uns doch die dünne Limonade der neueren Produktion geworden, manchmal fast bis zum Übelwerden. Kennst Du ein Buch aus der schönen Literatur der letzten ca. 15 Jahre, von dem Du glaubst, dass es Bestand hat? Ich nicht. Es ist teils Gewäsch, teils Gesinnungsmacherei, teils wehleidige Sentimentalität – aber keine Erkenntnis, keine Gedanken, keine Klarheit, keine Substanz und fast immer eine schlechte, unfreie Sprache. Ich bin an diesem Punkt ganz bewusst ein laudator temporis acti [Lobredner der alten Zeit]. Du doch auch?

29. 11.
Der heutige Montag unterscheidet sich von allen bisherigen deutlich. Während sonst am Montagmorgen das Geschrei und Geschimpfe auf den Gängen am wüstesten war, sind offenbar nach den Erlebnissen der vorigen Woche selbst die

größten Schreier und Angeber recht kleinlaut geworden, eine sehr spürbare Veränderung!

Ich muss Dir persönlich übrigens noch Folgendes sagen: Die schweren Luftangriffe, besonders der letzte, bei dem ich, als durch die Luftmine im Revier die Fenster herausstürzten und Flaschen und Medikamente aus Schränken und Regalen fielen, völlig im Dunkeln auf dem Fußboden lag und nicht viel Hoffnung auf einen guten Ausgang hatte, führen mich ganz elementar zum Gebet und zur Bibel zurück. Darüber später einmal mündlich mehr. In mehr als einer Hinsicht ist diese Gefängniszeit für mich eine sehr heilsame Pferdekur. Aber das lässt sich im Einzelnen wohl wirklich nur persönlich erzählen.

Eben wurde ein Koffer mit Konserven und der Fahrpelz bei mir abgegeben. Ich ließ mich sofort hinunterführen und hoffte noch einen Blick von Dir zu erwischen, da hieß es, „ein junger Mann" (bitte sehr! Das würde von mir bestimmt keiner mehr sagen! Oder sollte es etwa Klaus D. gewesen sein?) habe das vor 2 Stunden abgegeben und sei sofort wieder gegangen. Habt vielen, vielen Dank! Es ist sicher sehr gut, für alle Fälle eine haltbare Reserveration hier zu haben, und auch der Pelz ist bei dem fensterlosen Haus, durch das auch meine Zelle ausgekühlt wird, sehr willkommen. Es ist wirklich wunderbar, wie Ihr immer gleich an alles denkt und es auch in die Tat umsetzt. Ich glaube, in dieser Hinsicht ist unsere Familie wirklich etwas ganz Besonderes, glaubst Du nicht auch? Und wie gut, dass Du jetzt ganz darin eingeschlossen bist. Man kann, wenn man in schwieriger Lage ist, ganz sicher sein, dass alles nur Denkbare geschieht, um Hilfe und Erleichterung zu bringen. Das kannst Du auch wissen, wenn Du irgendwo draußen bist! Ich glaube, dieses Füreinandereintreten ist ein Erbstück, das alle Familienglieder mitgekriegt haben.

Dienstag, den 30. 11. Heute hoffe ich diesen Brief loszuwerden. Drum also Schluss. Versuch doch bis über Weihnachten in Lissa zu bleiben! Dann können wir uns vielleicht wirklich noch sehen. Wie ist Deine Adresse? Wie erreiche ich Dich sofort nach meiner Entlassung durch Blitzgespräch oder Blitztelegramm? Bleibt gesund, Du und Renate! Gott behüte Euch! Von ganzem Herzen

Dein treuer Dietrich

R. wollte mir am Anfang gar zu gern an den Kopf; nun musste er sich mit einer höchst lächerlichen Anklage begnügen, die ihm wenig Ruhm eintragen wird. – Übrigens finde ich, dass Du, für den Fall, dass Du irgendwo in Gefangenschaft gerätst, hier einen Code abmachen musst, bevor Du herausgehst. – In den vergangenen Monaten habe ich wie noch nie erfahren, dass ich alles, was ich hier an Erleichterungen und Hilfe bekomme, nicht mir selbst, sondern anderen Menschen verdanke. Ich habe früher gelegentlich empfunden, dass Du unter der Tatsache, dass auch Du vieles in Deinem Leben andern Menschen verdankst, etwas leidest. Aber das ist eben ganz verkehrt. Der Wunsch, alles durch sich selbst sein zu wollen, ist ein falscher Stolz. Auch was man anderen verdankt, gehört eben zu einem und ist ein Stück des eigenen Lebens, und das Ausrechnenwollen, was man sich selbst „verdient" hat und was man anderen verdankt, ist sicher nicht christlich und im Übrigen ein aussichtsloses Unternehmen. Man ist eben mit dem, was man selbst ist und was man empfängt, ein Ganzes. Das wollte ich Dir noch sagen, weil ich es jetzt selbst erlebt habe und doch nicht erst jetzt, sondern unausgesprochen schon in den langen Jahren unserer vita communis [gemeinsames Leben]. Ich habe von Dir bestimmt nicht weniger empfangen als Du von mir.

37. An Karl und Paula Bonhoeffer

28. November 1943, 1. Advent

Liebe Eltern!

Obwohl man nicht weiß, ob und wie Briefe gegenwärtig bestellt werden, möchte ich doch gern am Nachmittag des 1. Advents an Euch schreiben. Das Altdorfersche Weihnachtsbild, auf dem man die heilige Familie mit der Krippe unter den Trümmern eines verfallenen Hauses sieht – wie kam er nur vor 400 Jahren dazu, entgegen aller Tradition, das so darzustellen? –, ist einem diesmal besonders gegenwärtig. Auch so kann und soll man Weihnachten feiern, das wollte er vielleicht sagen; jedenfalls sagt er es uns. Ich denke gern daran, wie Ihr jetzt wohl mit den Kindern zusammensitzt und mit ihnen Advent feiert wie vor Jahren mit uns. Nur tut man alles wohl jetzt intensiver, weil man nicht weiß, wie lange man es noch hat.

Ich denke noch etwas mit Grausen daran, dass Ihr beide, ohne dass einer von uns dabei war, so eine schlimme Nacht und einen so schlimmen Augenblick durchmachen musstet. Es kommt einem so unfasslich vor, dass man in solchen Zeiten eingesperrt ist und nichts helfen kann. Ich hoffe nun sehr, dass das wirklich bald zu Ende geht und nicht weitere Verzögerungen erleidet.

Trotzdem, beunruhigt Euch bitte um mich nicht. Man wird sehr gestärkt aus dieser ganzen Sache hervorgehen.

Dass wir hier den erwarteten Angriff auf Borsig in unserer Nähe hatten, wisst Ihr sicher schon. Nun hat man die – nicht gerade sehr christliche – Hoffnung, dass sie so bald nicht wieder in unsere Gegend kommen. Es war auch nicht gerade schön, und wenn ich einmal frei bin, werde ich Vorschläge machen, wie man das für solche Fälle hier verbessern kann.

Erstaunlicherweise blieben meine Fensterscheiben heil, während fast alle anderen kaputt sind. So ist es für die anderen wirklich scheußlich kalt. Da die Gefängnismauer zum Teil eingerissen ist, kann vorläufig auch keine „Bewegung" stattfinden. Wenn nur wenigstens die Möglichkeit bestünde, nach den Alarmen etwas voneinander zu hören!

Es war sehr schön, Euch wiederzusehen. Habt vielen Dank, dass Ihr kamt und auch für alles Mitgebrachte! Es ist ein sehr beruhigendes Gefühl, Euch fürs Erste in Sakrow zu wissen. Maria darf jetzt nicht nach Berlin kommen; selbst wenn sie Sprecherlaubnis bekommt, sollte man erst abwarten, wie sich die Dinge weiterentwickeln. Was wird denn mit Renate werden? Eine Entbindung in Berlin kommt doch wohl gar nicht infrage? Aber wohin dann?

In den letzten Tagen habe ich sehr gern die „Geschichten aus alter Zeit" von dem alten Kulturhistoriker W. H. Riehl gelesen. Wahrscheinlich kennt Ihr sie aus viel früherer Zeit. Heute sind sie so gut wie unbekannt und doch sehr hübsch und erfreulich zu lesen. Auch zum Vorlesen für die Kinder wären sie geeignet. Soviel ich weiß, hatten wir früher ein paar Bände von ihm; aber wir haben sie inzwischen wohl längst zu irgendeiner Büchersammlung gegeben.

Wenn Ihr mir mal das Buch über den Aberglauben mitbringt, wäre es sehr schön. Hier fangen die Leute an, Karten zu legen, ob am Abend Alarm kommt! Es ist interessant, wie in so aufgeregten Zeiten der Aberglaube blüht und wie viele doch bereit sind, mindestens mit einem halben Ohr darauf zu hören. – Lebt wohl! Grüßt alle Geschwister und Kinder sehr. Gott behüte uns alle. Euch dankt für alles

Euer Dietrich

38. An Maria von Wedemeyer

1. Dezember 1943

Meine liebste Maria!

Durch die bösen Nächte der vergangenen Woche ist, wie Du Dir hoffentlich schon gedacht hast, die Postbestellung eine Zeit lang hier nicht möglich gewesen. Du hast aber gewiss von den Eltern gehört, wie alles gegangen ist. Es ist über viele Menschen großes Unglück gekommen und wir anderen, die wir verschont geblieben sind, müssen die kleinen Entbehrungen, die uns getroffen haben, wirklich ohne Worte und selbstverständlich auf uns nehmen. Jedes Murren über zerbrochene Fensterscheiben, Kälte und etwas erschwerte Ernährungsverhältnisse kommt mir angesichts des Ganzen fast frevelhaft vor. Die einzige wirklich kaum zu ertragende Entbehrung ist die Unmöglichkeit, in diesen schweren Tagen anderen Menschen helfen zu können; jemand, der das nicht erlebt, kann sich diese Situation gar nicht vorstellen; aber ich will auch darüber nicht viel Worte machen, es gibt so sehr viel Wichtigeres. –

Schlimmer als für mich müssen diese Tage für Dich gewesen sein. Aber nun ist ja hoffentlich wieder für eine Weile Ruhe; trotzdem ist es mir doch viel beruhigender, Du kommst jetzt nicht nach Berlin. Außerdem ist ja das Haus der Eltern kaum bewohnbar. Dein Adventskranz, den ich um das kleine Krippenbild an die Wand gehängt habe, und der warme Mantel, der mir ebenso wie Max' Shawl die Kälte vom Leibe hält, erinnert mich unaufhörlich an Dich und erfüllt mich mit immer neuer Dankbarkeit für alles, was Du für mich denkst, fühlst und tust. Es ist so wirklich ganz friedlich, still und adventlich bei mir in der Zelle, und die unzähligen Advents- und Weihnachtslieder, die ich seit der Kindheit kenne, umgeben mich wie lauter gute Geister. So darfst Du Dir um mich wirklich keine Sorgen machen, ebenso wie ich Dich in den Vorbereitungen Eures Krippenspiels und in der Fürsorge für Eure Bombenflüchtlinge gut aufgehoben weiß. Was wir entbehren und worunter wir leiden, wissen wir beide; aber es ist doch besser in Ruhe und Vertrauen aneinander zu denken als in Unruhe und Sorge. –

Ich glaube, wir gehen einem besonders schönen Weihnachten entgegen. Gerade weil sich alles äußere Sorgen diesmal von selbst verbietet, wird es sich herausstellen, ob wir am Wesentlichen allein genug haben. Ich habe früher furchtbar gern Geschenke bedacht und besorgt; aber wo wir nun nichts mehr zu schenken haben, strahlt das Geschenk, das Gott uns in der Geburt Christi gemacht hat, umso heller; je leerer unsere Hände sind, desto besser erkennen wir, was Luther mit seinem letzten Wort vor seinem Tod gemeint hat: „Wir sind Bettler, das ist wahr". Je dürftiger unsere Beherbergung ist, desto besser verstehen wir, dass unser Herz Christi Herberge auf Erden sein soll. So wollen wir ohne jede Verzagtheit, viel mehr mit voller Zuversicht diesem Weihnachtsfest entgegengehen. Und wenn Gottes Freundlichkeit uns gar in diesen Tagen wieder zusammenführt, dann haben wir aneinander das schönste irdische Weihnachtsgeschenk! Und wie schön wäre es auch für unsere Familien! Du glaubst gar nicht, wie ich mich nach jedem Einzelnen sehne; nach so langen Monaten der Einsamkeit habe ich einen richtigen Hunger nach Menschen. Ich fürchte allerdings, dass ich am Anfang ein längeres Zusammensein mit vielen Menschen kaum werde bestehen können – schon früher konnte ich Familienfeste, die ich an sich sehr liebe, immer nur durchhalten, indem ich mich von Zeit zu Zeit auf eine halbe Stunde in mein Zimmer flüchtete. Diesmal wirst Du dann hoffentlich mit mir flüchten! Du darfst mich deswegen nicht für menschenfeindlich halten; aber ich finde eben leider, dass Menschen ungeheuer anstrengend sind. Aber diese meine geselligen Laster und Tugenden wirst Du noch früh genug kennenlernen! Du brauchst keine Angst zu haben, Verstöße gegen Knigge lasse ich mir nicht zuschulden kommen! –

Nun wieder einmal Schluss. Es ist immer wieder ein kleiner Abschied, wenn der Brief wieder zu Ende ist. Nun wollen wir aber bald einmal nicht immerfort Abschied, sondern ein gründliches und langes, langes Wiedersehen feiern! Leb wohl, liebste Maria! Grüße Mutter, Großmutter und Geschwister! Und nimm einen Kuss von

Deinem Dietrich

39. An Eberhard Bethge

5. Dezember 1943, 2. Advent

Lieber Eberhard!

Das Bedürfnis, mich an einem stillen Sonntagvormittag mit Dir zu unterhalten, ist so groß und der Gedanke, dass so ein Brief vielleicht auch Dir eine einsame Stunde unterhaltsamer machen könnte, so verlockend, dass ich, ohne zu wissen, ob, wie und wo Dich diese Zeilen erreichen, Dir schreiben will. Wie mir gestern K[arl] Fr[iedrich], der hier völlig überraschend auftauchte, erzählt hat, bist Du erst gestern nach Lissa zurückgefahren. Möchte Dir die Zeit nicht zu schwer werden! Du bist doch durch Deine Internatserziehung gegen manches abgehärteter als ich. Wie und wo mögen wir beide diesmal Weihnachten feiern? Ich wünsche Dir, dass es Dir gelingt, etwas von der Freude, die Du in diesen Adventswochen immer wieder in den Kreis der Brüder getragen hast, auch den Soldaten, mit denen Du zusammen bist, zu vermitteln. Denn nicht nur die Angst, wie ich sie hier bei jedem neuen Luftalarm bei den Leuten immer neu erlebe, ist ansteckend, sondern auch die Ruhe und die Freude, mit der wir dem jeweils Auferlegten begegnen. Ja, ich glaube, die stärkste Autorität bildet sich durch solche Haltung – wenn sie nicht zur Schau getragen, sondern echt und selbstverständlich ist. Die Menschen suchen einen ruhenden Pol und richten sich nach ihm aus. Ich glaube, Draufgängertypen sind wir beide nicht, aber das hat mit dem Herzen, das durch Gnade fest wird, auch nichts zu tun.

Ich spüre übrigens immer mehr, wie alttestamentlich ich denke und empfinde; so habe ich in den vergangenen Monaten auch viel mehr Altes Testament als Neues Testament gelesen. Nur wenn man die Unaussprechlichkeit des Namens Gottes kennt, darf man auch einmal den Namen Jesus Christus aussprechen; nur wenn man das Leben und die Erde so liebt, dass mit ihr alles verloren und zu Ende zu sein scheint, darf man an die Auferstehung der Toten und eine neue Welt glauben; nur wenn man das Gesetz Gottes über sich gelten lässt, darf man wohl auch einmal von Gnade sprechen, und nur wenn der Zorn und die Rache Gottes über seine Feinde als gültige Wirklichkeiten stehen bleiben, kann von Vergebung und von Feindesliebe etwas unser Herz berühren. Wer zu schnell und zu direkt neutestamentlich sein und empfinden will, ist m. E. kein Christ. Wir haben darüber ja schon manchmal gesprochen und jeder Tag bestätigt mir, dass es richtig ist. Man kann und darf das letzte Wort nicht vor dem vorletzten sprechen. Wir leben im Vorletzten und glauben das Letzte, ist es nicht so? Lutheraner (sogenannte!) und Pietisten würden eine Gänsehaut bei diesen Gedanken kriegen, aber richtig ist es darum doch. In der „Nachfolge" habe ich diese Gedanken nur angedeutet (im ersten Kapitel) und nachher nicht richtig durchgeführt. Das muss nun später geschehen. Die Konsequenzen sind sehr weitreichend, u. a. für das katholische Problem, für den Amtsbegriff, für den Gebrauch der Bibel etc., aber vor allem eben für die Ethik. Warum wird im Alten Testament kräftig und oft zur Ehre Gottes gelogen (ich habe die Stellen jetzt zusammengestellt), totgeschlagen, betrogen, geraubt, die Ehe geschieden, sogar gehurt (vgl. den Stammbaum Jesu), gezweifelt und gelästert und geflucht, während es im Neuen Testament dies alles nicht gibt? Religiöse „Vorstufe"? Das ist eine sehr naive Auskunft; es ist ja ein und derselbe Gott. Aber darüber später und mündlich mehr!

Es ist inzwischen Abend geworden. Eben sagte der Unteroffizier, der mich vom Revier in meine Behausung brachte, als wir uns verabschiedeten, etwas verlegen lächelnd, aber doch ganz ernst zu mir: „Beten Sie doch, Herr Pfarrer, dass wir heute keinen Alarm kriegen!"

Denke Dir, heute Vormittag stellte sich im Gespräch mit einem hier gefangenen Sanitäter heraus, dass er Max Wedemeyers Tod miterlebte und ihn tot zur Truppe zurückgebracht hat. Ich kann es jetzt Maria noch nicht mitteilen, da solche Gespräche ja an sich unerlaubt sind und ich briefliche Rückfragen befürchte. Aber es ist doch sehr merkwürdig. Max hat gegen den Befehl seines Majors einen Stoßtrupp gemacht und ist durch Herzschuss gefallen.

Meinen täglichen Spaziergang mache ich seit einiger Zeit mit einem Gauredner, Kreisleiter, Regierungsdirektor, ehemaligem Mitglied der DC-Kirchenregierung in Braunschweig, z. Zt. Standortführer der Partei in Warschau. Er ist hier total zusammengeklappt und schließt sich mit einer geradezu kindlichen Anhänglichkeit an mich an, holt sich in jeder Kleinigkeit Rat, erzählt mir, wann er geweint hat etc. Nachdem ich mehrere Wochen sehr kühl war, verschaffe ich ihm jetzt einige Erleichterungen, wofür er rührend dankbar ist und mir immer wieder erklärt, er sei so froh, gerade mit einem Manne wie mir hier zusammengetroffen zu sein. Kurz, es gibt die seltsamsten Situationen; wenn ich Dir nur erst mal richtig erzählen könnte!

Ich habe noch über das Reden über die eigene Angst, von dem ich Dir kürzlich schrieb, nachgedacht. Ich glaube, unter dem Anschein der Ehrlichkeit wird hier etwas als „natürlich" ausgegeben, was doch im Grunde ein Symptom der Sünde ist; es ist wirklich ganz analog dem offenen Reden über sexuelle Dinge.

„Wahrhaftigkeit" heißt eben doch nicht, dass alles, was ist, aufgedeckt wird. Gott selbst hat den Menschen Kleider gemacht, d.h., in statu corruptionis [nach dem Sündenfall] sollen viele Dinge im Menschen verhüllt bleiben, und das Böse, wenn man es schon nicht ausrotten kann, soll jedenfalls verhüllt werden; Bloßstellung ist zynisch; und wenn der Zyniker sich auch besonders ehrlich vorkommt oder als Wahrheitsfanatiker auftritt, so geht er doch an der entscheidenden Wahrheit, nämlich, dass es seit dem Sündenfall auch Verhüllung und Geheimnis geben muss, vorbei. Das Große an Stifter liegt für mich darin, dass er darauf verzichtet, in das Innere des Menschen einzudringen, dass er die Verhüllung respektiert und den Menschen gewissermaßen nur ganz vorsichtig von außen, aber nicht von innen her betrachtet. Jede Neugierde ist ihm ganz fremd. Es ist mir einmal eindrucksvoll gewesen, als Frau von Kleist-Kieckow mir mit wirklichem Entsetzen von einem Film erzählte, in dem das Wachstum einer Pflanze mit Zeitraffer dargestellt war; sie und ihr Mann hätten das nicht ertragen können als ein unerlaubtes Eindringen in das Geheimnis des Lebens. In dieser Richtung liegt Stifter. Aber geht nicht auch von hier aus eine Brücke zu der sogenannten englischen „Heuchelei", der man die deutsche „Ehrlichkeit" gegenüberstellt? Ich glaube, wir Deutschen haben die Bedeutung der „Verhüllung", d.h. im Grunde den status corruptionis der Welt nie recht begriffen. Kant sagt einmal sehr gut in der Anthropologie, wer die Bedeutung des Scheins in der Welt verkenne und bestreite, der sei ein Hochverräter an der Menschheit.

Hast Du übrigens das Buch über den „Witiko", das mir Freitag mitgebracht wurde, aufgetrieben? Wer sollte es sonst sein? Obwohl es mehr fleißig als klug ist, habe ich es z.T. mit großem Interesse gelesen. Hab vielen Dank!

Übrigens: „die Wahrheit sagen" (worüber ich einen Aufsatz schrieb), heißt m. E.: sagen, wie etwas in Wirklichkeit ist, d. h. Respektierung des Geheimnisses, des Vertrauens, der Verhüllung.

„Verrat" z.B. ist nicht Wahrheit, ebensowenig wie Frivolität, Zynismus etc. Das Verhüllte darf nur in der Beichte offenbart werden, d.h. vor Gott. Auch darüber später mehr!

Zur psychischen Bewältigung von Widrigkeiten gibt es einen leichteren Weg des „an Widrigkeiten Vorbeidenkens" – das habe ich so ungefähr gelernt – und einen schwereren: sie bewusst ins Auge fassen und überwinden; das kann ich noch nicht. Man muss das aber auch lernen; denn das Erste ist ein kleiner Selbstbetrug, glaube ich, allerdings wohl ein erlaubter.

Nun leb wohl. In Treue denkt an Dich

Dein Dietrich

40. An Maria von Wedemeyer

13. Dezember 1943

Meine liebste Maria!

Ohne schon die Hoffnung aufzugeben, dass sich die Dinge doch noch zu rechter Zeit zum Guten wenden, muss ich Dir nun den Weihnachtsbrief schreiben. Sei mir zu lieb tapfer, liebste Maria, auch wenn Du in den Weihnachtstagen nur diesen Brief als Zeichen meiner Liebe haben solltest. Es wird uns beiden ein paar schwere Stunden kosten – warum sollten wir das voreinander verhehlen? Es wird uns die Unbegreiflichkeit dieser Schickung zu schaffen machen, wir werden von der Frage bedrängt werden, warum zu aller Dunkelheit, die sowieso schon auf den Menschen liegt, uns noch die bittere Qual dieser Trennung, die wir nicht zu verstehen vermögen, auferlegt ist. Wie schwer ist es, das innerlich zu bejahen, was sich dem Begreifen entzieht, wie groß die Gefahr, sich einem blinden Zufall ausgeliefert zu fühlen, wie unheimlich schleicht sich in solchen Zeiten Misstrauen und Bitterkeit in unser Herz und wie leicht nimmt der kindische Gedanke von uns Besitz, als seien wir mit unserem Leben, unseren Wegen und Widerfahrnissen in den Händen von Menschen – und wenn das alles sich so an uns herandrängt, dass wir uns kaum mehr erwehren können, dann kommt zu rechter Zeit die Weihnachtsbotschaft und sagt uns, dass alle unsere Gedanken verkehrt sind und dass das, was uns böse und finster erscheint, in Wahrheit gut und licht ist, weil es von Gott kommt; unsere Augen sehen nur falsch; Gott ist in der Krippe, der Reichtum in der Armut, das Licht in der Nacht, die Hilfe in der Verlassenheit; es widerfährt uns nichts Böses; was Menschen uns auch zufügen, sie müssen in allem doch nur dem Gott dienen, der sich im Verborgenen als Liebe offenbart und die Welt und unser Leben regiert. Wir müssen es lernen zu sagen: „Ich kann niedrig sein und kann hoch sein; ich kann satt sein und hungern, übrig haben und Mangel leiden. Ich vermag alles durch den, der mich mächtig macht, Christus" (Phil 4,13) – und dieses Weihnachten kann uns dazu besonders helfen. Es ist nicht die stoische Unberührtheit von allen äußeren Geschehnissen, die hier gemeint ist, sondern ein wirkliches Erleiden und ein wirkliches Sichfreuen, weil wir wissen, dass Christus dabei ist.

Liebste Maria, lass uns Weihnachten so feiern. Sei mit den anderen zusammen, so froh, wie man es nur Weihnachten sein kann. Male Dir keine schrecklichen Bilder über mich in meiner Zelle aus, sondern denke nur daran, dass Christus auch durch die Gefängnisse geht und an mir nicht vorübergehen wird. Im Übrigen hoffe ich, für die Feiertage ein schönes Buch zu finden und darin in Ruhe zu lesen. Ich wünsche Dir das auch. So ein klein wenig Vergessen ist doch neben dem anderen auch erlaubt. Erst muss man einen Kummer ehrlich überwunden haben, dann muss man an ihm vorbeidenken lernen und schließlich darf man ihn auch vergessen; aber die umgekehrte Reihenfolge wäre falsch und unfruchtbar. Liebste Maria, lass uns nicht von dem reden, was wir beide empfinden; wir wissen es und jedes Wort macht nur das Herz schwer. Vor allem wollen wir uns davor hüten, uns selbst zu bemitleiden; das wäre wirklich eine Lästerung Gottes, der es mit uns gut meint. Bei allem Schweren wollen wir mit Jesaja sagen: „Verdirb es nicht; es ist ein Segen drin" – auch in diesem Weihnachtsfest. –

Eben kamen Deine zwei Briefe vom 27.11. und 1.12. und der von Großmutter. Wenn Du so fröhlich schreibst, schlägst Du in mir eine Saite an, die noch lange nachklingt. Sehr respektlos, aber sehr nett finde ich Deine Randbemerkung „Unsinn!" zu Großmutters Lob über Dein „Wachstum"! Ich bin übrigens auch kein Freund von solchen Konstatierungen; aber einer Großmutter steht das Recht darauf gewiss zu. Sag doch auch ihr vielen Dank für ihren lieben Brief. Ich glaube manchmal, viel viel später wirst Du einmal ähnliche Briefe schreiben, wie Du ihr ja überhaupt am ähnlichsten aus der ganzen Familie bist. Aber einstweilen freue ich mich, dass Du so schreibst, wie Du schreibst! Denn in Deinen Briefen bist Du selbst, wie Du bist, und etwas anderes will ich nicht als dies eine, Dich so, wie Du bist. Es wird nicht dieses oder jenes Einzelne sein, was mich glücklich macht, sondern Du selbst wirst mich glücklich machen, das weiß ich. Erspare es mir, von mir selbst zu reden; ich weiß, dass ich Dir nichts bringen kann, was Deinem Leben Inhalt gibt, als die eine Bitte, bei mir zu bleiben, mit mir zu gehen, meine geliebte Frau und „Gehilfin" zu sein, wie ich Dein Mann sein will, der Dich lieb hat. –

Nun tu mir die Liebe und sei froh in diesen Tagen und lass mich an allen Euren Freuden teilnehmen. Grüße die Mutter in großer Dankbarkeit von mir und die Geschwister mit geschwisterlichen Grüßen. Grüße die Großmutter, an der ich in unveränderlicher Treue hänge, grüße die Kieckower, mit denen mich so viele schöne und schwere unvergessliche Erinnerungen verbinden; ich denke oft an Konstantin [v. Kleist-Retzow]; grüße bitte auch die Lasbecker und nun sei Du selbst, meine geliebte Maria, gegrüßt, umarmt und geküsst von

Deinem Dietrich

41. An Eberhard Bethge

15. Dezember 1943

Lieber Eberhard!

Als ich gestern Deinen Brief las, war es mir, als gäbe eine Quelle, ohne die mein geistiges Leben zu verdorren begann, nach langer langer Zeit wieder die ersten Tropfen Wasser. Dir kommt das natürlich übertrieben vor; denn erstens hat sich für Dich inzwischen eine andre Quelle aufgetan und außerdem hast Du viele Möglichkeiten des Ersatzes. Das ist in meiner Abgeschlossenheit ganz anders. Ich muss notgedrungen vom Vergangenen leben; das Zukünftige, das sich für mich in Maria ankündigt, besteht doch bisher noch so sehr in Andeutungen, dass es viel mehr im Horizont der Hoffnung als im Bereich des Besitzes und der handgreiflichen Erfahrung liegt. Jedenfalls hat Dein Brief meine gerade in den letzten Wochen etwas eingerosteten und müde gewordenen Gedanken wieder ins Laufen gebracht. Ich war eben so völlig daran gewöhnt, alles mit Dir auszutauschen, dass eine so plötzliche und so lange Unterbrechung eine tiefe Umstellung und eine große Entbehrung bedeutete. Nun sind wir wenigstens wieder im Gespräch und ich lese Deinen guten, warmherzigen und mir in seiner Sprache so vertrauten Brief immer wieder. Schon seit Deiner Predigt über Jes 53 mag ich Deine Sprache sehr gern. Wenn Du wolltest, könntest Du gut schriftstellern, aber leider traust Du Dir das selbst immer wieder nicht zu und findest nicht den Absprung. Vielleicht kriegst Du in ruhigeren Zeiten doch noch mal Lust dazu; ich kann es mir fast nicht anders denken. Wer einen so ausgeprägten Sinn für die Abstufungen des Ausdrucks und sich eine eigene Sprache erarbeitet hat wie Du, kommt eigentlich zwangsläufig dahin, einmal etwas Zusammenhängendes schreiben zu wollen. Hab vielen Dank, dass Du mir schriebst und schreib mir von Zeit zu Zeit. Es darf R. und Genossen nicht gelingen, zu allem Porzellan, was sie zerschlagen, auch noch unsere wichtigsten persönlichen Beziehungen zu zerstören.

Zunächst nun ein paar äußere Dinge: Die Traupredigt geriet versehentlich in das Testament, das Papa von mir hat, und wurde darin mitverschlossen. Bitte lass sie Dir von Papa herausgeben. Es ist nichts Besonderes, aber sie entstand in den Tagen Eurer Hochzeit, und ich würde mich freuen, wenn Ihr sie gelegentlich doch noch lest.

Wie kommt es, dass Du nicht nach Warschau, sondern nach Forli kommst? (Ich brauche Deine kunsthistorischen Kenntnisse ja wohl nicht erst durch die Erinnerung an die Engelsbilder von Melozo da Forli in den Vatikanischen Museen aufzufrischen?) In vieler Hinsicht ist das ja sympathischer; aber richte Dich nur auch auf sehr kalte Tage ein, wenig Kohlen, schlechte Öfen, Steinfußböden, Gebirge, und Frühling nicht vor März/April. Besonders warme Strümpfe wirst Du brauchen. Die Adressen von Marianne und Georg hast Du ja. Weißt Du, zu wem Du kommst? Stehst Du noch irgendwie in Zusammenhang mit Deiner früheren militärischen Stelle oder gar nicht mehr? Lerne nur ordentlich italienisch. Man braucht bei den vielen italienischen Gefangenenlagern doch immer mehr Dolmetscher. In 8 Wochen musst Du es können. Da es hauptsächlich Sache des Gehörs ist, wird es Dir sehr leichtfallen.

Hast Du meinen *zweiten* Brief bekommen?

Ich nehme an, dass zu Weihnachten aus Klein Krössin oder Kieckow wieder eine Spickgans einläuft oder etwas Ähnliches. Ich habe nun an Dich die große Bitte, Dir die Hälfte davon zu nehmen und die andere den Eltern zu geben. Ich möchte sie bestimmt nicht hier haben; so etwas passt einfach nicht hierher und es macht gar keinen Spaß, es allein zu essen. Ihr könnt mir ja eine Scheibe schicken, aber mehr bestimmt nicht. Es ist wirklich sehr viel netter zu denken, dass Ihr miteinander, d. h. Renate und Du, ein schönes Frühstück habt! Das klingt zwar fabelhaft altruistisch, ist aber wirklich im Grunde egoistisch (und das klingt nun noch viel altruistischer! Was ist da zu machen? Zumal man ja unter uns dem anderen keine altruistischen, sondern nur egoistische Freuden gönnt!). Also bitte tut mir den Gefallen und ärgert mich nicht!! Außerdem weißt Du ja von früher, dass ich mir gar nicht so sehr viel daraus mache. Hans müsste auch eine Scheibe kriegen; denn er ist ja ein fanatischer Spickgansverehrer! So, das wären die äußeren Dinge.

Und nun nehme ich mit Freuden Dein „abendliches Gespräch“ auf (zumal hier wieder einmal das Licht ausgegangen ist und ich bei Kerzen sitze). Ich stelle mir also vor, wir säßen wie in alten Zeiten nach dem Abendbrot (und der regelmäßigen abendlichen Arbeit) zusammen oben in meinem Zimmer und rauchten, schlügen gelegentlich Akkorde auf dem Klavichord an und erzählten uns, was der Tag gebracht hat. Dann würde ich Dich zunächst unendlich viel zu fragen haben, über die Ausbildungszeit, über Deine Reise zu Karolus [Karl Barth] und über das Verheiratetsein, und würde darüber endlich einmal vernünftige und ehrliche Meinungen hören, wie vieles von dem, worüber wir früher theoretisierten, weißt Du nun. Ja, Du schreibst schon wie ein alter Ehemann, dass die Ehe das einzig Rechte sei – und ich glaube es Dir aufs Wort; denn Du hast noch nie Redensarten gemacht; aber Du müsstest mir sehr viel mehr darüber sagen. Und schließlich würde ich anfangen, Dir zu erzählen, z.B. dass es trotz allem, was ich so geschrieben habe, hier scheußlich ist, dass mich die grauenhaften Eindrücke oft bis in die Nacht verfolgen und dass ich sie nur durch Aufsagen unzähliger Liederverse verwinden kann und dass dann das Aufwachen manchmal mit einem Seufzer statt mit einem Lob Gottes beginnt. An die physischen Entbehrungen gewöhnt man sich, ja man lebt monatelang sozusagen leiblos – fast zu sehr –, an die psychischen Belastungen gewöhnt man sich nicht, im Gegenteil; ich habe das Gefühl, ich werde durch das, was ich sehe und höre, um Jahre älter und die Welt wird mir oft zum Ekel und zur Last. Vermutlich wunderst Du Dich jetzt, dass ich das so sage, und denkst an meine Briefe, ja Du selbst schriebst so nett, ich sei „etwas bemüht" gewesen, Euch über meine Lage Zuversicht zu geben. Ich frage mich selbst oft, wer ich eigentlich bin, der, der unter diesen grässlichen Dingen hier immer wieder sich windet und das heulende Elend kriegt, oder der, der dann mit Peitschenhieben auf sich selbst einschlägt und nach außen hin (und auch vor sich selbst) als der Ruhige, Heitere, Gelassene, Überlegene dasteht und sich dafür (d. h. für diese Theaterleistung, oder ist es keine?) bewundern läßt? Was heißt „Haltung" eigentlich? Kurz, man kennt sich weniger denn je über sich selbst aus und legt auch keinen Wert mehr darauf, und der Überdruss an aller Psychologie und die Abneigung gegen die seelische Analyse wird immer gründlicher. Ich glaube, darum ist mir Stifter und Gotthelf so wichtig gewesen. Es geht um Wichtigeres als um Selbsterkenntnis.

Dann würde ich mit Dir darüber sprechen, ob Du glaubst, dass dieser Prozess, der mich in Zusammenhang mit der Abwehr gebracht hat (und ich denke, das ist kaum verborgen geblieben), möglicherweise die Ausübung meines Berufes für später gefährdet? Diese Frage kann ich zunächst überhaupt nur mit Dir besprechen und vielleicht können wir, falls es zur Sprecherlaubnis kommt, darüber etwas reden. Überleg es Dir und sag mir bitte die Wahrheit.

Und schließlich könnte ich ja nicht anders, als mit Dir auch von Maria zu sprechen. Nun sind wir fast 1 Jahr verlobt und haben uns noch nie 1 Stunde allein gesehen! Ist das nicht ein Wahnsinn? Alles, was sonst zur Verlobungszeit gehört, das Sinnlich-Erotische, müssen wir bewusst verdrängen, unseren ersten Kuss haben wir uns vor R.s Augen geben müssen. Wir müssen uns über Dinge unterhalten und schreiben, die uns beiden im Grunde nicht die wichtigsten sind, wir sitzen alle Monate eine Stunde brav wie auf der Schulbank nebeneinander und werden wieder auseinandergerissen, wir wissen so gut wie nichts voneinander, haben nichts miteinander erlebt, denn auch diese Monate erleben wir ja getrennt. Maria hält mich für einen Ausbund von Tugend, Musterhaftigkeit und Christlichkeit und ich muss, um ihr Beruhigung zu verschaffen, Briefe schreiben wie ein alter Märtyrer, und ihr Bild von mir wird dadurch immer falscher. Ist das nicht für sie eine unmögliche Situation? Dabei hält sie sie mit einer so großartigen Selbstverständlichkeit durch. Nur manchmal klingt etwas anderes durch, so beim letzten Besuch, als ich ihr sagte, auch Weihnachten sei noch nicht gewiss, seufzte sie und sagte: Ach, es wird mir zu lange! Dabei weiß ich genau, dass sie mich nicht im Stich lässt; „zu lange" wird es nicht für ihre „Haltung", sondern für ihr Herz; und das ist viel wichtiger. Das Einzige, was ich mir selbst immer wieder sage, ist, dass es ja ohne unser Zutun alles so gekommen ist und also wohl seinen Sinn haben wird. Wenn ich ihr nur kein Unrecht tue, indem [ich] sie überfordere. Wenn wir bald nach meiner Entlassung heiraten sollten, was sicher das Beste wäre, so fängt dann doch eigentlich die Zeit unseres Kennenlernens erst an. Es wird also ein Schritt des Glaubens ohne Erfahrung sein. Das klingt ja ganz schön, ist aber gar nicht so einfach. Manchmal beunruhigt mich auch wieder der Altersunterschied, besonders da ich eben das Gefühl habe, hier wieder wesentlich älter geworden zu sein, und manchmal denke, ich hätte nun eigentlich mein Leben mehr oder weniger hinter mir und müsste nur noch meine Ethik fertig machen. Aber weißt Du, in solchen Augenblicken fasst mich ein mit nichts anderem zu vergleichendes Verlangen danach, ein Kind zu haben und nicht spurlos abzutreten – wohl auch eher ein alttestamentlicher als neutestamentlicher Wunsch. Wie glücklich bist Du, dass Du darauf schon warten darfst, auch wenn es sehr schwer für Dich ist, nicht bei Renate sein zu können. Ja, dies alles würde ich Dir sagen und noch vieles mehr und würde wissen, dass (vorausgesetzt dass Du nicht gerade eine Zeitung liest oder einschläfst oder gar an Renate denkst!) Du mich wie kein anderer anhören und mir guten Rat geben würdest. Es mag ja sein, dass alles Problematische im Augenblick meiner Entlassung weggeblasen ist – hoffentlich! Vielleicht kannst Du mir doch noch ein paar Worte zu meinen Fragen und zu meinen Überlegungen schreiben?

Wenn wir uns doch noch vor Deiner Abreise in Freiheit

sehen könnten! Aber wenn nun wirklich Weihnachten mir auch noch im Gefängnis zugedacht ist, so werde ich das in meiner Weise als ein „Front-Weihnachten“ begehen, darin kannst Du außer Sorge sein. Die großen Schlachten sind leichter zu schlagen und weniger zermürbend als der tägliche Kleinkrieg. Auch hoffe ich doch, dass Du im Februar auf irgendeine Weise ein paar Tage Urlaub herausschlägst, und bis dahin bin ich bestimmt raus; denn bei dem Quatsch, den sie mir anhängen, müssen sie mich beim Termin herauslassen.

Ich schreibe wieder an dem Aufsatz über: Was heißt die Wahrheit sagen? Die Bedeutung des Vertrauens, der Treue, des Geheimnisses wird gegenüber dem „zynischen“ Wahrheitsbegriff, für den alle diese Bindungen nicht existieren, stark herausgearbeitet. „Lüge“ ist die Zerstörung und die Feindschaft gegen das Wirkliche, wie es in Gott ist; wer zynisch die Wahrheit sagt, lügt. – Übrigens, ich vermisse den Gottesdienst so merkwürdig wenig. Woran liegt das?

Dein biblischer Vergleich mit dem „Essen des Briefes“ ist sehr hübsch. – Solltest Du nach Rom kommen, so besuche doch Schönhöffer in der „Propaganda fide“. – War der Ton bei den Soldaten sehr übel oder nimmt man auf Dich Rücksicht? Hier im Revier geht es zwar sehr unverblümt, aber nicht schweinisch zu. Einige von den jungen Gefangenen erliegen scheints dem langen Alleinsein und den langen dunklen Abendstunden so vollständig, dass sie darüber ganz kaputtgehen. Es ist auch ein Irrsinn, diese Leute monatelang beschäftigungslos einzusperren; es ist wirklich in jeder nur denkbaren Hinsicht nichts als demoralisierend.

16. 12.

Der Anwalt hat mich natürlich wieder im Stich gelassen. Dieses Warten ist widerlich. Es ist bei Gefangenen wohl wie bei Kranken und Kindern; was man verspricht, muss man halten. – Was aus mir nach meiner Entlassung wird, ist wohl noch ganz im Dunklen. Aber, wenn Du einen vernünftigen Uof [Unteroffizier] haben solltest in Italien, kannst Du nicht eventuell mit dem ganz offen reden, dass Du einen Freund und Vetter hättest, mit dem Du gern zusammen wärst, und ob er mich nicht anfordern kann? Das wäre doch wirklich schön! Man könnte sich in allen Situationen beistehen! – Ich will schließen, um Deine Zeit nicht übermäßig in Anspruch zu nehmen. Ich wünsche Dir und Renate ein unvergleichlich schönes Weihnachten und einen zuversichtlichen Abschied. Ich glaube es ganz gewiss, dass Euch beiden noch unendlich viel Schönes und großes Glück bevorsteht. Dass Renate sich in ihren neuen Aufgaben so selbstverständlich zurechtfindet, überrascht mich nicht. Grüße sie sehr von mir. Wenn Du die Ehe als das „bleibend Stabile in allen fließenden Verhältnissen" bezeichnest, so hast Du damit gewiss recht. Aber wir wollen zu diesen stabilen Dingen doch auch eine gute Freundschaft zählen. Nun leb wohl und Gott behüte Dich! In Treue denkt an Dich

Dein Dietrich

Eben lässt sich der Anwalt melden!

42. An Karl und Paula Bonhoeffer

17. Dezember 1943

Liebe Eltern!

Es bleibt mir wohl nichts übrig, als Euch für alle Fälle schon einen Weihnachtsbrief zu schreiben. Wenn es mir auch über mein Begriffsvermögen geht, dass man mich möglicherweise noch über Weihnachten hier sitzen lassen will, so habe ich in den vergangenen 8 1/2 Monaten doch gelernt, das Unwahrscheinliche gerade für wahrscheinlich zu halten und mit einem sacrificium intellectus [Opfer des Intellekts] über mich ergehen zu lassen, was ich nicht ändern kann – allerdings ganz vollständig ist dieses sacrificium doch nicht und der intellectus geht im Stillen seine eigenen Wege.

Ihr müsst nun vor allem nicht denken, dass ich mich durch dieses einsame Weihnachten werde niederschlagen lassen; es wird in der Reihe der verschiedenartigen Weihnachten, die ich in Spanien, in Amerika, in England gefeiert habe, für immer seinen besonderen Platz einnehmen, und ich will in späteren Jahren nicht beschämt, sondern mit einem gewissen Stolz an diese Tage zurückdenken können. Das ist das Einzige, was mir niemand nehmen kann.

Dass es aber nun auch Euch, Maria und den Geschwistern und Freunden nicht erspart bleibt, mich Weihnachten im Gefängnis zu wissen, und dass damit über die wenigen fröhlichen Stunden, die Euch in dieser Zeit noch geblieben sind, ein Schatten fallen soll, das kann ich nur dadurch verwinden, dass ich glaube und weiß, dass Ihr nicht anders denken werdet als ich und dass wir in unserer Haltung angesichts dieses Weihnachtsfestes einig sind; und das kann schon darum gar nicht anders sein, weil ja diese Haltung nur ein geistiges Erbstück von Euch ist. Ich brauche Euch nicht zu sagen, wie groß meine Sehnsucht nach Freiheit und nach Euch allen ist. Aber Ihr habt uns durch Jahrzehnte hindurch so unvergleichlich schöne Weihnachten bereitet, dass die dankbare Erinnerung daran stark genug ist, um auch ein dunkleres Weihnachten zu überstrahlen. In solchen Zeiten erweist es sich eigentlich erst, was es bedeutet, eine Vergangenheit und ein inneres Erbe zu besitzen, das von dem Wandel der Zeiten und Zufälle unabhängig ist. Das Bewusstsein, von einer geistigen Überlieferung, die durch Jahrhunderte reicht, getragen zu sein, gibt einem allen vorübergehenden Bedrängnissen gegenüber das sichere Gefühl der Geborgenheit. Ich glaube, wer sich im Besitze solcher Kraftreserven weiß, braucht sich auch weicherer Gefühle, die meiner Meinung nach doch zu den besseren und edleren der Menschen gehören, nicht zu schämen, wenn die Erinnerung an eine gute und reiche Vergangenheit sie hervorruft. Überwältigen werden sie denjenigen nicht, der an den Werten festhält, die ihm kein Mensch nehmen kann.

Vom Christlichen her gesehen kann ein Weihnachten in der Gefängniszelle ja kein besonderes Problem sein. Wahrscheinlich wird in diesem Hause hier von vielen ein sinnvolleres und echteres Weihnachten gefeiert werden als dort, wo man nur noch den Namen dieses Festes hat. Dass Elend, Leid, Armut, Einsamkeit, Hilflosigkeit und Schuld vor den Augen Gottes etwas ganz anderes bedeuten als im Urteil der Menschen, dass Gott sich gerade dorthin wendet, wo die Menschen sich abzuwenden pflegen, dass Christus im Stall geboren wurde, weil er sonst keinen Raum in der Herberge fand – das begreift ein Gefangener besser als ein anderer und das ist für ihn wirklich eine frohe Botschaft, und indem er das glaubt, weiß er sich in die alle räumlichen und zeitlichen Grenzen sprengende Gemeinschaft der Christenheit hineingestellt und die Gefängnismauern verlieren ihre Bedeutung.

Ich werde am Heiligen Abend sehr an Euch alle denken, und ich möchte gern, dass Ihr glaubt, dass auch ich ein paar wirklich schöne Stunden haben werde und mich die Trübsal bestimmt nicht übermannt. Am schwersten wird es für Maria sein. Es wäre schön, sie bei Euch zu wissen. Aber es wird für sie besser sein, wenn sie zu Hause ist. Wenn man an die Schrecken denkt, die in letzter Zeit in Berlin über so viele Menschen gekommen sind, dann wird einem erst bewusst, für wie viel wir noch dankbar sein müssen. Es wird wohl überall ein sehr stilles Weihnachten werden und die Kinder werden später noch lange daran zurückdenken. Aber vielleicht geht gerade dabei manchem zum ersten Mal auf, was Weihnachten eigentlich ist. Grüßt die Geschwister und die Kinder und alle Freunde sehr von mir. Gott behüte uns alle.

In großer Dankbarkeit und Liebe grüßt Euch

Euer Dietrich

43. An Eberhard Bethge

18. Dezember 1943

Lieber Eberhard!

Auch Du musst wenigstens einen Weihnachtsbrief bekommen. Ich glaube nicht mehr an meine Freilassung. Nach meiner Auffassung wäre ich beim Termin am 17. XII. freigekommen; aber die Juristen wollten den sichereren Weg gehen, und nun werde ich voraussichtlich noch Wochen, wenn nicht Monate hier sitzen. Die letzten Wochen waren psychisch eine schwerere Belastung als alles Vorige. Aber daran ist nun nichts mehr zu ändern, nur dass es schwerer ist, sich in etwas zu fügen, wovon man glaubt, dass es hätte verhindert werden können, als in das Unvermeidliche. Aber wenn Tatsachen geschaffen sind, so oder so, muss man sich eben zurechtfinden. Ich denke heute vor allem daran, dass auch Du bald Tatsachen gegenüberstehen wirst, die für Dich sehr hart sein werden, wohl noch härter als für mich. Ich meine nun, dass man zunächst alles versuchen soll, um diese Tatsachen noch abzuändern. Ist alles versucht und vergeblich, dann ist das Tragen viel leichter. Es ist zwar nicht alles, was geschieht, einfach „Gottes Wille". Aber es geschieht schließlich doch nichts „ohne Gottes Willen" (Mt 10,29), d.h., es gibt durch jedes Ereignis, und sei es noch so ungöttlich, hindurch einen Zugang zu Gott. Wenn man so wie Du eben erst eine überaus glückliche Ehe begonnen hat und Gott dafür gedankt hat, dann ist es maßlos schwer, sich dareinzufinden, dass derselbe Gott, der eben noch diese Ehe begründet hat, nun schon wieder eine Zeit so großer Entbehrung von uns verlangt. Nach meinen Erfahrungen gibt es nichts Quälenderes als die Sehnsucht. Manche Menschen sind in ihrem Leben von früh auf schon so durcheinandergeschüttelt worden, dass sie sich eine große Sehnsucht sozusagen gar nicht mehr leisten, sie haben sich abgewöhnt, den inneren „Spannungsbogen" über lange Zeiten hinaus auszudehnen, und schaffen sich kurzfristigere und leichter zu befriedigende Freuden als Ersatz. Das ist das traurige Schicksal der proletarischen Schichten und der Ruin aller geistigen Fruchtbarkeit. Man darf wirklich nicht sagen, dass es für den Menschen gut ist, wenn er früh und oft vom Leben Prügel bezogen hat. In den meisten Fällen macht das den Menschen doch kaputt. Gewiss sind sie für Zeiten wie die unsre abgehärteter, aber auch unendlich viel stumpfer. Wenn *wir* für längere Zeit von den Menschen, die wir lieben, gewaltsam getrennt werden, dann *können* wir einfach nicht, wie die meisten anderen, uns einen billigen Ersatz durch andere Menschen schaffen, – ich meine nicht aus Moral, sondern einfach aus unserem Wesen heraus. Der Ersatz widert uns an. Wir müssen einfach warten und warten, wir müssen an der Trennung unsäglich leiden, wir müssen Sehnsucht empfinden fast bis zum Krankwerden – und nur dadurch halten wir die Gemeinschaft mit den Menschen, die wir lieben, aufrecht, wenn auch auf eine sehr schmerzhafte Weise. Ich habe ein paar Mal in meinem Leben das Heimweh kennengelernt; es gibt keinen schlimmeren Schmerz, und ich habe in den Monaten hier im Gefängnis ein paar Mal ganz schreckliche Sehnsucht gehabt. Und weil ich denke, dass es Dir in den nächsten Monaten ähnlich gehen wird, wollte ich

Dir schreiben, was für Erfahrungen ich dabei gemacht habe. Vielleicht können sie Dir etwas nützen.

Die erste Folge solcher Sehnsuchtszeiten ist immer, dass man den normalen Tageslauf irgendwie vernachlässigen möchte, dass also eine gewisse Unordnung in unser Leben kommen will. Ich war manchmal in der Versuchung, morgens einfach nicht um 6 Uhr aufzustehen wie üblich – was durchaus möglich gewesen wäre –, sondern länger zu schlafen. Ich habe mich bisher immer noch dazu zwingen können, das nicht zu tun; es war mir klar, dass das der Anfang der Kapitulation gewesen wäre, dem vermutlich Schlimmeres gefolgt wäre, und aus der äußeren und rein körperlichen Ordnung (morgendliches Turnen, kalt Abwaschen) geht schon etwas Halt für die innere Ordnung aus. Weiter: Es ist nichts verkehrter, als den Versuch zu machen, in solchen Zeiten sich irgendeinen Ersatz für das Unerreichbare zu schaffen. Es gelingt doch nicht und eine nur noch größere innere Unordnung tritt ein; die Kraft aber, die Spannung zu überwinden, die doch nur aus der vollen Konzentration auf den Gegenstand der Sehnsucht entspringen kann, wird angefressen und das Durchhalten noch unerträglicher. Für Dich als verheirateten Mann stellen sich hier vermutlich noch Probleme, die ich noch nicht kenne. Aber ich denke, dass, selbst wenn die psychologische Entbehrung noch viel größer ist als beim Unverheirateten, doch zugleich auch die Kraft, sie zu ertragen, wesentlich wächst und man trügerische Lösungen leichter von sich weist. Aber das musst Du mir sagen, nicht ich Dir. Weiter: Ich glaube, es ist gut, nicht mit Fremderen von seinem Zustand zu reden – das wühlt nur noch mehr auf –, sondern nach Möglichkeit sich für Nöte anderer Menschen offenzuhalten. Vor allem darf man nie dem self-pity, dem Sichselbstbemitleiden, verfallen. Und was nun schließlich die christliche Seite der Sache betrifft, so sagt der Vers: „… dass nicht vergessen werde,/was man so gern vergisst,/dass diese arme Erde/nicht unsre Heimat ist" wohl etwas Wesentliches, aber doch nur etwas Allerletztes. Ich glaube, wir sollen Gott in unserem *Leben* und in dem, was er uns an Gutem gibt, so lieben und solches Vertrauen zu ihm fassen, dass wir, wenn die Zeit kommt und da ist – aber wirklich erst dann! –, auch mit Liebe, Vertrauen und Freude zu ihm gehen. Aber – um es deutlich zu sagen – dass ein Mensch in den Armen seiner Frau sich nach dem Jenseits sehnen soll, das ist milde gesagt eine Geschmacklosigkeit und jedenfalls nicht Gottes Wille. Man soll Gott in dem finden und lieben, was er uns gerade gibt; wenn es Gott gefällt, uns ein überwältigendes irdisches Glück genießen zu lassen, dann soll man nicht frömmer sein als Gott und dieses Glück durch übermütige Gedanken und Herausforderungen und durch eine wild gewordene religiöse Fantasie, die an dem, was Gott gibt, nie genug haben kann, dieses Glück wurmstichig werden lassen. Gott wird es dem, der ihn in seinem irdischen Glück findet und ihm dankt, schon nicht an Stunden fehlen lassen, in denen er daran erinnert wird, dass alles Irdische nur etwas Vorläufiges ist und dass es gut ist, sein Herz an die Ewigkeit zu gewöhnen, und schließlich werden auch die Stunden nicht ausbleiben, in denen wir aufrichtig sagen können: „Ich wollt, dass ich daheime wär …". Aber dies alles hat seine Zeit und die Hauptsache ist, dass man mit Gott Schritt hält und ihm nicht immer schon einige Schritte vorauseilt, allerdings auch keinen Schritt hinter ihm zurückbleibt. Es ist Übermut, alles auf einmal haben zu wollen, das Glück der Ehe und das Kreuz und das himmlische Jerusalem, in dem nicht Mann und Frau ist. „Er tut alles fein zu seiner Zeit" (Pred 3). Alles hat „seine Stunde": „weinen und lachen, … herzen und ferne sein von herzen, … zerreißen und zunähen … und Gott sucht wieder auf, was vergangen ist". Dies Letzte heißt doch wohl, dass nichts Vergangenes verloren ist, dass Gott mit uns unsere Vergangenheit, die zu uns gehört, wieder aufsucht. Wenn also die

Sehnsucht nach einem Vergangenen uns überfällt – und das geschieht zu völlig unberechenbaren Zeiten –, dann können wir wissen, dass das nur eine der vielen „Stunden" ist, die Gott für uns noch bereithält, und dann sollen wir wohl nicht auf eigene Faust, sondern mit Gott das Vergangene wieder aufsuchen. Genug davon, ich sehe, dass ich mir zu viel zugemutet habe; ich kann Dir eigentlich doch nichts zu dieser Sache sagen, was Du nicht schon selbst weißt.

4. Advent. Was ich gestern geschrieben habe, war kein Weihnachtsbrief. Heute muss ich Dir vor allem einmal sagen, wie ungeheuer ich mich darüber freue, dass Du Weihnachten zu Hause sein kannst! Das ist ein Glück, das so leicht kein anderer hat als Du.

Der Gedanke, dass Du in Freiheit und mit Renate das 5. Kriegsweihnachten feierst, ist für mich so beruhigend und macht mich so zuversichtlich für alles Weitere, dass ich mich täglich darüber freue. Ihr werdet ein sehr schönes und frohes Fest feiern; und nach dem, wie es Dir bisher gegangen ist, glaube ich, dass es gar nicht so sehr lange dauert, bis Du wieder einmal auf Urlaub in Berlin bist, und Ostern wollen wir doch schon wieder in Frieden zusammen feiern, nicht wahr?

Mir geht in den letzten Wochen immer wieder der Vers durch den Kopf: „Lasset fahr'n, o liebe Brüder, / was euch quält, / was euch fehlt, / ich bring alles wieder." Was heißt dies: „ich bring alles wieder"? Es geht nichts verloren, in Christus ist alles aufgehoben, aufbewahrt, allerdings in verwandelter Gestalt, durchsichtig, klar, befreit von der Qual des selbstsüchtigen Begehrens. Christus bringt dies alles wieder, und zwar so, wie es von Gott ursprünglich gemeint war, ohne die Entstellung durch unsre Sünde. Die aus Eph 1,10 stammende Lehre von der Wiederbringung aller Dinge – ἀνακεφαλαίωσις [„Wiederbringung"], re-capitulatio (Irenäus) – ist ein großartiger und überaus tröstlicher Gedanke. Das „Gott sucht wieder auf, was vergangen ist" bekommt hier seine Erfüllung.

Und niemand hat das so einfach und kindlich auszudrücken vermocht wie P. Gerhardt in dem Wort, das er dem Christuskind in den Mund legt: „ich bring alles wieder". Vielleicht kann Dir dieser Vers in den kommenden Wochen auch etwas helfen. Außerdem habe ich zum ersten Mal in diesen Tagen das Lied: „Ich steh an Deiner Krippe hier ..." für mich entdeckt. Ich hatte mir bisher nicht viel daraus gemacht. Man muss wohl lange allein sein und es meditierend lesen, um es aufnehmen zu können. Es ist in jedem Wort ganz außerordentlich gefüllt und schön. Ein klein wenig mönchisch-mystisch ist es, aber doch gerade nur so viel, wie es berechtigt ist; es gibt eben neben dem Wir doch auch ein Ich und Christus, und was das bedeutet, kann gar nicht besser gesagt werden als in diesem Lied; nur noch einige Stellen aus der imitatio Christi, die ich jetzt in der lateinischen Ausgabe hin und wieder lese (sie ist übrigens lateinisch doch unendlich viel schöner noch als deutsch), gehören noch hierhin; auch denke ich gelegentlich an das

aus dem augustinischen „o bone Jesu" von Schütz. Ist dieser Passus nicht in gewisser Weise, nämlich in seiner ekstatischen, sehnsüchtigen und doch so reinen Andacht, auch so etwas wie die „Wiederbringung" alles irdischen Verlangens? „Wiederbringung" ist übrigens ja nicht zu verwechseln mit „Sublimierung"!

„Sublimierung" ist σάρξ [Fleisch], (und pietistisch?!), „Wiederbringung" ist Geist, und zwar nicht im Sinne von „Vergeistigung" (was auch σάρξ ist), sondern von καινὴ κτίσις [neue Schöpfung]; durch das πνεῦμα ἅγιον [Heiliger Geist].

Ich glaube, dass dieser Gedanke auch sehr wichtig ist, wenn wir mit Menschen zu sprechen haben, die uns nach dem Verhältnis zu ihren Toten fragen. „*Ich* bring alles wieder" – d.h., wir können und sollen es uns nicht selbst wieder nehmen, sondern von Christus geben lassen. (Übrigens, wenn ich mal begraben werde, dann möchte ich gern, dass das „Eins bitte ich vom Herren" und „Eile mich, Gott zu erretten" und „o bone Jesu" gesungen wird.)

Am 24. mittags soll hier immer ein rührender alter Mann aus eigenem Antrieb kommen und Weihnachtslieder blasen. Nach den Erfahrungen vernünftiger Leute ist aber die Wirkung nur die, dass die Häftlinge das heulende Elend kriegen und ihnen dieser Tag nur noch schwerer würde; es wirke „demoralisierend", sagte einer, und ich kann es mir vorstellen. In früheren Jahren sollen die Häftlinge mehrfach dabei gepfiffen und Krach geschlagen haben, wohl einfach, um nicht weich zu werden. Ich glaube auch, dass angesichts *dieses* Elends, das in diesem Hause herrscht, eine doch mehr oder weniger nur spielerisch-sentimentale Erinnerung an Weihnachten unangebracht ist. Es würde schon ein gutes, persönliches Wort, eine Predigt, dazugehören. Ohne ein solches kann die Musik allein direkt zur Gefahr werden. Glaube übrigens bitte nicht, dass ich mich persönlich irgendwie davor fürchte, das wirklich nicht; aber mir tun die vielen hilflosen jungen Soldaten in ihren Zellen leid.

Man wird wohl überhaupt diesen Druck, der durch die täglichen schweren Eindrücke auf einem lastet, niemals mehr ganz loswerden; und wahrscheinlich ist das auch ganz richtig so. Die Gedanken einer gründlichen Reform der Strafjustiz beschäftigen mich sehr und werden hoffentlich auch einmal fruchtbar gemacht werden können.

Wenn Du den Brief noch rechtzeitig kriegst, so sorge doch bitte dafür, dass ich für die Festtage etwas Gutes zu lesen bekomme. Ich hatte um einiges seit längerer Zeit gebeten, es scheint aber nicht zu haben zu sein. Etwas spannend darf es ruhig sein. Wenn Du ohne Schwierigkeiten die „Prädestinationslehre“ von Barth (ungebunden) oder die Gotteslehre finden kannst, lass sie mir doch mitbringen. *Bitte* komme selbst nicht her, es sei denn, dass Du Sprecherlaubnis hast! Deine Zeit ist jetzt auch knapp und gehört Renate.

Dieser Tage las ich die Palästinareise, die der alte Soden mit Knopf gemacht hat; nichts Besonderes; aber den Plan habe ich doch gefasst, nach dem Krieg mit Dir dorthin zu reisen. Es scheint, als hätte man doch nur als Theologe etwas davon, für den Laien ist wohl zu vieles enttäuschend. Unsere Frauen nehmen wir dann bis Italien mit und lassen sie dort auf uns warten.

Was hältst Du davon?

Der Propagandaredner, mit dem ich täglich spazieren gehe, wächst sich allmählich geradezu zu einer schwer erträglichen Klette aus. Während im Ganzen die Leute hier doch versuchen, Haltung zu bewahren, auch in sehr schweren Fällen, ist er total zusammengeklappt und macht eine wirklich traurige Figur. Ich bin so nett wie möglich zu ihm und rede zu ihm wie zu einem Kind. Es ist manchmal schon fast komisch. Netter ist es, dass, wie ich hörte, die in der Küche oder im Freien arbeitenden Gefangenen sich nachmittags mitteilen, wenn ich im Revier bin, und dann mit irgendwelchen Gründen heraufkommen, weil es so nett wäre, sich mit mir zu unterhalten. Das ist natürlich eigentlich unerlaubt, aber es hat mir Spaß gemacht, als ich es erfuhr, und Dir macht es sicher auch Spaß. Aber sieh, dass nicht darüber geredet wird.

Dieser Brief ist wohl für längere Zeit die letzte Möglichkeit, dass wir uns ohne Mitleser schreiben. Bei meiner Entlassung werde ich Dich sehr vermissen; denn ich stelle mir die erste Zeit draußen nicht leicht vor. Es werden viele große Entschlüsse zu fassen sein. Dafür würde ich Dich brauchen. Auf einige meiner Fragen in meinen Briefen hätte ich natürlich gern eine kurze Antwort. Auch wenn Du noch sonst etwas zu sagen hast, was für mich wichtig ist, dann lasse es mich bitte wissen. Ich fürchte, die Zeit unserer Trennung könnte zu lang werden und wir haben dann Wesentliches nicht ausgetauscht. Aber ich will andererseits Deine Berliner Tage nicht zu sehr in Anspruch nehmen. – Genießt diese Tage so sehr Ihr könnt und vor allem, komme bald und gesund wieder! Es ist doch ein kleiner Trost, dass Du in eine so schöne und interessante Gegend fährst. Du wirst Dich dabei auch an den August 1936 erinnern! Und wenn Du irgend kannst, sieh doch, ob Du mich nicht auch in Deine Gegend holen kannst! – In Florenz wohnt ein „Weltbund"mann, mit dem ich auf vielen Konferenzen zusammen war, ich glaube ein Professor; Protestant, ich habe leider den Namen vergessen, Du findest ihn aber im Jahrbuch (Annual Book) unter „Italien" des Weltbundes, das unter meinen Büchern ist, und kannst ihm ohne Weiteres unter Bezugnahme auf mich schreiben. Er kennt mich genau. Vielleicht kann er Dir etwas nützen. Es ist immer gut, so irgendjemand an der Hand zu haben. Falls Du das Jahrbuch nicht findest, braucht Renate nur mal bei Diestel anzurufen und ihn zu fragen; er weiß es sofort und hat vielleicht sogar noch mehrere Adressen. Ich würde es nicht unterlassen, sondern alle diese Adressen für alle Fälle mitnehmen. Du kannst dadurch sehr nützliche Beziehungen kriegen. – Grüße Christoph auch von mir. Ob er doch mal Theologe wird? Ich glaube, er wird sich geistig noch sehr entwickeln.

Nun Schluss! Lies und vergiss nicht Sprüche 18,24. – Ein schönes Fest, ein gutes neues Jahr und einen erträglichen Dienst und vor allem eine baldige Heimkehr wünscht Dir von ganzem Herzen

Dein getreuer Dietrich

22. XII. 43

Nun scheint die Entscheidung gefallen zu sein, dass ich Weihnachten nicht bei Euch sein kann – aber keiner wagt es mir zu sagen. Warum eigentlich nicht? Traut man mir so wenig Contenance zu oder hält man es für schonender, mich von Tag zu Tag in leeren Hoffnungen zu wiegen? Die arme Maria. Für sie wäre es auch leichter, wenn man ihr klaren Wein einschenkte.

Die Engländer haben für diesen Zustand das treffende Wort „tantalisieren“ geprägt. Aus lauter Mitleid hat man Maria und mich ein paar Wochen „tantalisiert“. Wärest Du da gewesen, Eberhard, Du hättest als Einziger mir den Freundschaftsdienst der Wahrheit erwiesen. Morgen oder übermorgen soll ich Dich sprechen können. Zum ersten Mal nach 3/4 Jahren werde ich die volle Wahrheit hören und sagen dürfen. Das ist ein Ereignis. Die Eltern und auch Maria muss ich schonen; Dir werde ich nichts vormachen und Du mir auch nicht. Das haben wir früher nicht getan und wollen es nie tun. Ich werde Dir nach unserem Zusammensein nicht mehr schreiben können. Aber ich will Dir schon heute dafür danken, dass Du kommst und dass Du noch für mich da bist. Wenn Du übrigens von Italien aus an Renate schreibst und Du legst gelegentlich einen Zettel für mich bei und wenn es nur ein paar Worte sind, so wirst Du mich sehr froh machen. Gibt es nicht bei Seen so etwas wie Kläranlagen? – Du kennst ja meine technische Ahnungslosigkeit – aber irgend so etwas gibt es und so etwas bist Du für mich. Ich möchte Dir morgen irgendwie sagen, dass für mich die Führung meiner ganzen Angelegenheit ganz entscheidend eine Glaubensfrage ist, und ich habe das Gefühl, sie ist zu sehr eine Sache der Berechnung und der Vorsicht geworden. Es geht mir wirklich nicht um die doch mehr oder weniger kindliche Frage, ob ich Weihnachten zu Hause bin oder nicht, ja es geht nicht einmal entscheidend darum, dass ich gern mit Maria in Ruhe zusammen wäre und dass ich mit Dir vor Deiner Ausreise gern noch einmal vieles bespräche; daran läge mir zwar sehr viel; aber ich könnte es, glaube ich, gern zum Opfer bringen, wenn ich es „im Glauben“ tun könnte und wüsste, dass es so sein müsste. „Im Glauben“ kann ich alles ertragen – hoffe ich –, auch eine Verurteilung, auch die anderen befürchteten Folgen (Ps 18,30); aber eine ängstliche Vorsicht zermürbt. Macht Euch bitte keine Sorgen um mich, wenn etwas Schlimmeres geschieht. Das haben andere Brüder auch schon durchgemacht. Aber ein glaubensloses Hin- und Herschwanken, ein endloses Beraten ohne Handeln, ein Nichts-wagen-Wollen, das ist eine wirkliche Gefahr. Ich muss die Gewissheit haben können, in Gottes Hand und nicht in Menschenhänden zu sein. Dann wird alles leicht, auch die härteste Entbehrung. Es handelt sich – ich glaube, das kann ich wirklich sagen – jetzt nicht bei mir um eine „begreifliche Ungeduld“, wie man vielleicht sagen wird, sondern darum, dass alles im Glauben geschieht. In dieser Richtung sind die Gegner viel weniger gefährlich als die guten Freunde. Und vermutlich bist Du der Einzige, der das versteht. Ich glaube, dass auch Maria schon etwas davon spürt. Wenn Du in den nächsten Tagen und Wochen an mich denkst, so tue es bitte in diesem Sinne (Ps 60,14). Und wenn Du mir dazu ein Wort zu sagen hast, so sei so gut und schreibe es mir. Ich möchte nicht glaubenslos durch diese Sache hindurchgehen.

M. E. werde ich im Januar oder Februar frei sein bzw. sofort militärisch eingesetzt werden. Wenn Du an Deiner Stelle irgendetwas dafür tun kannst – und es gern tust –, dass ich auch dorthin komme, so lass Dich nicht durch Ratschläge anderer davon abbringen. Die Frage ist nur, ob Du dort jemanden hast, zu dem Du vertrauensvoll sprechen kannst. Allerdings müsste es bald geschehen. Wir müssen es lernen, anders zu handeln als die Immerbedenklichen, deren Versagen wir ja aus größeren Zusammenhängen kennen. Man muss sich klar über das werden, was man will, man muss sich fragen, ob man es verantworten kann, und dann muss man es mit einer unwiderstehlichen Zuversicht tun. Dann und nur dann kann man auch die

Folgen tragen. – Du musst übrigens wissen, dass ich noch keinen Augenblick meine Rückkehr 1939 bereut habe, noch auch irgendetwas von dem, was dann folgte. Das geschah in voller Klarheit und mit bestem Gewissen. Ich will nichts von dem, was sich seit damals ereignet hat, aus meinem Leben streichen, weder das Persönliche (Wäre ich anders verlobt? Wärest Du verheiratet? Außerdem Sigurdshof, Ostpreußen, Ettal, meine Krankheit unter Deiner Assistenz, die Berliner Zeit) noch das Allgemeine. Und dass ich jetzt sitze (Erinnerst Du Dich an das Jahr, das ich Dir im vorigen März prophezeite?), rechne ich auch zu dem Teilnehmen an dem Schicksal Deutschlands, zu dem ich entschlossen war. Ohne jeden Vorwurf denke ich an das Vergangene und ohne Vorwurf nehme ich das Gegenwärtige hin; aber ich möchte nicht durch menschliche Manipulationen in Ungewissheit geraten. Wir können nur in der Gewissheit und im Glauben leben – Du bei den Soldaten draußen, ich in der Zelle, Maria und Renate im Warten und Hoffen. – In der „Imitatio Christi“ las ich gerade: Custodi diligenter cellam tuam, et custodiet te! („Halte treu Wacht über deine Zelle und sie wird Wacht halten über dich“). – Gott erhalte uns im Glauben.

44. An Maria von Wedemeyer

24. Dezember 1943, Heiligabend

Meine geliebte Maria!

Dies ist ein Augenblick, in dem man so viel zu sagen hat, dass man eigentlich nur schweigen kann. Das Herz ist so voll von guten, friedlichen und dankbaren Gedanken und es weiß sich so geborgen vor allen Gefahren und Anfechtungen, dass es etwas abgeben möchte von dem, was es unverdient empfangen hat. Ich habe eben die Weihnachtsgeschichte gelesen, habe in Ruhe die Weihnachtsbilder aus Deinem schönen Buch betrachtet, habe ein paar Lieder mir still aufgesagt und bei alldem an Dich, an Euch alle, an die Brüder im Feld, an die Menschen in diesem Haus gedacht; vor mir steht, von Deinen Kerzen beleuchtet, die kleine Marienfigur, die Du mir schenktest – ein Geschenk Deines Vaters –, dahinter stehen die aufgeschlagenen Losungen, links von ihnen die „betenden Hände", rechts das geöffnete Futteral mit Deinen Bildern, das Du mir selbst gearbeitet und geschenkt hast. Etwas oberhalb hängt noch Dein Adventskranz, hinter mir auf der Bettkante habe ich die Handschuhe, die Du mir genäht hast, die Bücher, die Du mir ausgesucht hast – dazu die von Mutter und Großmutter –, und die Pfefferkuchen aufgestellt, an meinem Arm trage ich Vaters Uhr, die er trug, als er fiel, und die Du mir geschenkt, gebracht und selbst an meinem Arm befestigt hast. Meine Maria, Du bist überall um mich, wo ich in meiner Zelle hinsehe, sehe ich Dich. Zwar bist Du weit weg; in dieser Stunde – es ist 5 Uhr – werdet Ihr wohl in der Kirche sein und Du wirst an mich denken und Gott für mich bitten, wie Du es täglich tust; es ist so schwer getrennt zu sein, wenn man sich lieb hat; aber nicht wahr, wir sind in Wirklichkeit nie getrennt, nie, nie. Wie werde ich jemals in meinem Leben den Schmerz, den ich Dir in diesen vergangenen Monaten zugefügt habe – wahrhaftig ohne mein Wollen –, wiedergutmachen können? Nicht anders und nie anders, liebste Maria, als indem ich Dich lieb habe, solange ich lebe und darüber hinaus, und dass ich Dich um Deine Liebe, die mir nur ein Wunder sein kann, bitte. Hab vielen Dank für Deinen so guten Weihnachtsbrief, der gerade heute ankam. Jedes Wort war ein Weihnachtsgeschenk. –

Sag auch der Mutter und Großmutter, dass ich ihnen von

Herzen für ihre Grüße danke. In was für einem Reichtum von menschlicher Liebe dürfen wir beide uns geborgen wissen, und indem ich an die vielen Glieder meiner und Eurer Familie denke, nehme ich unaufhörlich unsichtbare Grüße, Wünsche und Gebete, die uns beiden und unserer Zukunft gelten, in Empfang. Dazu darf ich wissen, dass in diesen heutigen Abendstunden eine große Zahl meiner ehemaligen Schüler von allen Fronten her an mich denken, und die mehr als dreißig von ihnen, die gefallen sind und das ewige Weihnachten bei Gott feiern, sind über unser Erkennen und Verstehen hinaus mit uns und mit der ganzen Kirche Christi verbunden. –

Eben fällt mein Blick wieder auf Dein Paket. Wie festlich hast Du es mir zugerichtet. Ich erhielt es heute Mittag als große Überraschung. Auch für den baumwollenen Sweater, der doch nur von Dir gestrickt sein kann, habe ich Dir noch nicht gedankt; ich habe ihn vor Freude gleich angezogen. Er ist herrlich warm und leicht zugleich. – Meine liebste Maria, im festen Glauben an Gottes Liebe, die uns zu Jesus Christus ruft, in unserer Liebe zueinander und getragen von der Liebe vieler Verwandter und Freunde wollen wir sehr getrost und zuversichtlich in das neue Jahr gehen.

Immer Dein Dietrich

Die Stiftersche Weihnachtsgeschichte, die ja eigentlich mehr eine Wintergeschichte ist, halte ich für eine seiner allerbesten Erzählungen und ich freue mich darauf, sie wieder zu lesen.

Hab vielen Dank!

45. An Renate und Eberhard Bethge

24. Dezember 1943, Heiligabend

Liebe Renate, lieber Eberhard!

Es ist 1/2 10 Uhr abends; ich habe ein paar schöne friedliche Stunden verbracht und in großer Dankbarkeit daran gedacht, dass Ihr heute zusammen sein könnt. Das wird Euch für die kommende Zeit eine wichtige Erinnerung sein. Über meinem Schreibtisch hängt, außer dem Bild von Maria, nur noch das Eure, das Ihr mir geschenkt habt und über das ich sehr froh bin; als Lesezeichen in den Losungen liegt Eberhards Bild, das mir je länger, desto besser gefällt, ich finde alles darin wieder, was ich seit Jahren kenne. Dass wir auch in diesem Jahr die Losungen austauschen konnten, war mir eine der größten Weihnachtsfreuden. Ich hatte schon manchmal daran gedacht und darauf gehofft, aber es nicht mehr für möglich gehalten. Nun wird uns dieses Buch, das mir gerade in den vergangenen Monaten so wichtig war, auch das nächste Jahr hindurch begleiten, und wir werden, wenn wir es morgens lesen, besonders aneinander denken. Habt vielen, vielen Dank! Ganz besonders hübsch habt Ihr den schönen Gedichtband für mich ausgesucht, ich lese immerfort und mit viel Freude und Gewinn darin. Etwas traurig war es mir zumut, dass ich Euch diesmal gar nichts Hübsches schenken konnte; aber meine Gedanken und Wünsche sind, wenn das noch möglich ist, herzlicher denn je bei Euch gewesen.

Für die Euch nun bevorstehende Zeit der Trennung möchte ich Euch gern einiges sagen. Wie schwer uns solche Trennung fällt, davon braucht man gar nicht erst zu sprechen. Aber da ich ja nun 3/4 Jahre von allen Menschen, an denen ich hänge, getrennt bin, habe ich einige Erfahrungen gemacht, die ich

Euch schreiben möchte. Eberhard und ich haben bisher alle Erfahrungen, die uns wichtig waren, ausgetauscht und uns dadurch in vielem geholfen; und daran wirst Du, Renate, nun irgendwie teilnehmen. Du musst dabei etwas versuchen, den „Onkel“ zu vergessen und mehr an den Freund Deines Mannes zu denken. Zunächst: Es gibt nichts, was uns die Abwesenheit eines uns lieben Menschen ersetzen kann, und man soll das auch gar nicht versuchen; man muss es einfach aushalten und durchhalten; das klingt zunächst sehr hart, aber es ist doch zugleich ein großer Trost; denn indem die Lücke wirklich unausgefüllt bleibt, bleibt man durch sie miteinander verbunden. Es ist verkehrt, wenn man sagt, Gott füllt die Lücke aus; er füllt sie gar nicht aus, sondern er hält sie vielmehr gerade unausgefüllt und hilft uns dadurch, unsere echte Gemeinschaft – wenn auch unter Schmerzen – zu bewahren. Ferner: je schöner und voller die Erinnerungen, desto schwerer die Trennung. Aber die Dankbarkeit verwandelt die Qual der Erinnerung in eine stille Freude. Man trägt das vergangene Schöne nicht wie einen Stachel, sondern wie ein kostbares Geschenk in sich. Man muss sich hüten, in den Erinnerungen zu wühlen, sich ihnen auszuliefern, wie man auch ein kostbares Geschenk nicht immerfort betrachtet, sondern nur zu besonderen Stunden, und es sonst nur wie einen verborgenen Schatz, dessen man sich gewiss ist, besitzt; dann geht eine dauernde Freude und Kraft von dem Vergangenen aus. Ferner: Trennungszeiten sind für das Zusammenleben nicht verloren und unfruchtbar, sie brauchen es jedenfalls nicht zu sein, sondern es kann sich in ihnen – allen Problemen zum Trotz – eine ganz merkwürdig starke Gemeinschaft bilden. Weiter: Ich habe es hier besonders erfahren, dass die *Tatsachen* immer bewältigt werden können und dass nur die Sorge und die Angst sie vorher ins Maßlose vergrößern. Vom ersten Aufwachen bis zum Einschlafen müssen wir den anderen Menschen ganz und gar Gott befehlen und ihm überlassen, und aus unseren Sorgen um den andren Gebete für ihn werden lassen. „Mit Sorgen und mit Grämen ... lässt Gott sich *garnichts* nehmen ...“ Schließlich: Persönlich glaube ich, dass Du, Eberhard, überall Leute finden wirst, die Dir gern die Wege ebnen, und dass es also gar nicht sehr lange dauern wird, bis Du wieder auf Urlaub oder sonstwie in Berlin bist. Trotzdem kannst Du, Eberhard, Dich darauf verlassen und ich verspreche es Dir (es kommt mir eigentlich überflüssig vor, Dir das erst noch zu sagen), dass ich nichts, was in meinen Kräften steht, jetzt schon und später, unterlassen werde, um Renate, wo sie es auch nur braucht, beizustehen, während Du nicht hier bist, und um Euch beiden so bald wie möglich dazu zu verhelfen, wieder zusammen zu sein. Du, Renate, musst bei Klaus Deine Rechte als Patenkind geltend machen; ich werde ihm auch noch schreiben und einiges andere tun. Ich glaube, ich kann mich ganz gut in Eure Lage versetzen, wenn Ihr getrennt seid, und ich wünsche Euch von Herzen, dass Euch diese Trennungszeit so leicht wie irgend möglich gemacht wird. Was ich dazu beitragen kann, wird bestimmt geschehen, das werdet Ihr mir glauben.

1. Feiertag. Ich hoffe sehr, da zu sein, wenn Euer Kind geboren wird. Du, Eberhard, sprachst neulich von Namen. Wenn ich ehrlich bin, muss ich sagen, dass mir diese Frage auch schon durch den Kopf gegangen ist. Wenn es ein Junge ist, fände ich „Eberhard“ am schönsten; ich habe es gern, wenn Namen sich vererben. Ihr denkt scheints noch an „Dietrich“. Der Name ist gut, das Vorbild weniger; einen gewissen Sinn hat es schon, da es ja sehr unwahrscheinlich gewesen wäre, dass Ihr Euch ohne mein Dasein kennengelernt hättet. Dass ich mich auch wirklich sehr darüber freuen würde, gestehe ich mit etwas Beschämung doch gern ein. (Dass das mit Winfrid Krauses und Jochens Kindern etwas zu tun haben soll, ist eigentlich eine verrückte Idee von Dir, Eberhard!) Also,

ich finde es sehr nett von Euch, dass Ihr daran denkt (doch wohl nicht nur, „obwohl" ich auch so heiße, wie Du Dich, Eberhard, so nett und typisch ausgedrückt hast!), aber den Namen und das Vorbild des Vaters finde ich noch besser, und ich bin nun jedenfalls sehr gespannt und nehme es bestimmt nicht übel, wenn Ihr auf irgendeinen ganz anderen Gedanken verfallt! Verzeiht, dass ich mich überhaupt an diesem Gespräch beteilige.

Wieder liegen all die schönen Geschenke (Maria schenkte mir die Armbanduhr, die ihr Vater trug, als er fiel, sie hat mir einen wunderbaren Sweater gestrickt und noch vieles andere lag in einem wunderschön gepackten Weihnachtspaket; der Pokal von den Eltern hat mich auch besonders gefreut; das Gebäck Eurer Mutter ist wieder märchenhaft, das Buch sehr interessant – und immer wieder fällt mein Blick auf die Losungen, ohne sie hätte mir im nächsten Jahr viel gefehlt) aufgebaut auf der Kante des hochgeklappten Bettes, und vor mir sind die Bilder, an denen ich mich freue. Noch zehre ich fast ununterbrochen von Deinem Besuch, Eberhard. Sagt nur dem Vater, dass dies das beste Werk war, was er bisher in seinem Leben für mich getan hat! Es *war* wirklich eine „necessitas" [Notwendigkeit]! Es gibt einen geistigen Hunger nach einer Aussprache, der viel quälender ist als der leibliche, und ich kann eben in der Weise und über bestimmte Dinge mit niemandem so sprechen wie mit Dir. In wenigen Worten und Andeutungen sind ganze Fragenkomplexe berührt und geklärt. Dieses nach jahrelanger, nicht immer reibungsloser Übung gewonnene Aufeinandereingestellt- oder -eingespieltsein dürfen wir nie mehr verlieren. Es ist ein unglaublicher Gewinn und eine ungewöhnliche Hilfe. Was haben wir in den 1 1/2 Stunden alles berührt und voneinander zu erfahren bekommen! Ich danke Dir sehr dafür, dass Du das erwirkt und durchgesetzt hast. Es hat Dir und Renate einen Vormittag gekostet. Aber ich denke, Ihr habt es trotzdem gern getan. Es war eine necessitas und ich kann jetzt auch wieder ganz anders an Dich denken. Im Übrigen hat Dein Besuch mir die Anregung zu einer kleinen Arbeit gegeben, die ich Dir vielleicht demnächst schicken kann, und für die große Arbeit hat er mir neu Mut und Lust gemacht; was Du über die Entstehung des „Grünen Heinrich" erzähltest (Du kommst trotz aller anderen Beanspruchung immer noch dazu, die interessantesten Dinge zu lesen und ausfindig zu machen!), wusste ich noch nicht und ich fand es sehr tröstlich.

Die Leute hier haben mir Weihnachten so hübsch wie möglich machen wollen; aber ich war immer wieder froh, wenn ich wieder für mich allein war; das hat mich selbst gewundert, und ich frage mich manchmal, wie ich mich unter den Menschen wieder zurechtfinden werde. Du, Eberhard, kennst ja meine gelegentlichen Rückzüge aus großen Festen auf mein Zimmer. Ich fürchte, das wird noch schlimmer geworden sein. Ich habe die Einsamkeit trotz aller Entbehrungen doch auch lieb gewonnen. Sehr gern spreche ich mit einem oder zwei Menschen; aber jede größere Ansammlung von Menschen und vor allem jedes Gerede und Geschwätz ist mir ein Gräuel. Maria wird es in dieser Hinsicht nicht leicht mit mir haben.

2. Feiertag Heute fährst Du, Eberhard, fort. Möchte, wenn Ihr morgen aufwacht, Gott Euer Herz stärken und keine Traurigkeit in Euch aufkommen lassen; möchte er jedem von Euch täglich Aufgaben zeigen, die der Mühe wert sind (Losung heute Luk 2,17!!); möchte er Euch alle Wege ebnen und Euch froh wieder zusammenführen und auch mir den Tag schenken, an dem ich Euch beide wiedersehe. – Gott behüte Euch und uns alle. Von Herzen denkt an Euch Euer

Dietrich

Wer hat eigentlich Eure Fotografien gemacht? Sie sind doch besonders gut und wirken andererseits wie von einem Dilettanten geknipst, was ein Vorzug ist. Wenn Ihr Geld braucht, *bitte* hebt es einfach ab! Soviel Ihr wollt! – Eberhard, versuche doch mal zusammenzustellen, was die Menschen, mit denen Du zusammenkommst, eigentlich glauben! Es lässt sich vermutlich in wenigen Sätzen zusammenfassen und ist doch sehr wichtig zu wissen. Euer Gedichtband ist wirklich etwas besonders Gutes!

(Da er von Tiedemann stammt, kann ich gewisse Befürchtungen für Euren kommenden Monatsetat nicht ganz unterdrücken!). Die Zigarren sind auch herrlich; ich rauche sie zu der von Dir angeregten kleinen literarischen Arbeit. – Ich bin sehr zuversichtlich, dass wir Ostern wieder zusammen in Frieden feiern, und dann kommt Ihr zu meiner Hochzeit und vorher taufen wir noch Euer Kind.

Du weißt doch, Eberhard, dass ich trotz aller Beruhigungen, die man mir gibt, genau weiß, wie Dir in Deiner derzeitigen Tätigkeit zumute ist!! Aber was soll man darüber viel sprechen, wenn man sich so genau kennt. Man weiß es, das ist genug. Klaus' Äußerung, dass ihm dieses Erlebnis immer noch fehle, ist übrigens nicht nur ad hoc gemacht, er hat es früher manchmal gesagt (allerdings doch nur theoretisch), er gehört ja zu den Menschen, die erlebnishungrig sind und im Begriff des „Erlebnisses" alles andere gerechtfertigt sehen. Wir denken darin ja beide etwas anders. – Dass Du übrigens auch Weymarn besucht hast, dafür danke ich Dir noch besonders. Es wird große Freude hervorgerufen haben! Es war wirklich sehr nett von Dir.

46. An Karl und Paula Bonhoeffer

25. Dezember 1943, Weihnachten

Liebe Eltern!

Weihnachten ist vorüber. Es hat mir ein paar stille, friedliche Stunden gebracht und vieles Vergangene war ganz gegenwärtig. Die Dankbarkeit dafür, dass Ihr und alle Geschwister in den schweren Luftangriffen bewahrt worden seid, und die Zuversicht, Euch in nicht zu ferner Zeit in Freiheit wiederzusehen, war größer als alles Bedrückende. Ich habe mir Eure und Marias Kerzen angezündet und die Weihnachtsgeschichte und einige schöne Weihnachtslieder gelesen und vor mich hingesummt und habe dabei an Euch alle gedacht und gehofft, dass Ihr nach aller Unruhe der vergangenen Wochen doch auch eine friedliche Stunde finden möchtet. Euer Weihnachtspaket war eine große Freude, besonders der Becher des Urgroßvaters aus dem Jahre 1845, der nun mit Tannengrün auf meinem Tisch steht. Aber auch die materiellen Genüsse waren sehr schön und werden noch eine Weile vorhalten. Von den Geschwistern bekam ich interessante Bücher und Weihnachtsgebäck. Ich lasse ihnen allen sehr dafür danken. Maria, die noch am 22. hier war, schenkte mir die Armbanduhr, die ihr Vater getragen hat, als er fiel. Das hat mich sehr gefreut. Dann hatte sie noch ein Paket für mich abgegeben, das mir erst gestern früh ausgehändigt wurde, ganz wunderhübsch gepackt, mit Pfefferkuchen und Grüßen von der Schwiegermutter und Großmutter. Es war mir etwas traurig zumute, dass ich ihr nichts schenken konnte; aber ich möchte es erst tun, wenn ich wieder frei bin und es ihr selbst geben kann; ich habe ihr das auch gesagt und sie fand es auch schöner so. Ich bin ganz gewiss, dass sie wie alles Bisherige so auch diese Weihnachtstage, in denen sie Vater und Bruder vermisst und mich im Gefängnis weiß, gefasst und tapfer begehen wird – wenn es auch über die Kraft zu gehen scheint. Sie hat es sehr früh gelernt, in dem, was Menschen uns zufügen, eine stärkere und gütigere Hand zu erkennen.

Nun werde ich auch zu Deinem Geburtstag, liebe Mama, noch nicht bei Euch sein. Wenn man Dir doch mit irgendetwas eine Freude machen könnte! Sicher werden es alle versuchen. Ich kann Dir nur sagen, dass wir Dich in diesen schweren Zeiten mehr denn je brauchen und dass ich mir die vergangenen Monate meiner Haftzeit überhaupt nicht ohne Dich denken kann. Wie Ihr beide diesen Schlag getragen habt, das wird für die Enkel ihr Leben lang eine wichtige Erinnerung und mehr als das sein. Ich bin bei jedem Brief und bei jedem Besuch, den ich von Euch bekomme, aufs Neue dankbar dafür und werde es immer bleiben. Wenn Ihr Euch nur nicht so oft zu viel zumutetet und Euch körperlich etwas mehr schontet. Das wäre ein wirklicher Geburtstagswunsch von mir an Dich, aber ich fürchte leider, dass gerade dieser unerfüllt bleibt. Und doch wäre es uns allen eine so große Beruhigung. Auch das neue Jahr wird noch manche Sorge und Unruhe bringen; aber ich glaube, wir dürfen in dieser Silvesternacht doch mit größerer Zuversicht denn je den Vers aus dem alten Neujahrslied singen und beten: „Schleuß zu die Jammerpforten / und lass an allen Orten / nach so viel Blutvergießen / die Freudenströme fließen." Ich wüsste nicht, was wir uns Größeres auch zu Deinem Geburtstag erbitten und wünschen könnten. – Ich danke Euch für alles, was Ihr im vergangenen Jahr für mich getan habt.

Es grüßt Euch von Herzen Euer
Dietrich

47. An Maria von Wedemeyer

2. Januar 1944

Meine liebste Maria!

Der Abschied vom vergangenen Jahr ist wohl keinem Menschen, der es ernsthaft miterlebt hat, schwer geworden; und doch wird es für unser Leben und für unsere Erinnerung eines der wichtigsten bleiben, und wie gut ist es, wenn wir wirklich ganz ohne Bitterkeit, ja mit einer ungeheuchelten Dankbarkeit daran zurückdenken können. Gewiss ist ein Jahr in einer Zeit wie der unseren, in der niemand weiß, wie lange er noch zu leben hat, sehr, sehr lang und vielleicht können wir jetzt noch gar nicht ermessen, was uns durch diese vergangenen Monate der Haft genommen wurde; aber ebensowenig können wir jetzt schon ganz begreifen, was uns durch diese Erfahrung für unser künftiges Leben geschenkt worden ist und erst die kommenden Jahre werden es uns ganz zeigen. Du, liebste Maria, hast mir den Jahreswechsel noch besonders erfreulich gemacht dadurch, dass Du am 30. hier unten ein Paket für mich abgabst. Ich denke, Du kamst von Mamas Geburtstag und warst auf der Fahrt nach Hause. Ich fühlte mich durch dieses Paket an die Kinderzeit erinnert, in der der in den Weihnachtstagen zu Ende gegangene bunte Teller immer noch einmal gefüllt wurde. Aber was für ein herrlicher bunter Teller war es, den Du mir brachtest! Ich fürchte nur, Dein eigener ist auf diese Weise ganz leer geworden und der von Mutter und den Geschwistern hat sehr gerupft ausgesehen. Hab vielen, vielen Dank und sei gewiss, dass Du mir eine sehr große Freude gemacht hast. Dass Du Mama zu ihrem Geburtstag besucht hast, hat mich sehr gefreut und ich danke Dir auch dafür sehr. Ich weiß, dass Mama Dich sehr gern hat, und ich bin froh, dass Ihr Euch so gut versteht. Ich kann es gar nicht leiden, wenn, wie es so häufig ist, irgendwelche Spannungen zwischen Kindern und Schwiegereltern bestehen, und Du kannst ganz sicher sein, dass wir so etwas nie aufkommen lassen wollen. Schon der Gedanke daran scheint mir unmöglich; ich werde nie vergessen, Deiner Mutter für das dankbar zu sein, was sie in den vergangenen Monaten für mich getan hat, und das in einer Zeit, in der sie selbst den größten Schmerz ihres Lebens zu tragen und zu überwinden hatte. Wo zwei Häuser wie das Eure und das unsere so fest zusammenstehen, wie wir beide es gern möchten, dort können wir uns auch in harten Zeiten des Lebens ganz geborgen wissen. Wie in allen Euren Häusern, bei Euch, bei Kleists, bei Bismarcks der Tod der nächsten Angehörigen getragen worden ist, das wird mir mein Leben lang ein Vorbild sein und ist es mir in dem eigenen geringfügigen Leiden des vergangenen Jahres immer wieder gewesen. In diesem Sinne denke ich auch mit besonderer Dankbarkeit an die Großmutter, mit der ich die Wochen der Trauer um Hans Friedrich und Jürgen Christoph [v. Kleist-Retzow] verbrachte. – Hab ganz besonderen Dank für den Gedichtband, in dem ich vieles Schöne gefunden habe. Hat ihn Dir wohl Max einmal geschenkt? – Nun wird es nicht mehr lange dauern, bis wir uns nicht mehr schreiben müssen, sondern ganz beieinander sind.

Liebste Maria, lass uns diese letzten Wochen in der Freude darauf verbringen! Ich danke Dir für alles! Gott behüte uns alle!

Immer Dein Dietrich

48. An Maria von Wedemeyer

14. Januar 1944

Liebste Maria!

Heut kam Mutters Weihnachtsgeschenk, Vaters Erinnerungen an seinen Vater. Ich weiß nicht, was mich mehr bewegt, die Tatsache, dass Mutter so gut zu mir ist, oder diese stille Begegnung mit Deinem Vater, wie ich sie heute beim ersten Lesen seiner Aufzeichnungen gehabt habe und in den nächsten Tagen noch oft haben werde. Dass dies gerade die Tage sind, in denen wir uns vor einem Jahr verlobt haben, ist mir besonders lieb und wichtig; denn es ist ja nun doch so, dass ich an Mutter und Vater nicht denken kann, ohne an Dich zu denken, und dass Du mir in beiden begegnest. Was für ein unbegreifliches Glück ist es für einen Menschen, Eltern zu haben, an die man nur mit tiefster Dankbarkeit und Ehrerbietung denken kann. Darin ist es uns beiden gleich gut gegangen. Ich habe vor Jahren einmal mit der Großmutter ein Gespräch darüber gehabt, ob Eltern die „Freunde“ ihrer Kinder sein können und sollen; ich habe das abgelehnt und lehne es noch heute ab. Man darf die Ordnungen nicht verwischen, nur dann bleiben sie rein und göttlich. – Meine liebste Maria, in den letzten Tagen kamen mehrere so sehr gute und liebe Briefe von Dir zu mir, ganz besonders der vom 1. Weihnachtsfeiertag. Der Versuch, Dir gleich zu schreiben, damit Du gerade in den jetzigen Tagen einen Brief von mir hättest, misslang. Noch nie habe ich so stark unter dem Eindruck gestanden, in einem Brief das nicht aussprechen zu können, was mich angesichts dessen, was sich zwischen uns seit einem Jahr zugetragen hat, bewegt. Es ist vielleicht auch gar nicht gut, wenn alles, was man sich sonst wortlos zu verstehen gibt, in Worte umgesetzt werden muss. Der Unterschied zwischen der Wirklichkeit, nach der man Verlangen hat, und den Worten, die die Brücke zu dieser Wirklichkeit schlagen wollen und doch nicht können, ist zu überwältigend. Wenn ich mir denke, dass ich am 17. in Pätzig wäre und morgens darauf wartete, dass Du herunterkommst und Dich dann sähe und Dir entgegenginge – würde ich dann wohl irgendwelche Worte über die Lippen bringen, um Dir dafür zu danken, dass Du da bist und für mich da bist, oder würde nicht einfach das Beieinandersein eine so überwältigende wortlose Sprache reden, dass alles andere demgegenüber ohnmächtig und wesenlos wird? Wenn das Wirkliche mir überstark vor die Seele tritt, geht mir der Atem der Worte aus; ich denke dann, Worte könnten alles nur abschwächen, stören, in Unruhe bringen, was ohne sie stark, klar und ruhig ist. Verstehst Du das alles? Ganz sicher! Wenn ich mir unser erstes Zusammensein erträume, dann sehe ich uns beide nicht im Zimmer miteinander redend, sondern, unwillkürlich sehe ich uns im Walde miteinander gehend, gemeinsam sehend, erlebend, in der Berührung mit der Erde und mit den wirklichen Dingen. Das Verlangen danach ist sehr groß und ich glaube und weiß, es ist unser beider Verlangen. Gott erhalte es uns und bringe es zur Erfüllung. – Meine geliebte Maria, ich bin immer und will immer sein

Dein Dietrich

Dass Hans Werner sich für mich von der Tafel Schokolade getrennt hat, finde ich wirklich ein großes Opfer; ich esse sie in kleinen Dosen immer wieder zur Erfrischung bei der Arbeit. Sag ihm vielen Dank dafür, bitte! Auch für den Krippenstall und Ina für die Eierbecher; ich freue mich darauf, dies alles zu sehen, noch mehr aber auf die beiden selbst! Von Großmutter kam ein schöner Brief, vielen Dank! – Die Eltern wollen vielleicht doch reisen. Könntest Du nicht mit ihnen nach Kl. Reetz? Dort ist es doch wohl ganz einsam und still?

Das Bild von Vaters Grab lege ich gleich wieder in den Brief, damit Du es immer bei Dir haben kannst. – Die Uhr ist mir eine tägliche Freude!

49. An Karl und Paula Bonhoeffer

14. Januar 1944

Liebe Eltern!
Gerade hat Susi hier wieder das Paket für mich abgegeben, wofür ich ihr und Euch sehr danke. Wenn ich geahnt hätte, dass ich so lange hier sein würde, dann hätte ich schon viel früher darum gebeten, dass Ihr Euch nicht so sehr viel Mühe für mich macht und vor allem, dass Ihr nicht Eure sowieso schon knappen Rationen noch einschränkt, um mir etwas zu schicken. Natürlich ist es jedes Mal wieder eine große Freude, Euer Paket zu bekommen, aber sie wird allmählich doch beeinträchtigt durch den Gedanken, dass Ihr nicht so ernährt seid, wie Ihr es bei den großen Anstrengungen, die Ihr nun besonders nach den Bombenschäden habt, brauchtet. Ich hatte schon gehofft, dass Ihr Euch inzwischen zu einer Ruhepause in Pätzig entschlossen hättet; es wäre mir wirklich eine große Beruhigung, wenn Ihr wenigstens einige Zeit aus den Alarmnächten, Instandsetzungsarbeiten und dem Berliner Trubel überhaupt herauskämt und eine einigermaßen normale Ernährung hättet; außerdem würde es mich natürlich freuen, wenn Ihr das Haus, in dem ich später einmal zu Hause zu sein hoffe, kennenlernt. Und wenn es Euch dort doch zu sehr von Kindern wuselt, könntet Ihr doch zur Großmutter nach Krössin fahren oder,

was vielleicht das Allerruhigste wäre, zu Bismarcks nach Lasbeck. Entschließt Euch doch zu irgendeiner von diesen Möglichkeiten! Wenn sich dann eines Tages in meiner Sache irgendetwas rührt, seid Ihr ja leicht erreichbar, und wie schön wäre es, wenn ich dann zusammen mit Maria nach Pätzig käme und Euch dort träfe. Ich weiß, Ihr lasst Euch ungern zu Reisen zureden und es nützt meist nichts. Aber vielleicht könnte ich es mir von Euch zum Geburtstag wünschen? Vor allem dürft Ihr Euch eben nicht übernehmen, alles andere ist demgegenüber ganz nebensächlich! Gestern und heute sind bei Euch Geburtstage.

Ihr werdet abends wohl mit K. Friedrich und Rüdiger zusammen sein. Man muss heute für jeden Tag und jede Stunde dankbar sein, in der man noch zusammen sein kann. – Ich sitze bei offenem Fenster, in das die fast frühlingsmäßige Sonne scheint, und ich nehme diesen ungewöhnlichen schönen Jahresanfang für ein gutes Omen. Gegenüber dem vergangenen kann dieses Jahr nur besser werden. – Es geht mir gut. Ich arbeite wieder etwas konzentrierter und lese mit besonderer Freude Dilthey. – Hoffentlich erfahre ich bald, dass Ihr gereist seid! Bleibt nur gesund und seid herzlich gegrüßt von

Eurem dankbaren Dietrich

Susi danke ich sehr für die herrlichen warmen Handschuhe; auch die Kakaokugeln erinnerten mich an frühere Weihnachtsteller bei ihr. Dem Michael würde ich gern nachträglich noch etwas zu Weihnachten schenken. Vielleicht gebt Ihr es ihm vorläufig, wie der Tine.

50. An Eberhard Bethge

18. Januar 1944

Lieber Eberhard!

Seit Du ins Ungewisse gefahren bist, sind meine Gedanken ständig bei Dir. Hoffentlich höre ich recht bald, wo Du gelandet bist. Dass es Dir doch noch einmal gelang, mit Renate zusammen zu sein und sie sogar nach Berlin zu bringen – gehört nun wohl schon fast zu dem Dich begleitenden Glück bzw. zu dem Dir überall begegnenden Wohlwollen der Menschen. Das ist eine wirklich erstaunliche Mitgift der Natur an Dich, und das Denken an Dich und an alles, was Dir begegnen kann, wird dadurch doch etwas leichter. Ich kenne überhaupt keinen Menschen, der Dich nicht leiden kann, während ich viele kenne, die mich nicht leiden können. Ich nehme das für mich gar nicht schwer; ich finde überall, wo ich Gegner finde, auch Freunde und das genügt mir. Aber es liegt wohl daran, dass Du von Natur offen und bescheiden bist, während ich verschlossen und etwas anspruchsvoll bin. Wenn ich mit Dir zusammen Soldat wäre, würde ich von Dir sicher viel mehr profitieren als Du von mir.

Sehr gefreut habe ich mich über die Erzählungen von Weihnachten. Du warst diesmal der Hauptverantwortliche dafür, dass es ein wirkliches Weihnachten wurde, und ich bin froh, dass es Dir gelang. Schön, dass Du die Weihnachtsgeschichte lasest – ich hätte gern zugehört! –, schön, dass Du am 1. Feiertag eine kleine Andacht gehalten hast, wovon Papa schrieb. Den Baum hättet Ihr „neutral“ geschmückt, schrieb Christoph mit der Weisheit eines 14-Jährigen, der zum ersten Mal die Entdeckung des Stils macht und den Verzicht auf einen Stil zugunsten des Stillen und Anspruchslosen, wie es der Krippe angemessen ist, noch nicht versteht. Ich bin noch immer froh in Gedanken daran, dass Du Weihnachten da warst. Niemand hätte mein Fehlen besser ersetzen können. Auch dass Ds sich so freuten, dass Du da warst, wie aus Briefen und Erzählungen von Klaus, der mich besuchte, hervorgeht, freute mich sehr. Klaus ist doch ein netter Kerl geworden. Was sind diese Kinder heute schon lebenskundiger und fertiger, als wir in diesem Alter waren! Ich glaube, da kann eine ganz ausgezeichnete Generation heranwachsen, die auch klarer, offener und furchtloser ist als die unsre.

Ich schreibe seit einiger Zeit an der kleinen literarischen Arbeit, die durch unser kurzes Zusammensein angeregt wurde. Aber, wie fast immer, nimmt sie mir mehr Zeit, als ich anfangs dachte. Ich schicke sie Dir, sobald sie fertig ist – wenn es überhaupt was Vernünftiges wird.

Ich habe in der letzten Zeit etwas planlos durcheinander gelesen, eine Geschichte von Scotland Yard, eine Geschichte der Prostitution, den Delbrück fertig – ich finde ihn in seinen Problemen eigentlich uninteressant –, Reinhold Schneiders Sonette – sehr verschieden in der Güte, einige sehr gut; im Ganzen fehlt mir an der gesamten neuesten Produktion die hilaritas – die „Heiterkeit" –, die jeder wirklich großen und freien geistigen Leistung innewohnt; man steht immer unter dem Eindruck eines etwas gequälten und erzwungenen Machens statt unter dem einer freien Lust am Schaffen. Verstehst Du, was ich meine? – Z. Zt. lese ich einen riesigen englischen Roman, der von 1500 bis heute geht, von Hugh Walpole, 1909 geschrieben. Außerdem interessiert mich Dilthey sehr und eine Stunde täglich lerne ich das Buch für Sanitätspersonal, für alle Fälle.

Der Brief blieb ein paar Tage liegen; inzwischen kam Rüdiger zu mir und erzählte mir, dass Du zuerst nach Verona kämest, mehr wusste er auch nicht. Ich warte täglich auf Nachricht darüber, auch auf W., den ich seit 14 Tagen fast nicht sah! Du hast ihn ja noch gesehen und das freut mich sehr. – In den letzten 3 Tagen las ich einen nicht schlechten, aber beispiellos offenen französischen Roman: „Mariages" – das sagt ungefähr alles. Ich wurde darin bestärkt, dass der naturalistische und psychologische Roman uns doch nicht mehr genügt. Aber darüber müsste man eben sprechen können. Heute soll W. kommen. Gut. – Der Angriff auf Magdeburg hat hoffentlich nicht auch die Stätten Deiner Erinnerungen betroffen. Wenn doch, so ist es ein weiteres merkwürdiges Zeichen dafür, dass Deine Vergangenheit, Deine „Lehrjahre" nun endgültig hinter Dir liegen und der ganze Blick auf gegenwärtige und zukünftige Aufgaben fällt. Dein Lebenslauf hat eine ungewöhnliche Geradlinigkeit und Klarheit, wenn er auch in letzter Zeit durch viele Härten hindurchgegangen ist. Aber nun steht ja auch bald die große Freude bevor; Renate soll es ja körperlich wirklich recht gut gehen, was eine große Beruhigung ist.

Nun bleib gesund und sei allen physischen und psychischen Belastungen gewachsen wie bisher. Die Losungen sind meine tägliche Freude. Hab Dank für alles!

In Treue grüßt Dich

Dein Dietrich

51. An Renate und Eberhard Bethge

23. Januar 1944

Liebe Renate, lieber Eberhard!

Seit dem 9.1. denke ich anders an Euch als bisher. Dass Ihr noch kurz vor dem Abschied die Losung Jes 42,16 zusammen gelesen habt, stellt diese Gedanken in ein besonderes

Licht; auch ich hatte an diesem Tag, von dem ich ja wusste, was er für Euch bedeutete, die Losungen immer wieder mit besonderer Beteiligung und großer Dankbarkeit gelesen; denn auch für mich war ja dieser Sonntag, wenn auch anders als für Euch, ein Einschnitt.

Es ist ein merkwürdiges Gefühl, einen Menschen, an dessen Ergehen und Schicksal man selbst jahrelang irgendwie sehr beteiligt gewesen ist, eines Tages einer ganz unbekannten Zukunft, der gegenüber man so gut wie ohnmächtig ist, entgegengehen sehen zu müssen. Dieses Bewusstsein der eigenen Ohnmacht, von dem Du, Renate, auch schreibst, hat, finde ich, zwei Seiten, es ist beängstigend, aber es ist doch auch irgendwie befreiend. Solange wir selbst das Schicksal eines anderen Menschen mitzugestalten versuchen, werden wir doch letzten Endes die Frage, ob das, was wir tun, auch wirklich zum Besten des anderen ist, nie ganz los, jedenfalls bei allen großen Eingriffen in ein anderes Leben; wenn uns dann plötzlich fast alle Möglichkeiten, selbst etwas mitzuwirken, abgeschnitten werden, dann steht hinter aller Angst um den anderen doch auch irgendwo das Bewusstsein, dass sein Leben nun ganz in bessere und stärkere Hände gelegt ist. Sich gegenseitig diesen Händen anzuvertrauen, ist wohl die große Aufgabe der kommenden Wochen und vielleicht auch Monate für Euch, für uns. Nachdem ich gestern erfuhr, dass Du, Eberhard, nun irgendwo südlich von Rom bist, ist mir diese Aufgabe noch viel klarer geworden. Ich unterdrücke alle Fragen, die ich in diesem Zusammenhang mir selbst immer wieder vorhalten will. Mag in dem, was den Tatsachen vorausgeht, noch so viel menschliches Versagen, Sichverrechnen und Schuld liegen, in den Tatsachen selbst ist Gott. Wenn wir lebend durch diese nächsten Wochen oder Monate hindurchkommen, dann werden wir nachher sehr klar erkennen, dass es gut war, dass für uns alle die Dinge gerade so kamen, wie sie gekommen sind. Der Gedanke, dass manches Schwere im Leben hätte vermieden werden können, wenn wir weniger mutig darauflos gelebt hätten, ist doch wirklich zu fade, als dass man ihn auch nur einen Augenblick ernst nehmen könnte. Es ist mir im Blick auf Eure Vergangenheit so völlig gewiss, dass es richtig war, was bisher geschah, dass auch das Gegenwärtige nur richtig sein kann. Auf echte Freuden und Lebensinhalte zu verzichten, um Schmerzen zu vermeiden, ist sicher nicht christlich und auch nicht menschlich.

Ich warte nun mit großer Spannung auf Deinen ersten Bericht von draußen, Eberhard. Ich habe eben das Gefühl, dass Du gewissermaßen auch mit meinen Augen die Dinge siehst, sowie ich das Hiesige auch mit Deinen Augen sehe. Wir erleben unsere verschiedenen Geschicke also auch irgendwie stellvertretend füreinander. Was Du von draußen schreiben wirst, das werde ich vorbehaltlos glauben, wie es vielleicht auch umgekehrt bei Dir der Fall ist meinen Briefen von hier gegenüber; und vor allem wird das so sein, wenn wir uns erst wieder *sprechen* können! Gerade kommt die Nachricht von der Landung in Nettuno. Ob Du dort irgendwo bist? Bei jeder solchen Wendung merke ich, dass Gelassenheit nicht ein Stück meiner Natur ist, sondern dass ich sie mir immer wieder mühsam erobern muss – übrigens Gelassenheit von Natur ist doch wohl in den meisten Fällen nur ein euphemistischer Ausdruck für Indifferenz und Indolenz und insofern nicht gerade etwas sehr Respectables! –; bei Lessing las ich kürzlich: „Ich bin zu stolz, mich unglücklich zu denken – knirsche eins mit den Zähnen – und lasse den Kahn gehen, wie Wind und Wellen wollen. Genug, dass ich ihn nicht selbst umstürzen will!“ Sollte dieser Stolz und dieses Zähneknirschen dem Christen ganz untersagt und fremd sein? Etwa zugunsten einer vorzeitig vorbeugenden milden Gelassenheit? Gibt es nicht auch die stolze und zähneknirschende Gelassenheit? – Die doch wieder etwas ganz anderes ist als das sture, stumpfe, starre, leblose und vor allem gedankenlose Sich-einem-Unvermeidlichen-Unterwerfen. Ich glaube, dass Gott besser geehrt wird, wenn wir das Leben, das er uns gegeben hat, in allen seinen Werten kennen und ausschöpfen und lieben und darum auch den Schmerz über beeinträchtigte oder verlorene Lebenswerte stark und aufrichtig empfinden. Man beschimpft das ja gern als die Schwäche und Empfindsamkeit der bürgerlichen Existenz – als wenn man gegen die Werte des Lebens stumpf ist und daher auch gegen den Schmerz stumpf sein kann. Hiobs Wort: „der Herr hats gegeben usw. ..." schließt das eher ein als aus, wie ja auch aus seinen zähneknirschenden Reden und ihrer göttlichen Rechtfertigung (Hiob 42,7 ff) gegenüber der falschen, vorzeitigen frommen Ergebung seiner Freunde deutlich genug hervorgeht. – Verzeih, Renate, dass ich gleich wieder in die Theologie komme. Es sind eben solche Gesprächsfragmente, wie sie in Briefen zwischen Eberhard und mir unvermeidlich sind. – Vor allem hatte ich Euch sagen sollen und wollen, wie froh ich war, von Euch direkt zu hören und noch dazu so ausführlich! Das war ein wirkliches Ereignis! Wie dankbar bin ich dem Schaffner, der den Münchner Fronturlauberzug entgegen den sonstigen Gepflogenheiten erleuchtet hat. Er kann nicht ahnen, was für einen Dienst er mir und vielleicht noch manchem andern Unbekannten damit erwiesen hat. Ja, dass der Besuch am 23.12. und dieser Gruß aus dem Zug noch möglich war, das gibt auch mir eine ganz andere Ruhe. Ihr müsst nun, wenn ich von Ruhe, Gelassenheit usw. spreche, nicht denken, dass ich nicht täglich, ja fast stündlich mir Gedanken darüber mache, wie man Euch noch irgendwie helfen kann. Bitte, wenn es irgendwie Euch nützen oder etwas erleichtern kann, hebt Geld von mir ab, soviel Ihr wollt und braucht! Es freut mich nur! Außerdem denke ich, es wäre gut, Du hättest ein paar Fotos von mir bei Dir; sie sind anstelle von Visitenkarten doch schließlich bei meinen vielen Bekannten, an die ich nicht alle schreiben kann, zu brauchen.

Hast Du damals auf der Autofahrt mit Hennes eigentlich den Professor Reinhold Niebuhr kennengelernt? Er wie auch Dr. Leiper und Professor Dr. theol. Paul Lehmann sind ja gute Freunde von mir. N[iebuhr] und Paul L[ehmann] sind außerdem sehr sprachkundig; das ist auch immer eine Hilfe. An Cedergrens kannst Du Dich doch auch immer wenden, Du warst doch ihr Gast. Er hat jetzt eine wichtige Stelle im Roten Kreuz. Übrigens kannst Du sie ja alle besonders von Martin grüßen! Dafür, dass Du meine Briefe an die Eltern kriegst, werde ich auch noch sorgen.

Was Du in diesem Zusammenhang über die Freundschaft, die sich im Unterschied zu Ehe und Verwandtschaft keiner allgemein anerkannten Rechte erfreut und die daher ganz auf dem ihr innewohnenden Gehalt ruht, sagst, finde ich sehr gut beobachtet. Es ist ja tatsächlich nicht leicht, die Freundschaft soziologisch einzuordnen. Sie muss wohl als Unterbegriff des Kultur- und Bildungsbegriffs verstanden werden, während Bruderschaft unter den Kirchenbegriff und Kameradschaft unter den Begriff der Arbeit und den Begriff des Politischen fällt. Ehe, Arbeit, Staat und Kirche haben ihr konkretes göttliches Mandat, wie steht es aber mit Kultur und Bildung? Ich glaube nicht, dass man sie einfach dem Arbeitsbegriff unterordnen kann, so verlockend das in vieler Hinsicht wäre. Sie gehören nicht in den Bereich des Gehorsams, sondern in den Spielraum der Freiheit, der alle drei Bereiche der göttlichen Mandate umgibt. Wer von diesem Spielraum der Freiheit nichts weiß, kann ein guter Vater, Bürger und Arbeiter, wohl auch ein Christ sein, aber ob er ein voller Mensch ist (und insofern auch ein Christ im vollen Umfang des Begriffes), ist mir fraglich. Unsere „protestantisch“ (nicht lutherisch!)preußische Welt ist so stark durch die 4 Mandate bestimmt, dass der Spielraum der Freiheit dahinter ganz zurückgetreten ist. Ob vielleicht – so scheint es heute fast – der Begriff der Kirche es ist, von dem aus allein das Verständnis für den Spielraum der Freiheit (Kunst, Bildung, Freundschaft, Spiel) wiederzugewinnen ist? Also die „ästhetische Existenz" (Kierkegaard) gerade nicht aus dem Bereich der Kirche zu verweisen, sondern gerade in ihr neu zu begründen wäre? Ich glaube das eigentlich, und der Anschluss an das Mittelalter würde auch von hier aus neu gewonnen werden! Wer kann denn z.B. in unseren Zeiten noch unbeschwert Musik oder Freundschaft pflegen, spielen und sich freuen? Sicher nicht der „ethische" Mensch, sondern nur der Christ. Gerade weil die Freundschaft in den Bereich dieser Freiheit („des Christenmenschen"!?) gehört, muss man sie allem Stirnrunzeln der „ethischen" Existenzen gegenüber zuversichtlich verteidigen – gewiss ohne den Anspruch auf die *„necessitas"* eines göttlichen Gebotes, aber mit dem Anspruch auf die *„necessitas"* der *Freiheit*! Ich glaube, dass innerhalb des Bereiches dieser Freiheit die Freundschaft das weitaus seltenste – wo gibt es sie eigentlich noch in unserer vorwiegend durch die *3 ersten Mandate* bestimmten Welt? – und kostbarste Gut ist. Es lässt sich mit den Gütern der Mandate nicht vergleichen, es ist ihnen gegenüber sui generis, aber gehört doch zu ihnen wie die Kornblume zum Ährenfeld.

Zu Deiner Bemerkung über die „Angst Christi": Sie wird doch nur im *Gebet* (wie auch in den Psalmen) ausgesprochen (es ist mir immer noch dunkel, warum die Evangelisten dieses Gebet, das kein Mensch gehört haben kann, – die Auskunft, dass Jesus es den Jüngern im evangelium quadraginta dierum [der 40 Tage nach Ostern] offenbart habe, ist eine Ausflucht! –, berichten; kannst Du mir dazu etwas sagen?).

Deine Erinnerung an Sokrates zum Thema Bildung und Tod ist vielleicht sehr fruchtbar. Ich muss darüber noch nachdenken. Klar ist mir an dem ganzen Problem eigentlich nur, dass eine „Bildung", die in der Gefahr versagt, keine ist. Bildung muss der Gefahr und dem Tod gegenübertreten können – „inpavidum ferient ruinae“ (Horaz) („einen Unerschrockenen werden die Ruinen treffen“) –, wenn sie ihn auch nicht „überwinden“ kann; was heißt überwinden? Im Gericht die Vergebung, im Schrecken die Freude finden? Aber darüber müssen wir noch mehr sprechen.

Nun zum Namen Eures erwarteten Kindes. Wäre nicht, wenn es ein Mädchen wird, Sabine sehr nett? Ihr habt doch beide ein gutes Verhältnis zu ihr und ich finde den Namen selbst sehr hübsch, etwas altmodisch, aber vielleicht gerade darum. Übrigens finde ich Amalie auch gar nicht so schlimm; gern hatte ich auch immer den Namen Angelica, ich verbinde ihn unwillkürlich immer mit Fra Angelico. Und wie gefällt Euch Adelheid? Komisch, es sind alles Namen mit einem langen A. Sie sind wohl klangvoller als andere (oder sollte das Unterbewusstsein irgendwie höchst persönlich von Maria ausgehen?). Über den Jungensnamen will ich mich nun ausschweigen.

Noch etwas über Dich, Eberhard: Kannst Du nicht mal den Namen Eures Truppenarztes schreiben? Ich stelle hier fest, dass Papas Name bei den Ärzten einen ganz besonderen Eindruck macht! Wie steht es denn mit Deinen Zuständen?

So, nun für heute Schluss! In unzähligen Gedanken und guten Wünschen ist immer bei Euch und grüßt Euch

Euer Dietrich

Hast Du in Rom einen Besuch in der „Propaganda“ gemacht? Was hast Du alles gesehen? Die Erinnerungen an 1936 sind wieder ganz wach, aber Du würdest noch viel mehr von damals wissen als ich. Wenn Du den Laokoon wiedersiehst, achte doch mal darauf, ob er (der Kopf des Vaters) nicht möglicherweise das Vorbild für spätere Christusbilder ist. Mich hat das letzte Mal dieser Schmerzensmann der Antike sehr ergriffen und lange beschäftigt. Wie schön wäre es, wenn wir zusammen dort sein könnten! Über mich brauchst

Du Dir keine Sorgen zu machen. Es geht mir gut und es sind ein paar wirklich *sehr* nette Leute hier, die Du später auch mal kennenlernen musst. Wenn es nur bald soweit wäre. – Hast Du eigentlich die Isophantabletten von mir bekommen?

Mit meinem täglichen Spaziergehgenossen habe ich einen neuen Ton anschlagen müssen; trotz aller Bemühungen, sich an mich anzuschmeißen, entglitt ihm kürzlich eine Bemerkung über das Problem Gert etc., die mich veranlasst hat, ihn so ablehnend und kühl zu behandeln, wie ich vielleicht noch nie jemanden behandelt habe, wie ich auch dafür gesorgt habe, dass ihm prompt alle kleinen Annehmlichkeiten entzogen wurden. Nun soll er ruhig eine Weile herumwimmern, das lässt mich – ich wundere mich selbst, aber es ist mir auch interessant! – völlig kalt. Er ist wirklich eine klägliche Figur, aber gewiss nicht der „arme Lazarus"! – Dass wir zusammen Paten bei Dieter Z. sind, finde ich sehr nett. Lokies' Meinung war mir doch sehr wichtig und beruhigend. – Wenn ich Dich, Renate, noch zu sehen kriegte, würde ich mich *sehr* freuen! Aber unternimm die weite Fahrt bitte *nur*, wenn sie Dich nicht zu sehr anstrengt! – Herrlich finde ich die Exkursion durchs Fenster. Ich bewundere ja solche Unternehmungen, weil ich weiß, dass ich dafür zu feig, zu brav und zu alt wäre!

Übrigens, soviel ich weiß, waren die Eltern nur ein einziges Mal in ihrem Leben kurze Zeit getrennt, als Papa im Weltkrieg eine Inspektionsreise im Westen machen musste! Was waren das für Zeiten und für Ehen! Und wie verschiedene Gestalten von *guten* Ehen gibt es doch! – Den „Witiko" wirst Du jetzt nicht lesen können mit seinen 1000 Seiten, aber später müsst Ihr ihn zusammen lesen! Maria war auch sehr beglückt davon.

Ich wüsste sehr gern, wie und auf welcher Basis Du mit den anderen Menschen auskommst? Ich würde gern mal zuhören, wenn Du Dich mit Deinen Kameraden unterhältst. Schreibst Du mal darüber? – Mir geht es weiter gut. Ich arbeite und warte. Im Übrigen bin ich in jeder Hinsicht von ungebrochenem Optimismus und wünsche, dass Du es auch bist! Auf baldiges frohes Wiedersehen!

D[ietrich]

Ich bemühe mich hier schon darum, dass wir irgendwie zusammenkommen. Ich fände das für alle Eventualitäten doch sehr gut. Hast Du eine Möglichkeit? Ich denke manchmal, wenn Du hier wärst, stünde bei mir auch schon manches anders. Ich höre nur Theorien, nichts Konkretes geschieht. Ist das „bürgerlich"? Ob Du es im September ähnlich empfunden hast? Kurz, später machen wir es besser!

Was wird aus Rom werden? Der Gedanke, dass es zerstört werden könnte, ist mir ein Alpdruck. Wie gut, dass wir es noch im Frieden sahen! Hoffentlich höre ich *bald* von Dir.

52. An Eberhard Bethge

29. und 30. Januar 1944

Lieber Eberhard!

Obwohl Du sicher von Renate tägliche Briefe hast – wenn sie Dir auch nicht täglich ausgehändigt werden mögen, sodass Du um die Qual des Wartens und der Ungewissheit nicht herumkommst –, freust Du Dich doch vermutlich über jeden Brief; aber nicht nur darum, sondern auch weil ich es selbst nur schwer ertragen kann, Dir nicht zu schreiben, benutze ich diesen stillen Sonnabendnachmittag, der sich von dem Gepolter der beiden letzten Nächte merkwürdig abhebt, um mich etwas mit Dir zu unterhalten. Wie mögen die ersten Tage der unmittelbaren Berührung mit dem Krieg und möglicherweise die ersten persönlichen Eindrücke von dem angelsächsischen Gegenüber, den wir bisher nur aus friedlichen Zeiten kennen, auf Dich gewirkt haben? Dass wir diese fundamentalen Erlebnisse nicht gemeinsam durchmachen können, ist mir nur schwer verständlich; denn wir werden sie später doch – sub conditione Jacobea [so Gott will und wir leben, Jak]– gemeinsam verarbeiten und für unseren Beruf fruchtbar zu machen haben. Wenn ich jetzt morgens und abends an Dich denke, so muss ich mich ernstlich davor hüten, dass ich nicht mit meinen Gedanken an den vielerlei Sorgen und Nöten, die Dich betreffen, hängen bleibe, sondern dass es wirklich ein Gebet wird. In diesem Zusammenhang muss ich einmal mit Dir über das Gebet in der Not sprechen. Es ist eine schwierige Sache und doch ist das Misstrauen, mit dem wir es bei uns selbst begleiten, vielleicht auch nicht gut. In Ps 50 heißt es ganz deutlich: „Rufe mich an in der Not, so will ich Dich erretten, so sollst Du mich preisen." Die ganze Geschichte der Kinder Israel besteht aus solchen Hilfeschreien. Und ich muss sagen, dass gerade die letzten beiden Nächte mich wieder ganz elementar vor diese Frage gestellt haben. Wenn die Bomben so um das Haus herum einschlagen, kann ich gar nicht anders, als an Gott, an sein Gericht, an den „ausgereckten Arm" seines Zorns (Jes 5,25 und 9,11–10,4), an meine mangelnde Bereitschaft zu denken; ich spüre, wie so etwas wie Gelübde ausgesprochen werden, und dann denke ich an Euch alle und sage: lieber mich als einen von ihnen – und spüre dabei, wie ich an Euch hänge. Ich will nicht mehr darüber sagen, das geht nur mündlich – aber es ist eben doch so, dass die Not kommen muss, um uns aufzurütteln und ins Gebet zu treiben, und ich empfinde das jedes Mal als beschämend, und es ist es auch. Vielleicht liegt es daran, dass es mir in einem solchen Augenblick bisher unmöglich gewesen ist, den anderen ein christliches Wort zu sagen. Als wir gestern Abend wieder auf dem Fußboden lagen und einer vernehmlich: „ach Gott, ach Gott!“ rief – sonst ein sehr leichtfertiger Geselle –, brachte ich es nicht über mich, ihn irgendwie christlich zu ermutigen und zu trösten, sondern ich weiß, dass ich nach der Uhr sah und nur sagte: „Es dauert höchstens noch 10 Minuten“. Das geschah nicht mit Überlegung, sondern von selbst und wohl aus dem Gefühl heraus, diesen Augenblick nicht zu religiösen Erpressungen benutzen zu dürfen. (Übrigens hat ja Jesus am Kreuz auch nicht auf die beiden Schächer eingeredet, sondern einer von ihnen hat sich an ihn gewandt!)

Leider hat mich vorgestern Nacht ein großer Verlust getroffen. Der für mein Gefühl bei Weitem intelligenteste und menschlich sympathischste Mann aus dem hiesigen Haus ist in der Stadt durch einen Volltreffer getötet worden. Ich hätte ihn später bestimmt mit Dir zusammengebracht und wir hatten schon manche Pläne für die Zukunft. Wir hatten viele gute Gespräche, kürzlich brachte er mir noch „Daumier und die Justiz“ mit und ich habe es noch bei mir; ein aus dem Arbeiterstand hervorgegangener wirklich gebildeter Mann, Fotograf, Vater von 3 Kindern. Das hat mich sehr erschüttert.

In den letzten Tagen habe ich wieder an der kleinen literarischen Arbeit, von der ich schon schrieb, gesessen; es ist die Begegnung zweier langjähriger Freunde nach langer Trennung im Krieg. Ich hoffe, dieses Gespräch Dir bald schicken zu können. Du brauchst keine Angst zu haben, es ist *kein* Schlüsselroman!

Nun muss ich noch etwas mit Dir über meine Verlobung reden. Was für einen guten „Griff“ ich getan habe, brauche ich Dir ja nicht erst auseinanderzusetzen. Ich finde in Maria wirklich alles, was ich von meiner Frau erhofft habe – abgesehen von der Musik, aber das ist, wie man an Ursel und Rüdiger sieht, auch nicht wesentlich, und in den literarischen Fragen scheint sich gerade in letzter Zeit schon eine Anpassung zu vollziehen, auf dem Wege über den „Witiko“, anhand dessen sich alles Entscheidende sagen lässt. Ich erzähle Dir später mal in einem Brief etwas über dieses Buch. Aber es ist etwas anderes, was mir jetzt manchmal Gedanken macht. Sieh mal, eigentlich kennen wir uns doch kaum, und in mir – mag es nun an meinem Alter oder meiner Natur oder an den vielen Fragen, die mich z. Zt. beschäftigen, liegen? – erwächst das, was ich eine wirklich ausschließliche und große Liebe nennen würde, erst ganz aus dem vollen Kennen des anderen Menschen oder jedenfalls aus dem intensiven Zusammensein mit ihm. Ich bin ganz gewiss, dass das so kommen würde, wenn ich mit Maria zusammensein könnte. Aber solange alles ganz auf Briefe und Worte vor anderen Leuten gestellt ist – noch dazu unter Ausschluss der Dinge, die einem wichtig sind –, bleibt für mich alles noch irgendwie farblos und unlebendig. Ich bin nun nicht der Mann, mich bewusst in irgendetwas hineinzusteigern. Nur spüre ich aber aus Marias Briefen – ob das nun an ihrem Geschlecht oder ihrer Jugend oder der Ausschließlichkeit, mit der sie sich diesen Gedanken hingeben kann, liegt? – eine andere Intensität, die mich einerseits sehr beglückt, mir aber andererseits Skrupel macht, ob ich Maria nicht unrecht tue. Ich bin in meinen Briefen an sie, glaube ich, wirklich ehrlich; ich kann nicht so sprechen wie sie und vielleicht wird ihr das schwer. Sie hat eben doch etwas vom Blut ihrer Großmutter. – Verstehst Du, was ich meine? Diese Dinge sind sehr viel wichtiger als Musik und Literatur, und sie können sich doch erst klären, wenn ich längere Zeit bei ihr bin. Waren es übrigens nicht ähnliche Probleme, mit denen sich Gerhard vor seiner Ehe herumzuschlagen hatte? Dabei ist klar, dass die Voraussetzungen auf der weiblichen Seite völlig andere waren. In früheren Zeiten hätte eines der Probleme, mit denen wir jetzt fertigzuwerden haben, genügt, um uns reichlich auszufüllen. Jetzt sollen wir Krieg, Ehe, Kirche, Berufsfragen, Wohnungssorgen, Gefahr und Tod nahestehender Menschen, dazu meine gegenwärtige besondere Situation auf einen Nenner bringen. Bei den meisten Menschen gehen diese Dinge ja wohl einfach unverbunden nebeneinander her. Für den Christen und für den „Gebildeten" ist das unmöglich, er lässt sich weder aufspalten noch zerreißen; der gemeinsame Nenner muss sich sowohl gedanklich wie in der persönlich einheitlichen Lebenshaltung finden lassen. Wer sich von den Ereignissen und Fragen zerreißen lässt, hat die Probe für Gegenwart und Zukunft nicht bestanden. Bei dem jungen Witiko heißt es einmal, er ziehe in die Welt „um das Ganze zu tun"; es geht also um den ἄνθρωπος τέλειος [„vollkommenen Menschen"] (τέλειος heißt ja ursprünglich „ganz"= vollkommen) – „Ihr sollt ganz (τέλειος) sein, wie euer Vater im Himmel‚ganz' ist" (Matth 5,48) – im Unterschied zum ἀνὴρ δίψυχος [„Mensch mit zwei Seelen"] – dem „Zweifler" – aus Jakobus 1,8. Witiko „tut das Ganze", indem er sich im wirklichen Leben zurechtzufinden sucht und dabei immer auf den Rat der Erfahrenen hört, also indem er selbst ein Glied des „Ganzen" ist. Man wird nicht für sich allein ein „Ganzer", sondern nur mit anderen zusammen. In diesem Sinne sind auch meine vorigen Fragen an Dich gemeint.

Ist nun das Getrenntsein von Renate für Dich sehr schlimm und schwer auszuhalten? Ich glaube, dass Du Dich eigentlich mit dem Gegebenen gut abzufinden weißt. Trotzdem reißt die Trennung sehr an Dir. Aber auch sie darf uns nicht zerreißen.

In ein paar Tagen ist mein Geburtstag. Ich denke dankbar daran, wie Du mir seit Jahren diesen Tag im Seminar und später durch Fürbitte, durch Lieder und Musik und durch besonders ausgesuchte Geschenke (im vorigen Jahr waren es die Napoleon-Bilder) schön gemacht hast. Im Übrigen wird mir dieser Tag nicht schwerfallen. Maria wird kommen und ihr werdet an mich denken.

Ich habe gerade angefangen, Harnacks Geschichte der Preußischen Akademie zu lesen, sehr schön. Ich glaube, in diesem Thema schlägt eigentlich sein Herz und er hat mehrfach gesagt, dass er sie für sein bestes Buch halte. Wie mag es Dir körperlich gehen? Schreib mal ein Wort darüber. Mir geht es erstaunlicherweise eigentlich immer gut. Das Bewusstsein, unter keinen Umständen hier krank werden zu dürfen, macht wohl auch etwas aus. Zum Lesen habe ich immer Kraft und Konzentration genug, zum Schreiben und Produzieren nicht immer, aber doch hin und wieder ganz gut. Wie ich mich wieder an die Menschen gewöhnen werde, weiß ich noch nicht.

Nun Schluss! Der Brief soll weg. Ich befehle Dich und Renate und uns alle der Güte Gottes. Heute ist Mt 8,23 ff Evangelium!

„Ihr Kleingläubigen, warum seid ihr so furchtsam? – Was ist das für ein Mann, dass ihm Wind und Meer gehorsam sind?"

In täglicher treuer Gemeinschaft

Dein Dietrich

53. An Eberhard Bethge

1. Februar 1944

Lieber Eberhard!

Carpe diem – d.h. in diesem Falle, ich nutze jede Gelegenheit, Dir einen Gruß zu schreiben. Erstens könnte ich wochenlang schreiben, ohne ans Ende zu kommen mit allem, was ich Dir zu erzählen hätte, zweitens weiß man nie, wie lange es noch geht. Und nachdem Du ja doch einmal dazu berufen sein wirst, meine Biografie zu schreiben, so will ich

Dir dazu noch möglichst vollständiges Material zur Verfügung stellen! Also! – Heute sah ich Susi, sehr nett und frisch und warmherzig. Es ist wirklich merkwürdig, wie sich ein Mensch, der so wenig wie sie als Mädchen zur Pfarrfrau prädestiniert schien, in ihren menschlichen und kirchlichen Beruf hineinleben kann. Sie geht wirklich ganz darin auf und das ist doch sehr schön. Und wie waren wir denn als Jungens von 17/18 Jahren? War es sehr anders? Und doch sind wir irgendwie Pfarrer geworden. Was für seltsame Wege, auf denen man zum „Christsein" geführt wird! – Die Besuche sind überhaupt furchtbar verschieden, obwohl ich mich natürlich über jeden Einzelnen freue. Die Frauen sind im Ganzen freier und unbefangener – abgesehen von Dir (das war doch fast, als säßen wir eine Stunde oben in unserem Zimmer!). Auch *K[arl] F[riedrich]* war natürlich sehr nett, aber besonders bei *Rüdiger*, über dessen Besuch ich mich auch sehr gefreut habe, und der mir wirklich freundliche Dinge gesagt hat (u. a. für den Gesundheitszustand der Eltern läge bei mir nicht die culpa [Schuld], sondern nur die causa [Ursache] – selbstverständlich lateinisch!), war es rührend, wie er […] sprach, und zwar immer wieder zu Maetz hin, um jedes nicht ganz vorschriftsmäßige Thema von vornherein auszuschließen; ich konnte es mir trotzdem nicht verkneifen, ihn auf unseren Freund R[oeder] anzureden und hoffe, dass er es mir nicht zu übel genommen hat. Von *Klaus* habe ich noch nichts gesehen oder gelesen; ich halte, abgesehen von allem anderen, für möglich, dass er innerlich zu empfindsam ist, um sich dem Eindruck hier aussetzen zu wollen. Darin sind wir in unserem Beruf glücklicherweise doch etwas robuster geworden. Die Erinnerung an den 23. XII. ist mir noch immer eine Quelle der Freude und des Stolzes und der Dankbarkeit.

Du wirst wissen, dass die letzten Nächte schlimm waren, besonders die vom 30. 1. Unsere Ausgebombten kamen morgens zu mir, um sich ein bisschen trösten zu lassen. Aber ich bin ein schlechter Tröster. Zuhören kann ich, aber sagen kann ich fast nie etwas. Aber vielleicht ist schon die Art, in der man nach bestimmten Dingen fragt und nach andern nicht, ein gewisser Hinweis auf das Wesentliche. Auch scheint es mir wichtiger, dass eine bestimmte Not wirklich erlebt wird, als dass man irgendetwas verwischt und retouchiert. Nur gegen gewisse falsche Interpretationen der *Not* bin ich unnachsichtig, weil sie auch ein Trost sein wollen und doch ein ganz falscher sind. So lasse ich die Not *uninterpretiert* und glaube, dass das ein verantwortlicher Anfang ist, allerdings nur ein Anfang, über den ich sehr selten hinauskomme. Manchmal denke ich, der wirkliche Trost müsse ebenso unvermutet hereinbrechen wie die Not. Aber ich gebe zu, dass das eine Ausflucht sein kann.

Etwas, was mir bei mir selbst und bei anderen immer wieder rätselhaft ist, ist die Vergesslichkeit in Bezug auf die Eindrücke während einer Bombennacht. Schon wenige Minuten danach ist fast alles von dem, was man vorher gedacht hat, wie weggeblasen. Bei Luther genügte ein Blitzschlag, um seinem ganzen Leben auf Jahre hinaus eine Wendung zu geben. Wo ist dieses „Gedächtnis" heute? Ist nicht der Verlust dieses „moralischen Gedächtnisses" – scheußliches Wort! – der Grund für den Ruin aller Bindungen, der Liebe, der Ehe, der Freundschaft, der Treue? Nichts haftet, nichts sitzt fest. Alles ist kurzfristig, kurzatmig. Aber die Güter der Gerechtigkeit, der Wahrheit, der Schönheit, alle großen Leistungen überhaupt brauchen Zeit, Beständigkeit, „Gedächtnis", oder sie degenerieren. Wer nicht eine Vergangenheit zu verantworten und eine Zukunft zu gestalten gesonnen ist, der ist „vergesslich", und ich weiß nicht, wo man einen solchen packen, stellen, zur Besinnung bringen kann. Denn auch jedes Wort, wenn es auch im Augenblick beeindruckt, verfällt der Vergesslichkeit. Was ist da zu tun? Ein großes Problem der christlichen Seelsorge. Sehr gut fand ich neulich Deinen Ausdruck: Die Menschen sind so schnell und so „schamlos zu

Haus". Ich werde ihn Dir stehlen und verwenden und auswerten. Vielleicht solltest Du „Gedichte in Prosa" machen? Deine Sprache wäre nicht übel dafür.

Machst Du übrigens auch die Beobachtung, dass ungebildete Leute sehr schwer sachlich entscheiden können, dass immer mehr oder weniger zufällige Nebenumstände den Ausschlag geben? Ich finde es auffallend. Die Trennung von sachlichem und persönlichem Denken muss wohl doch erst sehr *gelernt* werden. Allerdings, viele lernen es nie (siehe unsere Berufskollegen! u. a.).

2. 2.

Ist es richtig, dass Du *nördlich* von Rom bist und z. Zt. der Küche zugeteilt? Hoffentlich kriegst Du doch die Stadt noch einmal zu sehen; das muss ja eine Tantalusqual sein, vor den Toren zu liegen und nicht hineinzudürfen. Ein schwacher Trost ist nur, dass Du sie ja einmal gesehen hast. Ich hoffe, bald mehr zu hören. Ob ich Renate noch vor der Entbindung zu sehen kriege, ist angesichts der schlechten Verbindungen fraglich, ich würde mich sehr freuen. Dann könnten wir uns mal eine ganze Stunde lang von Dir erzählen, und ich würde gewiss vieles erfahren, was ich noch nicht weiß.

Da in den vergangenen Nächten viel Post verloren gegangen ist, hast Du vielleicht auch meinen Brief vom 29. 1. nicht gekriegt? Das wäre schade. Den an Renate und Dich gemeinsam gerichteten (vor ca. 8 Tagen) wirst Du hoffentlich inzwischen haben. Wie lange ich mich noch an meinem gegenwärtigen Aufenthaltsort amüsieren muss, steht noch ebensowenig fest wie vor 8 Wochen. Ich nutze jeden Tag nach Kräften, um mit meinem Lese- und Arbeitspensum noch möglichst weit zu kommen; denn was später kommt, ist doch ganz ungewiss. Leider ist die Bücherbeschaffung das Einzige, was nicht recht klappt. So geraten die Pläne etwas durcheinander. Eigentlich wollte ich das 19. Jahrhundert in

Deutschland möglichst gründlich kennenlernen. Dazu fehlt mir jetzt vor allem noch eine gute Kenntnis von Dilthey.

Seine Sachen sind aber offenbar nicht zu beschaffen. Dass die naturwissenschaftliche Seite bei mir so ganz ausfällt, empfinde ich als eine peinliche, aber nicht mehr aufzuholende Lücke.

Mein derzeitiger Partner, von dem ich Dir nun schon mehrfach schrieb, wird immer jämmerlicher. Er hat noch zwei Kollegen hier, von denen der eine den ganzen Tag heult, der andere sich – buchstäblich – während der Alarme, selbst gestern Nacht beim Voralarm! – die Hosen vollmacht. Als er mir das gestern, selbst am Heulen, mitteilte und ich loslachte und schimpfte, wollte er mich darüber belehren, dass man keinen Menschen in seinen Nöten verlachen oder verurteilen dürfe. Das ging mir nun wirklich zu weit und ich habe ihm mit allem Nachdruck meine Verachtung über Leute ausgesprochen, die anderen gegenüber hart sein konnten und große Reden über ein gefährliches Leben etc. halten und selbst bei der geringsten Belastungsprobe zusammenklappen, das sei rundweg eine Blamage und ich sei demgegenüber völlig mitleidlos; im Übrigen würde ich solche Vertreter aus der Innung herausschmeißen, weil sie sie lächerlich machen etc. Er hat sich sehr gewundert und hält mich wahrscheinlich für einen sehr zweifelhaften Christen. Im Übrigen wird das Benehmen dieser Herren hier bereits sprichwörtlich und tut seine Wirkung, die ihnen nicht gerade angenehm sein kann. Mir ist diese Erfahrung ungemein lehrreich, wenn sie auch zum ekelhaftesten gehört, was ich bisher hier gesehen habe. Ich verachte, glaube ich, wirklich nicht leicht einen Menschen, der in Not gerät, und habe das auch sehr unmissverständlich ausgesprochen, sodass ihm wohl die Haare zu Berge standen, aber dies ist mir wirklich nur verächtlich. Hier stehen 17/18-Jährige an viel gefährdeteren Stellen während der Alarme und benehmen sich tadellos und diese … (ich hätte fast einen militärischen Ausdruck gebraucht, über den Du Dich gewundert hättest!) winseln herum. Wirklich ein Brechmittel! Na, jeder blamiert sich so gut, wie er kann.

Ich hoffe, Du wirst nicht glauben, dass ich unter die Kraftmeier gegangen bin. Dazu gibt es hier sonst wenig genug Anlass! Aber es gibt eine Schwäche, für die das Christentum nicht zuständig ist und gerade für sie will man es in Anspruch nehmen und beschmutzen. Da müssen wir dafür sorgen, dass die Konturen klar bleiben. – Susi brachte mir gestern den großen Band über den Magdeburger Dom mit. Ich bin ganz begeistert von den Skulpturen, besonders einigen der klugen Jungfrauen. Die Seligkeit, die auf diesen ganz irdischen, fast bäuerlichen Gesichtern liegt, ist wirklich beglückend und ergreifend. Ich konnte mich gar nicht daran erinnern. Du wirst sie ja gut kennen!

Nun leb wohl für heute, Eberhard. In Treue denkt immer an Dich

Dein Dietrich

54. An Eberhard Bethge

4. Februar 1944

Lieber Eberhard!

Es gibt am Morgen meines heutigen Geburtstages für mich nichts Natürlicheres, als Dir zu schreiben und mich daran zu erinnern, dass wir acht Mal hintereinander diesen Tag zusammen gefeiert haben. Die Arbeit bleibt ein paar Stunden liegen, was ihr vielleicht ganz gut bekommt, und ich warte auf den Besuch von Maria oder den Eltern, obwohl es noch nicht ganz sicher ist, ob es klappt. Vor 8 Jahren [im Finkenwalder Predigerseminar] saßen wir abends am Kamin zusammen, Ihr hattet mir das Violinkonzert D-Dur geschenkt und wir hörten es zusammen, dann musste ich Euch etwas von Harnack und vergangenen Zeiten erzählen, was Euch aus irgendeinem Grunde besonders gefiel, und schließlich wurde die Schwedenreise definitiv beschlossen. Ein Jahr später schenktet Ihr mir die Septemberbibel mit einem hübschen Votum und Deinem Namen an der Spitze. Es folgten Schlönwitz und Sigurdshof und viele feierten damals mit, die nicht mehr unter uns sind. Das Singen vor der Tür, das Gebet bei der Andacht, das Du an diesen Tagen übernahmst, das Claudiussche Lied [„Ich danke Gott und freue mich"], das ich Gerhard verdanke, – dies alles bleiben schöne Erinnerungen, denen die scheußliche Atmosphäre hier nichts anhaben kann. Voller Zuversicht denke ich daran, dass wir Deinen nächsten Geburtstag wieder zusammen feiern und – wer weiß? – vielleicht schon Ostern! Dann werden wir wieder zu unsrer eigentlichen Lebensaufgabe zurückkehren, und es wird viel und schöne Arbeit geben; und das, was wir inzwischen erlebt haben, wird nicht umsonst gewesen sein. Dass wir das Gegenwärtige aber so erleben können, wie wir es beide tun, dafür werden wir einander wohl immer dankbar bleiben. Ich weiß, dass Du heute an mich denkst, und wenn in diesen Gedanken nicht nur das Vergangene, sondern auch die Hoffnung auf eine – wenn auch veränderte, so doch gemeinsame Zukunft enthalten ist, dann bin ich sehr froh. Nun wird es wohl nicht mehr lange dauern, bis Du von Renate eine frohe Nachricht bekommst. Einen solchen einzigartigen Freudentag unter Fremden feiern zu müssen, die einem nicht helfen können, die Freude richtig auszuleben, zu ordnen und mit dem täglichen Leben zu verbinden, sondern für die mehr oder weniger jede Freude im Schnaps ihr Ziel und ihren Höhepunkt hat, muss nicht leicht sein. Ich würde Dir sehr wünschen, dass Du einen Menschen fändest, mit dem Du Dich näher zusammenfindest – der Einzige, bei dem sich das hier anbahnte, ist, wie ich schon schrieb, beim Alarm umgekommen –; aber ich glaube, es ist für uns, die wir in Bezug auf Freundschaft anspruchsvoller geworden sind als die meisten anderen Menschen, auch schwerer, das zu finden, was man sucht und entbehrt. Auch in dieser Hinsicht geht es nicht so einfach mit dem „Ersatz".

Mitten aus dem Brief heraus wurde ich heruntergerufen, wo mich Maria als erstes mit der Freudennachricht empfing: „Renate hat einen kleinen Jungen bekommen und er heißt Dietrich!" Alles ist gut gegangen, in 1 1/2 Stunden war er da und Mama hat mit Christel die Hebamme gemacht! Was für eine Überraschung und was für ein Glück! Ich bin so froh, wie ich es gar nicht sagen kann. Und wie glücklich wirst Du erst sein! Und dass alles so rasch und gut ging! Nun hast Du also einen Sohn und alle Gedanken richten sich voller Hoffnungen in die Zukunft. Was mag an Anlagen alles in ihm liegen! Deine Fröhlichkeit und die Gabe, sich die Liebe der Menschen zu gewinnen, Renates Energie, die so eigenartig verbunden ist mit ihrem Charme, Euer beider Lebenstüchtigkeit, Euer Drang, sich die Welt zu erschließen, Eure Musikalität, die kluge, stille und praktische Beschaulichkeit, die mich in dem Bild Deines Großvaters immer so beeindruckt hat, die Wahrhaftigkeit und Klarheit des Wesens, die zu Euch Bethges – ich denke dabei auch besonders an Gerhard – gehört – leider habe ich ja Deinen Vater nicht gekannt –, Rüdigers Gemüt und empfindsames Gewissen, Papas Menschlichkeit – es sind wahrhaft viele gute Kräfte, die da zusammengekommen sind und es wird nicht lange dauern, bis sie allmählich zur Entfaltung kommen. Und nun soll er also wirklich Dietrich heißen; ich weiß nicht, was ich dazu sagen soll; dass ich ihm ein guter Patenonkel und „Groß"onkel (!) werden werde, das hoffe ich Euch versprechen zu können;

und ich müsste heucheln, wenn ich nicht sagte, dass ich mich wirklich unendlich darüber freue und stolz darauf bin, dass Ihr Eurem Ersten meinen Namen gegeben habt. Dass er mir mit seinem Geburtstag um einen Tag zuvorgekommen ist, bedeutet gewiss, dass er sich seinem Namensonkel gegenüber seine Selbständigkeit bewahren will und ihm immer um ein Stück vorangehen will. Ich finde die Nähe dieser Tage besonders nett. Wenn er später mal hört, wo sein Onkel war, als er seinen Namen erhielt, wird ihn das vielleicht auch beeindrucken. Ich danke Euch sehr, dass Ihr Euch so entschlossen habt, und glaube, die anderen werden sich auch darüber freuen!

5. 2.
Am gestrigen Tag, an dem sich viele Leute sehr nett um mich kümmerten, habe ich eigentlich meinen eigenen Geburtstag völlig vergessen und immerfort nur den Geburtstag des kleinen Dietrich gefeiert. Selbst der rührende kleine Blumenstrauß, den mir einige hiesige Mitbewohner gepflückt haben, stand in meinen Gedanken an dem Bett Eures kleinen Jungen. Wirklich keine größere Freude konnte mir dieser Tag bringen. Erst beim Einschlafen wurde mir klar, dass Du in unsrer Familie einen Generationsschub verursacht hast, Urgroßeltern, Großeltern, Großonkels und -tanten und junge Onkels und Tanten sind mit dem 3. 2. kreiert worden! Das ist eigentlich ein starker Eingriff von Dir, so z.B. mich in die 3. Generation zu befördern! Maria hat gestern lange an Renates Bett gesessen und fand sie erstaunlich frisch. Allerdings „so schlimm habe sie es sich doch nicht vorgestellt", soll sie gesagt haben. Nun, Gott sei Dank, es ging rasch und gut vorüber. Ursel und Christel brauchten damals 24 und 36 Stunden! Ob das schon ein Zeichen größerer Kraft bei der jüngeren Generation ist? Es ist erstaunlich nach all den vergangenen Jahren psychischer und physischer Beanspruchung. Jedenfalls ist die Befürchtung, Renate sei zu jung, damit endgültig überwunden. Übrigens

soll das Kind nicht zu früh, sondern gerade richtig gekommen sein. Auch das ist eine Beruhigung. Schreib doch auch an Mama und Christel ein paar Worte; denn zu allem, was sonst auf den beiden liegt, war dieses überraschende Ereignis ja noch eine besondere Verantwortung, und ich weiß es von früheren Geburten, wie stark die Eltern immer davon mitgenommen waren. Ich glaube, dass die Tatsache, dass Mama dem Kind mit auf die Welt verholfen hat, sie mit diesem ersten Urenkel besonders verbinden wird.

Renate schickte mir zum Geburtstag gestern noch wundervolle selbstgebackene „S'le". Maria brachte ein märchenhaftes Paket, die Eltern schenkten mir das „Herzliebschränkchen", das Goethe einmal der Minna Herzlieb geschenkt hat. Von Klaus bekam ich Dilthey: „Von deutscher Dichtung und Musik", ich erzähle Dir darüber später! – Werdet Ihr Mama und Christel zu Paten bitten? Ich muss leider Schluss machen; der Brief soll fort. Kopf und Herz sind so übervoll von guten und fröhlichen Gedanken, dass ich sie doch nicht alle aufs Papier bringen kann. Aber Du weißt, wie ich an Dich denke und Deine Freude mit Dir zu teilen versuche und mich immerfort mit Dir unterhalte. Ich glaube, diese Ehe ist wirklich ein Glück – übrigens sprach auch Rüdiger neulich so nett und glücklich darüber, dass ich sehr froh war! – Nun möchte ich es Dir bald nachtun! – Leb wohl, bleib gesund, Gott behüte und segne Euch beide und den kleinen Jungen!

In Treue Dein Dietrich

Ich schreibe gleich noch an Renate. Ihr könnt die Briefe ja dann austauschen! Klaus schenkte mir noch ein Gesangbuch der Brüdergemeinde aus dem Jahre 1778; oder sollte es eine Verwechslung sein und es kommt von Dir? Es sieht aus, wie Deine Art Geschenke; aber auch Klaus schenkt ja sehr hübsch. Von Dir erwartete ich wirklich nichts anderes und Besseres als gute Gedanken und Wünsche und dafür danke ich Dir, auch wenn es im Trubel des Dienstes nur ein kurzes Gedenken sein konnte! Hoffentlich höre ich bald von Dir. [...] ist in englischer Gefangenschaft. Ich schreibe Dir, sooft es möglich ist. Es können natürlich mal Pausen eintreten, aber ich hoffe es nicht. Mir geht es gut.

55. An Renate Bethge

5. Februar 1944

Liebe Renate!
Wie soll ich Dir sagen, wie sehr ich mich mit Dir und Eberhard freue? Eben schrieb ich an Eberhard, der Dir den Brief dann wohl schicken wird; aber ich wollte, dass er so schnell wie möglich zu ihm kommt. Ich werde den Augenblick nie vergessen, als Maria mir gestern als Allerallererstes erzählte, dass Du einen Jungen bekommen hast und dass er Dietrich heißen soll. Da konnte ich wirklich Geburtstag feiern, aber nicht meinen, sondern den des kleinen Dietrich. Maria erzählte mir dann, dass sie eine Weile an Deinem Bett gesessen habe und dass Du munter und frisch seist. Wie froh und überrascht wird Mutter gewesen sein, als Du sie bei ihrer Ankunft schon mit dem Kleinen begrüßen konntest, und wie gut, dass Großmama und Christel zur Stelle waren. Und besonders hübsch finde ich es, dass Du nun nicht irgendwo im Krankenhaus liegen musst, sondern in Sakrow sein kannst. Wenn uns nun doch in den nächsten Tagen die Flieger verschonten; ich glaube es eigentlich. Da sieht man wieder einmal, wie so vieles, was uns vorher Sorge macht, sich nachher ganz unerwartet glücklich und einfach lösen kann. Es ist nun einmal nichts mit den Sorgen! Sag Dir das doch auch jetzt jeden Tag

in Gedanken an Eberhard! Die Dinge liegen wirklich in einer besseren Hand als in der unseren.

Dass Ihr den Jungen Dietrich genannt habt, freut mich sehr.

Nicht viele Leute, die in meiner Lage sind, werden etwas Ähnliches erleben. Mitten in allem Schweren erfahren wir immer wieder eine übergroße Güte und Freundlichkeit. Ist es nicht eigentlich auch Eberhard immer so gegangen?

Die Losung des 3. 2., die Ihr ja auch lest, ist schön. Wenn Euer Junge einmal mehr von der Gerechtigkeit und der Macht Gottes auf Erden sieht als wir, dann kann man ihn glücklich preisen. Und dass der Lehrtext uns auffordert, uns vorläufig noch eine Zeit lang in *blindem* Vertrauen unter die gewaltige Hand Gottes zu beugen, dann wollen wir das tun in der Hoffnung, dass die kommende Generation nicht nur die gewaltige, sondern auch die gütige Hand Gottes zu spüren bekommt.

Ich muss schließen, damit der Brief noch fortkommt! Gott behüte Dich, Eberhard und Euer Kind!

Von Herzen grüßt Dich Dein

Onkel Dietrich

Ich habe Eberhard geschrieben, Du würdest ihm diesen Brief auch schicken.

56. An Eberhard Bethge

12. Februar 1944

Lieber Eberhard!

Ich lag ein paar Tage wegen einer kleinen Grippe im Bett, bin aber wieder auf, was auch gut ist; denn ich werde voraussichtlich in etwa einer Woche meine fünf Sinne ganz beieinander haben müssen. Bis dahin will ich noch möglichst viel lesen und schreiben; denn wer weiß, wann das wieder so möglich ist. Heute früh hatte ich eine große Überraschung. Beim Überfliegen der Zeitung traf mein Auge unwillkürlich auf den Namen Dietrich und – noch ohne zu kombinieren – ganz in der Nähe auf den Namen Bethge. Sehr lange hat es dann allerdings nicht gedauert, bis ich begriff. Man mag nun sagen, was man will – es ist doch etwas am gedruckten Wort; Dir wird es ebenso gegangen sein; die objektive Tatsächlichkeit wird noch einmal unterstrichen und nun kann also die Welt an dem freudigen Ereignis teilnehmen. Gestern waren die Eltern hier und erzählten noch einmal vom 3. 2. und wie gut alles gegangen ist; außerdem sähe der Kleine besonders nett aus, sagte sogar Papa. Was für ein Glück, dass in den ersten 10 Tagen keine schweren Angriffe kamen und uns hoffentlich auch noch einige Zeit erspart bleiben. Renate sei gesund, wenn auch noch etwas zart. Nun werde ich dafür sorgen, dass von den guten Dingen, die mir zugedacht waren, einiges an sie geht, damit sie recht bald wieder ganz zu Kräften kommt. Eine weitere große Freude war es zu hören, dass Du geschrieben hast – auch an die Eltern, was sie sehr gefreut hat – und dass es Dir erträglich geht.

Wird es nun bei Euch schon etwas Frühling? Hier fängt gerade der Winter an. In meinen Fantasien lebe ich viel in der Natur, und zwar eigentlich im sommerlichen Mittelgebirge, d.h. in den Waldwiesen bei Friedrichsbrunn oder auf den Hängen, von denen aus man über Treseburg auf den Brocken sieht. Ich liege dann auf dem Rücken im Grase, sehe bei leichtem Wind die Wolken über den blauen Himmel ziehen und höre die Geräusche des Waldes. Es ist merkwürdig, wie stark Kindheitseindrücke dieser Art gestaltend auf den ganzen Menschen einwirken, sodass es mir geradezu unmöglich und meinem Wesen widersprechend erschiene, dass wir etwa ein Haus im Hochgebirge oder auch am Meer gehabt haben könnten! Das Mittelgebirge ist für mich die Natur, die zu mir gehört – Harz, Thüringer Wald, Weserberge – bzw. die mich mit gebildet hat. Es gibt gewiss auch einen spießbürgerlichen Harz und ein wandervogelhaftes Wesergebirge – ebenso wie es ein mondänes und ein Nietzschesches Engadin, ein romantisches Rheinland, eine Berliner Ostsee und eine kokette Fischerhütten-Armut und -Schwermut gibt – und so ist vielleicht „mein" Mittelgebirge das „bürgerliche" (im Sinne des Natürlichen, nicht Exaltierten, der Selbstbescheidung und Selbstgenügsamkeit(?), des Nichtweltanschaulichen, der Zufriedenheit mit dem Konkreten und vor allem des „Nach-außen-hin-sich-nicht-zu-erkennen-Gebens"). Es wäre ganz verlockend, die soziologische Betrachtung der Natur einmal weiterzuführen. Übrigens ist mir an Stifter der Unterschied zwischen Einfalt und Einfachheit deutlich geworden. Stifter ist nicht einfältig, sondern einfach (ebenso wie das „Bürgerliche" „einfach" ist). „Einfalt" ist (auch im Theologischen) eher ein ästhetischer Begriff, – (hatte Winckelmann eigentlich recht für die antike Kunst mit der Definition der „edlen Einfalt"? (Doch bestimmt nicht in Bezug z.B. auf den Laokoon), „stille Größe" finde ich sehr gut) – „Einfachheit" ist ein ethischer Begriff. „Einfach" kann man *werden*, „einfältig" kann man nur *sein*. Zur „Einfachheit" kann man erziehen und bilden – ja, es ist eins der wesentlichen Ziele der Erziehung und Bildung –, Einfalt ist ein Geschenk. Ein analoges Verhältnis sehe ich in den Begriffen des „Reinen" und des „Maßvollen". „Rein" kann man nur *sein*, vom Ursprung oder vom Ziel her, d.h. von der Taufe oder von der Vergebung im Abendmahl her, es ist wie „Einfalt" ein Ganzheitsbegriff, die verlorene Reinheit – und unser aller Reinheit ist verloren! – kann im Glauben wieder geschenkt werden, im Werden und im Leben aber können wir nicht mehr „rein", sondern nur noch „maßvoll" sein; und das ist ein mögliches und notwendiges Ziel der Erziehung und Bildung.

Wie beeindruckt Dich die italienische Landschaft? Gibt es eigentlich eine italienische Landschaftsmalerei? Also irgendetwas Analoges zu Thoma oder auch zu Claude Lorrain oder Ruysdael oder Turner? Oder ist dort die Natur ganz in die Kunst aufgesogen, sodass man sie für sich gar nicht mehr sehen kann? Ich kann mich gegenwärtig nur an gute Städtebilder erinnern, aber garnicht an rein Landschaftliches.

13. 2.

Ich beobachte hier oft an mir selbst und an anderen den Unterschied zwischen Mitteilungsbedürfnis, Wunsch nach Aussprache und Verlangen nach Beichte. Das Mitteilungsbedürfnis kann bei Frauen vielleicht gelegentlich ganz reizvoll sein, bei Männern finde ich es widerwärtig. Völlig unterschiedslos wird vor jedem Beliebigen über eigene Angelegenheiten geschwatzt, gleichgültig, ob sie den andern interessieren, ob er überhaupt etwas damit zu tun hat, einfach weil man eben schwatzen muss; hat man diesen fast physischen Drang ein paar Stunden bezwungen, dann ist man nachher froh darüber, dass man sich nicht hat gehen lassen. Es ist mir hier manchmal beschämend zu sehen, wie sich Menschen in ihrem Mitteilungsbedürfnis erniedrigen, wie sie zu solchen, die es keineswegs wert sind und die auch kaum noch zuhören, unaufhörlich von ihren Angelegenheiten reden; und das Eigentümlichste dabei ist, dass sie dabei nicht einmal das Bedürfnis haben, die Wahrheit zu sagen, sondern eben einfach nur über sich reden wollen, Wahres und Erlogenes. Etwas ganz anderes ist der Wunsch nach einem guten Gespräch, also nach einer geistigen Begegnung. Die Wenigsten aber sind hier imstande Gespräche zu führen, die über das Persönliche hinausgehen. Wieder etwas anderes ist das Verlangen nach einer Beichte. Ich glaube, das ist aus dem Grunde hier nicht häufig, weil es weder subjektiv noch objektiv in erster Linie um „Sünde“ geht. Es wird Dir vielleicht in den Gebeten, die ich Dir schickte [abgedruckt in Dietrich

Bonhoeffer, *Aber bei dir ist Licht*, Gießen 2018], aufgefallen sein, dass die Bitte um Vergebung der Sünden nicht im Mittelpunkt steht; ich würde es für seelsorgerlich und sachlich ganz verfehlt halten, hier „methodistisch" vorzugehen. Darüber müssen wir mal sprechen.

14. 2.
Bitte nimm doch, falls es für Renate jetzt irgendeine Erleichterung gäbe, ganz unbekümmert von meinem Geld! – Es sieht so aus, als würde sich in 8 Tagen für mich etwas entscheiden. Hoffentlich. Sollte es sich zeigen, dass man mich in Martins Gegend schickt, was ich nicht glaube, so sei bitte auch darüber ganz beruhigt. Ich bin wirklich ganz ohne Sorge, was mich selbst angeht. Seid Ihr es bitte auch. – Leb wohl, der Brief soll weg; er ist in Gedanken, Stil und Schrift noch stark durch einen von Aspirin etc. verdösten Kopf beeinträchtigt. Aber vor Dir brauche ich mich ja deswegen nicht zu entschuldigen. Du hast mich im Herbst 41 während meiner Krankheit in noch blöderem Zustand gesehen! – Also, nimm alle guten Wünsche und treuen Grüße von

Deinem Dietrich

Ich wurzele schon sehr über einem Patengeschenk! Würde Renate der Pelzsack freuen? Sie kann mit dem Kleinen zusammen hineinkriechen und bei Maria sind viele Pelze, sodass wir ihn nicht brauchen. – Hast Du schon irgendwelche Beziehungen zum Divisionspfarrer aufgenommen? Wie steht es mit einer etwaigen Verwendung bei ihm oder überhaupt als Kriegspfarrer? Willst Du es versuchen? Hier könnte es bei Dohrmann unterstützt werden. Schreib mal darüber! Sowohl Jürgen Bismarck-Lasbeck wie Günther Bismarck-Kniephof sind in Süditalien. Vielleicht triffst Du einen von ihnen. Jürgen gilt ja als ernsthaft, Günther kenne ich nicht, aber er weiß natürlich Bescheid über unsere Familie.

57. An Karl und Paula Bonhoeffer

20. Februar 1944

Liebe Eltern!

Verzeiht, dass ich in letzter Zeit nicht mehr regelmäßig schrieb. Die Hoffnung, Euch endlich etwas Definitives in meiner Sache mitteilen zu können, hat mich die Briefe von einem Tag auf den andren verschieben lassen. Wenn einem mit aller Bestimmtheit erst der Juli 43, dann – wie Ihr Euch selbst erinnern werdet – als äußerste Grenze der September 43 als Abschluss der Angelegenheit zugesichert wird, und es vergeht dann Monat um Monat, ohne dass sich das Geringste rührt, und wenn man noch dazu der zuversichtlichen Überzeugung ist, dass sich bei einer Verhandlung, die der Sache auf den Grund geht, alles sehr einfach klären würde, und wenn man schließlich die Aufgaben sieht, die heute draußen auf einen warten – dann kommt man bei allem Bemühen, Geduld und Verständnis aufzubringen, doch gelegentlich in die Verfassung, in der man besser keine Briefe schreibt, sondern eine Weile schweigt, erstens weil aus ungeordneten Gedanken und Empfindungen doch nur ungerechte Worte entstehen, zweitens weil das Geschriebene meist längst überholt ist, wenn es den andern erreicht. Es ist immer wieder ein kleiner innerer Kampf, sich ganz nüchtern an das Tatsächliche zu halten, sich Illusionen und Fantasien aus dem Kopf zu schlagen und mit dem Gegebenen sich zufriedenzugeben, weil man auch dort, wo man die äußeren Notwendigkeiten nicht versteht, an eine innere und unsichtbare Notwendigkeit glaubt. Außerdem ein Leben, das sich im Beruflichen und Persönlichen voll entfalten kann und so zu einem ausgeglichenen und erfüllten Ganzen wird, wie es in Eurer Generation noch möglich war, gehört wohl nicht mehr zu den

Ansprüchen, die unsere Generation stellen darf. Darin liegt wohl der größte Verzicht, der uns Jüngeren, die wir Euer Leben noch vor Augen haben, auferlegt ist und abgenötigt wird. Das Unvollendete, Fragmentarische unseres Lebens empfinden wir darum wohl besonders stark. Aber gerade das Fragment kann ja auch wieder auf eine menschlich nicht mehr zu leistende höhere Vollendung hinweisen. Daran muss ich besonders beim Tode so vieler meiner besten ehemaligen Schüler denken. Wenn auch die Gewalt der äußeren Ereignisse unser Leben in Bruchstücke schlägt, wie die Bomben unsere Häuser, so soll doch möglichst noch sichtbar bleiben, wie das Ganze geplant und gedacht war, und mindestens wird immer noch zu erkennen sein, aus welchem Material hier gebaut wurde oder werden sollte.

Heute war Maria auf der Reise zu ihrer neuen Tätigkeit hier. Es war sehr schön. Aber es ist für sie wirklich alles sehr hart. – Nachdem K. Friedrichs Leipziger Institut nun ganz kaputt ist, wird er wohl doch die Berliner Berufung annehmen? Ich würde ihn gern einmal wieder hier sehen. – Dass es Hans gar nicht recht besser geht, ist doch allmählich recht bedrückend. Es muss ganz schauderhaft sein, sich nicht voll im Besitz seiner intellektuellen Kräfte zu fühlen. Er tut mir wirklich sehr leid. – Renate scheint es gut zu gehen? Was hört sie von ihrem Mann? Vielleicht schreibt sie mal etwas darüber, wenn sie wieder auf ist. Und von wem wird der Kleine operiert? – Von Ursel bekam ich einen sehr netten Geburtstagsbrief, für den ich ihr sehr danke. – Reist doch noch etwas nach Pätzig! Es wäre wirklich gut und meine Schwiegermutter freute sich so sehr darauf.

Bitte grüßt alle und seid selbst herzlich gegrüßt

von Eurem dankbaren Dietrich

58. An Eberhard Bethge

21. Februar 1944

Lieber Eberhard!

Es war eine unbeschreibliche Freude von Dir zu hören! Außerdem heute von Maria, dass Du ihr zu meinem Geburtstag geschrieben hast! Das war wirklich ein guter Freundschaftsdienst. Hab vielen Dank für beides! Neulich musste ich einmal anlässlich Hiob Kap. 1 daran denken, dass der Satan sich vom Herrn die Erlaubnis holt zu versuchen, mich in dieser Zeit von meinen Freunden zu trennen – und dass ihm das nicht gelingen soll!

Ganz kurz hörte ich heute von der Audienz im Vatikan und bin nun unendlich neugierig, mehr davon zu hören. Ich freue mich sehr, dass Du diesen Eindruck gehabt hast, wenn er wohl auch nicht mehr ganz dem alten Zeremoniell, wie ich es noch 1924 erlebte, entspricht. Trotzdem wird es im Gegensatz zu dem, was Du sonst z. Zt. erlebst, besonders anregend und wichtig gewesen sein. Ich nehme an, dass einige bockbeinige Lutheraner das noch als einen Schandfleck in Deine Biografie setzen werden, und gerade darum freue ich mich, dass Du es gemacht hast. Ich warte nun schon sehnsüchtig darauf, dass Renate wieder ganz munter ist und mich einmal besuchen kommt. Dann werde ich endlich einmal ganz ausführlich über Dich hören können. Sonst sind es immer nur Bruchstücke, die ich zum Mosaik zusammensetzen muss.

Von mir muss ich Dir leider berichten, dass ich voraussichtlich erst nach Ostern von hier wegkomme. Solange Hans krank ist, kann keine Veränderung vorgenommen werden. Ich werde nicht ganz das Gefühl los, dass etwas zu viel gefingert und fantasiert worden ist und dass die einfachsten Dinge doch nicht geschehen sind. Ich bin ganz überzeugt von dem besten Willen aller Beteiligten; aber allzu leicht hält man ein Gespräch, einen Einfall, eine Hoffnung schon für eine Tat und ich stelle eigentlich immer wieder mit Verwunderung fest, dass im Grunde seit 6 Monaten nichts geschehen ist, obwohl man gewiss sehr viel Zeit und auch Schlaf geopfert hat mit Überlegungen und Besprechungen; das Einzige, was von selbst geschehen wäre, nämlich die Klärung vor Weihnachten, ist verhindert worden. Ob die übergroße Bedenklichkeit – über die Du Dich bei mir ja auch oft kopfschüttelnd amüsiert hast, ich denke an unsere Reisen! – doch eine negative Kehrseite der bürgerlichen Existenz ist, d.h. eben jenes Stück Glaubenslosigkeit, das in gesicherten Zeiten verborgen bleibt, aber in ungesicherten zum Vorschein kommt, und zwar in der Gestalt der „Angst" – ich meine nicht „Feigheit", das ist zweierlei („Angst" kann sich ebenso in Tollkühnheit wie in Feigheit äußern) – vor dem selbstverständlichen, schlichten Tun und vor dem Aufsichnehmen notwendiger Entscheidungen. Ich habe mir hier oft Gedanken darüber gemacht, wo die Grenzen zwischen dem notwendigen Widerstand gegen das „Schicksal" und der ebenso notwendigen Ergebung liegen. Der Don Quijote ist das Symbol für die Fortsetzung des Widerstands bis zum Widersinn, ja zum Wahnsinn – ähnlich Michael Kohlhaas, der über der Forderung nach seinem Recht zum Schuldigen wird – Du weißt, dass ich beim Lesen des Don Quijote oft an Klaus denken musste! – der Widerstand verliert bei beiden letztlich seinen realen Sinn und verflüchtigt sich ins Theoretisch-Fantastische; der Sancho Pansa ist der Repräsentant des satten und schlauen Sichabfindens mit dem Gegebenen. Ich glaube, wir müssen das Große und Eigene wirklich unternehmen und doch zugleich das selbstverständlich- und allgemein-Notwendige tun, wir müssen dem „Schicksal" – ich finde das „Neutrum" dieses Begriffes wichtig – ebenso entschlossen entgegentreten wie uns ihm zu gegebener Zeit unterwerfen. Von „Führung“ kann man erst *jenseits* dieses zwiefachen Vorgangs sprechen, Gott begegnet uns nicht nur als Du, sondern auch „vermummt“ im „Es“, und in meiner Frage geht es also im Grunde darum, wie wir in diesem „Es“ („Schicksal“) das „Du“ finden, oder m.a.W., – verzeih, ich verabscheue Fettflecke als etwas besonders Unappetitliches; aber ich kann den Bogen nicht nochmal schreiben, da der Brief sonst noch länger liegen bleibt! – wie aus dem „Schicksal“ wirklich „Führung“ wird. Die Grenzen zwischen Widerstand und Ergebung sind also prinzipiell nicht zu bestimmen; aber es muss beides da sein und beides mit Entschlossenheit ergriffen werden. Der Glaube fordert dieses bewegliche, lebendige Handeln. Nur so können wir unsere jeweilige gegenwärtige Situation durchhalten und fruchtbar machen. Ob sich hier Unterschiede zwischen theologischer und juristischer Existenz zeigen? Ich denke dabei z. B. an den extremen Gegensatz zwischen Klaus und Rüdiger innerhalb der „gesetzlich“-juristischen Haltung [...] – auf der anderen Seite unsere beweglichere, lebendigere, weil letztlich wirklichkeitsgemäßere „theologische“ Haltung.

23. 2.
Wenn Du Gelegenheit hast, in der Karwoche nach Rom zu kommen, so würde ich Dir raten, am Gründonnerstag den Nachmittagsgottesdienst (etwa von 2 – 6) in St. Peter mitzumachen; das ist, da die römische Kirche die Feste mit dem Vortag um 12 Uhr Mittag beginnen lässt, der eigentliche Karfreitagsgottesdienst; soviel ich mich erinnere (ich weiß es aber nicht genau), ist auch am Mittwoch schon ein großer Gottesdienst. Am Gründonnerstag findet das Auslöschen der 12 Kerzen am Altar – als Symbol der Flucht der Jünger – statt, bis in dem riesigen Raum nur noch die eine Kerze in der Mitte – Christus – brennt; außerdem die Reinigung des Altars; am Sonnabend früh gegen 7 Uhr findet die Wasserwei-

he (soviel ich mich erinnere, verbunden mit der Ordination der jungen Geistlichen) statt, bis um 12 Uhr Mittag das große Osterhalleluja gesungen wird, die Orgel spielt wieder, die Messglöckchen läuten, die verhüllten Bilder werden enthüllt. Es ist die eigentliche Osterfeier. Irgendwo sah ich in Rom auch einen griechisch-orthodoxen Ostergottesdienst, der mich damals – es sind jetzt 20 Jahre her! – sehr beeindruckt hat. Der Sonnabendgottesdienst ist übrigens im Lateran (zuerst im Baptisterium) sehr berühmt; ich war auch damals dort. Wenn Du gegen Sonnenuntergang mal auf dem Pincio bei der Kirche Trinita del Monte vorbeikommst, sieh doch, ob die Nonnen dort noch um diese Zeit singen; ich habe es einmal gehört und war sehr beeindruckt; ich glaube, es steht sogar im Baedeker(!).

Wie weit magst Du wohl mit den kriegerischen Ereignissen dort unten in Berührung kommen? Ich nehme an, hauptsächlich mit Luftangriffen, so wie wir hier. Die Intensivierung des Luftkrieges in den letzten ca. 10 Tagen, besonders die starken Tagesangriffe, geben einem zu denken. Ob die Engländer jetzt bewusst die Luftschlacht herausfordern als Vorbereitung zur Invasion und um unsere Abwehr stärker an den innerdeutschen Raum zu binden?

Je länger wir aus unserem eigentlichen beruflichen und persönlichen Lebensbereich herausgerissen sind, desto mehr empfinden wir, dass unser Leben im Unterschied zu dem unserer Eltern – fragmentarischen Charakter hat. Die Darstellung der großen Gelehrtengestalten des vorigen Jahrhunderts in Harnacks „Geschichte der Akademie“ macht mir das besonders deutlich und stimmt einen fast etwas wehmütig. Wo gibt es heute noch ein geistiges „Lebenswerk“? Wo gibt es das Sammeln, Verarbeiten und Entfalten, aus dem ein solches entsteht? Wo gibt es noch die schöne Zwecklosigkeit und doch die große Planung, die zu einem solchen Leben gehört? Ich glaube, auch bei Technikern und Naturwissenschaftlern, die als Einzige noch frei arbeiten können, existiert so etwas nicht mehr. Wenn mit dem Ende des 18. Jahrhunderts der „Universalgelehrte" zu Ende geht und im 19. Jahrhundert an die Stelle der extensiven Bildung die intensive tritt, wenn schließlich aus ihr sich gegen Ende des vorigen Jahrhunderts der „Spezialist" entwickelt, so ist heute eigentlich jeder nur noch „Techniker", selbst in der Kunst (in der Musik von gutem Format, in Malerei und Dichtung nur von höchst mäßigem!). Unsere geistige Existenz aber bleibt dabei ein Torso. Es kommt wohl nur darauf an, ob man dem Fragment unseres Lebens noch ansieht, wie das Ganze eigentlich angelegt und gedacht war und aus welchem Material es besteht. Es gibt schließlich Fragmente, die nur noch auf den Kehrichthaufen gehören (selbst eine anständige „Hölle" ist noch zu gut für sie), und solche, die bedeutsam sind auf Jahrhunderte hinaus, weil ihre Vollendung nur eine göttliche Sache sein kann, also Fragmente, die Fragmente sein müssen – ich denke z. B. an die Kunst der Fuge. Wenn unser Leben auch nur ein entferntester Abglanz eines solchen Fragmentes ist, in dem wenigstens eine kurze Zeit lang die sich immer stärker häufenden, verschiedenen Themata zusammenstimmen und in dem der große Kontrapunkt vom Anfang bis zum Ende durchgehalten wird, so dass schließlich nach dem Abbruch – höchstens noch der Choral: „Vor Deinen Thron tret' ich allhier" – intoniert werden kann, dann wollen wir uns auch über unser fragmentarisches Leben nicht beklagen, sondern daran sogar froh werden. Jeremia 45 lässt mich nicht mehr los. Erinnerst Du Dich vielleicht noch an den Finkenwalder Sonnabendabend, als ich es auslegte? Auch hier ein – notwendiges – Lebensfragment: „Aber Deine Seele will ich dir zur Beute geben".

Eben erhielt ich einen sehr netten Brief von Renate vom 28. I., noch etwas in Sorge um Dich, da sie 8 Tage ohne Nachricht war. Das ist ja nun glücklicherweise geklärt. Bist Du nun eigentlich Schreiber oder Kraftfahrer? Oder beides? Listen hast Du ja – Sextanerreminiszenz! – immer gern angelegt und bist dafür von mir oft genug zu Unrecht verspottet worden. Nun wirst Du gewiss Vorbildliches und Einmaliges darin leisten! Dass Du außer den Üblichen auch einen etwas brauchbaren Genossen für Unterhaltungen und Unternehmungen gefunden hast, freut mich sehr. Aber wie viel lieber wäre ich an seiner Stelle. Ob es noch einmal dazu kommt, oder ob wir doch vielleicht schon Ostern hier wieder wie in alten Zeiten feiern? Du siehst, ich lasse die Hoffnung nicht sinken. Tu Du es auch nicht!

Mir geht es wieder einigermaßen; nur bin ich, wie immer nach diesen Grippen, noch sehr müde, und das beeinträchtigt das produktive Arbeiten leider sehr. Trotzdem hoffe ich mit der kleineren literarischen Sache bald fertig zu sein. Wie hältst Du es körperlich durch? Wie ist die Ernährung? Wann kriegst Du Urlaub? Wann taufen wir Euren Jungen? Wann sprechen wir wieder einmal miteinander, viele Stunden lang? Leb wohl, Eberhard. Bleib gesund! Was macht das Italienisch? Kommst Du irgendwie zur Musik? – Gott behüte Dich. Es denkt täglich an Dich

Dein getreuer Dietrich

Kannst Du nicht dort unten irgendeine kleine kunsthistorische Arbeit versuchen? Was sagst Du zu meiner Frage über den Laokoon als „Schmerzensmann“? Eben waren die Eltern hier. Es ist alles zu Haus in Ordnung.

59. An Eberhard Bethge

1. März 1944

Lieber Eberhard!

Es ist nichts Besonderes, was ich Dir heute zu schreiben hätte; aber der Wunsch, dass Du Dich nicht einsam fühlst und auch nicht einen Augenblick lang glauben könntest, Du seiest irgendwie vergessen, man habe sich eben mit Deinem Fernsein irgendwie abgefunden – der Wunsch, Dich wissen zu lassen, dass ich, soweit das möglich ist, in täglichem geistigem Austausch mit Dir lebe – dass ich kein Buch lesen, keinen Abschnitt schreiben kann, ohne mich mit Dir darüber zu unterhalten oder mich wenigstens zu fragen, was Du wohl dazu sagen würdest –, kurz dies alles nimmt von selbst die Gestalt eines Briefes an, auch wenn man eigentlich nichts „mitzuteilen" hat. D.h. mitzuteilen gäbe es natürlich genug, aber man weiß nicht, wo man anfangen sollte, und so verschiebt man es auf den großen Augenblick des Wiedersehens. Was wird das für ein Tag für Dich werden, wenn Du zum ersten Mal Deinen Sohn siehst (der nach der Meinung meiner Schwiegermutter, die mich kürzlich besuchte, übrigens auch mir etwas ähnlich sein soll – die allgemeine Auffassung ist, dass er *Dir* gleich sähe, und dass er ein besonders nettes und ausgesprochenes Gesicht habe), wenn Du Renate wiedersiehst – und schließlich bilde ich mir auch ein, dass Du Dich auch darauf freust, mit mir wieder zusammenzusein und die Erfahrungen und Erkenntnisse eines langen Jahres auszutauschen; für mich jedenfalls gehört diese Erwartung zu den großen Hoffnungen, die ich für die nächste Zeit habe. Auch Dir wird es vermutlich manchmal so gehen, dass Du Dir kaum mehr vorstellen kannst, dass das alles eines Tages eintreten wird, man glaubt es kaum, dass man die Mauer von Hindernissen, die einen von dieser Erfüllung der Wünsche trennt, einmal durchstoßen kann – aber „was verzieht, ist desto süßer ...“, und ich muss sagen, ich gehe in diesen neuen Monat mit großen Hoffnungen, und ich denke, Du tust das ebenso. Ich nehme noch einmal einen Anlauf, um die letzte Zeit so intensiv wie möglich auszuwerten. Vielleicht kannst Du doch auch Eindrücke gewinnen, die für Dein ganzes Leben wichtig werden. Die tägliche Bedrohung des Lebens, wie wir sie im Augenblick fast alle irgendwie erfahren, spornt in einzigartiger Weise zur Wahrnehmung des Augenblicks, zum „Auskaufen der Zeit“ an. Manchmal denke ich, ich lebe so lange, wie ich noch ein wirklich großes Ziel vor mir habe. Kennst Du dieses Gefühl auch? Oder ist es etwas vermessen?

Ich wundere mich, wie schon früher manchmal, dass Du Dir die nötige „Vitalität“, um Dich durchzusetzen, und die „Sicherheit im Empfinden und Reagieren“ – jedenfalls was die Vergangenheit angeht – absprichst. Ich habe nur erlebt, wie Du Dich in Deiner (eben von Natur bescheidenen) Weise im Kreis des Seminars immer durchgesetzt hast, ferner (was Du ja immer bestreitest), wie Du Dich mir gegenüber durchgesetzt hast (und das stelle ich mir allerdings gar nicht so leicht vor), und die „Sicherheit des Empfindens“ (wenn auch vielleicht nicht in reflektierter Gestalt) war es gerade, wenn ich das mal so sagen darf, was mich an Deinem geistigen Habitus besonders angezogen hat. Es ist doch wahrscheinlich kein Zufall, dass Du sozusagen ganz von selbst in unsere Familie hineingewachsen bist, dass Du zu ihr gezählt wurdest, ehe Du ihr angehörtest, und dass Du ihr von vornherein auf musikalisch-künstlerisch-menschlichem Gebiet etwas eingebracht hast, was dankbar und bereitwillig von ihr aufgenommen und assimiliert wurde.

Die geistige Entwicklung der jüngeren Generation ist doch unzweifelhaft ganz entscheidend durch die Art des von Dir eingeführten und energisch durchgehaltenen gemeinsamen Musizierens, das für sie (viel stärker als z. B. für mich als

Jungen) zu einem allgemein menschlichen Bildungselement geworden ist, bestimmt worden; ebenso etwa durch Dein Verhältnis zum Garten, oder zum Schwimmen, zum Schlittschuhlaufen. Ich bin überzeugt, dass für die Dohnanyischen und Schleicherschen Kinder die Erinnerung an dies alles unlöslich mit der an die Zeit ihrer ersten geistigen Entwicklung verbunden bleiben wird. Insofern hat es einen guten und nicht zufälligen Sinn, dass Du schließlich als ältester Enkel in die Familie eingetreten bist.

Das weniger Reflektierte Deines Wesens macht Dich eher zu einem Glied der jüngeren als meiner eigenen Generation und insofern kann ich mich Dir gegenüber sogar als „Onkel“ fühlen. Was Dich bei uns Älteren beeindruckt hat, ist vermutlich hauptsächlich die durch die Reflektion gegangene und dadurch gehärtete Sicherheit, also eine Reflektion, die nicht zum Intellektuellentum und damit zur Auflösung und zum Relativismus geführt hat, sondern die in die Lebenshaltung selbst eingegangen ist und die Lebensimpulse nicht geschwächt, sondern gestärkt hat. Trotzdem halte ich „Euch Jüngere“ für lebenstüchtiger als uns. Man sagt in Amerika, dass die Neger sich erhalten hätten, weil sie das Lachen nicht verlernt hätten, dass die Indianer aber untergegangen seien, weil sie zu „stolz“ gewesen seien. In dieser Richtung ungefähr liegt das, was ich meine.

Doch für heute Schluss! Es sollte nur ein kurzes Zeichen des täglichen Gedenkens sein

von Deinem treuen Dietrich

P. S. Dass es Dir z. B. gelang, Hans und Christel zum Mitsingen zu kriegen, ist eine Deiner erstaunlichsten und besten Leistungen und wahrhaftig auch eine Form des Sichdurchsetzens! Jeder kann sich nur auf bestimmten Gebieten durchsetzen! Auch die Anerkennung der alten Frau v. Dohnanyi bedeutet etwas.

60. An Karl und Paula Bonhoeffer

2. März 1944

Liebe Eltern!

Nun habt Ihr wieder den weiten Weg gemacht und hier unten ein Paket für mich abgegeben, und ich konnte Euch wieder nicht selbst dafür danken, sondern muss mich darauf verlassen, dass es der Unteroffizier richtig ausrichtet. Hoffentlich kommt nun doch bald die Sprecherlaubnis! Maria hatte Euch wohl erzählt, dass ich ihr das letzte Mal – obwohl dieses Thema sonst eigentlich nicht zu unseren Gesprächsstoffen gehört – gesagt habe, dass das Essen wegen herabgesetzter Rationen hier etwas knapper geworden ist und ich daher manchmal etwas Hunger hatte, was aber sicher auch damit zusammenhing, dass ich während der paar Grippetage fast nichts gegessen hatte. Nun habt Ihr mich wieder so schön versorgt und ich gebe ohne Weiteres zu, dass die Welt sich doch manchmal wieder etwas anders ansieht, wenn man etwas Richtiges im Magen hat, und dass auch die Arbeit besser vom Fleck kommt. Trotzdem wäre es mir ein ganz scheußlicher Gedanke, wenn ich Euch, die Ihr den ganzen Tag viel zu tun habt, noch etwas wegesse; Ihr braucht Eure Kräfte jetzt nötiger als ich. Nun ist es wieder März geworden und Ihr seid immer noch nicht gereist. Meine Schwiegermutter wartet sehr auf Euch. Schade ist nur, dass Maria jetzt nicht zu Hause ist. Ich bekam übrigens heute den ersten Brief von ihr aus Bayern. Sie hat die Cousine, bei der sie die Kinder unterrichtet und im Hause hilft, besonders gern und scheint sich wohlzufühlen. So ist das hoffentlich für sie die beste Lösung für die letzten Wochen – und ich hoffe doch, dass es sich nur darum noch handelt – bis zu unserem Wiedersehen und bis wir gemeinsame Pläne machen können. Am schönsten wäre es natürlich, wir könnten alle zusammen nach Pätzig fahren und dort dann auch gemeinsam über die Zukunft beraten. Aber nach der Länge der bisherigen Geduldsprobe ist es ja wohl ein fast vermessener Gedanke, darauf zu warten.

Von Karl-Friedrich, Hans-Christoph und von Hörnchen bekam ich noch sehr nette Geburtstagsbriefe. Hans-Christophs Schilderungen des noch friedensmäßigen Lebens in Bukarest haben mich überrascht. Es wundert mich, dass sich ein Land in Europa heute noch eine solche Sonderexistenz leisten darf. Ihm selbst hat es bei seiner Afrika- und Italiendivision besser gefallen. Sagt doch bitte allen vielen Dank.

Die Harnacksche Akademiegeschichte hat mich sehr beeindruckt und mich teils glücklich, teils wehmütig gestimmt. Es gibt heute so wenige Menschen, die an das 19. und 18. Jahrhundert noch innerlich und geistig Anschluss suchen; die Musik versucht sich aus dem 16. und 17. Jahrhundert zu erneuern, die Theologie aus der Reformationszeit, die Philosophie aus Thomas v. Aquino und Aristoteles, die heutige Weltanschauung aus der frühgermanischen Vergangenheit –, aber wer ahnt überhaupt noch, was im vorigen Jahrhundert, also von unseren Großvätern, gearbeitet und geleistet worden ist, und wie viel von dem, was sie gewusst haben, ist uns bereits verloren gegangen! Ich glaube, die Menschen werden eines Tages aus dem Staunen über die Fruchtbarkeit dieser jetzt vielfach so missachteten und kaum gekannten Zeit nicht herauskommen. – Könntet Ihr mir bitte Dilthey: „Weltanschauung und Analyse des Menschen seit Renaissance und Reformation“ verschaffen? – Wie geht es Renate, ihrem Kind und ihrem Mann? – Bitte grüßt alle sehr von mir!

Euch grüßt herzlich Euer dankbarer

Dietrich

Hans Walter gratuliere ich sehr zum 20. Geburtstag!

61. An Eberhard Bethge

9. März 1944

Lieber Eberhard!

Heute habe ich durch die Eltern wieder von Dir gehört, jedenfalls, dass es Dir erträglich geht; und obgleich das nicht viel ist, da wir vom Leben mehr wollen, als dass es „erträglich" ist, ist das doch eine gewisse Beruhigung, sofern man unsren gegenwärtigen Zustand sowieso nur als „status intermedius" [Zwischenzustand] betrachtet; wenn man nur wüsste, wie lange dieser „Fegfeuerzustand" dauert! Mir persönlich ist nunmehr der Mai in Aussicht gestellt worden! Ist das nicht eine schandbare Bummelei? Die Eltern fahren jetzt nach Pätzig, wo sie sich hoffentlich erholen. Sepp ist wieder ganz zu Hause und hat seine Sache in alter Frische und mit trotzigem Gesicht durchgepaukt.

Ich habe noch nicht auf Deine Gedanken über Michelangelo – Burckhardt – „hilaritas" geantwortet. Es leuchtet mir einerseits ein, jedenfalls was Burckhardts Thesen angeht. Andrerseits darf man die hilaritas nicht nur als die klassische Heiterkeit (Raffael, Mozart) verstehen; auch – um ein paar Namen zu nennen – Walther von der Vogelweide, der Bamberger Reiter, Luther, Lessing, Rubens, Hugo Wolf, K. Barth haben etwas von der hilaritas, die ich auch als Zuversicht zum eigenen Werk, als Kühnheit und Herausforderung der Welt und des vulgären Urteils, als feste Gewissheit, der Welt mit dem eigenen Werk, auch wenn es ihr nicht gefällt, etwas *Gutes* zu erweisen, als hochgemute Selbstgewissheit beschreiben möchte. Ich gebe zu, dass Michelangelo, oder auch Rembrandt und – mit Abstand – Kierkegaard, Nietzsche auf ganz anderer Linie liegen als die vorher Genannten. Es liegt etwas weniger Thetisches, Evidentes, Abgeschlossenes in ihren Werken, etwas weniger Überwundenes, weniger Abstand von sich selbst und Humor. Trotzdem würde ich auf einige von ihnen den Begriff der hilaritas in dem beschriebenen Sinne anwenden, als notwendiges Attribut der Größe. Hier liegt die – vermutlich bewusste – Schranke Burckhardts.

Ich habe mich in letzter Zeit mit der nicht durch die Renaissance bedingten, sondern aus dem Mittelalter, vermutlich aus der *Kaiseridee* im Kampf gegen das Papsttum, erwachsenen „Weltlichkeit" des 13. Jahrhunderts (Walther, Nibelungen, Parsival, erstaunlich die Toleranz gegen die Mohammedaner in der Gestalt des Halbbruders Parsivals Feirefiz!, Naumburger und Magdeburger Dom) beschäftigt. Es ist nicht eine „emanzipierte", sondern eine „christliche", aber antiklerikale Weltlichkeit. Wo ist diese, von der Renaissance ganz wesensverschiedene, „Weltlichkeit" eigentlich abgebrochen? Ich glaube, bei Lessing – im Unterschied zur westlichen Aufklärung – noch etwas davon zu entdecken, in anderer Weise auch noch bei Goethe und später bei Stifter und Mörike (von Claudius und Gotthelf ganz zu schweigen), gar nicht aber bei Schiller und den Idealisten. Es wäre so wichtig, hier zu einer guten Ahnenreihe zu kommen.

Dabei stellt sich auch die Frage, welche Bedeutung der Antike noch zukommt. Ist sie noch ein echtes Problem und eine Kraftquelle für uns oder nicht? Die moderne Betrachtung unter dem Gesichtspunkt des „πόλις–Menschen" [„Stadt-Menschen"] haben wir doch eigentlich auch schon hinter uns. Die klassizistische Betrachtung unter dem ästhetischen Gesichtspunkt ist doch nur noch für Wenige von Bedeutung und etwas museal. Die humanistischen Grundbegriffe – Menschlichkeit, Toleranz, Milde, Maß – sind schon bei Wolfram von Eschenbach und im Bamberger Reiter etc. in schönster Weise da und uns hier zugänglicher und verbindlicher als in der Antike selbst. Wieweit also hängt „Bildung" noch mit der Antike zusammen? Ist die Ranke- bis Delbrücksche Konzeption der Geschichte als eines Kontinuums, das aus „Altertum", „Mittelalter" und „Neuzeit" besteht, wirklich gültig? Oder hat nicht Spengler mit der These von den in sich geschlossenen Kulturkreisen mindestens auch recht – wenn er auch die geschichtlichen Vorgänge zu biologisch versteht? Die Auffassung vom geschichtlichen Kontinuum beruht im Grunde auf Hegel, der den Gesamtverlauf der Geschichte in der „Neuzeit", d.h. in seinem System der Philosophie, kulminieren sieht; sie ist also *idealistisch* (trotz des Rankeschen Satzes, dass jeder geschichtliche Augenblick „unmittelbar zu Gott" ist; aus diesem Satz *hätte* sich eine Korrektur der Grundkonzeption des Entwicklungskontinuums ergeben können; das geschah aber nicht); die Spenglersche „Morphologie" ist *biologisch* und hat darin ihre Grenzen (was heißt „Altern", „Untergang" einer Kultur?). Für den Bildungsbegriff bedeutet das, dass man weder idealistisch die Antike schlechthin als das Fundament bezeichnen kann, noch aber auch „biologisch-morphologisch" sie aus unserem Bildungskreis einfach eliminieren kann. Bis man darin weitersieht, wird es gut sein, nicht aus einem allgemeinen Geschichtsbegriff, sondern ganz von den *Inhalten* und *Gegenständen* her das Verhältnis zur Vergangenheit und speziell zur Antike zu bestimmen. Vielleicht bringst Du in dieser Richtung etwas Wichtiges aus Italien mit? Persönlich ist mein Verhältnis zur Renaissance und zum Klassizismus leider immer ein kühles geblieben und ich empfinde beides irgendwie als mir fremd; ich kann es mir nicht wirklich aneignen. Schreib mir mal etwas über Deine diesbezüglichen Eindrücke und Gedanken. Ob nicht die Kenntnis anderer Länder und die innere Berührung mit ihnen für uns heute ein viel bedeutenderes Element der Bildung ist als die Antike? Natürlich gibt es in beiden Fällen ein Banausentum; aber vielleicht gehört es zu unseren Aufgaben, die Begegnung mit anderen Völkern und Ländern über das Politische, Geschäftliche oder Snobistische hinaus zu einem wirklichen Bildungserlebnis zu gestalten. Damit würde ein bisher ungenutzt gelassener Strom für unsere Bildung fruchtbar gemacht und zugleich an eine alte europäische Überlieferung angeknüpft.

Eben werden wieder durch den Drahtfunk Einflüge starker Verbände gemeldet. Die beiden letzten Tagesangriffe auf Berlin waren von hier aus z. T. ganz gut zu beobachten. Man sah über den wolkenlosen Himmel größere Formationen mit ihren Kondensstreifen fliegen bei z. T. recht erheblichem Flakbeschuss. Der Alarm dauerte gestern (9. 3.) 2 1/2 Stunden, also länger als in der Nacht. Heute ist der Himmel bedeckt. Ich bin sehr froh, dass Renate in Sakrow ist; auch in Gedanken an Dich. Eben geht die Sirene; so muss ich unterbrechen und nachher weiterschreiben.

Es waren wieder 2 Stunden „Bombenabwürfe in allen Stadtteilen", laut Drahtfunk. – Ich habe in den Monaten hier versucht zu beobachten, wie weit die Menschen noch an irgendetwas „Übersinnliches" glauben. Ich finde noch ganz allgemein verbreitet folgende 3 Gedanken, die sich teils in abergläubischen Bräuchen ausdrücken: 1. „Drück mir den Daumen" hört man hier unzählige Male am Tag; es wird dem teilnehmenden Gedenken also irgendeine Kraft zugesprochen und man will sich in entscheidenden Stunden nicht allein, sondern von andren unsichtbar begleitet wissen. Zum 2. „Unberufen" und „Holz anrühren" ist der allabendliche Ausruf bei der Erörterung der Frage, „ob sie heute Nacht kommen oder nicht"; eine Erinnerung an den Zorn Gottes über menschliche Hybris, ein metaphysischer, nicht nur moralischer Grund zur Demut. 3. „Keiner entgeht seinem Schicksal" und als Folge daraus, dass jeder dort bleiben soll, wo er hingestellt ist. Christlich interpretiert könnte man in diesen drei Punkten die Erinnerung an Fürbitte und Gemeinde, an Zorn und Gnade Gottes und an die göttliche Führung finden. Zu diesem Letzten gehört noch der hier sehr oft gebrauchte Satz: „Wer weiß, wozu es gut ist!?" Völlig zu fehlen scheint mir jede eschatologische Reminiszenz. Oder hast Du da anderes beobachtet? Schreib doch überhaupt mal über Deine diesbezüglichen Beobachtungen!

Zum zweiten Mal erlebe ich die Passionszeit hier. Ich wehre mich innerlich dagegen, wenn ich in Briefen, z. B. meiner Schwiegermutter und Großmutter, Wendungen lese, die von meinem „Leiden" sprechen. Mir kommt das wie eine Profanierung vor. Man darf diese Dinge nicht dramatisieren. Ob ich mehr „leide" als Du oder als die meisten Menschen heute überhaupt, ist mir mehr als fraglich. Natürlich ist vieles scheußlich, aber wo ist es das nicht? Vielleicht haben wir an diesem Punkt überhaupt manches zu wichtig und feierlich genommen. Ich habe mich früher manchmal darüber gewundert, wie lautlos die Katholiken über diese Fälle hinweggehen. Sollte das aber doch vielleicht die größere Kraft sein? Vielleicht wissen sie aus ihrer Geschichte besser, was wirklich Leiden und Martyrium ist, und schweigen zu geringfügigen Belästigungen und Hemmungen. Ich glaube z.B., dass zum „Leiden" entscheidend auch das körperliche Leiden hinzugehört, wirkliche Schmerzen usw. Wir betonen so gern das seelische Leiden; gerade dieses aber sollte uns Christus abgenommen haben und ich finde im Neuen Testament oder auch in den altchristlichen Märtyrerakten nichts davon. Es ist doch wohl ein großer Unterschied, ob die „Kirche leidet" oder ob einem ihrer Diener dieses oder jenes widerfährt. Ich glaube, hier muss manches korrigiert werden; ja, offen gestanden, ich schäme mich manchmal fast, wie viel wir von unseren eigenen Leiden gesprochen haben. Nein, Leiden muss etwas ganz anderes sein, eine ganz andere Dimension haben, als was ich bisher erlebt habe.

Nun genug für heute! Wann werden wir uns wieder sprechen können? Bleib gesund, freue Dich an dem schönen Land, verbreite hilaritas um Dich und erhalte sie Dir selbst!

In täglichem treuem Gedenken grüßt Dich von Herzen

Dein Dietrich

Siehst Du eine Möglichkeit für mich, in Deine Gegend zu kommen? – Bist Du auch weiterhin immer sehr vernünftig? Ich hoffe es! Wir haben jetzt hier Leute von Klausens (dem Kleinen) bis zu Papas Alter. Wirst Du eigentlich satt? Kann man Dir etwas schicken? Maria täte es gern. – Ich warte wieder seit 3 Wochen auf Ws Besuch, der sich ansagte und ohne Nachricht wegblieb. Ziemlich rücksichtslos. Aber allmählich gewöhnt man sich auch daran. Begreifen kann ich es eigentlich nicht. Demgegenüber ist die unermüdliche Treue der Eltern eine große Wohltat. Und wenn Du hier wärest, wäre auch vieles anders. Ich habe das neulich auch deutlich ausgesprochen. Aber mach' Dir darum keine Gedanken! Du hast wirklich *alles getan*, was möglich war, und mehr als das. Ich bin nicht sicher, ob man das von allen anderen sagen kann. Es gibt eben Situationen, in denen die schlichteste *Tat* viel mehr ist als die größten Entwürfe und Pläne und Diskussionen. Ich lasse mir das aus meinen gegenwärtigen Erfahrungen auch selbst gesagt sein. Wenn ich an Deine damalige Reise zu Gerhard und an Deinen Besuch (und mehrmaligen Versuche) hier denke und an die wöchentliche Fahrt der Eltern und an Marias Reisen, dann sind mir das wirkliche Beispiele. Ich will wirklich gegen keinen ungerecht sein. Jeder tut, wie es ihm eben gegeben ist. Aber Matthäus 25,36 bleibt bestehen als das Wichtigste.

Leb wohl! Der Brief geht jetzt ab!

62. An Maria von Wedemeyer

11. März 1944

Meine liebe, liebe Maria!

Es geht nun nicht mehr länger, ich muss endlich einmal an Dich schreiben und zu Dir sprechen, ohne dass ein Dritter daran teilnimmt. Ich muss Dich in mein Herz sehen lassen, ohne dass ein anderer, den es nichts angeht, mit hineinguckt. Ich muss zu Dir von dem reden, was uns beiden ganz allein auf der Welt gehört und was entheiligt wird, wenn es fremden Ohren preisgegeben wird. Was Dir allein gehört, daran lasse ich keinen Dritten teilnehmen; ich empfände es als unerlaubt, als unrein, als hemmungslos und als würdelos Dir gegenüber. Was in verschwiegenen Gedanken und Träumen mich zu Dir zieht und an Dich bindet, liebste Maria, das kann erst in der Stunde offenbar werden, in der ich Dich in meine Arme schließen darf. Diese Stunde wird kommen und sie wird umso beseligender und echter sein, je weniger wir versucht haben diese Stunde voreilig vorwegzunehmen und je treuer wir wirklich aufeinander gewartet haben. Als Du das vorletzte Mal mit Mutter hier warst und ich Dich nur eine Minute lang sah und Dich schon wieder verlor, da dachte ich, ich könne es nicht mehr aushalten, aber es waren fremde Menschen da und die Stunde unserer Erfüllung war noch nicht gekommen; ich musste wieder warten und den kostbaren Schatz weiter verborgen halten und hüten. Meinst Du, das wäre leicht? Denn wenn ich diesen Schatz mit etwas vergleichen soll, dann wäre das nicht Gold oder Perlen, sondern viel eher Dynamit oder Radium – verstehst Du, dass man damit sehr vorsichtig umgehen muss, wenn man kein Unheil anrichten will? Wie völlig unmöglich ist es, Dir mit vorgeschrieben lauter Stimme und in ebenso vorgeschriebener gehöriger Entfernung voneinander – damit ja alles unter den Augen des Dritten bleibt! – Dir das zu sagen, was ich Dir nur zuflüstern könnte in ganz einsamen, wunderbar-seltenen, vom Himmel geschenkten Augenblicken –, dass ich Dich liebe, wie Du bist, und weil Du so bist, jung, froh, stark, gut, stolz, dass ich Dich liebe als mein eigen, ganz und gar – höre nicht diese Worte, Maria, höre nur, was sich dahinter nach Dir und nach unserer Zukunft sehnt, sieh' nicht die erstarrten Buchstaben, sondern sieh' hinter ihnen – ich bitte Dich – ein in vielen Stücken verkehrtes, selbstsüchtiges, ungeschicktes, schwaches Herz, das aber auf Erden nur noch Ruhe finden zu können glaubt, wenn sich Dein Herz ihm auftut. –

Lass uns ganz frei miteinander reden, liebste Maria. Es fällt uns manchmal schwer, es zu glauben, dass wir einander wirklich von Herzen lieb haben. Wir kennen uns noch so wenig. Und doch, so oft der Zweifel mich anzufressen beginnen wollte, habe ich ihn vertrieben und verjagt. Wie könntest Du mich lieb haben nach allem Vergangenen? Und doch – es ist irgendwie wahr und wird in Zukunft immer wahrer werden! Es ist ein Keim, der wächst. Er liegt länger in der Erde und liegt tiefer und braucht mehr Zeit, ehe er sich entfaltet zu sichtbarer Schönheit, aber er wird umso stärker, umso dauerhafter sein. Wir dürfen voneinander, meine gute Maria, nicht mehr erwarten als uns gegeben ist. Wir dürfen nichts erzwingen wollen. Wie sollten wir uns, da wir doch noch so gut wie nie allein zusammen waren – auch das ist eine Fügung, über die ich manchmal staunend nachdenke –, uns schon ganz verstehen, schon ganz im gleichen Rhythmus leben können? Wie sollten wir die kleinen Zeichen der Liebe, die wir uns unter den gegenwärtigen Umständen geben können, schon richtig aufnehmen und deuten können? Wollen wir wirklich ungeduldig werden, weil so vieles noch nicht ist, was wir uns ersehnen, und nicht viel lieber nur froh und wieder froh sein, weil so unendlich vieles so ist, dass wir die Güte Gottes mit Händen greifen können? Ich jedenfalls habe keinen Grund unzufrieden zu sein mit dem, was Gott mir in diesem harten Jahr gelassen und geschenkt hat. Ich weiß, dass ich nichts von alledem, was Du mir bist, verdient habe. Es ist alles viel viel größer, als ich fassen kann – wie dürfte ich um das hadern, was mir noch vorenthalten ist? –

Du weißt, liebe Maria, Mutter war gestern hier. Wir haben gut miteinander gesprochen und ich bin ihr unendlich dankbar. Und doch musste ich diesen Brief an Dich schreiben, um über den ersten wirklich großen Kummer des letzten Jahres hinwegzukommen. Ich muss Dir das sagen, weil ich es Dir nicht verbergen darf. Bitte, meine liebe Maria, sei darüber nun nicht traurig; etwas Kummer gehört wohl zum Werden einer Ehe hinzu. Mutter sagte, Du wärest von den Stunden hier irgendwie nicht ganz befriedigt. Sie schlug mir, offenbar auf Großmutters Anregung, vor, Dir jedes Mal eine kurze Bibelauslegung zu geben, also eine kleine Andacht zusammen zu halten. Sie meinte, Du solltest Fragen mitbringen, über die wir sprechen könnten – sieh mal, Maria, das alles geht so nicht und es wäre mir fremd und unnatürlich; wir dürfen aus der kurzen Zeit, die wir haben, nicht irgendetwas „machen" – nein, das geht nicht. Es ist ja gar nicht so, dass ich irgendetwas ganz Besonderes, Großes, Wichtiges in dieser Stunde von Dir haben will – wir wissen beide, was wir morgens und abends tun! –, sondern ich will ganz einfach Dich, wie Du in Wirklichkeit und ohne Anstrengung und Bewusstheit bist, das ist viel „wichtiger" und „größer" als alles „Wichtige" und „Große", denn es ist das wirkliche Leben, wie es aus der Hand Gottes quillt. Dabei ist gewiss das eine Zusammensein schöner als ein anderes, aber ist das Leben nicht selbst so und ist es nicht das Wichtigste, dass wir beieinander sind, wie wir nun einmal sind und wie wir später miteinander leben wollen?! Und weißt Du, geliebte

Maria, wenn Dich die Verzagtheit und der Zweifel überkommt, dann schreib mir selbst! Wie soll ich selbst der Mutter sagen – es saß ein Mann dabei, der die Klatschhaftigkeit selbst ist! –, was ich sogar Dir kaum zu sagen wage, weil zu einem großen Wort eine große Stunde gehört! Ich verstehe die Mutter so gut und ich bin so froh, dass Du sie in diesem Jahr gehabt hast, aber was ich Dir sagen will, kann und darf ich keinem anderen Menschen sagen. Das gehört Dir und mir und immer nur uns beiden. Verstehst Du das und meinst Du das ebenso? Großmutter hat mich nun einmal als „verschlossen" charakterisiert und ich fürchte, bei solchen Festlegungen bleibt es, wenn sie einmal ausgesprochen sind. Großmutter versteht dabei unter Verschlossenheit, dass ich auch mit nahstehenden Menschen nicht über alles spreche und sprechen will. So gibt es bei aller Liebe zu meinen Eltern, Geschwistern und bei der Nähe meiner Beziehung zur Großmutter jeweils bestimmte Dinge, über die ich mit diesem oder jenem nicht spreche, weil sie nicht zu der Art unserer Gemeinschaft hinzugehören. Großmutter mag das nicht; aber sie kann daran leider nichts ändern, weil ich es so für richtig und mir entsprechend halte. Ich glaube, dass die Menschen, die mich wirklich kennen, Klaus, Christel, Eberhard – von den Eltern ganz abgesehen –, mich nicht für verschlossen halten, und ich bin gewiss, geliebte Maria, dass Du Dich einmal wundern wirst, wie wenig verschlossen ich bin, ja wie unendlich schwer es mir wird, etwas in mir zu verschließen; ja, wie sehne ich mich danach mit Dir zu teilen, was ich anderen verschließen muss. Die meisten Menschen halten mich für ruhig, zurückhaltend, ja fast abweisend; Du wirst mich anders kennenlernen. Großmutter meint offenbar, ich erwarte irgendwie mehr von Dir bei unserem Zusammensein; ich weiß nicht, was verkehrter wäre als dies, und wundere mich nur, wie wenig mich Großmutter darin doch kennt. Als ob ich immerfort tiefsinnige, geistreiche Gespräche führen wollte! Gerade weil ich so genau weiß, dass wir im Fundamentalen schon eins sind, darum brauchen wir nicht immerfort von letzten Fragen zu sprechen, sondern können die Dinge des Lebens so wechselnd, wie sie nun einmal sind, an uns herankommen lassen und im Alltäglichen uns gegenseitig immer wieder finden. Die Stunden kommen noch, in denen wir von selbst auf das Fundamentale geführt werden. Aber nicht nur im Fundamentalen, sondern im Alltäglichen ist Gott. –

Liebste Maria, nun warst Du ein paar Stunden lang mir ganz nah und ich lege den Brief in den Umschlag und – das Warten beginnt wieder. Warte mit mir! Ich bitte Dich! Lass Dich umarmen, lang und innig, und küssen und Dich lieb haben und Dir den Kummer von der Stirn streichen. Der Gedanke, dass Du Kummer hast, wäre mein einziger Kummer. Der Gedanke, dass Du in Liebe mitwartest und Geduld hast, ist mein täglicher Trost. Alles wird schön und gut werden zu der Stunde, die Gott dafür ersehen hat. Freue Dich mit mir darauf, Maria!

Immer, immer Dein Dietrich

Bitte lass uns diesen Brief wegen seines ungewöhnlichen Weges weder schriftlich noch mündlich erwähnen! Aber schreib bitte sofort und lass mich irgendwie verstehen, dass Du mich verstanden hast und dass Du keinen Kummer empfindest, sondern mich mit allen meinen Fehlern und Verkehrtheiten in Deinem Herzen behältst, und verzeih mir, wenn ich irgendetwas in diesem Brief falsch ausgedrückt habe. Sagen wollte ich nur eins, nämlich: Es darf nichts zwischen uns stehen, kein Kummer, kein stiller Vorwurf, auch keine heimliche Selbstanklage, nichts Gewolltes und Gemachtes, gar nichts, wirklich gar nichts, sondern wir wollen uns einfach so nehmen, wie wir sind, und uns darin sehr, sehr lieb haben und wachsen lassen, was wachsen will, und die Stunden nehmen, wie sie kommen, Stunden des Entbehrens ebenso wie die er- sehnte Stunde der Erfüllung – wenn wir einander wirklich lieb haben, wird uns das gelingen und zwischen uns wird nichts sein – als Liebe, nichts als Liebe, geliebte Maria! Gott behüte uns und führe uns und stärke uns!

Dein Dietrich

Beim nochmaligen Lesen kommt mir der Gedanke, es könnte so scheinen, als fiele auch nur ein Schatten eines Vorwurfs auf das, was Mutter mir gesagt hat über Deinen gelegentlichen Kummer. Ich bin nur dankbar dafür, aber eines allerdings ist wahr, ich hätte es lieber von Dir selbst gehört, einfach um Dir selbst gleich darauf antworten zu können und weil man über so etwas selbst mit einer so unendlich guten Mutter doch kaum sprechen kann; denn auch die Worte der Liebe gehören eben nur Dir, meine liebste, liebste Maria!

Und noch ein ganz offenes Wort: Du weißt, wie sehr ich die Großmutter verehre und an ihr hänge, und ich glaube sie gut zu kennen; wir beide wissen, wie sehr ihr unsere Zukunft am Herzen liegt. Aber nach all den Nöten des vorvorigen Winters halte ich es nicht für gut, weder für uns noch für Mutter noch für Großmutter selbst, wenn Großmutter mit Problemen „belastet" wird, die gar keine sind, und vieles wird dadurch unnötig kompliziert, wie schon damals. Ich habe so stark das Gefühl, dass wir allein miteinander fertig werden und dass das auch das Richtige ist. Meinst Du nicht auch, dass das für uns beide und für später das Beste ist? Du hast es selbst schon ein paar Mal so gesagt und ich glaube, unser Empfinden ist darin eigentlich sehr ähnlich. Verstehst Du, dass ich das alles nur sage, weil ich Dich lieb habe und nicht um irgendeinen Menschen, der es nur gut mit uns meint, zu kränken. Ja, das verstehst Du ganz gewiss! Noch einmal, leb' wohl! Schreibe gleich ohne viel Überlegen, einfach, was Dir das Herz eingibt, und mache damit glücklich

Deinen Dietrich

63. An Eberhard Bethge

19. März 1944, Lätare

Lieber Eberhard!

Die Nachrichten von den schweren Kämpfen in Eurer Nähe lassen mich fast unablässig zu Dir hin denken und jedes Wort, das ich in der Bibel lese, und jeden Liedvers mit auf Dich beziehen. Deine Sehnsucht nach Renate und dem kleinen Dietrich wird in diesen gefahrvollen Tagen besonders stark sein, und jeder Brief wird sie nur vergrößern. Aber gehört es nicht zum Wesen des Mannes im Unterschied zum Unfertigen, dass das Schwergewicht seines Lebens immer dort ist, wo er sich gerade befindet, und dass die Sehnsucht nach der Erfüllung seiner Wünsche ihn doch nicht davon abzubringen vermag, dort, wo er nun einmal steht, ganz das zu sein, was er ist? Der Heranwachsende ist nie ganz dort, wo er ist; das gehört geradezu zu seinem Wesen, sonst wäre er vermutlich ein Stumpfbold; der Mann ist immer ein Ganzer und entzieht der Gegenwart nichts. Seine Sehnsucht, die den anderen Menschen verborgen bleibt, ist immer schon eine irgendwie überwundene Sehnsucht; und je mehr er zu überwinden hat, um immer ganz gegenwärtig zu sein, desto geheimnisvoller und vertrauenswürdiger wird er im Grunde seines Wesens für die Mitmenschen, insbesondere für Jüngere, die noch auf dem Wege sind, den er schon durchschritten hat. Wünsche, an die wir uns zu sehr klammern, rauben uns leicht etwas von dem, was wir sein sollen und können, Wünsche, die wir um der gegenwärtigen Aufgabe willen immer wieder überwinden, machen uns – umgekehrt – reicher. Wunschlosigkeit ist Armut. In meiner jetzigen Umgebung finde ich fast nur Menschen, die sich an ihre Wünsche klammern und dadurch für andere Menschen nichts sind; sie hören nicht mehr und sind unfähig zur Nächstenliebe. Ich denke, auch hier muss man leben, als gäbe es keine Wünsche und keine Zukunft, und ganz der sein, der man ist. Es ist merkwürdig, wie sich andere Menschen dann an uns halten, ausrichten und sich etwas sagen lassen. Ich schreibe Dir das alles, weil ich denke, dass Du in dieser Zeit auch eine sehr große Aufgabe hast und weil Du später froh sein wirst im Gedanken daran, dass Du sie erfüllt hast, soweit es ging. Wenn man einen Menschen in Gefahr weiß, möchte man ihn ganz als den wissen, der er ist.

Es gibt erfülltes Leben trotz vieler unerfüllter Wünsche; das ist es wohl, was ich eigentlich sagen wollte. Verzeih, dass ich Dir immer wieder mit solchen „Betrachtungen“ komme, aber ich lebe eben hier vorwiegend in der Betrachtung und Du verstehst das schon richtig. Im Übrigen muss ich in notwendiger Ergänzung zu dem Vorigen sagen, dass ich mehr denn je daran glaube, dass wir auch der Erfüllung unserer Wünsche entgegengehen und uns keineswegs der Resignation hinzugeben haben.

Mir wurde kürzlich Ursels Besuch angekündigt. Hoffentlich bringt sie Renate mit. Dass Maria für einige Wochen in Bayern ist, wirst Du wissen. Sie hilft dort beim Unterricht der Kinder ihres Vetters v. Truchseß. Es ist für sie nun doch bald mehr als genug. Ihre Mutter war kürzlich wieder hier, wirklich sehr rührend, von morgens 4 bis nachts 11 Uhr unterwegs! Sie gehört zu den Menschen, die immer etwas „Gutes“ tun wollen; darin liegt für mein Gefühl ihre Grenze gegenüber der Großmutter. Es fiel mir früher zum ersten Mal bei H. Jehle auf: etwas selbstsüchtiger wäre selbstloser!

Ich gehe wieder einmal durch Wochen, in denen ich wenig in der Bibel lese; ich weiß immer nicht recht, was ich davon halten soll; ich habe nicht das Gefühl einer Verschuldung dabei, und ich weiß auch, dass ich mich nach einiger Zeit wieder mit Heißhunger darauf stürzen werde. Darf man das als einen ganz „natürlichen“ geistigen Vorgang nehmen? Ich neige fast dazu. Weißt Du, in der Zeit unsrer vita communis [gemeinsames Leben] gab es das doch auch; gewiss ist die Gefahr einer Verschluderung immer da, aber man soll doch auch nicht ängstlich an diesem Punkt werden, sondern sich darauf verlassen, dass der Magnet nach einigen Ausschlägen wieder in die richtige Richtung zeigt. Meinst Du nicht auch? – Hat Dir die Losung 1 Mose 41,52 neulich auch so gut getan wie mir? Sie war mir bisher unbekannt gewesen. – Es wird jetzt ein Jahr, dass wir die letzten Tage und Unternehmungen gemeinsam verbrachten und dass ich Dein Trauzeuge sein konnte! Immer wieder wundere ich mich darüber, dass ich bis zu diesem Tag mit Dir zusammen sein konnte und Dich in einem Augenblick verließ, in dem Du mich nicht mehr entscheidend brauchtest. Dieser Gedanke erfüllt mich wirklich mit Dankbarkeit und Genugtuung und ich bin begierig, wie die Zukunft unsern Weg weiterführt, ob es noch einmal irgendwie ein gemeinsamer wird, etwa in beruflicher Tätigkeit – was ich mir sehr wünschen würde –, oder ob wir uns mit dem Vergangenen zufriedengeben müssen. Es waren doch ganz wunderbare Jahre. – Wenn ich nur bald einmal etwas Ausführliches über Deine jetzigen Eindrücke hören würde! Es wäre mir sehr wichtig.

Gott behüte Dich, Eberhard.

In Treue Dein Dietrich

Wann kriegst Du Urlaub? Ich werde nicht vor Mitte Mai von hier wegkönnen.

64. An Karl Bonhoeffer

23. März 1944

Lieber Papa!
Die schöne Erinnerung an Deinen 75. Geburtstag vor einem Jahr muss nun auch für dieses Jahr noch vorhalten. Es scheint heute schon fast unglaublich, dass wir im vorigen Jahr noch ein so frohes Zusammensein der Familie und der Freunde haben konnten.

Man darf sich nur durch eine vorübergehend trübere Gegenwart den inneren Besitz einer schönen Vergangenheit nicht rauben lassen. Die große Kantate über „Lobe den Herren ...“, die wir am Morgen und am Abend Deines Geburtstages sangen, dazu das Bild der vielen mitmusizierenden Kinder, wird uns allen auch in diesem Jahr noch ganz gegenwärtig sein als eine wirklich große Freude. Und die schweren Eindrücke des vergangenen Jahres werden bei uns Erwachsenen wie bei den Kindern nur befestigt haben, was wir damals meinten. Christoph, der Dir am Morgen ein paar Hugo-Wolf-Frühlingslieder sang, wird inzwischen wohl seine Stimme gewechselt haben, und durch Renate seid Ihr vor wenigen Wochen Urgroßeltern geworden, durch mein Geschick seid Ihr Eurer künftigen Schwiegertochter vielleicht näher gekommen, als es sonst gewesen wäre, durch die Kriegsereignisse ist die Familie im Laufe des Jahres verstreut worden. Aber bei allen Veränderungen äußerer Art haben wir doch wohl gerade in diesem Jahr den festen Zusammenhalt unserer großen Familie in allen ihren Gliedern stärker erfahren als je. Und dass das ganz entscheidend daran liegt, dass Ihr der unveränderte Mittelpunkt der Familie geblieben seid, daran gibt es keinen Zweifel. Und dafür danke ich Euch heute ganz besonders.

Ich glaube auch, dass es in Eurem Sinne ist, wenn ich mir die Vorwürfe, dass durch mich so viel Kummer in Dein vergangenes Lebensjahr gekommen ist, aus dem Kopf schlage. Gewiss haben Dich die Gedanken an mich auch um ein großes Stück ruhige Arbeit gebracht. Aber da ich aus Euren Briefen und Besuchen weiß, dass Ihr die Widrigkeiten des vergangenen Jahres ebenso aufnehmt und auffasst wie ich, werde ich über alle diese Dinge immer wieder ganz ruhig. Dass auch wieder bessere Tage kommen werden und dass der Tag unseres Wiedersehens in der Freiheit ein sehr schöner sein wird, von dieser Zuversicht lebe ich täglich.

Ich freue mich sehr, dass Ihr nun doch ein paar Tage wenigstens aufs Gut gefahren seid, und wünsche sehr, dass sie Euch etwas Erholung bringen; und ich warte nun auch schon sehr auf Eure Erzählungen. Was mögt Ihr zum Lesen mitgenommen haben? Wenn Euch dieser Brief noch in Pätzig erreicht, so grüßt bitte sehr herzlich von mir. Schade nur, dass Maria nicht da ist. Sie schrieb mir, dass sie über Ostern in Bayern bleibt. Für sie ist es sicher besser, wenn sie nicht zu sehr hin- und hergerissen wird, sondern etwas zur Ruhe kommt. Und trotzdem ist das ja kaum möglich, solange bei mir die Dinge noch nicht geklärt und entschieden sind.

Wird nun Hans Walter vor seinem Fronteinsatz mich noch besuchen dürfen? Ihr erzähltet, er habe darum gebeten, und ich würde mich sehr freuen. Auch eines der Geschwister sähe ich sehr gern wieder. Besonders aber freue ich mich auf das nächste Wiedersehen mit Euch.

Ich wünsche Dir, lieber Papa, ein besseres und stilleres neues Jahr, das uns alle wieder zusammenführt.

Es grüßt Euch in großer Dankbarkeit

Euer Dietrich

65. An Eberhard Bethge

24. März 1944

Lieber Eberhard!

Es war eine sehr große Freude, so viel von Dir zu hören! Wirklich ganz wunderbar, dass der Dialog aufrechterhalten bleibt; und ich empfinde ihn eben doch immer als den fruchtbarsten, den ich habe. Es gehört wohl zu den Gesetzen des geistigen Verstehens, dass die eigenen Gedanken, die von anderen verstanden werden, doch immer zugleich eine durch das Medium der Person gehende Verwandlung und Befruchtung erfahren. Insofern sind Briefe wirklich immer „Ereignisse", wie Du schreibst. Ich bin überrascht über die Konzentration, mit der Du Gedanken, die Deinem gegenwärtigen Aufgabenkreis fernliegen, aufnimmst, durchdenkst und formulierst. Ich würde es gut verstehen, wenn es für Dich z.Zt. nur 3 Probleme gäbe: Krieg, Ehe, Kirche; dass aber der Umkreis Deiner Beobachtungen und Interessen so viel weiter gespannt ist in einer schönen geistigen Freiheit, ist mir eine große Freude und ein Beweis für Deine unveränderte Gemütsverfassung. Ich weiß, dass für manche Brüder das Wachestehen in der Nacht von großer Bedeutung geworden ist. Ob es Dir ebenso geht? Hoffentlich strengt es Dich physisch nicht zu sehr an. Hast Du eigentlich Deine vasomotorischen Sachen nie wieder gehabt? Sie kamen doch meist als Ermüdungserscheinungen. Dir wird jetzt vermutlich oft die Tauffrage Eures Kindes im Kopfe herumgehen und darum hauptsächlich schreibe ich Dir, weil ich mir denken könnte, dass Dich eine gewisse „Inkonsequenz" bedrückt. Wir haben früher manchmal ermahnt, man solle die Kinder um des Sakraments willen möglichst bald taufen, auch wenn die Väter nicht dabei sein könnten. Die Gründe dafür sind klar. Und doch kann auch ich nicht anders als Dir in Deinem Warten zustimmen. Warum? Ich halte es nach wie vor für gut und wünschenswert und besonders als Beispiel für die Gemeinde für richtig – speziell für einen Gemeindepfarrer –, wenn er sein Kind bald taufen lässt, vorausgesetzt, dass er es wirklich im Glauben an die Wirksamkeit des Sakraments tut. Trotzdem, der Wunsch des Vaters, an dieser Handlung fürbittend selbst teilzunehmen, hat sein relatives Recht; und ich muss, wenn ich mich selbst prüfe, bekennen, dass vor allem der Gedanke, dass Gott auch das noch ungetaufte Kind, dem die Taufe zugedacht ist, liebt, mich bestimmt. Ein Gesetz der Kindertaufe gibt es im Neuen Testament nicht. Sie ist eine der Kirche geschenkte Gnadengabe, die in starkem Glauben empfangen und genutzt werden darf, und sie kann daher auch ein sehr starkes Glaubenszeugnis für die Gemeinde sein; aber dass man sie sich innerlich abzwingt, ohne dass der Glaube selbst dazu zwingt, ist nicht biblisch. Nur als Demonstration verliert die Kindertaufe ihr Recht. Auch die Gebete für ein Kind und die Bitte zu Gott, uns bald den Tag zu schenken, an dem wir es zusammen zur Taufe bringen können, bleiben nicht unerhört. Solange man die berechtigte Hoffnung haben kann, dass dieser Tag nicht allzu fern ist, kann ich nicht glauben, dass es bei Gott auf den Tag ankommt. So darf man im Vertrauen auf Gottes freundliche Fügung getrost etwas warten, um später mit stärkerem Glauben tun zu können, was man im Augenblick nur als ein lastendes Gesetz empfinden würde. Du musst hierbei ja auch an Renate denken, für die eine Taufe ohne Dich nur schwer verständlich wäre, während sie später auch für sie vielleicht eine sehr große Bedeutung haben würde! So würde ich also – ohne Skrupel! – eine Weile warten; später wird man wieder weitersehen. Ich glaube, die Ausrichtung auf die Taufe und wie sie möglichst stark im Glauben begangen werden könne, kann wichtiger sein als ihr rein gesetzlicher Vollzug.

Von Deinen unmittelbaren Eindrücken vom Krieg gibst Du uns wohl weniger zu wissen, um uns nicht zu beunruhigen. Ich glaube aber, dass ich mir trotzdem ein ungefähres Bild machen kann, und denke täglich an Dich mit der Bitte um Bewahrung. Deine Tätigkeit ist an sich ja wohl relativ interessant; der Sache nach ist es ja wirklich dasselbe, an welchem Rad der großen Maschine man mitdreht. Dass Dir das Interesse am Geschäftlichen, was sich so leicht damit verbindet, widerlich ist, kann ich mir denken und ist mir begreiflich. Letzten Endes aber hat der persönlich wirklich Intakte doch immer die größere Autorität. Ich erlebe es ja hier auch, wie schwer es manchen wird, die Gebiete wirklich zu trennen; ich empfinde es oft fast als tragisch. Du lernst jetzt das Stück Erde, das ich so sehr liebe, viel besser kennen als ich. Wie gern säße ich neben Dir im Auto und sähe die Cecilia Metella oder die Villa Hadriani. Die Pieta ist mir immer schwer zugänglich gewesen. Du musst mal erklären, warum sie Dich so beeindruckt.

25. 03.
Gestern Nacht war es wieder sehr lebhaft. Der Blick vom Dach auf die Stadt war erschütternd. Noch bin ich ohne Nachricht von den Geschwistern – die Eltern fuhren Gott sei Dank gestern nach Pätzig – aber im Westen war nicht sehr viel los. Toll finde ich es, wie man bei der Meldung der Anflüge immer wieder ganz unwillkürlich dazu verführt wird, anderen Städten – nach dem Motto: „Heiliger St. Florian, verschon mein Haus, zünd' andre an" – das auf den Hals zu wünschen, wovor einem selbst graut; „vielleicht bleiben sie in Magdeburg, in Stettin etc." – wie oft hört man das als Stoßseufzer. In solchen Augenblicken wird man sich der natura corrupta [verdorbenen Natur] und des peccatum originale [Erbsünde] sehr bewusst; insofern sind sie vielleicht ganz heilsam. Im Übrigen ist die Luftaktivität der letzten Tage ja wieder ganz außerordentlich und ich frage mich, ob

es nicht wieder mal die Abfindung für die nicht stattfindende Invasion ist.

Ich werde nun erst im Mai weitere Zukunftspläne machen können; allmählich zweifle ich an allen derartigen zeitlichen Prognosen und werde gleichgültig dagegen; wer weiß, ob es dann wieder heißt „im Juli"? Die persönliche Zukunft ist mir gegenüber dem Allgemeinen ganz nebensächlich geworden; und beides hängt ja doch sehr eng miteinander zusammen. So hoffe ich, dass wir unsere Zukunftspläne wieder miteinander beraten können und Du mir doch wieder als „Kläranlage" dienen wirst; ich bin davon eigentlich ganz überzeugt.

An Maria schrieb ich wegen Renates Ernährungszustand. Von Renate selbst habe ich einen sehr netten Brief. Hans W. durfte mich leider nicht besuchen, so wird es wohl auch mit R[enate] nichts werden; aber Ursel hat sich angemeldet; das ist auch sehr nett. Die natürliche Selbstlosigkeit einer guten Mutter ist doch etwas Großartiges; darin hast Du es mit Deiner Schwiegermutter wirklich gut getroffen. Dass Du Klaus so nett in Schutz nimmst, freut mich sehr. Mich wundert überhaupt, was die angeblich trockenen Juristen alles zusammenphantasieren! Die Quelle des nüchternen Urteilens und Handelns liegt eben doch ganz woanders!

Die Anschrift, die ich Dir kürzlich gab, ist überholt. Schreib bitte wieder nach Haus. Mir geht es hier weiter gut; allmählich gehört man sozusagen zum Inventar und hat manchmal sogar weniger Ruhe als man wünscht.

Du hast wohl recht, dass der Süden überhaupt die Landschaftsmalerei kaum kennt; mit der Ausnahme von Südfrankreich? Und Gauguin? oder waren das vielleicht auch keine Südländer? Ich weiß es nicht, wie ist es mit Claude Lorrain? Hingegen lebt sie in Deutschland und England. Der Südländer *hat* die schöne Natur, wir sehnen uns nach ihr und lieben sie wehmütig, wie etwas Seltenes. Übrigens, ohne Zusammenhang damit: Die Mörikesche Formulierung:

„Was aber schön ist, selig scheint es in ihm selbst" trifft wohl etwa mit J. Burckhardt zusammen? Wir denken leicht in zu primitiven Nietzscheschen Alternativen, als gäbe es diesem – „apollinischen" – Schönheitsbegriff gegenüber nur noch den dionysischen, oder, wie wir heute sagen, dämonischen. Das ist aber durchaus nicht so. Nimm z. B. Brueghel oder Velasquez, oder auch H. Thoma, Leopold Kalckreuth oder die französischen Impressionisten. Das ist eine Schönheit, die weder klassisch noch dämonisch, sondern einfach irdisch ist und die ihr ganz eigenes Recht hat; persönlich muss ich sagen, dass für diese Schönheit eigentlich allein mein Herz schlägt. Hierher gehören auch die neulich erwähnten Magdeburger Jungfrauen und die Naumburger Figuren. Ob nicht die „faustische" Deutung der Gotik überhaupt verfehlt ist? Woher käme sonst so ein Widerspruch zwischen Plastik und Architektur? Ich würde gern mal mit Dir all diese Dinge gründlich durchsprechen. Du *siehst* mehr und schärfer und klarer als ich.

Kannst Du mit Deinem Juristen über solche Dinge sprechen? Wie wird es sein, wenn Du einmal Deinen Sohn in diese Dinge einführst?

Schluss für heute! Sonst wirst Du mit dem Lesen gar nicht fertig. Ich bin in der Erinnerung so froh, dass Du damals noch die Kantate „Lobe den Herrn …" eingeübt hast! Es war *sehr gut* für alle!

In großer Treue immer

Dein Dietrich

27. 03.
Ob ich Dir doch heute schon meine besonderen Grüße und Wünsche für die Ostertage sagen muss? Ich weiß nicht, wie lange die Briefe unterwegs sind, und ich möchte gern, dass Du weißt, dass ich mich gerade in den vor- und nachösterlichen Wochen durch viele gute Erinnerungen mit Dir verbun-

den weiß. Wenn ich in diesen Tagen das Neue Lied immer wieder durchblättere, so wird mir klar, dass ich die gesungene Osterfreude im Wesentlichen Dir zu verdanken habe. Seit einem Jahr habe ich keinen Choral mehr singen hören. Aber es ist merkwürdig, wie die nur mit dem inneren Ohr gehörte Musik, wenn man sich ihr gesammelt hingibt, fast schöner sein kann als die physisch gehörte; sie hat eine größere Reinheit, alle Schlacken fallen ab; sie gewinnt gewissermaßen einen „neuen Leib". Es sind nur einige wenige Stücke, die ich so kenne, dass ich sie von innen her hören kann; aber gerade bei den Osterliedern gelingt es besonders gut. Die Musik des tauben Beethoven wird mir existenziell verständlicher, besonders gehört für mich dahin der große Variationssatz aus Opus 111, den wir mal zusammen von Gieseking hörten:

Übrigens höre ich in letzter Zeit doch auch manchmal das Sonntagskonzert von 18-19 Uhr, wenn auch durch scheußliches Radio. Wie Du ohne Musik fertigwirst, kann ich mir überhaupt nicht vorstellen; oder hast Du die Flöte doch mit? Kannst Du nicht versuchen, eine Gambe oder Oboe zu kaufen? Oder eine gute Gitarre? Ich schenke sie Dir gern, wenn Dir deutsches Geld etwas nützt. Und wenn Du mir außerdem noch etwas Derartiges besorgen könntest, wäre es umso schöner!

Ostern? Unser Blick fällt mehr auf das Sterben als auf den Tod. Wie wir mit dem Sterben fertigwerden, ist uns wichtiger, als wie wir den Tod besiegen. Sokrates überwand das Sterben, Christus überwand den Tod als ἔσχατος ἐχθρός [„der letzte Feind"] (1. Kor 15,26). Mit dem Sterben fertigwerden bedeutet noch nicht mit dem Tod fertigwerden. Die Überwindung des Sterbens ist im Bereich menschlicher Möglichkeiten, die Überwindung des Todes heißt Auferstehung. Nicht von der ars moriendi [Kunst des Sterbens], sondern von der Auferstehung Christi her kann ein neuer, reinigender Wind in die gegenwärtige Welt wehen. Hier ist die Antwort auf das δός μοι ποῦ στῶ καὶ κινήσω τὴν γῆν [„gib mir einen Punkt, wo ich stehen kann, und ich werde die Erde aus den Angeln bewegen"]. Wenn ein paar Menschen dies wirklich glaubten und sich in ihrem irdischen Handeln davon bewegen ließen, würde vieles anders werden. Von der Auferstehung her leben – das heißt doch Ostern. Findest Du auch, dass die meisten Menschen nicht wissen, woher sie eigentlich leben? Die perturbatio animorum [Verwirrung der Geister] greift außerordentlich um sich. Es ist ein unbewusstes Warten auf das lösende und befreiende Wort. Aber noch wohl nicht die Zeit, dass es gehört werden kann. Aber sie wird kommen, und dieses Ostern ist vielleicht eine der letzten großen Gelegenheiten, uns auf unsre künftige Aufgabe vorzubereiten. Ich wünsche Dir, dass Du Dich trotz der Dir auferlegten Entbehrung daran freuen kannst. Leb wohl, ich muss schließen, da der Brief weg soll.

Von Herzen
Dein Dietrich

66. An Eberhard Bethge

2. April 1944

Lieber Eberhard!
Wenn nun wohl auch Ostern vorübergehen wird, ohne dass wir zu Hause sind und uns wiedersehen, so verschiebe ich diese Hoffnung doch nicht weiter als bis auf Pfingsten. Was meinst Du dazu? Bei Euch wird jetzt ein herrlicher Frühling sein, und Du wirst Dich danach sehnen, eines Tages das al-

les, was Du jetzt siehst, in friedlichen Zeiten Renate zeigen zu können. Unter normalen Verhältnissen hättest Du wohl heute Klaus und Christoph konfirmiert. Es ist hier ein klarer, aber noch etwas kühler Palmsonntag-Morgen. Wie würden wir uns an einem solchen Festtag in der Familie freuen können! Aber wie gut ist es, dass Du seit Jahren – ich glaube seit Papas 70. Geburtstag – wohl sämtliche Familienfeste mitgefeiert und mitverschönt hast. Es tut mir immer wieder sehr leid, dass Maria die Familie eigentlich nur unter dem Druck des letzten Jahres kennengelernt hat; nur Hans-Walters Abschiedsfest hat sie miterlebt. Vor ein paar Tagen war sie hier und erzählte sehr anschaulich, wie sie am 29. in Pätzig Papas Geburtstag vorgefeiert haben. Maria war für 2 Tage hingefahren, um die Eltern dort zu treffen. Morgens Singen vor der Tür, Geburtstagsfrühstück der Eltern mit Maria und ihrer Mutter allein, ein offenbar ziemlich schlaraffenhafter Geburtstagstisch mit ländlichen Produkten, große Festtafel mit Geburtstagsrede von Hans-Werner (was ich das Allererstaunlichste finde), kleiner Kaffeekreis in Marias Zimmer – dann mussten Maria und ihre Mutter verreisen. Mich hat das alles wirklich sehr gefreut, auch in Gedanken an die Eltern, die für solche spontanen Freundlichkeiten doch ein sehr offenes Herz haben. Beide sollen heiterer und gelöster Stimmung sein, was mich nach diesen üblen Monaten sehr beglückt.

Marias Großmutter und Mutter waren kürzlich auf die Idee gekommen, ich solle Maria immer bei ihren hiesigen Besuchen eine kurze Andacht halten, und Maria solle sich Fragen aufschreiben, die sie an mich richten wolle, „religiöse Probleme“ etc. Anders könne mich Marias Besuch nicht „befriedigen“. Es war sehr rührend gedacht, stieß aber zu meiner großen Genugtuung bei Maria nicht weniger als bei mir auf radikale Ablehnung. Es war gar nicht ganz leicht, meiner Schwiegermutter auseinanderzusetzen (bei ihrem letzten Besuch), dass es mir hier nicht daran läge, tiefgründige Fragen zu erörtern, sondern mit einem Stück wirklichen Leben in Berührung zu kommen. Sie sieht meine gegenwärtige Situation so stark „dramatisch“ an – sicher aus wirklichem Mitgefühl –, dass sie die Bedeutung des Natürlichen unterschätzt.

Ich sagte auch, dass ich ein derartig geplantes Vorgehen für „vertrauenslos“ hielte; man muss nicht erst alles durchdiskutiert haben, ehe man sich in gewissen Dingen einig weiß. Die Hauptsache aber war, dass Maria ganz von sich aus ebenso empfand.

Ganz zufällig bekam ich kürzlich hier Ursel und Dorothee zu sehen. Dass man H.-W. den Besuch abschlug, gehört zu denjenigen Dingen, die ich mir merken werde! Ich empfinde das als niedrige Handlungsweise, die man nicht ohne Weiteres durchgehen lassen darf. Dorothee fand ich wohlaussehend, Ursel immer noch etwas schmal. Nun habe ich mir ein Bild des Kleinen erbeten und bin sehr gespannt darauf. Maria habe ich noch mal ausdrücklich die Sorge für Renates leibliches Wohlergehen aufs Herz gelegt. Es ist schmerzlich, dass ich direkt so wenig dafür tun kann. Aber ich habe auch nochmals verlangt, dass Renate immer von meinen Sachen abbekommt; ob es geschieht, weiß ich nicht; ich hoffe es aber sehr.

Denke Dir, ich habe aus einem zufälligen Anlass heraus plötzlich wieder mit der Grafologie begonnen, und es macht mir viel Spaß; ich arbeite gerade den Klages durch. An den Handschriften Angehöriger aber vergreife ich mich nicht. Es gibt hier genug andere Interessenten. Ich bin von der Zuverlässigkeit der Sache doch überzeugt. Du weißt doch, dass ich als junger Student so erfolgreich darin war, dass es mir selbst unangenehm wurde und ich es – seit nun fast 20 Jahren – aufsteckte. Aber nun, nachdem ich die Gefahren der Psychologie hinter mir zu haben glaube, interessiert es mich doch wieder sehr und ich spräche gern mit Dir darüber. Sollte es mir wieder unheimlich werden, so lasse ich es gleich wieder.

Ich könnte mir denken, dass Du auch sehr gute Erfolge haben könntest; denn es gehören zwei Dinge dazu, von denen Du das zweite in höherem Maße hast als ich: Einfühlung und genauestes Beobachtungsvermögen. Wenn Du Lust hast, schreibe ich Dir mal einiges mehr darüber.

In der 800 Seiten dicken Klopstockbiografie von Karl Kindt (einem Christen), 1941, fand ich sehr eindrucksvolle Auszüge aus Klopstocks Drama: „Der Tod Adams“, in dem er das Sterben des ersten Menschen darstellt, schon die Idee ist interessant, die Ausführung sehr wuchtig. Ich hatte früher schon manchmal daran gedacht, Klopstock zu rehabilitieren. So interessiert mich das Buch sehr.

Am 23. 4. hat Maria Geburtstag. Willst Du ihr vielleicht einen kurzen Gruß schicken? Sie würde sich bestimmt sehr freuen. Adresse: bei Baron v. Truchseß, Bundorf bei Hofheim, Mainfranken, 13a. So, das war ein reiner Erzählbrief, der einfach aus dem Wunsch, mich heute Vormittag mit Dir zu unterhalten (in anderen Zeiten hätten wir heute eine herrliche Musik gemacht!) und Dich nicht ohne Nachricht zu lassen, entstand.

Ich habe eine ganz genaue Karte der Umgebung von Rom und sehe sie oft an, wenn ich an Dich denke, und stelle mir vor, wie Du auf den dortigen Straßen schon längst mit gewohnter Orientierung herumfährst und aus der nicht sehr weiten Ferne die Laute des Krieges hörst und von den Bergen auf das Meer siehst.

Gott bewahre Dich alle Tage und auf allen Wegen! In Treue grüßt Dich von Herzen

Dein Dietrich

67. An Ruth von Wedemeyer

10. April 1944

Liebe Mutter!

Wenn Ihr an Deinem Geburtstag im großen Familien- und Freundeskreis zusammen seid und fröhlich und dankbar den schönen Tag feiert, dann musst Du wissen und spüren, dass aus der Stille einer verschlossenen Zelle heraus unaufhörlich gute Gedanken und Wünsche zu Dir gehen und dass keiner mit fröhlicherem und dankbarerem Herzen bei Dir sein kann als der, der sich erst seit einem Jahr Dein Sohn nennen darf und weiß, dass er eine gute Mutter gefunden hat. Wenn Maria bei Dir ist, wirst Du es durch sie hindurch empfinden. Ich habe die Losungen des 19.4. aufgeschlagen. Sie weisen uns auf die hin, die aus der Ewigkeit uns rufen und bei uns sind, auf Vater und auf Max. Du wirst in Deinen Gedanken bei ihnen sein und doch auch ganz bei uns und bei denen, die Dich auf dieser Erde brauchen. Die Zeit zwischen Ostern und Himmelfahrt ist mir immer besonders wichtig gewesen. Schon richtet sich unser Blick auf das Letzte, aber noch haben wir unsere Aufgaben, unsere Freuden und unsere Schmerzen auf dieser Erde und die Kraft des Lebens ist uns durch Ostern zuteil. Ich sage nichts anderes, als was ich erfahren habe, wenn ich Dir heute dafür danke, dass Du uns auf diesem Wege zwischen Ostern und Himmelfahrt vorangehst; es ist der Segen, den Vater und Max Dir und uns hinterlassen haben. Auch ich will mit Maria diesen Weg gehen, ganz bereit für das Letzte, für die Ewigkeit, und doch ganz gegenwärtig für die Aufgaben, für die Schönheiten und für die Nöte dieser Erde. Nur auf diesem Wege können wir miteinander ganz froh und ganz ruhig werden. Mit ausgestreckten offenen Händen wollen wir empfangen, was Gott uns schenkt und uns daran freuen aus ganzem Herzen und mit stillem Herzen wollen wir hingeben, was Gott uns noch nicht gewährt oder nimmt. Ich weiß, dass ich mir mit Maria darin einig bin, und ich weiß, dass Du, liebe gute Mutter, uns beiden gern helfen wirst, wo es nötig ist und wir Dich darum bitten. Ich danke Dir für alles, was Du im vergangenen Jahr für mich getan hast. Gott erhalte Dich im kommenden Jahr uns und Deinem ganzen Haus.

Dein dankbarer Sohn Dietrich

Die Eltern haben sich so sehr wohl bei Euch gefühlt, und Du hast es ihnen so besonders schön gemacht, dass ich ganz glücklich darüber war. Sie haben das Gefühl, sich mit Dir besonders gut zu verstehen. Ich danke Dir für diese Tage ganz besonders!

68. An Eberhard Bethge

11. April 1944

Lieber Eberhard!

Eigentlich wollte ich Dir in den Feiertagen schreiben; aber ich hatte infolge vieler sehr gut gemeinter Besuche weniger Ruhe, als mir lieb gewesen wäre. Nicht einmal einen Brief an Maria konnte ich fertig kriegen. Ich habe mich aber eben doch schon so an die Stille des Alleinseins gewöhnt, dass ich nach kurzer Zeit immer schon wieder danach Verlangen habe. Ich kann mir gar nicht vorstellen, den Tag wieder einmal wie früher oder gar so wie Du jetzt verbringen zu müssen. Du weißt ja, dass ich Familienfeste schon früher nicht recht durchhielt; hoffentlich hat sich das jetzt nicht zu sehr ausgewachsen. Nach einem guten Gespräch habe ich zwar großes Verlangen; aber Gerede ohne rechten Sinn geht mir schrecklich auf die Nerven. Ähnlich geht es mir mit der durchschnittlichen Radiomusik; ich empfinde sie einfach gar nicht als Musik, sondern als ein ganz leeres Geplärre. Sicher liegt in all dem eine Gefahr. Und trotzdem denke ich mir, dass Du jetzt oft ähnlich empfindest. Die Qualitätsgefühle lassen sich eben nicht totschlagen, sondern werden von Jahr zu Jahr stärker.

Wie magst Du Ostern verbracht haben? Ob Du in Rom warst? Wie bist Du der Sehnsucht nach Hause Herr geworden? Ich könnte mir denken, dass das noch schwerer ist in Deiner Lage als in meiner; denn nur mit Ablenkung und Zerstreuung ist es doch nicht gemacht. Es ist doch das ganze Aufgebot letzter Wahrheiten nötig, um mit sich ins Reine zu kommen, und dazu braucht man doch auch viel Zeit für sich selbst. Ich finde, dass die ersten warmen Frühlingstage etwas an mir reißen; das wird Dir ähnlich gehen. Wenn die Natur wieder zu sich zurückfindet, aber das eigene Leben und die geschichtlichen Gemeinschaften, in denen wir leben, noch in ungelöster Spannung verharren, dann empfinden wir den Zwiespalt besonders stark; oder eigentlich ist es wohl gar nichts anderes als Sehnsucht, und es ist vielleicht ganz gut, dass wir diese wieder einmal stark empfinden; von mir persönlich muss ich jedenfalls sagen, dass ich viele viele Jahre lang zwar nicht ohne Ziele und Aufgaben und Hoffnungen, in denen man ganz aufging, aber doch ohne persönliche Sehnsucht gelebt habe; und man ist vielleicht dadurch vorzeitig alt geworden. Alles ist dadurch zu „sachlich" geworden; Ziele und Aufgaben haben heute fast alle Menschen, alles ist ungeheuer versachlicht, verdinglicht, aber wer leistet sich heute noch ein starkes persönliches Gefühl, eine wirkliche Sehnsucht, wer macht sich die Mühe und wer verschwendet seine Kraft darauf, eine Sehnsucht in sich auszutragen, zu verarbeiten und ihre Früchte tragen zu lassen? Die paar sentimentalen Radioschlager mit ihrer gesuchten Naivität und leeren Primitivität sind der klägliche Rest und das Maximum dessen, was man sich an inneren Strapazen auferlegen lässt – eine schauerliche Verödung und Verarmung. Demgegenüber wollen wir ganz froh sein, wenn es uns noch etwas kräftiger packt, und die Schmerzen, die damit verbunden sind, als Reichtum ansehen. Hohe Spannungen geben starke Funken (Oder stimmt das physikalisch nicht? Dann übersetze es Du in die richtige Sprache!).

Die Zeit zwischen Ostern und Himmelfahrt habe ich seit Langem besonders geliebt. Auch hier geht es ja um eine große Spannung. Wie sollen Menschen wohl irdische Spannungen aushalten, wenn sie von der Spannung zwischen Himmel und Erde nichts wissen? Hast Du eigentlich das Neue Lied mit? Ich erinnere mich genau daran, wie wir mit Dir Himmelfahrtslieder kennenlernten, darunter das, was mir bis heute das liebste ist:

„Auf diesen Tag bedenken wir …“ Übrigens beginnt in diesen Tagen das zehnte Jahr, seit wir uns kennen. Das ist doch ein ziemlicher Abschnitt; und wir haben das vergangene Jahr doch wohl kaum weniger intensiv miteinander erlebt als die vorigen unserer vita communis.

Am 23. 4. ist Marias Geburtstag. Sie wird ihn noch immer allein feiern müssen, und ich habe den Eindruck, dass wir beide – ich meine Du und ich – erst zur gleichen Zeit wieder nach Hause kommen. Man hat mir gesagt, ich solle mich vorläufig nicht auf eine Veränderung meines derzeitigen Status einstellen, und das, nachdem man mir bisher alle 14 Tage neue Versprechungen gegeben hat. Ich kann das zwar weder für richtig noch für klug halten und mache mir meine eigenen Gedanken darüber, über die ich sehr sehr gern mit Dir spräche – aber ich muss mich eben praktisch danach richten, da ich mich mit meiner Auffassung nicht durchsetzen kann. Im Übrigen hoffe ich auf Pfingsten!

Gestern hörte ich hier irgendjemand sagen, die letzten Jahre seien für ihn alle verlorene Jahre. Ich bin sehr froh, dass ich dieses Gefühl noch nie einen Augenblick gehabt habe; ich habe auch noch nie meine Entscheidung im Sommer 39 bereut, sondern stehe ganz unter dem Eindruck, dass mein Leben – so merkwürdig das klingt – völlig geradlinig und ungebrochen verlaufen ist, jedenfalls was die äußere Führung des Lebens angeht. Es ist eine ununterbrochene Bereicherung der Erfahrung gewesen, für die ich wirklich nur dankbar sein kann. Wenn mein gegenwärtiger Status der Abschluss meines Lebens wäre, so hätte das einen Sinn, den ich zu verstehen glauben würde; andrerseits könnte alles auch eine gründliche Vorbereitung für einen neuen Anfang sein, der durch die Ehe, durch den Frieden und durch eine neue Aufgabe bezeichnet wäre.

Eben kam ein netter Brief von Rüdiger, aus dem ich ersehe, dass Du auch nicht gerade eine Etappenexistenz führst. Gern wüsste ich sehr viel mehr über Dein tägliches Leben. Ist eigentlich die Unterbringung erträglich? Aber Du bist ja vom Internat einiges gewöhnt. Mit großer Freude habe ich mir die Bilder vom 75. Geburtstag, darunter Dich unter den Enkeln wieder angesehen; die Eltern brachten sie kürzlich mit.

Vorn in den Losungen habe ich Dein Bild aus Lissa, das ich immer wieder recht gut finde.

Dass die Eltern in Pätzig so befriedigt waren, freut mich sehr. Meine Schwiegermutter hat sie scheints ganz rührend versorgt und auch Papa sprach wirklich sehr erfreut über den Aufenthalt. Sehr komisch ist es natürlich, dass meine Schwiegermutter der Mama immer die Hand küsst, während ich mich nicht dazu bringen kann; ich finde, es gehört sich nicht für meinen Beruf. Außerdem aber ist es wohl das schwäbische Erbe, das mir darin Hemmungen auferlegt. Vermutlich wird die entferntere hohe Verwandtschaft einmal daran Anstoß nehmen; das wird aber erst recht nichts helfen. Die Selbstlosigkeit meiner Schwiegermutter scheint doch übrigens für jeden, der sie kennenlernt, besonders eindrucksvoll zu sein.

Nun will ich für heute schließen; ich muss noch eine grafologische Analyse machen; damit verbringe ich jetzt die Stunden, in denen ich nicht recht arbeiten kann. Der Brief ist etwas zerrissen, weil er mit dauernden Unterbrechungen geschrieben wurde. Trotzdem, denke ich, ist er Dir lieber als gar keiner.

Täglich denke ich oft zu Dir hin und befehle Dich Gott. Von Herzen grüßt Dich

Dein Dietrich

69. An Maria von Wedemeyer

16. April 1944

Geliebteste Maria!

Während schon ein erster Geburtstagsbrief an Dich unterwegs ist, kann ich es doch nicht unterlassen, Dir noch einmal zu schreiben und am liebsten schriebe ich Dir jeden Tag einen neuen Geburtstagsbrief. Du wirst 20 Jahre! Ich schäme mich ordentlich, daran zu denken, wie ahnungslos ich in diesem Alter noch war, und damit zu vergleichen, wie Dein Leben demgegenüber schon durch wichtigste Erfahrungen und Aufgaben erfüllt ist. Ich glaubte damals noch, das Leben bestünde in Gedanken und Büchern und schrieb mein erstes eigenes Buch und war, fürchte ich, recht stolz darauf. Aber welcher Mensch hat damals etwas von mir gehabt? Wem habe ich geholfen? Wen habe ich froh und glücklich gemacht? Was wusste ich in Wirklichkeit von den Dingen, über die ich schrieb? Und Du? Du schreibst glücklicherweise keine Bücher, sondern tust, weißt, erfährst, erfüllst mit dem wirklichen Leben das, wovon ich nur geträumt habe. Erkennen, Wollen, Tun, Empfinden und Erleiden bricht bei Dir nicht auseinander, sondern ist ein großes Ganzes, und eines wird durch das andere gestärkt und vollendet. Du weißt das selbst nicht und das ist das Allerbeste und vielleicht sollte ich es auch gar nicht sagen – darum vergiss es und bleibe immer das, was Du bist, bleibe es für mich; denn das ist es, was ich brauche, was ich in Dir gefunden habe, was ich liebe – das Ganze, Ungeteilte, wonach ich Sehnsucht und Verlangen habe. Du bist so jung und Du wirst es immer bleiben – für mich. Wie anders könnte Dein Leben heute aussehen – manchmal packt mich dieser Gedanke, wie schwer ich es Dir mache, verzeih, Du hast wahrhaftig Besseres, unendlich viel Besseres verdient – aber dann richte ich mich an Deinen Briefen und an Deinem Hiersein auf und staune und staune, dass ich in Dir lauter Freude, Liebe, Geduld und Stärke finde – ich kann es zwar nicht begreifen, aber glauben kann ich es und mich daran festhalten und durch und durch froh und glücklich darüber werden, meine geliebte Maria! Du willst nicht, dass ich mir um Deinetwillen Vorwürfe mache, sondern dass ich Dich ganz einfach lieb habe und das will ich auch, gar nichts anderes, so lieb, dass Du die Schmerzen, die ich Dir zufügen muss, gar nicht spürst.

Weißt Du, wenn ich Dir das an Deinem Geburtstag ganz allein sagen könnte – aber noch muss ich es schreiben, wie lange noch? Gestern war ich seit Monaten zum ersten Mal in der Stadt; man war sehr freundlich zu mir, aber zugleich wurde mir gesagt, dass ich noch eine ganze Weile Geduld haben müsse; vor Pfingsten sei eine Veränderung nicht zu erwarten. Ich fürchte, die ersten Sommermonate werden noch vergehen, ehe der ersehnte Tag da ist. Liebste Maria, ich wollte Dir das gleich schreiben, weil es mich natürlich sehr bewegt und weil Du es von mir und nicht von jemand anderem erfahren sollst. Es ist schwer begreiflich, dass das so sein muss, und es stellt unsere Zukunft in eine Ungewissheit, die nur durch unsere Liebe zueinander, durch unsere Treue und Geduld, und durch unsere Unterwerfung unter Gottes Willen und Führung überwunden werden kann – statt Unterwerfung hätte ich besser „Vertrauen" sagen sollen, aber es ist wohl kein Zufall, dass mir das andere Wort zuerst in die Feder kam, und es bleibt ja immer ein neuer schwerer Weg von der Unterwerfung zum Vertrauen. Als ich bei Max' Konfirmation über Markus 9,24 sprach, habe ich gesagt, es sei leicht „Herr" zu sagen, aber es komme darauf an, „lieber Herr" sagen zu können. Das muss ich nun selbst exerzieren und Du mit mir und ich mit Dir. Wir haben es beide, glaube ich, nicht gern, viel von den Dingen zu sprechen, die uns schwer werden, aber, nicht wahr, wenn sie uns einmal zu schwer zu werden drohen, dann wollen wir es uns immer sagen, ganz offen und voll Vertrauen, dass einer dem anderen dann nicht nur helfen will, sondern auch wirklich helfen kann. Wie macht Gott unsere Pläne immer wieder zunichte, aber doch nur um seine besseren Pläne mit uns durchzusetzen. Kannst Du das glauben? Lass es uns doch glauben, meine geliebte Maria. Nun musst Du also noch einmal Deinen Geburtstag mit etwas schwerem Herzen feiern, aber feiern musst Du ihn trotzdem, das musst Du mir versprechen. Freue Dich in diesen Frühlingstagen, so sehr Du kannst, und lass mich immer dabei sein; ich möchte mich mit Dir freuen. – Würde Dir vielleicht die spanische Ampel, die auf dem Bücherbrett in meinem Zimmer stand, etwas Freude machen? Ich hatte sie immer gern und sie hat mich seit 15 Jahren in jedes Zimmer begleitet. Wie würde ich mich freuen, sie bei Dir zu wissen und zu finden. Sie gibt auch ein hübsches Licht. Lass sie Dir bitte von mir zum Geburtstag schenken. Es ist zwar gar nicht das, was ich Dir gern schenkte, aber sie ist doch ein Stück von meinem Leben und das kann nirgends besser aufgehoben sein als bei Dir. – Nun leb wohl, meine liebe, geliebte Maria! Gott schenke uns einen frohen Tag, ein frohes Wiedersehen und vor allem ein frohes Herz!

Lass Dich innig umarmen und küssen und lieb haben von

Deinem Dietrich

70. An Eberhard Bethge

22. April 1944

Lieber Eberhard!

Heute habe ich durch die Eltern wieder von Deinem Ergehen gehört; wenn ich auch gern immer sehr viel mehr erführe, so ist es doch eine große Beruhigung zu wissen, dass Du gesund bist. Papa hat sich sehr über Deinen Brief gefreut, ebenso Maria über den vom 5. 4.! Hab vielen Dank dafür, es war ein *sehr* guter, freundschaftlicher Gedanke von Dir.

Wenn Du schreibst, dass diese Zeit für meine sachliche Arbeit viel bedeuten würde und dass Du gespannt bist auf das, was ich später zu erzählen habe und was ich geschrieben habe, so darfst Du Dich nur keinen Illusionen über mich hingeben. Ich habe gewiss vieles zugelernt, aber sehr verändert habe ich mich, glaube ich, nicht. Es gibt Menschen, die sich ändern, und manche, die sich kaum ändern können. Ich habe mich, glaube ich, nie sehr geändert, höchstens in der

Zeit meiner ersten Auslandseindrücke und unter dem ersten bewussten Eindruck von Papas Persönlichkeit. Damals ist eine Abkehr vom Phraseologischen zum Wirklichen erfolgt. Übrigens glaube ich, dass Du Dich auch nicht veränderst. Sich entwickeln ist ja etwas anderes. Einen Bruch in unserem Leben haben wir eigentlich beide nicht erfahren. Gewiss haben wir mit manchem von uns aus und bewusst gebrochen, aber auch das ist wieder etwas ganz anderes. Einen Bruch im passiven Sinne wird wohl auch die Zeit, die wir beide jetzt erleben, nicht bedeuten. Früher habe ich mich manchmal nach einem solchen Bruch gesehnt. Heute denke ich darüber anders. Die Kontinuität mit der eigenen Vergangenheit ist doch auch ein großes Geschenk. Bei Paulus steht 1Tim 1,13 neben 2Tim 1,3a. Oft wundere ich mich, wie wenig ich, im Unterschied zu fast allen andren hier, in vergangenen Fehlern etc. wühle, also etwa auch in dem Gedanken, wenn ich dies oder jenes anders gemacht hätte, wäre heute vieles ganz anders. Das quält mich überhaupt nicht. Alles erscheint mir zwangsläufig, notwendig, gradlinig, von höherer Führung bestimmt. Geht Dir das auch so?

In der letzten Zeit hat mich auch oft die Frage beschäftigt, wie sich das, was man gewöhnlich Abstumpfen gegen schwere Eindrücke im Laufe einer längeren Zeit nennt, eigentlich erklärt. Wenn ich an die Wochen vor einem Jahr denke, ist mir das ganz auffallend. Ich sehe dieselben Dinge ganz anders. Die Antwort, dass das ein Selbstschutz der Natur sei, reicht mir nicht aus; ich glaube vielmehr, dass es sich dabei auch um ein klareres, nüchterneres Erfassen der eigenen begrenzten Aufgaben und Möglichkeiten und dadurch um die Ermöglichung wirklicher Liebe zum Nächsten handeln kann. Solange die Fantasie erregt und aufgepeitscht ist, bleibt die Liebe zum Nächsten etwas sehr Vages und Allgemeines. Heute kann ich die Menschen, ihre Not und ihre Hilfsbedürftigkeit ruhiger ansehen und ihnen damit besser dienen. Statt von Abstumpfung würde ich lieber von Abklärung sprechen; aber natürlich bleibt es immer wieder eine Aufgabe, das eine in das andere zu verwandeln. Aber Selbstvorwürfe darüber, dass die Empfindungen im Laufe der Zeit nicht mehr so erhitzt und angespannt sind, braucht man sich in solchen Situationen, glaube ich, nicht zu machen. Allerdings muss man sich der Gefahr immer bewusst bleiben, dass man das Ganze nicht aus den Augen verliert, und auch unter der Abklärung müssen starke Empfindungen lebendig bleiben. Kannst Du mit diesen Erfahrungen auch für Dich etwas anfangen?

Woran liegt es eigentlich, dass einem ganz ohne ersichtlichen Grund manche Tage so viel schwerer werden als andere? Sind das Wachsschmerzen? Sind es Anfechtungen? Wenn sie vorüber sind, sieht die Welt auf einmal ganz anders aus.

Kürzlich hörte ich die Engelszene aus „Palestrina" im Radio und dachte an München. Sie war schon damals das Einzige, was mir besonders gefiel. Hier ist ein besonderer „Palestrina-Verehrer", der es nicht verstehen kann, dass ich mit dem Stück nichts anfangen konnte, und ganz begeistert war, als mir die Engelszene doch gefiel.

Grüße doch Christoph gelegentlich sehr von mir. Wie mag er sich entwickeln bei der Länge der Zeit? Nach längerer Unproduktivität fühle ich mich mit dem kommenden Frühjahr wieder schaffensfreudiger. Ich erzähle Dir das nächste Mal darüber. Inzwischen bleib gesund und guten Mutes. Ich hoffe trotz allem auf ein baldiges frohes Wiedersehen!

Von Herzen grüßt Dich

Dein getreuer Dietrich

71. An Maria von Wedemeyer

23. April 1944

Meine liebste Maria!

Seit heute Nacht um 12 Uhr feiere ich mit Dir Deinen 20. Geburtstag. Ich wachte gerade auf, als die Anstaltsuhr Mitternacht schlug. Nun ist der Morgen da, an dem ich so gern bei Dir wäre. Welche Lieder mögen sie jetzt wohl vor Deiner Tür singen? Wirst Du sie – trotz allem – froh und glücklich anhören können? Ich wünsche es so sehr. Dann werdet Ihr die Losungen lesen, die auch vor mir jetzt aufgeschlagen liegen – „beten" und „nachfolgen", beides gehört zusammen, eins gibt es nicht ohne das andere, zuversichtlich beten und willig nachfolgen – das ist ein voller Lebensinhalt. Die heimliche Frage nach der persönlichen Zukunft, mit der wir etwas abergläubisch manchmal an die Losungen herantreten, bleibt ganz und gar unbeantwortet. Das ist schwer, aber gut. Dann können wir uns auf Gott verlassen – wie schön ist doch dieses Wort „sich verlassen", sich-selbst-lassen, um auf Gott gegründet zu sein – und wenn wir Christus nachfolgen, dann kann ja auch unsere Zukunft nur gut sein. Geliebte Maria, das müssen wir heute mit Freuden glauben, nun ganz beieinander zu sein. –

Dein Besuch am Dienstag war schön, sehr schön, wie immer, wenn Du hier bist. Aber sag mir, warst Du über irgendetwas traurig? Oder habe ich mir das nur eingebildet, weil es mir selbst so schwer wurde, Dir zu sagen, dass wir noch einmal von Neuem warten müssen? Ich weiß es ja, dass es zu viel, viel zu viel ist, was ich Dir aufbürde; aber darf und kann ich dann auch nur einen Augenblick daran zweifeln, dass es Dir trotzdem nicht zu viel ist, dass Du mit mir wartest, nicht aus Mitleid, sondern einfach darum, weil wir wissen, dass wir zusammengehören und dass dem einen nichts widerfahren kann, was der andere nicht teilt. Was heißt denn Zusammengehören anderes als Alles-miteinander-teilen? Maria, haben wir es nicht so gemeint? Bisher ist die Last ganz auf Dich gefallen, aber so ist sie doch unsere gemeinsame geworden, nicht wahr? Lass Dir heute an Deinem Geburtstag dafür von ganzem Herzen danken, dass Du das vergangene Jahr mit mir gegangen bist, dass Du alles mit mir geteilt hast, so gut das aus der Ferne möglich war. Lass Dich um Verzeihung bitten für alles, womit ich Dir die Last noch unnötig erschwert habe. Lass uns auf die Stunde hoffen, in der wir nicht nur in Gedanken, sondern in Wirklichkeit alles miteinander teilen werden.

Auch dieser Brief geht noch einmal den ungewöhnlichen Weg, weil ich will, dass Du ihn rasch bekommst. Öfter wird das nicht möglich sein. – Gestern erzählte mir Mama, dass sie Dir das Petrusbild geschickt hat. Das hat mich sehr gefreut. Ich selbst hätte es Dir nicht schicken können. Noch blühen einige Deiner Himmelschlüssel auf meinem Schreibtisch. Die Eltern möchten im Mai gern noch mal zu Euch kommen. Das freut mich sehr, wie ich auch sehr froh darüber bin, dass Du mit Eberhard gelegentlich Briefe wechselst; ich finde es auch wirklich sehr nett und freundschaftlich von ihm, dass er Dir zum 5.4. schrieb. Bringe mir doch seine Briefe so wie möglich immer mit, auch Großmutters Briefe freuen mich immer sehr. Du ahnst gar nicht, wie lange nachher ich noch von solchen Eindrücken zehre. Der Verzicht auf Eberhards und Großmutters Briefe, an die ich so sehr gewöhnt war und die geradezu zu meinem täglichen Leben gehörten, fällt mir sehr schwer. Es ist wirklich ein ganz großer Unfug, dass man Großmutter deswegen Unruhe gemacht hat; das sind überflüssige Aufbauschungen, für die ich gar nichts übrig habe. Wenn Du von Zeit zu Zeit an Eberh. schreibst, etwa nach den Besuchen, wird er – und auch ich – Dir sehr dankbar dafür sein. – Übrigens wäre es mir doch sehr lieb, wenn die Bitte wegen des 12-tägigen Urlaubs auf einem Gut positiv erledigt werden könnte. Der Mann ist natürlich ordentlich und besonders freundlich zu mir. Falls es in Bayern nicht geht, ist es vielleicht anderswo möglich? Er möchte zum Anfang Mai reisen und ist körperlich sehr herunter. – Nun, Du geliebte Maria, lass Dich von Herzen umarmen und küssen und immer mehr lieb haben von

Deinem Dietrich

72. An Maria von Wedemeyer

ohne Datum

Meine geliebte Maria!

Das ist das erste Mal, dass ich in aller Ruhe nachmittags draußen in der Sonne sitze, ohne dass mich jemand behelligt. Es ist etwas so Ungewöhnliches und vermutlich auch so Seltenes, dass ich gar nicht anders kann, als diese Zeit ganz in Ruhe mit Dir zu verbringen. Ich habe Deine letzten Briefe mitgenommen, sie noch einmal gelesen und träume von freien Tagen mit Dir. Verzeih, hoffentlich kannst Du überhaupt lesen, was ich schreibe; jemand anders braucht es ja diesmal glücklicherweise nicht zu lesen! Ist das nicht herrlich, einmal so ganz ohne Zuschauer und Mithörer beisammen zu sein? –

Deine Briefe waren diesmal länger unterwegs als sonst. Dafür war es umso schöner, als sie schließlich kamen. Was Du über die Osterwoche schreibst, hat mich sehr bewegt und beschäftigt. Es war gut, dass Du es mir alles geschrieben hast, auch das schlimme Wort von Stählin. Das hätte er nicht sagen dürfen und er wird es kaum verantworten wollen. Wo ist nun eigentlich der „Fanatismus", für den wir so verlästert sind, bei ihm oder bei mir? Es tut mir sehr leid, dass er so von der christlichen Haltung abgeglitten ist; es muss auf großer Verbitterung gegen die Bekennende Kirche beruhen, woran die B. K. allerdings vielleicht selbst mit schuld ist, allerdings nur in ihren unreifen Vertretern. Nein, liebste Maria, zwischen Deinem Vater und mir brauchst Du nicht zu entscheiden, so liegen die Dinge nicht und so darf man sie nie und nimmer ins Persönliche ziehen! Ich glaube zuversichtlich, dass Vater und ich sich immer als christliche Brüder betrachtet hätten, auch wenn man in diesem oder jenem Punkt voneinander abgewichen wäre und vielleicht sogar Irrtümer beim anderen zu sehen gemeint hätte; wir wären gewiss beide ganz offen gewesen, beim anderen zu lernen, und hätten einander in der Erkenntnis Christi und in der Liebe zu ihm nur helfen wollen. Und nun gar in dieser Zeit, in der es nicht um christliche „Meinungen", sondern um die Entscheidung für oder gegen Christus überhaupt geht. Ich bin gewiss sehr für klare Entscheidungen, wo sie nötig sind, aber in dieser Zeit solcher notwendigen Entscheidungen darf man – um Gottes Willen! – die Menschen nicht noch in unechte, nicht-notwendige Entscheidungen hineinzwingen! Ich bin froh, wenn die Osterwoche Dir im Glauben an Christus geholfen hat, und das würde ja zugleich bedeuten, dass Du Dich nicht menschlich beeinflussen oder durch Geschmacksfragen binden lässt. So gewiss man bestimmten Menschen den Glauben verdankt, so soll doch jeder Christ mündig sein und sich nicht unter Menschen und ihren Ideen, sondern ganz allein unter Gott und sein Wort beugen. Alles Stilmäßige ist dem Glauben fremd. Mein Hauptbedenken gegen die Berneuchener geht dahin, dass sie den christlichen Glauben mit einem Stil belasten und so die Menschen nicht zu ihrer vollen Freiheit unter dem Wort Gottes kommen lassen. Verstehst Du das?

Für die Botschaft von Christus, wie sie auch die Berneuchener teilen, bin ich ihnen nur dankbar, aber gegen alle Stilisierung wehre ich mich. Ich will nicht Christ und Berneuchener, sondern Christ und ein freier Mensch sein; und darin allerdings wünschte ich sehr, dass wir einig wären. Wenn Du in der Osterwoche nichts, gar nichts als die Botschaft von Christus gehört hättest, würdest Du wahrscheinlich nicht in Unsicherheit und Probleme, sondern in die Gewissheit, Freude und Klarheit geführt worden sein. Ich behaupte gewiss nicht, dass ich Christus ohne menschliche Zutaten zu verkündigen vermöchte; aber ich bemühe mich darum und habe mich immer darum bemüht, die Menschen in die volle Freiheit unter dem Wort zu führen und sie nicht an mich zu binden – so schlecht das oft genug gelungen sein mag. Also, mach' Dir um die Osterwoche keine schweren Gedanken, sondern nimm davon, was Dich in die Freiheit unter Christus führt, alles andere lass liegen und tue es immer ebenso, wenn Du mich predigen hörst, und sage es mir immer, wenn Du bei mir fremde Gesetze und Stimmen hörst. Wir wollen Christus gehorchen und gehören, sonst niemandem! –

Du schriebst neulich, man habe so wenig davon, dass etwas Vergangenes schön und gut gewesen sei; wenn es einmal vorüber sei. Auch ich habe gerade im letzten Jahr, besonders im Anfang, oft mit diesen Gedanken gekämpft. Aber ich habe gefunden, dass es sehr gefährlich und falsch ist und dass man ihm keinen Raum geben darf. Wir dürfen unsere Vergangenheit nicht verlieren, sie gehört zu uns und soll ein Stück von uns bleiben, sonst geraten wir in Unzufriedenheit oder Schwermut. Wir müssen alles Vergangene immer wieder durch das Reinigungsbad der Dankbarkeit und der Reue gehen lassen; dann gewinnen und erhalten wir uns das Vergangene. Gewiss, es ist Vergangenheit, aber es ist meine Vergangenheit und als solche bleibt sie gegenwärtig durch tiefe, selbstlose Dankbarkeit für Gottes Gaben und durch Reue über unser verkehrtes

Wesen, durch das wir die Gaben immer wieder verderben. So können wir ohne Selbstquälerei an das Vergangene denken, ja aus ihm alle Kraft ziehen. Über allem Vergangenem steht Gottes Güte und Gottes Vergebung. –

Ich bin froh, dass Du in Bundorf bist und werde Dich nicht mehr mit meinen Gedanken beunruhigen. Aber, nicht wahr, Du verstehst doch, dass ich damals unter dem Eindruck von Mamas Gesamtzustand noch einmal auf die alte Idee zurückkam? Sie selbst würde es unter keinen Umständen zulassen, dass Du jetzt dort herausgerissen wirst. Es war auch mir nicht so klar, dass Du so gern dort bleibst. Wenn die Reisen zu mir für Dich mehr Beunruhigung und Qual als Befreiung und Freude sind – ich könnte es so gut verstehen! –, dann bitte ich Dich herzlich, lass sie für ein paar Wochen und sei gewiss, dass ich Dich auch aus der Feme sehr lieb behalte. Ich möchte nichts, als was für Dich gut und richtig ist, und müsste mir sonst selbst Vorwürfe machen. Wir müssen es doch ruhig und ohne Vorwurf gegen irgendeinen Menschen uns selbst immer wieder sagen, dass uns heute die Monate oder wenigstens Wochen des Zusammenseins von November 42 – April 43 fehlen. Das kann unsere Liebe zwar niemals beeinträchtigen, aber es macht sie wohl schwerer zu tragen, und gewiss für Dich noch viel mehr als für mich. Wir könnten eben doch schon ganz anders miteinander sprechen, wenn wir schon einmal allein zusammen gewesen wären. Ich finde, es hat gar keinen Sinn, dass wir uns das verbergen, eben weil wir so gewiss sein dürfen, dass es mit unserer Liebe zueinander gar nichts zu tun hat. Sie ist wunderbar genug entstanden und wird nun auch wunderbar erhalten. Und wenn Du es richtig findest, einmal längere Wochen nicht zu kommen, so wird mein Verlangen nach Dir zwar nur noch größer, aber zugleich ist mir beruhigend zu denken, dass wir ganz frei und offen zueinander sind und dass Deine Ruhe, die Du brauchst, nicht gestört wird. Ich weiß ja, dass ich Dir am allernächsten bin, wenn Du ganz in Ruhe bist, und das ist ein großer Trost und nimmt mir alle Qual. Versteht Du das wohl alles, meine geliebte, innig geliebte Maria? –

Ein sehr lieber Brief der Mutter erfreute mich vor Kurzem. Unter anderem schreibt sie von der Bitte, die sie mir leider nicht erfüllen könne (glücklicherweise nichts Spezielleres) und die ich durch Dich an sie gerichtet habe. Habe ich das denn getan? Schrieb ich nicht gerade, dass es mir am liebsten wäre, ganz fremde Leute dafür zu finden? Die Tatsache, dass es nicht gelang, ist zwar bedauerlich, aber nicht schlimm. Jemand anders hier hat dem wirklich ziemlich kranken Mann in der Nähe von Bamberg etwas verschafft und es ihm auch finanziell ermöglicht. So ist die Sache erledigt. Ich hätte ihm, da er viel Freundlichkeit gegen mich hat, nur gern etwas Freundliches erwiesen. Er war durchaus vernünftig, als ich ihm sagte, dass es leider nicht ginge. Etwas amüsiert – verzeih; Du weißt, wie sehr ich gerade ihn und sein Haus liebe – haben mich die „Bedenken" Deines Onkels H. J. [v. Kleist-Retzow], von denen Mutter auch schrieb. Wie viel „Bedenklichkeiten" hindern unsere Schicht immer wieder am Tun. Ich glaube, dass die Schwäche unserer Schicht im Grunde in ihren – gerechtfertigten und ungerechtfertigten – Bedenklichkeiten ihren Hauptgrund hat. Einfache Leute sind da anders, sie machen mehr Fehler, aber sie tun auch mehr Gutes, weil der Weg zum Tun nicht durch so viele Bedenklichkeiten hindurchgeht. Darüber müssen wir später viel sprechen. Hoffentlich verstehst Du richtig, was ich meine. –

Nun ist die schöne Zeit schon wieder herum und ich muss schließen. Ich gebe Dir einen innigen langen Kuss und umarme Dich und gehe wieder in meine Abgeschiedenheit zurück, voll Dankbarkeit für diese Stunde mit Dir, meine liebe, liebe Maria!

Von ganzem Herzen immer
Dein Dietrich

73. An Karl und Paula Bonhoeffer

26. April 1944

Liebe Eltern!

Da es nach Eurem letzten Besuch voraussichtlich wieder eine Weile dauern wird, bis ich Euch sprechen kann, möchte ich Euch wenigstens durch einen Brief wissen lassen, dass es mir gut geht. Dieses zweite Frühjahr, das ich hier von der Zelle aus erlebe, ist doch recht anders als das vor einem Jahr. Damals waren alle Eindrücke frisch und lebendig, Entbehrungen und Freuden erlebte man intensiver; inzwischen ist das eingetreten, was ich nie für möglich gehalten hätte – Gewöhnung, und die Frage ist nur, ob die Abstumpfung oder die Abklärung überwiegt; es wird wohl auf verschiedenen Gebieten verschieden sein. Die Dinge, gegen die man abstumpft, wird man schnell vergessen haben, sie sind zu gleichgültig; andere Dinge hingegen hat man bewusst oder unbewusst in sich verarbeitet, man wird sie nie vergessen, sondern sie sind aus starken Erlebnissen in die feste Gestalt klarer Erkenntnisse, Vorsätze und Pläne übergegangen, und als solche behalten sie für das künftige Leben ihre Bedeutung. Es ist sicher ein großer Unterschied, ob man einen Monat oder ein Jahr im Gefängnis ist, man hat dann nicht nur einen interessanten oder starken Eindruck, sondern einen ganz großen neuen Lebensbereich in sich aufgenommen. Allerdings glaube ich, dass schon gewisse innere Voraussetzungen dazugehören, um sich gerade diesen Lebensbereich ohne Gefahr assimilieren zu können, und ich denke mir eine lange Haft für sehr junge Leute als für ihre innere Entwicklung sehr gefährlich. Der Ansturm der Eindrücke ist doch so gewaltig, dass er vieles über den Haufen zu werfen droht. Euch muss ich sehr dafür danken, dass Ihr mir durch Eure regelmäßigen Besuche, Briefe und Pakete alles immer wieder sehr erleichtert habt, und die Freude über jeden Gruß von Euch ist seit dem ersten Mal immer gleich groß gewesen und ein immer neuer Antrieb, die Zeit hier voll auszunutzen. Auch den Geschwistern – von Ursel und Karl-Friedrich habe ich wieder sehr nette Briefe – danke ich sehr für alle Briefe. Könntet ihr wohl versuchen, mir das neue Buch von Ortega y Gasset: „Das Wesen geschichtlicher Krisen" (Deutsche Verlagsanstalt Stuttgart – Berlin) und möglichst auch das vorige: „Geschichte als System" zu beschaffen; ferner von H. Pfeffer:„Das britische Empire und die USA" (1944 Dünnhauptverlag)? – Ursel möchte doch bitte für Dorothee etwas von mir zum Geburtstag besorgen, wenn es geht. Es ist der letzte Geburtstag vor dem Abitur und sie hat sicher Bücherwünsche. Hoffentlich entschließt Ihr Euch, doch noch etwas aufs Gut zu fahren; ich würde mich sehr darüber freuen. Hoffentlich sehen wir uns bald wieder! Es grüßt Euch herzlich

Euer dankbarer Dietrich

74. An Eberhard Bethge

30. April 1944

Lieber Eberhard!

Wieder ist ein Monat herum – geht Dir die Zeit auch so rasend schnell vorbei wie mir hier? Ich wundere mich oft selbst darüber – und wann wird der Monat kommen, in dem Du zu Renate, ich zu Maria und wir beide wieder zueinander kommen? Das Gefühl, dass jeden Tag große Ereignisse die Welt in Bewegung setzen und alle unsere persönlichen Verhältnisse verändern können, ist so stark in mir, dass ich Dir gern viel öfter schriebe, schon weil man ja nicht weiß, wie lange man es noch kann, und vor allem, weil man so oft und so lange wie möglich alles miteinander teilt. Ich bin eigentlich fest überzeugt davon, dass, bis Du diesen Brief hast, die großen Entscheidungen an allen Fronten bereits im Gange sind. In diesen Wochen wird man dann innerlich sehr fest sein müssen, und ich wünsche Dir, dass Du es sein kannst. Man muss alles an Gedanken zusammennehmen, um über nichts zu erschrecken. Ich bin im Blick auf das Kommende fast geneigt, das biblische δεῖ [„es ist nötig"] … zu zitieren, und ich empfinde etwas von der in 1Petr 1,12 erwähnten „Neugierde" der Engel, wie Gott das scheinbar Unlösbare sich nun zu lösen anschickt. Ich glaube, dass es nun so weit ist, dass Gott sich aufmacht, etwas zu vollbringen, was wir bei aller äußeren und inneren Beteiligung nur mit ganz großem Staunen und mit Ehrfurcht in uns aufnehmen können. Irgendwie wird es sichtbar werden – für den, der es überhaupt zu sehen vermag –, dass Ps 58,12 und Ps 9,20 f wahr sind; und Jeremia 45,5 werden wir uns täglich zu wiederholen haben. Es ist für Dich noch schwerer als für mich, das getrennt von Renate und Eurem Jungen durchzumachen; darum werde ich auch ganz besonders an Dich denken und tue es schon jetzt.

Wie gut schiene es mir für uns beide, wenn wir diese Zeit zusammen durchleben und uns gegenseitig beistehen könnten. Aber es ist eben wohl „besser", dass es nicht so ist, sondern dass jeder allein da hindurch muss. Es fällt mir schwer, Dir jetzt in gar nichts helfen zu können – als darin, dass ich wirklich jeden Morgen und Abend und beim Lesen der Bibel und auch sonst noch oft am Tage an Dich denke. Um mich brauchst Du Dir bitte wirklich gar keine Sorgen zu machen; es geht mir unverhältnismäßig gut, und Du würdest Dich wundern, wenn Du mich besuchen kämest. Die Leute hier sagen mir immer wieder – was mir, wie Du siehst, stark schmeichelt –, dass von mir „eine solche Ruhe ausstrahle" und dass ich „immer so heiter“ sei –, sodass meine gelegentlichen persönlichen gegenteiligen Erfahrungen mit mir selbst wohl auf einer Täuschung beruhen müssen (was ich allerdings durchaus nicht wirklich glaube!). Dich wundern oder vielleicht sogar Sorgen machen würden Dir höchstens meine theologischen Gedanken mit ihren Konsequenzen, und hierin fehlst Du mir nun wirklich sehr; denn ich wüsste nicht, mit wem ich sonst überhaupt so darüber sprechen könnte, dass es für mich eine Klärung bedeutet. Was mich unablässig bewegt, ist die Frage, was das Christentum oder auch wer Christus heute für uns eigentlich ist. Die Zeit, in der man das den Menschen durch Worte – seien es theologische oder fromme Worte – sagen könnte, ist vorüber; ebenso die Zeit der Innerlichkeit und des Gewissens, und d. h. eben die Zeit der Religion überhaupt. Wir gehen einer völlig religionslosen Zeit entgegen; die Menschen können einfach, so wie sie nun einmal sind, nicht mehr religiös sein. Auch diejenigen, die sich ehrlich als „religiös“ bezeichnen, praktizieren das in keiner Weise; sie meinen also vermutlich mit „religiös“ etwas ganz anderes. Unsere gesamte 900-jährige christliche Verkündigung und Theologie aber baut auf dem „religiösen Apriori“ der Menschen auf. „Christentum“ ist immer eine Form (vielleicht die wahre Form) der „Religion“ gewesen. Wenn nun aber eines Tages deutlich wird, dass dieses „Apriori“ gar nicht existiert, sondern dass es eine geschichtlich bedingte und vergängliche Ausdrucksform des Menschen gewesen ist, wenn also die Menschen wirklich radikal religionslos werden – und ich glaube, dass das mehr oder weniger bereits der Fall ist (woran liegt es z. B., dass dieser Krieg im Unterschied zu allen bisherigen eine „religiöse“ Reaktion nicht hervorruft?) – was bedeutet das dann für das „Christentum“? Unserem ganzen bisherigen „Christentum“ wird das Fundament entzogen, und es sind nur noch einige „letzte Ritter“ oder ein paar intellektuell Unredliche, bei denen wir

„religiös" landen können. Sollten das etwa die wenigen Auserwählten sein? Sollen wir uns eifernd, piquiert oder entrüstet ausgerechnet auf diese zweifelhafte Gruppe von Menschen stürzen, um unsere Ware bei ihnen abzusetzen? Sollen wir ein paar Unglückliche in ihrer schwachen Stunde überfallen und sie sozusagen religiös vergewaltigen? Wenn wir das alles nicht wollen, wenn wir schließlich auch die westliche Gestalt des Christentums nur als Vorstufe einer völligen Religionslosigkeit beurteilen müssten, was für eine Situation entsteht dann für uns, für die Kirche? Wie kann Christus der Herr auch der Religionslosen werden? Gibt es religionslose Christen? Wenn die Religion nur ein Gewand des Christentums ist – und auch dieses Gewand hat zu verschiedenen Zeiten sehr verschieden ausgesehen – was ist dann ein religionsloses Christentum? Barth, der als Einziger in dieser Richtung zu denken angefangen hat, hat diese Gedanken dann doch nicht durchgeführt und durchdacht, sondern ist zu einem Offenbarungspositivismus gekommen, der letzten Endes doch im Wesentlichen Restauration geblieben ist. Für den religionslosen Arbeiter oder Menschen überhaupt ist hier nichts Entscheidendes gewonnen. Die zu beantwortenden Fragen wären doch: Was bedeutet eine Kirche, eine Gemeinde, eine Predigt, eine Liturgie, ein christliches Leben in einer religionslosen Welt? Wie sprechen wir von Gott – ohne Religion, d.h. eben ohne die zeitbedingten Voraussetzungen der Metaphysik, der Innerlichkeit etc. etc.? Wie sprechen (oder vielleicht kann man eben nicht einmal mehr davon „sprechen" wie bisher) wir „weltlich" von „Gott", wie sind wir „religionslos-weltlich" Christen, wie sind wir ἐκ-κλησὶα [„Ekklesia", „Kirche"], Herausgerufene, ohne uns religiös als Bevorzugte zu verstehen, sondern vielmehr als ganz zur Welt Gehörige? Christus ist dann nicht mehr Gegenstand der Religion, sondern etwas ganz anderes, wirklich Herr der Welt. Aber was heißt das? Was bedeutet in der Religionslosigkeit der Kultus und das Gebet? Bekommt hier die Arkandisziplin bzw. die Unterscheidung (die Du ja bei mir schon kennst) von Vorletztem und Letztem neue Wichtigkeit?

Ich muss heute abbrechen, da der Brief gerade mit weg kann. In zwei Tagen schreibe ich Dir weiter darüber. Hoffentlich verstehst Du ungefähr, was ich meine, und langweilt es Dich nicht. Leb einstweilen wohl! Es ist nicht leicht, immer echolos zu schreiben; Du musst entschuldigen, wenn es dadurch etwas monologisch wird! Ich mache Dir aus Deinem Nichtschreiben wirklich keinen Vorwurf! Du hast zu viel anderes!

In Treue denkt sehr an Dich

Dein Dietrich

Ich kann doch noch etwas weiterschreiben. – Die paulinische Frage, ob die περιτομὴ [„Beschneidung“] Bedingung der Rechtfertigung sei, heißt m. E. heute, ob Religion Bedingung des Heils sei. Die Freiheit von der περιτομὴ ist auch die Freiheit von der Religion. Oft frage ich mich, warum mich ein „christlicher Instinkt“ häufig mehr zu den Religionslosen als zu den Religiösen zieht, und zwar durchaus nicht in der Absicht der Missionierung, sondern ich möchte fast sagen „brüderlich“. Während ich mich den Religiösen gegenüber oft scheue, den Namen Gottes zu nennen – weil er mir hier irgendwie falsch zu klingen scheint und ich mir selbst etwas unehrlich vorkomme (besonders schlimm ist es, wenn die anderen in religiöser Terminologie zu reden anfangen, dann verstumme ich fast völlig, und es wird mir irgendwie schwül und unbehaglich) –, kann ich den Religionslosen gegenüber gelegentlich ganz ruhig und wie selbstverständlich Gott nennen. Die Religiösen sprechen von Gott, wenn menschliche Erkenntnis (manchmal schon aus Denkfaulheit) zu Ende ist oder wenn menschliche Kräfte versagen – es ist eigentlich immer der deus ex machina, den sie aufmarschieren lassen, entweder zur Scheinlösung unlösbarer Probleme oder als Kraft bei menschlichem Versagen, immer also in Ausnutzung menschlicher Schwäche bzw. an den menschlichen Grenzen; das hält zwangsläufig immer nur so lange vor, bis die Menschen aus eigener Kraft die Grenzen etwas weiter hinausschieben und Gott als deus ex machina überflüssig wird; das Reden von den menschlichen Grenzen ist mir überhaupt fragwürdig geworden (ist selbst der Tod heute, da die Menschen ihn kaum noch fürchten, und die Sünde, die die Menschen kaum noch begreifen, noch eine echte Grenze?), es scheint mir immer, wir wollten dadurch nur ängstlich Raum aussparen für Gott – ich möchte von Gott nicht an den Grenzen, sondern in der Mitte, nicht in den Schwächen, sondern in der Kraft, nicht also bei Tod und Schuld, sondern im Leben und im Guten des Menschen sprechen. An den Grenzen scheint es mir besser, zu schweigen und das Unlösbare ungelöst zu lassen. Der Auferstehungsglaube *ist* nicht die „Lösung" des Todesproblems. Das „Jenseits" Gottes ist nicht das Jenseits unseres Erkenntnisvermögens! Die erkenntnistheoretische Transzendenz hat mit der Transzendenz Gottes nichts zu tun. Gott ist mitten in unserm Leben jenseitig. Die Kirche steht nicht dort, wo das menschliche Vermögen versagt, an den Grenzen, sondern mitten im Dorf. So ist es alttestamentlich, und in diesem Sinne lesen wir das N.T. noch viel zu wenig vom Alten her. Wie dieses religionslose Christentum aussieht, welche Gestalt es annimmt, darüber denke ich nun viel nach und ich schreibe Dir bald darüber mehr. Vielleicht wird hier gerade uns in der Mitte zwischen Osten und Westen eine wichtige Aufgabe zufallen. Jetzt muss ich wirklich schließen. Wie schön wäre es, einmal ein Wort von Dir zu all dem zu hören. Es würde für mich wirklich sehr viel bedeuten, mehr als Du vermutlich ermessen kannst! – Lies übrigens gelegentlich Sprüche 22,11.12. Hier ist der Riegel gegen jede fromm getarnte Flucht.

Alles, alles Gute!

Von Herzen Dein Dietrich

75. An Eberhard Bethge

5. Mai 1944

Lieber Eberhard!

Wenn ich auch immer hoffe, dass mein Brief Dir bereits in den Urlaub, der ja nun allmählich fällig wäre, damit Du Deinen Sohn kennenlernst, nachgeschickt und dadurch überholt wird, so ist doch heute alles so unsicher – und es ist nach langen Erfahrungen immer das Wahrscheinlichere, dass alles so bleibt, wie es ist, als dass es sich bald verändert – dass ich Dir doch noch schreiben will. Wie ich gestern von Christel, die mich besuchte, erfuhr, geht es Dir einigermaßen, und Du kannst wenigstens täglich Renate durch einen Brief erfreuen. Es ist doch wirklich sehr viel wert, dass Renate ganz in Sakrow sein kann und Du wenigstens die Sorge bei den hiesigen Alarmen um sie nicht zu haben brauchst. Sehr gern spräche ich ja Renate selbst einmal, aber das scheint sich eben gar nicht recht einrichten zu lassen. Ich bin nur froh, dass wir uns wenigstens im Dezember haben sehen können. Das war doch ein gutes Werk Deines Schwiegervaters – vermutlich eins seiner besten, da er gar nicht weiß, wie gut es war. Ich wünsche Dir so sehr, dass Du bald kommen kannst – wenn es auch betrüblich sein wird, dass wir uns voraussichtlich immer noch nicht sehen werden. Es geht mir zwar persönlich und sachlich sehr gut, aber die Zeitfrage ist eben noch ganz offen. Aber alles Gute kommt über Nacht und darauf warte und hoffe ich zuversichtlich. In meinem vorigen Brief lag eine Anschrift, die Du, wenn Du magst, benutzen kannst; es ist aber nicht nötig; ich wollte es Dich nur wissen lassen.

Noch ein paar Worte zu den Gedanken über die „Religionslosigkeit“. Du erinnerst Dich wohl des Bultmannschen Aufsatzes über „Entmythologisierung des Neuen Testaments“.

Meine Meinung dazu würde heute die sein, dass er nicht „zu weit", wie die meisten meinten, sondern zu wenig weit gegangen ist. Nicht nur „mythologische" Begriffe wie Wunder, Himmelfahrt etc. (die sich ja doch nicht prinzipiell von den Begriffen Gott, Glauben etc. trennen lassen!), sondern die „religiösen" Begriffe schlechthin sind problematisch. Man kann nicht Gott und Wunder voneinander trennen (wie Bultmann meint), aber man muss *beide* „nicht-religiös" interpretieren und verkündigen können. Bultmanns Ansatz ist eben im Grunde doch liberal (d.h. das Evangelium verkürzend), während ich theologisch denken will.

Was heißt nun „religiös interpretieren"?

Es heißt m. E. einerseits metaphysisch, andrerseits individualistisch reden. Beides trifft weder die biblische Botschaft noch den heutigen Menschen. Ist nicht die individualistische Frage nach dem persönlichen Seelenheil uns allen fast völlig entschwunden? Stehen wir nicht wirklich unter dem Eindruck, dass es wichtigere Dinge gibt als diese Frage (vielleicht nicht als diese *Sache*, aber doch als diese *Frage*!?)? Ich weiß, dass es ziemlich ungeheuerlich klingt, dies zu sagen. Aber ist es nicht im Grunde sogar biblisch? Gibt es im Alten Testament die Frage nach dem Seelenheil überhaupt? Ist nicht die Gerechtigkeit und das Reich Gottes auf Erden der Mittelpunkt von allem? Und ist nicht auch Römer 3,24 ff das Ziel des Gedankens, dass Gott allein gerecht sei, und nicht eine individualistische Heilslehre? Nicht um das Jenseits, sondern um diese Welt, wie sie geschaffen, erhalten, in Gesetze gefasst, versöhnt und erneuert wird, geht es doch. Was über diese Welt hinaus ist, will im Evangelium *für* diese Welt da sein; ich meine das nicht in dem anthropozentrischen Sinne der liberalen, mystischen, pietistischen, ethischen Theologie, sondern in dem biblischen Sinne der Schöpfung und der Inkarnation, Kreuzigung und Auferstehung Jesu Christi. Barth hat als erster Theologe – und das bleibt sein ganz großes Verdienst – die Kritik der Religion begonnen, aber er hat dann an ihre Stelle eine positivistische Offenbarungslehre gesetzt, wo es dann heißt: „friss, Vogel, oder stirb"; ob es nun Jungfrauengeburt, Trinität oder was immer ist, jedes ist ein gleich bedeutsames und -notwendiges Stück des Ganzen, das eben als Ganzes geschluckt werden muss oder gar nicht. Das ist nicht biblisch. Es gibt Stufen der Erkenntnis und Stufen der Bedeutsamkeit; d. h., es muss eine Arkandisziplin wiederhergestellt werden, durch die die Geheimnisse des christlichen Glaubens vor Profanierung behütet werden. Der Offenbarungspositivismus macht es sich zu leicht, indem er letztlich ein Gesetz des Glaubens aufrichtet und indem er das, was eine Gabe für uns ist – durch die Fleischwerdung Christi! – zerreißt. An der Stelle der Religion steht nun die Kirche – das ist an sich biblisch –, aber die Welt ist gewissermaßen auf sich selbst gestellt und sich selbst überlassen, das ist der Fehler. Ich denke augenblicklich darüber nach, wie die Begriffe Buße, Glaube, Rechtfertigung, Wiedergeburt, Heiligung „weltlich" – im alttestamentlichen Sinne und im Sinne von Joh 1,14 – umzuinterpretieren sind. Ich werde Dir weiter darüber schreiben!

Verzeih, ich schrieb bisher in deutscher Schrift, wie ich sonst nur tue, wenn ich für mich selbst schreibe; und vielleicht war das Geschriebene auch mehr für mich selbst zur Klärung als für Dich zur Belehrung abgefasst. Ich will Dich eigentlich nicht mit Problemen beunruhigen, da Du vermutlich doch nicht die Zeit hast, Dich mit ihnen auseinanderzusetzen und sie Dich vielleicht nur quälen; aber ich kann nicht anders, als Dich an meinen Gedanken teilnehmen lassen, einfach weil sie mir dadurch selbst erst klar werden. Wenn das jetzt für Dich nicht das Richtige ist, sage es bitte.

Morgen ist Cantate; da werde ich mit besonders vielen schönen Erinnerungen an Dich denken.

Die Eltern waren eben hier und erzählten, wie nett und

gesund der Kleine ist und wie gut das Mal am Kinn durch die Bestrahlung zurückgeht. – Ich habe veranlasst, dass demnächst Renate etwas zusätzliche Ernährung bekommt. Hoffentlich klappt es, es ist mir zugesagt.

Leb wohl! Habe Geduld wie wir auch und bleib gesund! Es grüßt Dich herzlich und in täglichem Gedenken

Dein Dietrich

76. An Eberhard Bethge

6. Mai 1944

Lieber Eberhard!

Dass Du am 24. 4. so nett und gut an mich gedacht hast, freute mich heute ganz außerordentlich. Ich habe Dir heute gar nichts Besonderes als eben dies mitzuteilen, dass es schön ist, gelegentlich ein Echo zu vernehmen. Dafür danke ich Dir sehr!

Ich wusste nicht, dass irgendwelche Reibungen zwischen Deiner Mutter und Renate bestehen. Falls das wirklich der Fall ist, musst Du mit allem Nachdruck Deine Mutter bitten, allen Anlass dazu aus dem Wege zu räumen. [...] Es mag sein, dass alle unsere weiblichen Familienglieder nicht einfache Schwiegertöchter sind; aber es ist die Sache der Schwiegereltern, die starken Seiten ihrer Schwiegertöchter zu erkennen, und dass es eigentlich immer die Ausschließlichkeit der Liebe zu ihren Männern ist, die die Quelle der Schwierigkeiten wird. Renate ist so jung, dass Du ihr einen derartigen Konflikt nicht zumuten darfst. Du wirst gewiss Deiner Mutter gegenüber das richtige Wort finden. Renate ist zu jung, als dass sie Deiner Mutter schon ganz gerecht werden könnte. Verzeih, dass ich da hineinrede; aber ich denke, Du hast mich doch auch um Rat gefragt.

Über Grafologie demnächst mehr, da es Dich interessiert. – Leider ist durch den Todesfall Dein Gruß nicht zu mir gedrungen. Kam er zu Dir zurück und von wann war er? Hattest Du einen Absender auf dem Couvert?

Über „Egoismus" der Christen („selbstlose Selbstliebe") etc. demnächst. Ich glaube, wir sind darin einer Meinung. Zu viel Altruismus ist bedrückend und anspruchsvoll.

„Egoismus" kann selbstloser, anspruchsloser sein!

Ich hoffe, Du kriegst immer alle meine Grüße, etwa alle 1–2 Wochen? Für heute genug! Leb wohl, lieber Eberhard. Hab Dank für alles und bleib gesund!

Dein Dietrich

Cantate

Eben hörte ich schöne Morgenmusik, Reger, Hugo Distler; das war ein guter Sonntaganfang. Merkwürdig nur, wenn mitten in die Musik hinein „Kampfverbände im Anflug auf ..." gemeldet wird. Der Zusammenhang von beidem ist doch nicht ohne weiteres ersichtlich.

Ich habe nachts noch mal über die Funktionen der Schwiegermütter nachgedacht. Ich halte es doch nicht für ausgeschlossen, dass auch Frau v. Kl[eist], – die ja in der Angelegenheit zwischen Maria und mir nicht durchaus eine glückliche Hand gehabt hat –, allerdings zusammen mit meiner Schwiegermutter, den Andachtsvorschlag gemacht hat; sie hat ja immer die Vorstellung, Maria könne mir „nicht genügen" und müsse daher erst von mir in Theologie und anderes eingeführt werden; sie kennt mich eben doch nur sehr einseitig. Übrigens ist die Sache längst ad acta gelegt. Sicher ist mir, dass Schwiegermütter keinerlei erzieherische Funktionen haben – woher sollten sie auch das Recht dazu haben?

Ihr Vorrecht ist es, eine *erwachsene* Tochter bzw. Sohn zu bekommen und darin eine Bereicherung ihrer Familie zu erkennen, nicht aber zu kritisieren. Sie darf sich an ihren Kindern freuen, darf ihnen mit Hilfe und Rat, wo sie gesucht werden, zur Verfügung stehen, und ist doch der Verantwortung und Erziehungsaufgabe in der Ehe ganz enthoben; das ist wirklich ein Vorrecht. Ich glaube, wenn eine Schwiegermutter sieht, dass ihr Kind wirklich geliebt wird – und das muss ich nochmals sagen: Die Frauen in unserer Familie lieben ihre Männer mit einer Stärke und Ausschließlichkeit, wie es das wohl selten gibt; das mag seine inneren Schwierigkeiten mit sich bringen, aber es ist etwas Großartiges (denke nur an Susi und Sabine und jetzt auch Christel, die es beide in ihrer Weise schwer haben mit ihren Männern!) –, dann sollte sie sich *nur* freuen und alles andere zurückstellen, schon ganz und gar die Versuche, den Charakter zu ändern! Es gibt wenige Menschen, die Verschlossenheit recht zu würdigen verstehen; ich glaube, Papa und Mama könnten es.

Eben geht die Sirene; nachher weiter. – So, es war wieder ziemlich dick, und ich bin immer froh, Renate außerhalb zu wissen. – Bei Verschlossenheit kommt es doch allein darauf an, *was* einer in sich verschlossen hält, und andrerseits, dass es einen Menschen gibt, demgegenüber man sich ganz aufschließen kann, und in beiderlei Hinsicht hat doch Deine Mutter wirklich allen Anlass, ganz zuversichtlich und froh zu sein. Ich glaube, es ist trivial, von der Eifersucht der Schwiegermütter zu sprechen; es ist vielmehr zweierlei Liebe, die der Mutter und die der Frau, und daraus entsteht viel Missverstehen. Übrigens ist es doch für Schwiegersöhne viel leichter als für Schwiegertöchter, mit ihren Schwiegermüttern in Frieden auszukommen. Und doch ist Naemi – Ruth ein einzigartiges biblisches Vorbild.

Noch dies: Die Briefe an meinen verstorbenen Freund sollten alle an den Absender zurückgehen. War der Absender angegeben? Würdest Du eventuell noch einmal an die neue Adresse oder nach Hause schreiben? Es wäre mir sehr schmerzlich, auf einen Brief verzichten zu müssen. Ich nehme fast an, dass der Brief inzwischen an Dich zurückkam. Ich werde auch noch mal nachforschen.

Den Cardano kenne ich gar nicht. Gibt es ihn auf Deutsch? – Du schreibst so nebenbei, dass Euch das schlechte Wetter wegen der Flieger angenehm sei; daraus entnehme ich, dass Ihr es sonst häufig nicht gerade angenehm habt. Überhaupt kann ich mir in dieser Hinsicht doch kein rechtes Bild von Deiner Lage machen. Du bist wohl ziemlich wortkarg darüber, was ja auch zu Schlüssen berechtigt; denn Du willst natürlich Renate nicht beunruhigen [...]; aber mir könntest Du schon sagen, wie es wirklich ist!

In den letzten Tagen war ich wieder ein paar Mal in der Stadt, mit sehr befriedigendem Ergebnis. Da aber die Zeitfrage ungelöst bleibt, so verliere ich eigentlich das Interesse an meiner Angelegenheit; ich vergesse sie oft völlig wochenlang. – Schluss! Gott behüte Dich und uns alle!

In Treue Dein Dietrich

Was macht eigentlich Dein Italienisch? Und wie steht es mit den Überlegungen betr. Dohrmann?

77. An Renate und Eberhard Bethge

9. Mai 1944

Liebe Renate, lieber Eberhard!

Die Hoffnung auf den nahen Urlaub ist auch für mich eine ganz große Freudennachricht. Wenn es nun wirklich dazu kommt, dass Ihr in wenigen Tagen wieder zusammen seid – man muss ja bei allen diesen Hoffnungen bis zuletzt immer noch ein klein wenig seine Vorfreude dämpfen – und wenn Ihr dann auch Euer Kind taufen lasst, dann möchte ich gern, dass der Gedanke an meine Abwesenheit nicht den geringsten Schatten auf Eure Freude wirft und besonders Dich, Eberhard, in keiner Weise bedrückt. Ich werde versuchen, Euch für die Taufe etwas zu schreiben, und Ihr wisst, dass ich mit allen meinen Gedanken bei Euch sein werde. Dass das Unwahrscheinliche eingetreten ist, dass ich auch diesen Tag noch nicht mit Euch feiern kann, ist natürlich für mich schmerzlich, aber ich habe mich wirklich ganz damit abgefunden. Ich glaube, dass mir nichts Sinnloses widerfährt und dass es für uns alle gut so ist, wenn es auch unseren Wünschen zuwiderläuft. Ich sehe in meinem gegenwärtigen Dasein eine Aufgabe und hoffe nur, dass ich sie erfülle. Von dem großen Ziel her gesehen, sind alle Entbehrungen und versagten Wünsche geringfügig. Nichts wäre unwürdiger und verkehrter, als wenn man gerade in einem solchen seltenen großen Augenblick der Freude, wie Ihr sie in diesen Tagen erlebt, aus meinem gegenwärtigen Geschick eine Calamität machen wollte. Es würde mir ganz widerstreben und mir die Zuversicht, mit der ich meine Lage ansehe, nehmen. Wir dürfen eben, so dankbar wir für alle persönlichen Freuden sind, keinen Augenblick die großen Dinge, um derentwillen wir leben, aus dem Auge verlieren, und von ihnen her muss auf

Eure Freude eher ein besonderes Licht als irgendeine Verdüsterung fallen. Es wäre mir ein geradezu unerträglicher Gedanke, wenn von meinem gegenwärtigen Erleben her die schwer genug erkämpften paar Wochen Eurer Freude auch nur im Allergeringsten getrübt würden. Das erst wäre eine wirkliche Calamität, das andere ist es nicht. Soviel an mir ist, so möchte ich Euch wirklich nur dazu verhelfen, den Glanz dieser Frühlingstage – Ihr feiert ja voraussichtlich auch den ersten Jahrestag Eurer Hochzeit zusammen – so strahlend wie nur irgend möglich zu erhalten. Bitte denkt keinen Augenblick, dass Ihr damit irgendetwas an mir versäumt, ganz im Gegenteil! Und denkt bitte vor allem nicht, dass ich mir diese Worte nur mühsam um Euretwillen abringe, sie sind vielmehr meine herzlichste Bitte an Euch, deren Erfüllung mich wirklich froh und glücklich machen würde. Wenn es gelänge, dass wir uns in diesen Tagen wiedersehen, wäre das ganz wunderbar; aber bitte macht Euch auch deswegen nicht unnötige Sorgen und Gedanken – der 23. Dezember ist mir noch ganz gegenwärtig, und verliert bitte keinen Tag, nur um hier etwas für mich abzugeben. Ich weiß, dass Ihr es gern tätet, aber es würde mich bedrücken. Wenn Euer Vater allerdings auf demselben Weg wie im Dezember einen Besuch für Euch bei mir erwirken könnte, wäre ich ihm natürlich sehr sehr dankbar. Im übrigen weiß ich, dass Ihr morgens beim Lesen der Losungen an mich denken werdet wie ich an Euch, und ich freue mich sehr darüber, dass Ihr nun wieder morgens und abends ein Stück aus der Bibel gemeinsam lesen könnt. Es wird für diese Tage wie auch für die Zukunft für Euch wichtig sein. Lasst Euch doch auch die kommenden Tage nicht durch den Gedanken an die Kürze und den bevorstehenden Abschied vergällen, nehmt Euch nicht zu viel vor, lasst Euch lieber besuchen, als dass Ihr überall herumkutscht, und genießt in aller Ruhe jede Stunde des Tages als ein großes Geschenk. Meine persönliche Meinung ist, dass die nächsten Wochen so große und überraschende Ereignisse bringen werden, dass man am Anfang Eures Urlaubs wirklich noch nicht weiß, was am Ende sein wird. So sehr diese Ereignisse unsere persönlichen Geschicke mitbestimmen werden, so wünsche ich Euch doch, dass Ihr durch sie nicht um die wesentliche Ruhe Eurer gemeinsamen Tage gebracht werdet. Wie gut, dass Ihr jetzt gerade zusammen sein und alle Entscheidungen zusammen treffen könnt. Wenn in den nächsten Tagen aus Schlesien etwas Essbares an Euch geschickt wird, so verschönt Euch damit bitte Eure Tage!

Wie gern hätte ich Euren Jungen getauft. Aber das ist ja nebensächlich. Vor allem wünsche ich Euch, dass Euch der Tauftag dazu verhilft, das Leben Eures Kindes und Euer eigenes geborgen zu wissen und zuversichtlich in die Zukunft zu sehen. Werdet Ihr selbst den Tauftext wählen? Falls Ihr noch auf der Suche danach seid, wie wäre es mit 2Tim 2,1 oder Sprüche 23,26 oder 4,18 (den letzten fand ich erst kürzlich und finde ihn sehr schön)?

Nun will ich Euch nicht gleich zu Beginn Eures Wiedersehens mit einem zu langen Brief behelligen. Ich wollte Euch eigentlich nur begrüßen und Euch sagen, dass ich mich sehr mit Euch freue! Macht recht viel schöne Musik!

Alles erdenklich Gute wünscht Euch von Herzen

Euer getreuer Dietrich

78. An Eberhard Bethge

16. Mai 1944

Lieber Eberhard!
Wie ich eben höre, hast Du Deine Ankunft für heute früh angemeldet. Du glaubst gar nicht, wie froh und erleichtert ich darüber bin, dass Du gerade jetzt hier sein kannst. Hier wäre selbst ich fast bereit, einmal wirklich von „Fügung" und „Gebetserhörung" zu sprechen und Du vielleicht doch auch. Es wäre für Renate sehr schwer gewesen, wenn es anders gekommen wäre und für Dich wahrhaftig auch. Nachdem ich nun – gewissermaßen zur Begrüßung – heute gleichzeitig mit der Nachricht von Deinem Eintreffen Deine Briefe erhielt – hab vielen vielen Dank! – finde ich es doch wesentlich besser, dass Dein Vorgesetzter sich jetzt eine Weile ohne Dich behilft. Ich wäre einer Situation, wie Du sie schilderst, an jenem Weinabend kaum gewachsen gewesen. Allerdings sehen die Dinge ja unter Alkoholwirkung oft etwas anders aus als in der nackten Wirklichkeit, und es gibt eine faiçon de parler bei diesen Leuten, die mit dem tatsächlichen Verhalten oft in einem erstaunlichen Widerspruch steht.

Ich stelle das hier anlässlich der Alarme auch immer wieder mit einem Gemisch von Belustigung und Verlegenheit fest. Immerhin – es ist nun so doch sehr viel besser!

Nun siehst Du heute zum ersten Mal Deinen Sohn! Wann werde ich endlich ein Bild von ihm – und nun hoffentlich auch von Dir mit ihm – bekommen? Macht doch recht viele Aufnahmen! Mein Brief zu Deiner Begrüßung ist inzwischen wohl angekommen. Wenn auch Dein heutiger Brief das Verlangen, wieder einmal gründlich mit Dir zu sprechen, wieder sehr wachgerufen hat, so ist doch die

Freude über Dein Hiersein so groß, dass alle persönlichen Wünsche dahinter ganz verschwinden.

Ich fände es richtig, wenn Du die Frage des Kriegspfarrers hier doch einmal besprichst, am besten mit Dohrmann selbst. Mama kann das leicht vermitteln, eventuell auch Deta Hase, wenn sie hier ist. Es hat ja seine zwei Seiten, auch im Blick auf mögliche Entwicklungen, und es wird auf Ort und Art des Einsatzes ankommen. Ich würde denken, dass man heute sehr frei das Evangelium verkündigen kann und dass man zum Mindesten aufmerksame Hörer findet. Wenn es dazu käme, schreibe ich Dir sehr ausführlich und würde Dir gern auch Predigtmeditationen schicken.

Auch den Übergang zur Sanität würde ich einmal sehr gründlich erörtern. Papa oder auch Ursel könnte Dich z. B. mit dem hiesigen Standortarzt Dr. Kleeberger zusammenbringen. Du würdest dann vermutlich in Guben eine Ausbildung mitmachen müssen. Nach Deiner Frontbewährung ist das nun doch alles viel eher möglich. Wie steht es eigentlich mit Deiner Gesundheit? Bist Du „bedingt kv" [kriegsverwendungsfähig] oder was?

Wie mag nun das erste Wiedersehen nach langer Trennung sein? Es wird gewiss nur wenige Stunden dauern, bis Ihr wieder alle Fremdheit, die jedes Auseinandersein mit sich bringt, überwunden habt. Und was werdet Ihr Euch alles zu erzählen haben! Angst vor dem Ausgehen des Briefpapiers braucht Ihr, glaube ich, wirklich nicht zu haben. Abgesehen von den Vorräten des Konzeptpapiers habe ich eventuell hier eine Möglichkeit, etwas zu bekommen. Lasst es mich nur wissen, wann es wirklich knapp bei Euch wird!! Eure Briefe dürfen wirklich nicht auch noch eingeschränkt werden! Hoffentlich kommt bald das Paket aus Oberschlesien an Renate. Ich möchte *nicht*, dass Ihr mir irgendetwas davon bringt, sondern dass Ihr es gemeinsam genießt! Nachdem hier das Warten meine einzige Aufgabe geworden ist, brauche ich wirklich nicht mehr so viel, und es gehört zu meinen größten Freuden, auch von hier aus noch ein ganz klein wenig für Euch sorgen zu können. – Nun genießt die kommenden Tage in vollen Zügen und seid herzlich und mit allen guten Wünschen gegrüßt von

Eurem getreuen Dietrich

Zur Taufe schreibe ich noch. Wie wäre Psalm 90,14 als Text? Auch an Jes 8,18 hatte ich schon gedacht. Er ist mir nur etwas zu allgemein.

79. An Renate und Eberhard Bethge

18. Mai 1944

Lieber Eberhard, liebe Renate!
Ich wollte Euch zum Tauftag immer gern etwas schreiben. Es ist nichts Rechtes geworden. Ich schicke es Euch nur, um Euch zu zeigen, dass ich sehr an Euch denke (abgedruckt in: Dietrich Bonhoeffer, *Aber bei dir ist Licht*, Gießen 2018). Ich danke Euch nochmals dafür, dass Ihr mich zum Paten Eures Kindes genommen habt und Euer Kind nach mir nennen wollt. Ich wünsche Euch, dass Ihr an diesen Tauftag besonders gern zurückdenkt und dass er Euch dazu hilft, Eurem kurzen Zusammensein – bald wird es hoffentlich ein ununterbrochenes sein! – den wesentlichen Inhalt zu geben, der auch über Zeiten der Trennung hinweg Bestand hat. Es gibt quälende und stärkende Erinnerungen. Zu den stärkenden wird dieser Tag gehören.

Wer tauft? Wer ist Pate? Wie werdet Ihr feiern? Das alles

hoffe ich bald zu hören, am liebsten von Euch selbst! Denkt bitte ohne jeden Kummer an mich. Bei Martin jährt es sich bald zum 7. Mal! Das ist doch etwas ganz anderes. Der 21. wird auch für mich ein großer Freudentag sein! – Wie schön, dass Du gerade zum 1. Hochzeitstag zurückkamst!

Viel Freude und Ruhe wünscht Euch

Euer getreuer Dietrich

Eben höre ich von der – von mir wirklich nicht mehr für möglich gehaltenen – herrlichen Aussicht, Dich morgen hier zu sehen. So bringe ich den heutigen Tag damit zu, mich auf diese Stunde vorzubereiten. Wer hat das nur erreicht? Demjenigen bin ich wirklich *sehr* dankbar!

80. An Renate und Eberhard Bethge

19. Mai 1944

Lieber Eberhard, liebe Renate!

Ich kann Euch gar nicht beschreiben, wie sehr mich Euer Besuch gefreut hat, und auch der kühne Entschluss, einfach zu zweit hereinzukommen, war großartig. Wenn M[aetz] nicht so ein Pedant wäre, hätte es vielleicht noch länger geklappt. Aber es war auch so sehr schön. Ich war so besonders froh, Dich, liebe Renate, so frisch und munter aussehend zu finden – es ist allerdings kein Wunder angesichts der Freude, die Du haben musst, gerade jetzt Eberhard hier zu haben. Und Dich, Eberhard, fand ich so gut aussehend wie ganz selten – allerdings auch dies kein Wunder, wenn man eine so nette Frau hat. Die Unterhaltung mit Dir war wieder ganz herrlich. Ich möchte wissen, ob zwei andere Menschen sich in 11/2 Stunden so viel erzählen und zu verstehen geben können wie wir beide; dazu gehört eine Übung, die nun ins 10. – ich habe doch recht, es ist das 10.! – Jahr geht; ich bin richtig stolz darauf. Was Du mir von Deinen Erlebnissen der letzten Wochen und Tage berichtet hast, bewegt mich sehr. Heute bin ich zu eilig, um darauf eingehen zu können. Ich wünsche Dir vor allem, dass Du nun hier die äußere und innere Ruhe findest, die Du nach diesen erregenden Zeiten brauchst. Es tat mir schrecklich leid, dass Ihr hier in den Alarm kamt, und ich habe sehr dankbar und erleichtert aufgeatmet, als Euer Anruf kam. Die Frage nach dem „Sinn" ist allerdings oft belastend; aber findest Du es nicht schon sehr wichtig, dass man wenigstens weiß, *warum* das alles nötig ist und man es ertragen muss, wenn auch das „Wofür" problematisch ist; das ist für mich hier klarer.

Der Überbringer dieses Briefes wird Euch zugleich meine herzlichen Grüße zum Tauftag und die Anweisung auf ein Patengeschenk, vielleicht auch das Geschenk selbst, überbringen. Ich freue mich sehr, dass das möglich ist, und Ihr werdet Euch gewiss mit dem freundlichen Überbringer sehr gut unterhalten. Erzähle ihm nur noch recht viel und lass ihn Notizen machen, damit ich alles erfahre. Er wird Euch auch von mir und meinem Leben hier gern erzählen. Ich finde es sehr nett von ihm, dass er diese Verbindung an diesem Tage zwischen uns herstellt. Er ist übrigens großer Musikus. Vielleicht könnt Ihr zusammen etwas zustande bringen. (Später möchte ich übrigens sehr gern mal den „Schütz" sehen, der Euch so gut gefallen hat.) Er ist von Beruf selbständiger Kaufmann in der Installationsbranche und von Geburt Holländer. Also, Ihr werdet ihn sicher gern und freundlich empfangen und ihm recht viel erzählen!

Es ist für mich in diesen Tagen das Schmerzlichste, dass ich Euch nicht recht helfen kann in all den Überlegungen, die Ihr jetzt habt. Aber Friedr[ich] Justus wird wie immer alles tun, und ich glaube, dass Wagner ein ganz entscheidender Mann in der Sache ist. Vielleicht lässt sich doch auch in der Sanitätsfrage etwas finden. Es muss doch da einen Mann geben, mit dem man vernünftig sprechen kann. Kennt nicht Zutt vielleicht jemand! Ich bitte alle Familienglieder sehr herzlich, Euch zu helfen, so gut das geht. Letzten Endes weiß man ja nie, was das Beste für einen ist.

Ich war immer auf den Tag begierig, an dem Du zum ersten Mal von der Front nach Hause kommst, und ich habe nie daran gezweifelt, dass Du so wiederkommen würdest, wie Du gegangen bist, und dass wir uns unverändert in allem verstehen würden. Dass es nun in Wirklichkeit so ist, ist mir eine ganz unbeschreibliche Freude.

Ob sich nun noch eine zweite Begegnung ermöglichen wird mit der Begründung, dass die heutige wegen Fliegeralarms abgebrochen werden musste (M[aetz] weiß bestimmt nicht mehr, wie lange sie gedauert hat, dazu ist er viel zu aufgeregt gewesen!) und die Eltern würden Dir sicher diese Möglichkeit noch einmal abtreten. Es wäre ganz herrlich, wenn es ginge. Es ist noch so vieles zu besprechen.

Nun für heute Schluss! Ich musste sehr in Eile im Revier schreiben. Drum wurde es etwas kraus! – Also noch einmal viele Grüße an alle und gute Wünsche für Euch, für Euren Jungen und für einen schönen Tag!

Herzlichst Euer getreuer Dietrich

Kann Wehrkreispfarrer Bunke-Spandau (Bruder des Königsberger Juristen), der mich kennt, nicht vielleicht etwas helfen? Er gehört zur BK.

Ich glaube, Du wirst fast überall wohlgesonnene Chefs finden und brauchst deshalb nicht unbedingt bei dem jetzigen zu bleiben! – Der Ziegenkäse ist übrigens ganz herrlich!

Ich freue mich kolossal über Deine feste Stellungnahme in der Sache des katholischen Beichtvaters.

Schön, dass Du selbst taufst! Ich möchte sehr gern die Predigt haben!

81. An Maria von Wedemeyer

ohne Datum

Meine liebste Maria

Ein Gruß zu Pfingsten – zwar wirst Du mich besuchen, und das ist mehr als 100 Briefe, aber wenn Du nach Bundorf kommst und wieder allein bist, muss ein Brief daliegen, damit Du Dich freust und damit ich mich freuen kann, wenn auch aus weiter Ferne. (Glücklicherweise geht es gerade wieder einmal so nebenher!) Was soll ich Dir und mir wünschen? Es kommt mir nur selten über die Lippen, aber ich kann es nicht anders sagen: Ich wünsche, dass dieses Pfingsten für uns beide ein gesegnetes sei. Segen – das heißt sichtbare, spürbare, wirksam werdende Nähe Gottes. Segen will weitergegeben sein, er geht auf andere Menschen über. Wer gesegnet ist, ist selbst ein Segen. Das wollen wir füreinander und für alle Menschen, die unserer Arbeit oder unserer Fürbitte anvertraut sind, sein. Es gibt nichts Größeres, als dass ein Mensch ein Segen für andere ist, nicht wahr? Nicht nur eine Hilfe, ein Gefährte, ein Freund, sondern ein Segen. Das ist viel mehr. So soll es auch in unserer Ehe werden. Darum wollen wir bitten: So wollen wir Pfingsten feiern. –

Hab Dank für Deinen Brief über Lichtenstein. Wie schön muss es dort sein. Warum ist es so gefährlich, in die Wedemeyersche Familie hineinzuheiraten. Ist es etwa schwerer noch als in die Bonhoeffersche? Ich hab gar keine Angst davor, außer allerdings vor den von Dir in Aussicht gestellten mir um den Hals fallenden Tanten! Vielleicht kannst Du sie rechtzeitig warnen und die Eifersüchtige spielen, vielleicht schützt mich auch mein Beruf davor. Oder was meinst Du? Du fühlst Dich Deiner väterlichen Familie näher als der Kleistschen? Das musst Du mir mal erklären. Schreib mir mal über die Wedemeyers. Ich kenne bisher nur Euch und Vaters Erinnerungen an den Großvater. Warum muss man davor Angst haben? Ist man schrecklich tugendhaft? Oder antibürgerlich? Oder kritisch? Weißt Du, eigentlich hätte/hatte ich vor all dem gar keine Angst und schließlich heirate ich ja glücklicherweise Dich und nicht alle Deine Tanten (obwohl mir die alte Tante mit den Handschuhen sicher sehr gut gefallen würde!). – Großmutter schrieb sehr freundlich. Sie täuscht sich, wenn sie meint, sie dürfe mir nicht von Blumen, Musik usw. erzählen; ich freue mich doch so sehr darüber, auch von hier aus! – Ich muss abbrechen. Der Brief muss fort!

Gott behüte Dich!

Immer Dein Dietrich

82. An Eberhard Bethge

20. Mai 1944

Lieber Eberhard!

Dieser Brief ist noch einmal nur für Dich bestimmt, was Du davon mit Renate besprichst, ist natürlich Deine Sache. Ich möchte aber heute gern versuchen, Dir zu der Frage etwas zu schreiben, die mir gegenwärtig für Dich die wichtigste zu sein scheint. Du fragtest einmal, was es bedeute, dass alle Deine Gedanken mit Deiner Liebe zu Renate ausgefüllt seien, und die schweren Erlebnisse der letzten 3 Wochen haben Dir das wohl ganz besonders deutlich gemacht. Ich muss vorweg sagen, dass mich alles, was Du erzählt hast, so ergriffen hat, dass ich gestern den Tag nicht davon loskam und eine unruhige Nacht hatte; ich bin Dir unendlich dankbar dafür; denn es war eine Bestätigung unserer Freundschaft und außerdem ruft es wieder alle Lebens- und Kampfgeister wach und macht trotzig, klar und hart. Nun komme ich aber nicht ganz von dem Gefühl los, dass da in Dir eine Spannung ist, über die Du nicht ganz hinwegkommst, und da möchte ich brüderlich versuchen, Dir zu helfen. Nimm es recht auf! Wenn man liebt, will man leben, vor allem leben, und hasst alles, was eine Bedrohung des Lebens darstellt. Du hasst die Erinnerung an die letzten Wochen, Du hasst den blauen Himmel, weil er Dich daran erinnert, Du hasst die Flieger usw. Du willst mit Renate leben und glücklich sein, und Du hast darauf ein gutes Recht. Und Du musst auch leben, um Renates und des kleinen (aber auch des großen) Dietrich willen und hast gar nicht das Recht, so zu reden wie Dein Chef neulich, im Gegenteil, Du könntest das gar nicht verantworten; das musst Du ihm mal ganz ruhig auseinandersetzen; was notwendig ist, ist selbstverständlich, aber aus irgendeinem persönlichen Affekt heraus dürftest Du gar nicht so handeln. Es ist nun aber die Gefahr in aller starken erotischen Liebe, dass man über ihr – ich möchte sagen: die Polyfonie des Lebens verliert. Ich meine dies: Gott und seine Ewigkeit will von ganzem Herzen geliebt sein, nicht so, dass darunter die irdische Liebe beeinträchtigt oder geschwächt würde, aber gewissermaßen als cantus firmus, zu dem die anderen Stimmen des Lebens als Kontrapunkte erklingen; eines dieser kontrapunktischen Themen, die ihre *volle Selbständigkeit* haben, aber doch auf den cantus firmus bezogen sind, ist die irdische Liebe, und auch in der Bibel steht ja das Hohe Lied, und es ist wirklich keine heißere, sinnlichere, glühendere Liebe denkbar als die, von der dort gesprochen wird (cf. 7,6!); es ist wirklich gut, dass es in der Bibel steht, all denen gegenüber, die das Christliche in der Temperierung der Leidenschaften sehen (wo gibt es solche Temperierung überhaupt im Alten Testament?). Wo der cantus firmus klar und deutlich ist, kann sich der Kontrapunkt so gewaltig entfalten wie nur möglich. Beide sind „ungetrennt und doch geschieden", um mit dem Chalcedonense zu reden, wie in Christus seine göttliche und seine menschliche Natur. Ist nicht vielleicht die Polyfonie in der Musik uns darum so nah und wichtig, weil sie das musikalische Abbild dieser christologischen Tatsache und daher auch unsrer vita christiana ist? Ich kam erst gestern nach Deinem Besuch auf diesen Gedanken. Verstehst Du, was ich meine? Ich wollte Dich bitten, lasst in Eurem Zusammensein den cantus firmus recht deutlich erklingen, erst dann gibt es den vollen und ganzen Klang und der Kontrapunkt weiß sich immer getragen, er kann nicht abgleiten, er kann sich nicht lösen und bleibt doch ein Eigenes, Ganzes, ganz für sich. Wenn man in dieser Polyphonie steht, dann wird das Leben erst ganz und zugleich weiß man, dass nichts Unheilvolles geschehen kann, solange der cantus firmus durchgehalten wird. Vielleicht wird in diesen jetzigen gemeinsamen Tagen, aber auch in möglicherweise kommenden Tagen der Trennung vieles leichter zu tragen sein. Bitte, Eberhard, fürchte und hasse nicht die Trennung, wenn sie wieder kommen sollte, und alle ihre Gefahren, sondern verlass Dich auf den cantus firmus.

83. An Eberhard Bethge

21. Mai 1944

Lieber Eberhard!

Eben hatte ich das Datum des Briefes geschrieben, um die Stunden der Vorbereitung zur Taufe und der Taufe selbst in Gedanken mit Euch zu erleben. In demselben Augenblick ging die Sirene. Nun sitze ich im Revier und hoffe, dass Euch heute wenigstens ein Luftangriff erspart bleibt. Was für Zeiten! Was für eine Taufe! Und was für Erinnerungen in kommenden Jahren! Es kommt nur darauf an, dass man alle diese Eindrücke gewissermaßen in die richtigen seelischen Kanäle leitet; dann machen sie nur trotziger, härter, klarer und das ist gut. Weiche Stimmungen können an einem solchen Tauftag nicht aufkommen. Wenn Gott mitten in den Bedrohungen eines Fliegeralarms den Ruf des Evangeliums zu seinem Reich in der Taufe ergehen lässt, dann wird es merkwürdig klar, was dieses Reich ist und will. Ein Reich stärker als Krieg und Gefahr, ein Reich der Macht und Gewalt, ein Reich, das für die einen ewiger Schrecken und Gericht, für die anderen ewige Freude und Gerechtigkeit ist, nicht ein Reich des Herzens, sondern über die Erde und alle Welt, nicht vergänglich, sondern ewig, ein Reich, das sich selbst seinen Weg schafft und sich Menschen ruft, die ihm den Weg bereiten, ein Reich, für das sich der Einsatz des Lebens lohnt.

Eben fängt es an zu schießen, es scheint aber heute nicht sehr schlimm zu werden. Wie gern hörte ich Dich in ein paar Stunden predigen. Die Predigten, die ich von Dir hörte, zuletzt eine Weihnachtspredigt, haben mir immer die Augen für die Bibel und Gottes Wort wieder geöffnet. Ich hoffe sehr, etwas von der Predigt etc. zu erfahren! Auch Deine Liturgie hörte ich gern. Zwar würde ich es Dir gönnen, selbst die Predigt zu hören; aber für Renate und die Familie ist es sicher besser so; denn ich könnte mir nicht denken, wer es sonst so machen könnte, wie es nötig ist. Für Dich ist es einerseits ein Opfer und nach allem Vergangenen eine starke geistige Leistung, was ich sehr bewundere; andrerseits aber doch auch eine ganz besondere Freude.

Heute früh um 8 Uhr hörte ich als schönen Anfang des Tages ein Choralvorspiel über „Was Gott tut, das ist wohlgetan"; ich habe es in Gedanken an Euch und mein Patenkind angehört! Ich hatte lange keine Orgel gehört und empfand ihren Klang wie eine Burg, in der man sich bergen kann. Dass Dein Patenbrief an mich verloren ging, tut mir wirklich ganz besonders leid. Du hast darin sicher ein paar sehr gute und wohltuende und aufmunternde Worte zu mir gesagt, für die ich sehr dankbar gewesen wäre und bin. Ob er sich doch noch findet? Und ob Du mir sonst ein paar Worte zum Ersatz schreibst? Du wirst ja heute auch eine Tischrede halten müssen und dabei an mich denken. Ich möchte es gern erfahren, was Du gesagt hast. Gerade weil man solche Worte einander nur selten sagt, hungert einen von Zeit zu Zeit danach. Verstehst Du das? Vielleicht ist das hier in der Abgeschiedenheit stärker als sonst; früher verstand sich alles so von selbst. Das tut es allerdings auch jetzt noch – trotzdem! Fandest Du übrigens neulich hier, dass es sich jetzt „schwerer spricht" als früher? Ich fand es gar nicht. Ich frage nur, weil Du neulich so etwas schriebst.

Vielleicht hast Du Dich über den gestrigen Brief gewundert, dass er einerseits *Dir* etwas sagen wollte und andrerseits selbst so hilflos war. Aber ist es nicht so? Man versucht zu helfen und ist selbst der Hilfsbedürftigste. Das über den cantus firmus war eigentlich mehr um Renates willen geschrieben als um Deiner selbst willen, d. h. mehr um Eurer Gemeinschaft willen, als dass ich geglaubt hätte, Du wüsstest das nicht selbst alles gut genug. Das Bild der Polyfonie verfolgt mich immer noch. Als ich heute etwas Schmerz darüber empfand, nicht bei Euch zu sein, musste ich denken, dass auch Schmerz und Freude zur Polyfonie des ganzen Lebens gehören und selbstständig nebeneinander bestehen können. Du sagtest vorgestern ungefähr, dass es mir vielleicht doch besser ginge, als ich wüsste. Gewiss, Eberhard, ich bin in viel geringerer Gefahr als Du und ich würde viel darum geben, in dieser Hinsicht mit Dir tauschen zu können; das ist keine Redensart; es geht sogar immer wieder ganz von selbst in mein Gebet ein; ich habe schon mehr vom Leben gesehen und erfahren als Du – wenngleich mir ein entscheidendes Erlebnis, das Du schon hast, noch fehlt, aber vielleicht liegt es auch gerade mit daran, dass ich schon „lebenssatter" bin, als Du sein darfst. Also, der Vorzug, den Du in meiner Lage siehst, ist für mich nur relativ gering. Ist es nicht vielmehr so, dass Du das Leben in allen seinen Seiten, in Glück und in Gefahr, erlebst und dass das doch besser ist, als wenn einem gewissermaßen die Lebensluft abgeschnürt wird wie mir hier? Ich will bestimmt nicht bemitleidet sein und Dir damit irgendwie Kummer machen, sondern ich möchte nur gern, dass Du an dem *froh* bist, was Du hast; es ist eben wirklich die Polyfonie des Lebens (verzeih dieses Herumreiten auf meinem Fündlein!).

Entwarnung. Ich bin froh für Euch. – Auf meinem Schreibtisch stehen zwei ganz wunderbare Fliederbüsche, die mir ein rührender Mann mitgebracht hat. Ich habe mir die Fotos, die Du mir brachtest, vorgenommen und betrachte den Täufling. Auch die große Zigarre habe ich angezündet und genieße sie sehr. Vielen Dank dafür! Wem er ähnlich sieht? Ich finde Renate und Dir! Von Dir stammt eindeutig die Stirn, von Renate das Übrige. Er gefällt mir ausgezeichnet, und wenn er schon an körperlichen Vorzügen etwas von mir mitbekommen sollte, so kann ich ihm eigentlich nur meine Zahn- und Kopfwehlosigkeit, meine Wadenmuskeln und meinen empfindlichen Gaumen (der allerdings schon eine zweischneidige Mitgift ist) wünschen. Das andre holt er sich besser anderswoher. Ob er meinen Mund hat, wie Du sagst, kann ich nicht beurteilen, da mir der Meine nie als etwas Besonderes aufgefallen ist; ich glaube infolgedessen auch nicht, dass das ein Vorzug ist. Im Übrigen hat er sich mit seinem Namen das beste Teil von mir genommen. Ich war mit ihm immer zufrieden und als Junge sogar stolz auf ihn. Aber ein guter Patenonkel, das könnt Ihr mir glauben, will ich ihm immer sein und immer tun, was in meinen Kräften liegt, um ihm zu helfen. Ich glaube, einen besseren Patenonkel konnte er sich nicht aussuchen! – Ich habe mir noch Gedanken darüber gemacht, wo Renate hingehen könnte. Sie wird natürlich anderswo noch einsamer sein, und die Nähe der Mutter ist doch sehr viel wert für sie, auch für evtl. plötzliche ... [hier ist eine Briefseite des Originals verloren gegangen]

Noch immer stehe ich ganz unter dem Eindruck Deiner Erzählung. Wenn wir dies alles doch miteinander erleben könnten! Ich wäre lieber mit Dir zusammen dort als alleine hier in „Sicherheit". Wenn ich nun aber bedenke, durch wie viele Gefahren Du in Deinem Leben gegangen bist (einschließlich der Gefahr einer möglicherweise verkehrten Ehe) und wie Du bis in die letzten Tage hinein geradezu sichtbare Erweise der Bewahrung erfahren hast und wie Dir das Gute immer wieder unerwartet zugefallen ist (Deine gegen alle elterlichen Pläne frühe Verlobung und Hochzeit, Dein langes zu Hause sein, Deine Winterurlaube), dann werde ich ganz ruhig und glaube, dass Du in den Plänen Gottes gut aufgehoben bist. Wenn Du in Gedanken an den Krieg jetzt manchmal nur den Tod siehst, so unterschätzt Du wohl die Mannigfaltigkeit der Wege Gottes. Die Stunde des Todes ist dem Menschen bestimmt und sie wird ihn überall finden, wo sich der Mensch auch hinwendet. Und wir müssen dafür bereit sein. Aber „er weiß viel tausend Weisen zu retten aus dem Tod, ernährt und gibet Speisen zur Zeit der Hungersnot". Das wollen wir doch nicht vergessen. – Wieder Alarm.

Es ist der 22. Gut, dass Ihr draußen seid! – Ich habe viel vom gestrigen Tag erfahren und bin sehr froh darüber. Deine Predigt hat Maria sehr gefallen; schon der kurze Aufriss, den ich erhielt, hat mir eingeleuchtet. Und wie schöne Lieder! – Dass Du Schütz gesungen hast, hast Du auch in Gedanken an mich getan! Du sollst besser denn je bei Stimme gewesen sein. Beide Lieder liebe ich sehr. Ihr habt meinen Aufzeichnungen damit ja etwas reichlich viel Ehre angedeihen lassen, so war es wirklich nicht gemeint. Aber ich freue mich, wenn es Euch gefreut hat. Für Papa muss es merkwürdig gewesen sein, diesen Text zu lesen. Ich hörte gern etwas mehr darüber.

Sehr froh bin ich, dass Per[els] und Mama sich der Dohrmannsache sofort annehmen. Kann Klaus eigentlich nichts tun?

Legalisierung müsste direkt für den Kriegspfarrerdienst erfolgen, wenn überhaupt nötig. Ein Plus kann man ja nicht gut fordern. Die ganze Frage sieht ja jetzt anders aus als vor 5 Jahren. Trotzdem gibt es natürlich Bedingungen, auf die man nicht eingehen könnte. Das wäre dann das Zeichen Gottes, diesen Weg nicht weiterzugehen. Denn Gott allein schützt, sonst nichts.

Einen Brief an Niebuhr schreibe ich noch für Dich für alle Fälle. Auch einen Treffpunkt müsste man für alle Fälle ausmachen; ich denke, dass wir über N[iebuhr] und Onkel George später immer in Verbindung bleiben können. Leb wohl für heute! Kann ich irgendetwas für Euch tun? – Wie reizend sind die Bilder des Kleinen! – Gott behüte uns alle!

Von Herzen Dein getreuer Dietrich

Wie war es mit dem überraschenden Besuch?

22. 5.
Lieber Eberhard!
Hier ist der Brief, mit dem Du Dich immer ausweisen kannst. Es stimmt doch, dass Du damals mit warst, als ich dort zu Besuch war? (Es ist doch klar, dass der Brief an Professor v. Dietze-Freiburg gerichtet ist?) Ich halte es für richtig, dass Du gut und sicher eingeführt bist. Er ist ein sehr liebenswürdiger, lebhafter und interessanter Mann, guter Freund von Paul Tillich und sein Hauptgebiet ist Ethik. So, mit mehr will ich Dich heute nicht behelligen. Es ist 1 Uhr nachts und ich warte gerade im Revier auf den Alarm, der angekündigt ist. Quousque tandem [Wie lange noch]? Leb für heute wohl!

Herzlich Dein Dietrich

84. An Renate und Eberhard Bethge

24. Mai 1944

Lieber Eberhard, liebe Renate!
Ich weiß nicht, wie ich meine Wünsche für Eure Pfingsttage anders ausdrücken soll, als indem ich ein Wort gebrauche, das ich nur selten in den Mund nehme – ich wünsche Euch, dass Ihr ein gesegnetes Pfingsten feiert, ein Pfingsten mit

Gott und mit dem Gebet, ein Pfingsten, an dem Ihr Euch vom Heiligen Geist angerührt wisst, ein Pfingsten, das für die kommenden Wochen und Monate für Euch ein rocher de bronce der Erinnerung ist. Ihr braucht Tage, an die zurückzudenken Euch nicht ein Schmerz über etwas Entbehrtes, sondern eine Stärkung durch etwas Beständiges ist. Ich habe für Euch ein paar Worte zu den Losungen zu schreiben versucht, z. T. noch heute während der Alarmstunden, sie sind daher etwas dürftig und nicht so durchmeditiert, wie es nötig wäre [abgedruckt in: Dietrich Bonhoeffer, *Aber bei dir ist Licht*, Gießen 2018]. Aber vielleicht lest Ihr sie am Morgen miteinander und habt darin einen kleinen Ersatz für den möglicherweise fehlenden Gottesdienst. Ist eigentlich für Dich, Eberhard, die Erinnerung an die Pfingstmorgen in Finkenwalde auch so schön und wichtig? Im Übrigen wünsche ich Euch schönes Wetter, viel Freude am kleinen Dietrich, und viele schöne ruhige Stunden und gute Musik! – Wenn es mit den Alarmen so bleibt, dann wage ich es eigentlich nicht, Euch noch einmal um Euren Besuch zu bitten. Ich verstehe es dann wirklich *sehr* gut, wenn Ihr in Sakrow bleibt! Ihr müsst es nicht glauben, dass Ihr damit etwas an mir versäumt! Es war neulich schon so sehr schön, und die Möglichkeit des Schreibens ist ja auch eine sehr große Hilfe! Nur wäre ich gern auf dem Laufenden über Deine Dohrmannsache. – Dich nur um meinetwillen noch mal mit H. zu treffen, ist *wirklich* nicht nötig!! Das geht ja auch schriftlich! Mich würde der Zeitverlust für Dich *nur* bedrücken! – Die Bilder von dem Kleinen nehme ich mir immer wieder vor und ich trenne mich nur schwer von ihnen. Hoffentlich schickt Ihr mir bald einen Ersatz, wenn ich Euch Eure zurückschicke. Besonders das, wo er auf dem Bauch liegt und direkt in den Apparat sieht, finde ich sehr ausdrucksvoll: Was für ein Gemisch von Staunen, Vertrauen und kindlicher Furcht liegt auf einem solchen Gesicht eines Neugeborenen. Hat er nicht für sein Alter eigentlich schon erstaunlich viel „Gesicht" und Ausdruck? Wie ich höre, habt Ihr bei der Taufe viel fotografiert. Darauf freue ich mich sehr.

Ich lese jetzt mit größtem Interesse das Weizsäckersche Buch über das „physikalische Weltbild" und hoffe, auch für meine Arbeit viel daraus zu lernen. Wenn nur ein geistiger Austausch möglich wäre. Früher lasen und besprachen wir derartige Dinge immer gemeinsam. – Die letzten Nachrichten aus Italien haben mich wieder sehr bewegt. Was mag in den nächsten beiden Wochen noch alles geschehen! Man kann nicht genug an die letzten Verse denken, die Ihr bei der Taufe gesungen habt! Nun lebt wohl, feiert schön und vergesst nicht

Euren getreuen Dietrich

85. An Eberhard Bethge

26. Mai 1944

Lieber Eberhard!

Heute ist es eine Woche, dass Ihr hier wart. Wie mögt Ihr die Tage zubringen? Oft denke ich, es ist für Euch – objektiv – doch ganz gut, dass ich nicht da bin und dass Ihr so ohne jeden Dritten zusammen sein könnt. – Wie steht es nun mit Dohrmann? Das wüsste ich gern! Wenn Du noch einmal kommen kannst, so geschähe das am besten nachmittags nach 4 Uhr; da kann ich dafür sorgen, dass wir ungestörter sind. Den betreffenden Tag würde ich Dich dann noch wissen lassen. Eine vorherige Anmeldung ist dann unnötig. Es wäre wunderbar, wenn es gelänge. Da Maria jetzt mindestens 6 Wochen lang nicht kommt, geht es vielleicht wirklich.

Deine bisherigen Verhältnisse wirst Du nun wohl unter keinen Umständen mehr vorfinden. Wie dankbar wird Renate sein, dass ihr die Unruhe dieser Tage und Wochen erspart geblieben ist. Schade finde ich es, dass Du dort unten nicht noch mehr Landschaftliches gezeichnet hast. Das eine Blatt steht mir noch ganz anschaulich vor Augen. Wie viel vielseitigere Begabungen hast Du mit auf die Welt gebracht als ich, und Du entdeckst immer wieder eine neue, während bei mir nichts mehr zu entdecken ist. Eigentlich bist Du mir doch in den allermeisten Dingen überlegen: Du bist unzweifelhaft musikalischer als ich, kannst zeichnen und verstehst etwas von Bildern – was beides bei mir gleich null ist. Du hast in wenigen Wochen besser Skigelaufen und Tennis gespielt als ich, der ich es seit Jahrzehnten tat, vom Technischen und Praktischen ist überhaupt kein Wort zu verlieren – und alles dies ist bei Dir unausgebildete Begabung. Bei mir ist demgegenüber die Ausbildung fast alles. Ohne Ausbildung wäre ich ein ganz langweiliges Gebilde. Wenn nun bei Deinem Sohn beides zusammenkommt, dann können wir uns auf Allerlei gefasst machen.

Zu Deiner Beförderung: So komisch sie einerseits ist, ist sie doch wohl auch die selbstverständliche Anerkennung, die Du immer wieder findest, und als solche doch ganz nett?

Zum Patenamt: In alten Büchern spielt vielfach der Pate im Leben eines Kindes eine besondere Rolle. Heranwachsende Kinder haben doch oft das Verlangen, bei anderen Erwachsenen – außer den Eltern – Verständnis, Freundlichkeit und Rat zu finden. Die Paten sind diejenigen, an die die Eltern ihr Kind für solche Lagen gewiesen haben. Der Pate hat das Recht des guten Rates, während Eltern befehlen. Ich habe zwar keinen solchen Paten gehabt, [...] aber ich könnte mir denken, dass ich sehr gern einen gehabt hätte und ihn gut hätte brauchen können. Du hattest wohl auch keinen? Aber in dieser Richtung sehe ich eine meiner künftigen Patenpflichten. (Onkel Otto Bonhoeffer hätte die Qualifikation dazu gehabt, aber man sah ihn zu selten.) Ich würde Jungens hauptsächlich männliche, Mädchen weibliche Paten geben. – Ich bitte Papa um Besorgung von Pervitin – bzw. Isophan – für mich und für Dich. Ich schreibe ihm selbst. – Ich hoffe sehr, bald von Dir zu hören! Alles alles Gute!

Dich und Renate und den Kleinen grüßt von Herzen

Dein Dietrich

86. An Eberhard Bethge

27. Mai 1944

Lieber Eberhard!

Vielen Dank für Euren Gruß! Aber, weißt Du, ein zu kurzer Brief ist, wie wenn jemand, auf dessen Besuch man lange gewartet hat, nur einen Augenblick den Türspalt aufmacht, freundlich ins Zimmer hinein nickt und schon wieder verschwunden ist. Ich glaube, Du musst noch einmal schreiben, damit ich mir mit meinen Briefen und Fragen nicht deplaciert vorkomme; jedenfalls würde es mir vieles erleichtern. Verstehst Du das?

Falls Du mich noch besuchen kannst, so käme Donnerstag der 1. VI. nach 4 Uhr oder So[nnabend] der 3. VI. nach 1/2 2 Uhr in Betracht. Ich lasse noch bei Euch anfragen. – Aber manches lässt sich eben schriftlich sogar leichter sagen als mündlich; und darum verschiebe bitte nicht alles auf die unsichere Möglichkeit des Besuches.

M. E. muss jemand mit Bunke sprechen. Was sagt denn Dohrm[ann] selbst? Irgendein Bekannter von mir kennt

Senftleben. Etwa Hans v. Haeften? Oder Walter Dreß? Den Ersten kannst Du ja ohne Weiteres mit einem Gruß von mir anrufen. Nur nicht die Aktivität verlieren! Gleichzeitig aber möglichst viel Ruhe genießen!

Die Nennung von Velletri berührte einen eigenartig, Dich gewiss am meisten! – Hast Du eigentlich die Sache über den cantus firmus und meine Fragen und die Pfingstandachten bekommen?

Nochmals vielen herzlichen Dank für Euren Gruß und alle guten Wünsche

Immer Euer Dietrich

87. An Eberhard Bethge

29. Mai 1944

Lieber Eberhard!

Ich hoffe, dass Ihr trotz der Alarme die Ruhe und Schönheit dieser sommerlich warmen Pfingsttage voll auskostet. Man lernt es ja allmählich, von den Bedrohungen des Lebens innerlich Abstand zu gewinnen, d. h. „Abstand gewinnen" klingt eigentlich zu negativ, zu formal, zu künstlich, zu stoisch, richtiger ist es wohl zu sagen: Man nimmt diese täglichen Bedrohungen mit in das Ganze seines Lebens mit hinein. Ich beobachte hier immer wieder, dass es so wenige Menschen gibt, die viele Dinge gleichzeitig in sich beherbergen können; wenn Flieger kommen, sind sie nur Angst, wenn es was Gutes zu essen gibt, sind sie nur Gier; wenn ihnen ein Wunsch fehlschlägt, sind sie nur verzweifelt; wenn etwas gelingt, sehen sie nichts anderes mehr. Sie gehen an der Fülle des Lebens und an der Ganzheit einer eigenen Existenz vorbei; alles Objektive und Subjektive löst sich für sie in Bruchstücke auf. Demgegenüber stellt uns das Christentum in viele verschiedene Dimensionen des Lebens zu gleicher Zeit; wir beherbergen gewissermaßen Gott und die ganze Welt in uns. Wir weinen mit den Weinenden und freuen uns zugleich mit den Fröhlichen; wir bangen (ich wurde gerade wieder vom Alarm unterbrochen und sitze jetzt im Freien und genieße die Sonne) um unser Leben, aber wir müssen doch zugleich Gedanken denken, die uns viel wichtiger sind als unser Leben. Sobald wir z. B. bei einem Alarm in eine andre Richtung geworfen werden als in die der Sorge um die eigene Sicherheit, also z. B. in die Aufgabe, Ruhe um uns zu verbreiten, wird die Situation eine völlig andre; das Leben wird nicht in eine einzige Dimension zurückgedrängt, sondern es bleibt mehrdimensional, polyfon. Welch' eine Befreiung ist es, *denken* zu können und in Gedanken die Mehrdimensionalität aufrechtzuerhalten. Ich habe es mir hier fast zur Regel gemacht, wenn die Leute hier vor dem Angriff zittern, immer nur davon zu reden, dass für die kleineren Städte ein solcher Angriff noch viel schlimmer wäre. Man muss die Menschen aus dem einlinigen Denken herausreißen gewissermaßen als „Vorbereitung" bzw. „Ermöglichung" des Glaubens, obwohl es in Wahrheit erst der Glaube selbst ist, der das Leben in der Mehrdimensionalität ermöglicht und uns also auch diese Pfingsten trotz Alarmen feiern lässt.

Anfangs war ich etwas verblüfft und vielleicht sogar betrübt, diesmal zu Pfingsten von niemandem einen Brief zu haben. Dann habe ich mir gesagt, dass das vielleicht ein gutes Zeichen dafür ist, dass man sich um mich keine Sorgen macht – aber es ist eben doch ein wunderlicher Trieb im Menschen, der es irgendwie gern hat, dass andere sich – wenigstens etwas – Sorgen um einen machen.

Das Weizsäckersche Buch über das „Weltbild der Physik"

beschäftigt mich noch sehr. Es ist mir wieder ganz deutlich geworden, dass man Gott nicht als Lückenbüßer unserer unvollkommenen Erkenntnis figurieren lassen darf; wenn nämlich dann – was sachlich zwangsläufig ist – sich die Grenzen der Erkenntnis immer weiter herausschieben, wird mit ihnen auch Gott immer weiter weggeschoben und befindet sich demgemäß auf einem fortgesetzten Rückzug. In dem, was wir erkennen, sollen wir Gott finden, nicht aber in dem, was wir nicht erkennen; nicht in den ungelösten, sondern in den gelösten Fragen will Gott von uns begriffen sein. Das gilt für das Verhältnis von Gott und wissenschaftlicher Erkenntnis. Aber es gilt auch für die allgemein menschlichen Fragen von Tod, Leiden und Schuld. Es ist heute so, dass es auch für diese Fragen menschliche Antworten gibt, die von Gott ganz absehen können. Menschen werden faktisch – und so war es zu allen Zeiten – auch ohne Gott mit diesen Fragen fertig, und es ist einfach nicht wahr, dass nur das Christentum eine Lösung für sie hätte. Was den Begriff der „Lösung" angeht, so sind vielmehr die christlichen Antworten ebenso wenig – oder ebenso gut – zwingend wie andere mögliche Lösungen. Gott ist auch hier kein Lückenbüßer; nicht erst an den Grenzen unserer Möglichkeiten, sondern mitten im Leben muss Gott erkannt werden; im Leben und nicht erst im Sterben, in Gesundheit und Kraft und nicht erst im Leiden, im Handeln und nicht erst in der Sünde will Gott erkannt werden. Der Grund dafür liegt in der Offenbarung Gottes in Jesus Christus. Er ist die Mitte des Lebens, und ist keineswegs „dazu gekommen", uns ungelöste Fragen zu beantworten. Von der Mitte des Lebens aus fallen gewisse Fragen überhaupt aus und ebenso die Antworten auf solche Fragen (Ich denke an das Urteil über Hiobs Freunde!) In Christus gibt es keine „christlichen Probleme". Genug davon; ich wurde gerade wieder einmal gestört.

30.5., abends
Ich sitze bei mir oben, im Haus ist es still, draußen singen noch ein paar Vögel und sogar der Kuckuck ruft aus der Ferne. Diese langen warmen Abende, die ich nun zum zweiten Mal hier erlebe, setzen mir etwas zu. Es zieht einen hinaus und man könnte Dummheiten machen, wenn man nicht so „vernünftig" wäre. Ob man vielleicht schon zu vernünftig geworden ist? Wenn man so lange jedes Begehren ganz bewusst in sich niedergeknüppelt hat, dann kann das wohl zwei schlimme Folgen haben: Entweder man ist innerlich ausgebrannt oder alles staut sich so an, dass es eines Tages eine furchtbare Explosion gibt; die andere denkbare Folge wäre, dass man wirklich selbstlos wird; dass das bei mir nicht der Fall ist, weiß ich selbst am besten. Vielleicht sagst Du, man sollte das Begehren nicht niederknüppeln, und Du hättest wohl recht damit. Aber sieh' mal, ich könnte es z. B. heute Abend gar nicht wagen, mir wirklich konkret auszumalen, dass ich mit Maria bei Euch im Garten am Wasser säße, dass wir dann bis in die Nacht miteinander sprächen usw. usw. Das ist einfach Selbstquälerei, die physisch wehtut. Also flüchte ich mich ins Denken, ins Briefschreiben, in die Freude über Euer Glück und verbiete mir – als Selbstschutz – das eigene Begehren. Es wäre – so paradox es klingt – selbstloser, wenn ich vor meinem Begehren nicht solche Angst zu haben brauchte, sondern ihm freien Lauf lassen könnte – aber das ist sehr schwer.

Vorhin hörte ich zufällig im Revier Solveigs Lied im Radio.

Es hat mich richtig ergriffen. Treues Warten durch ein ganzes Leben hindurch, das ist der Triumph über die Feindseligkeit des Raumes, d.h. über die Trennung, und der Zeit, d.h. über die Vergänglichkeit. Glaubst Du nicht, dass solche Treue allein glücklich macht und Untreue unglücklich? – So, jetzt will ich schlafen gehen, da wohl die Nacht doch wieder gestört wird. Leb wohl! Es denkt viel an Euch

Euer Dietrich

Maetz ist z. Zt. verreist und wird durch einen mir wenig sympathischen Mann vertreten. Sowohl vom Standpunkt der Sicherheit vor Alarmen wie auch sonst ist ein Nachmittagsbesuch günstiger; am besten wäre der Sonnabendnachmittag (3.6.). *Unmittelbar* vor Deiner Abreise aber will ich Dir die lange Fahrt hierher wirklich nicht mehr zumuten. Du musst nachmittags sofort verlangen, den OvD (nicht UvD) – es ist ein Uffz. bzw. Feldwebel – zu sprechen. Falls die Genehmigung bis Sonnabend noch nicht da ist, könnte vielleicht *Maaß* darum gebeten werden, die Fortsetzung der wegen Alarmes abgebrochenen Sprecherlaubnis zu genehmigen, weil Du wieder an die Front musst! Es ist doch nur eine rein technische Frage. Also müsste Maaß am Freitag oder Sonnabend früh angerufen werden, damit es am Sonnabendnachmittag noch klappt.

88. An Maria von Wedemeyer

29. Mai 1944

Meine geliebte Maria!

Zuerst möchte ich Dir einmal richtig danken, für alles danken, was in den vergangenen Tagen von Dir zu mir gekommen ist – da ist zunächst Dein Besuch! War er nicht – trotz all dem Blödsinn, den der uns gegenüber sitzende Herr, der sich als großer Causeur so außerordentlich selbst gefiel, geschwatzt hat und auf den wir so vergnügt eingegangen sind – diesmal ganz besonders schön und befreiend? Wir haben doch endlich auch einmal ein paar ruhige Worte über das Vergangene miteinander gesprochen und das war für mich jedenfalls sehr wichtig und gut. Also, Du hast damals im Nov./Dez. 42 darauf gewartet, dass ich *doch* kam? Konnte ich es, Maria, nachdem mein Brief an Dich als einzige Antwort die dringende Bitte der Mutter erhielt, *nicht* zu kommen? Konnte ich unter den damaligen persönlichen Verhältnissen der Mutter – und Dir! – zuwiderhandeln? Hätte ich es im Gedanken an Deinen Vater und an Max tun dürfen? Nein, es war nicht möglich! Dass Großmutter anders dachte, durfte damals für mich nicht bestimmend sein, nachdem sie mir schon den unmöglichen Vorschlag eines Besuches in Pätzig zur Trauerfeier für Max gemacht hatte und ich ihr nur mit Mühe widerstehen konnte, ohne sie zu kränken. Nein, es ging nicht anders – und so musste wohl alles so kommen, wie es nun ist. Ich beklage mich nicht. Ich frage mich nur, ob wir nicht alle mit größerer innerer menschlicher Freiheit hätten handeln können. Aber ich komme weit ab von dem, was ich wollte, nämlich Dir danken, dass Du wieder bei mir warst, und dann für den Brief! Ja, Maria, *so* sollten wir einander immer schreiben können; aber gerade wenn es so einmalig ist, trifft es besonders tief ins Herz. Wie ist es möglich, dass Du mich lieben kannst, Maria? Ich verstehe es nicht. Du sagst, was Deine Liebe ist und was sie nicht ist. Ich danke Dir dafür. Sieh mal, es kann ja und soll ja wohl auch jetzt gar nicht anders sein, als es ist. Wenn unsere Liebe nur eine große Qual der Entbehrung wäre, dann würden wir in unseren Käfigen wohl vor ungestillter Sehnsucht sterben. Es ist in unserer Liebe nicht nur Entbehrung und Verlangen, sondern es ist in ihr – wunderbarerweise – schon ein erster Anfang der Erfüllung und an ihn halte ich mich immer wieder und für ihn bin ich so dankbar, dass das, was schon ist, mir viel wichtiger ist als das, was noch nicht ist. Das andere kommt ebenso gewiss zu seiner Zeit, wie das Erste gekommen ist, und dann wird alles immer mehr Erfüllung werden. Gewiss ist die Sehnsucht, die wir nacheinander haben, groß, aber sie wird immer größer werden, je näher wir beieinander sind, und wir werden uns in der Erfüllung unseres Zusammenseins immer mehr nacheinander sehnen. Bleibt denn nicht Liebe immer, immer Sehnsucht, ja im Letzten nie ganz zu stillende Sehnsucht nacheinander? Was wäre eine Erfüllung, die uns die Sehnsucht nähme? Sie wäre das Ende der Liebe, nicht ihr Anfang, ihr Wesen, ihre Höhe. Aber, sieh mal, diese Sehnsucht nacheinander muss doch nicht immer Raserei, besinnungsloses Verlangen sein, sie muss doch nicht immer nur peinigen und quälen, sie braucht sich doch nicht immer an dem Noch-Nicht aufzureiben, sondern sie darf doch sein wie die Sehnsucht nach einem herrlichen Frühlingsmorgen, wenn ich den Himmel schon von den ersten Strahlen der Sonne gerötet sehe. Gewiss, es ist ein Warten, ein Verlangen, ein starkes Sehnen, aber ein frohes und ganz gewisses Warten und Sehnen. So, meine ich, ist unsere Liebe, und wie gut, dass sie so ist.

Maria, höre mich an, ich will Dir etwas sagen. Ich bin viel älter als Du. Ich habe auch jenes besinnungslose, schwere, ungewisse Verlangen schon in meinem Leben kennengelernt. Es blieb unerfüllt. Ich habe schon einmal ein Mädchen sehr gern gehabt; sie wurde Theologin und wir gingen viele Jahre nebeneinanderher; sie war kaum jünger als ich. Ich war 21, als das anfing. Wir wussten voneinander nicht, dass wir uns gern hatten. Über 8 Jahre gingen vorüber. Da erfuhren wir es durch einen Dritten, der glaubte, uns beiden helfen zu können. Wir haben dann darüber offen gesprochen. Aber es war zu spät. Wir hatten zu lange aneinander vorbeigelebt und uns missverstanden. Wir konnten uns nie mehr ganz verstehen. Ich habe ihr das damals gesagt. Zwei Jahre später heiratete sie, da wich allmählich die Last, die auf mir lag. Wir haben uns nie wieder gesehen noch auch geschrieben. Ich spürte damals, dass, wenn ich je einmal heiraten sollte, es nur ein sehr viel jüngeres Mädchen sein könne; aber ich habe das damals und seither für unmöglich gehalten. Die Arbeit für die Kirche nahm mich in den folgenden Jahren völlig in Besitz und ich habe gemeint, ganz auf die Ehe verzichten zu müssen und zu sollen.

Verstehst Du, geliebte Maria, dass man nach solchen Erfahrungen anders wird, als man es mit 21 Jahren war? Die Liebe ist nicht etwas an sich, sondern sie ist so, wie die Menschen sind und geworden sind. Ich will nicht eine, irgendeine oder auch „die" Liebe, sondern ich will Deine Liebe, die so ist, wie Du bist, und auch Du findest bei mir nichts anderes als meine Liebe, aber sie findest Du ganz. Meine liebste Maria, das, was ich Dir geschrieben habe, darf Dir nicht wehtun – oder tut es Dir doch so weh, sodass Du mich nicht begreifst? Du darfst ja ganz gewiss sein, dass es Vergangenheit ist, aber doch eben meine Vergangenheit, d. h. ein Stück meiner Lebensgeschichte. Ich wäre nicht der, der ich bin, ohne alles das, was ich erlebt und erfahren, was ich getan und worin ich geirrt und gefehlt habe. Man soll seine eigene Vergangenheit nie verachten. „O felix culpa" [O glückselige Schuld], sagten die Alten und ich sage es mit ihnen. Kannst Du mich auch so noch lieben?

So weit kam ich gestern. Alles, was ich schrieb, sollte ein Dank sein an Dich. Was ich nicht mehr für möglich hielt, ist geschehen, ja, es ist mir zugefallen. Ich darf noch einmal lieben und geliebt werden und ich darf zum ersten Mal in solcher Liebe froh sein und auf Erfüllung hoffen. Maria, dafür danke ich Dir.

Du schreibst, am 15.7. sei Konfirmation, Du nanntest mir hier aber den 2.7. Fährst Du dazu nach Haus? Werde ich Dich dann sehen? – Dein Pfingstpaket war wunderbar. Nur ein Pfingstbrief fehlte. Merkwürdig, ich bekam von niemandem einen, auch nicht von den Eltern oder von Eberhard. Vergesst Ihr da draußen eigentlich diese großen Feiertage über dem Druck des Alltags? Diese Feiertage erfordern hier immer einen besonderen inneren Kraftaufwand; sie sind aber zugleich auch eine besondere Quelle der Kraft. – Der Kuchen, das Fleisch, der Eierkognak – alles war sehr schön. Allerdings ist der Ansturm immer so groß, dass diese Freuden sehr vergänglich sind. Zu viele Leute haben hier einfach Hunger und es ist für mich eine der größten Freuden, gelegentlich einmal helfen zu können. Das verstehst Du doch auch gut? – An den Herrn, den Du neulich kennenlerntest, schreibe bitte nicht oder doch nur in ganz besonderen Fällen. Er ist so sehr vergesslich und etwas unordentlich. Er ist ein ganz netter Kerl, aber mehr auch nicht. Wenn Du mir auf diesen Brief besonders antworten willst – Du brauchst es nicht, ich wollte nur, dass Du hörst, schreiben ist vielleicht zu schwer –, dann tue es ruhig, aber es sollte nicht oft geschehen. Vielleicht kannst Du mir auch auf dem gewöhnlichen Weg zu verstehen geben, wie es nach dem, was ich Dir schrieb, um Dich und zwischen uns steht. – Verzeih, wenn ich Dir wehgetan habe; ich wollte es nicht. Lass Dir die Gedanken und die Unruhe von der Stirn streichen, lass Dich fest in die Arme schließen und Dich auf Deinen Mund küssen und lieb haben.

von Deinem Dietrich

89. An Eberhard Bethge

2. Juni 1944

Lieber Eberhard!
Die beiliegenden Meditationen sind nur für Euch gedacht [abgedruckt in Dietrich Bonhoeffer, *Aber bei dir ist Licht*, Gießen 2018]. Wenn Du aber jetzt keine „fremde“ Stimme

hören willst, lege sie ruhig beiseite. Deine eigenen Gedanken werden in diesen Tagen Renate besser helfen. Du schriebst damals, Ihr hättet vor der letzten Abreise noch im Zug die Losungen gelesen. Das hat mich damals sehr gefreut und daran musste ich jetzt wieder denken.

Sehr viel Spaß macht es mir, mit welcher Begeisterung Herr Linke immer wieder von Dir spricht; besonders bewunderte er, dass Du mir „gar nicht nach dem Munde geredet hättest", das täten sonst alle in derartigen Situationen. Ich sagte ihm, das hätten wir eben nicht nötig und das sei gerade das Gute. Auch sonst war er offenbar stark beeindruckt. Diese Art der Gespräche ist ihm eine neue Welt, und ich glaube selbst, dass sie ganz objektiv – etwas ganz Seltenes sind.

Übrigens als Du danach fragtest, was damit gemeint sei, dass es jetzt „schwieriger sei zu sprechen", hast Du meiner Meinung nach noch irgendetwas verschluckt, was Du eigentlich sagen wolltest. Stimmt das?

Sage doch bitte der Ursel, dass ich noch nicht die richtige Sporthose hier habe. Mit der weißen kann ich hier nicht viel anfangen. Es fehlt die hellbraune Sommerhose; die andre, die ich hier habe, zerreißt in allen Richtungen.

Über das Hohe Lied schreibe ich Dir nach Italien. Ich möchte es tatsächlich als irdisches Liebeslied lesen. Das ist wahrscheinlich die beste „christologische" Auslegung. Über Eph 5 muss ich wieder nachdenken. Über Bultmann wirst Du hoffentlich schon etwas vorfinden, wenn es nicht verloren ging. Stehst Du Dich mit Deinem dortigen Kollegen R[ainalter] so gut, dass Du mit ihm über das Mirakel der Korrespondenz sprechen kannst? Ich wundere mich etwas darüber.

Ich danke Dir sehr für alle Hilfe in meinen persönlichen Fragen. Wenn Du einfach sagst: „Das ist nicht so!", dann bedeutet das für mich zwar sehr viel. Aber der Beweis wird eben erst in einem Augenblick erbracht, in dem bereits alles darauf ankommt, dass es auch richtig war, was Du sagst. Das ist die Schwierigkeit. Abgesehen von diesem für mich ursprünglich ganz unerwarteten rein persönlichen Problem bestehen noch die objektiven Probleme des Kindes und der Möglichkeit, seine Familie zu ernähren. Du wirst sagen, das gelte für Dich auch. Aber es ist eben doch ein Unterschied, ob die Tatsachen schon geschaffen sind oder ob man sie erst verantwortlich zu schaffen beginnt. Dass die Dinge einfach „auf mich zukommen", ist gewiss der größte Trost in dem allen und eine Stützung des Glaubens – ganz abgesehen davon, dass ich mir gar nicht ausdenken könnte, dass sie etwa *nicht* auf mich zukämen!! –, aber schließlich bleibe ich doch immer der Verantwortliche und ich bin eben nicht mehr 25 Jahre alt, sodass ich einfach in etwas hineintaumeln dürfte und könnte. Die Hinauszögerung des augenblicklichen Status ist eben in vielfacher Hinsicht etwas sehr Fragwürdiges. Aber vielleicht zeigt es sich eines Tages, dass es doch das Richtige war. Ich will Dich jetzt nicht länger mit diesen Fragen behelligen, Du hast jetzt genug anderes zu denken. Erst wenn ich wieder von Dir gehört habe, werde ich Dir noch einiges dazu zu sagen haben.

Alles Gute für die letzten Tage und bitte halte mich über die Entwicklung Deiner Sache immer auf dem Laufenden! Von Herzen grüßt Dich

Dein getreuer Dietrich

Die Taufpredigt folgt morgen! Nochmals vielen Dank!

90. An Eberhard Bethge

5. Juni 1944

Lieber Eberhard!

Ich komme mir vor wie ein dummer Junge, wenn ich Dir verberge, dass es mich hier gelegentlich zu dichterischen Versuchen treibt. Bisher habe ich es jedem – selbst Maria – verheimlicht, die es am meisten angehen würde! – einfach weil es mir irgendwie peinlich war und weil ich nicht weiß, ob sie nicht mehr erschrecken als sich freuen würde. Du bist der Einzige, dem ich es mit gewisser Nüchternheit sagen kann und von dem ich hoffe, dass er mir nötigenfalls den Kopf wäscht und deutlich sagt: Lass die Finger davon. So schicke ich Dir heute eine Probe [das Gedicht „Vergangenheit", wie alle weiteren Gedichte abgedruckt in: Dietrich Bonhoeffer, *Aber bei Dir ist Licht*, Gießen 2018], erstens weil es mir albern vorkommt, vor Dir ein Geheimnis zu haben, zweitens damit Du auf der Reise etwas Unerwartetes zu lesen hast, drittens weil der Gegenstand Dir im Augenblick naheliegt und etwas ausgesprochen wird, was Dir beim Abschied von Renate vielleicht ähnlich durch den Kopf geht. Für mich ist diese Auseinandersetzung mit der Vergangenheit, der Versuch, sie festzuhalten und wiederzugewinnen, vor allem die Furcht, sie zu verlieren, fast die tägliche Begleitmusik meines hiesigen Lebens, die zeitweise – besonders nach den kurzen Besuchen, denen immer wieder ein langer Abschied folgt – zum Thema mit Variationen wird. Das Abschiednehmen, das Erlebnis der Vergangenheit, ob es nun die gestrige Stunde oder vergangene Jahre sind – beides fließt rasch ineinander –, ist für mich eine immer wiederkehrende Aufgabe und Du selbst schriebst einmal: „Das Abschiednehmen übt sich merkwürdig schlecht." In dem vorliegenden Versuch kommt alles auf die letzten paar Verse an. Ich glaube, sie gerieten zu kurz; was meinst Du? Seltsamerweise wurden sie von selbst zu Reimen. Das Ganze entstand einmal in ein paar Stunden und blieb ungefeilt. Jetzt, da ich zum ersten Mal zu einem Menschen darüber spreche, sehe ich, dass ich es auch Maria schicken darf und muss. Wenn sie auch über manches erschrecken wird, so muss sie doch spüren, was gemeint ist. Ich wäre froh, von Dir ein Wort darüber zu hören. Eventuell werde ich derartige Regungen in mir in Zukunft unterdrücken und meine Zeit nützlicher zubringen. Ich möchte das eigentlich von Deiner Meinung abhängig machen. Wenn Du willst, schicke ich Dir auch noch etwas Weiteres zur Prüfung.

Ist nun die Dohrmannsache ganz ausgeschlossen? Das beschäftigt mich natürlich sehr, und doch kann ich nicht sagen, dass es mich besonders bedrückt; ich habe zu stark das Gefühl, dass Deine Wege von oben her gelenkt werden und dass das besser ist als alles, was wir unternehmen. Gewiss muss man alles versuchen, aber doch nur um dessen gewisser zu werden, was Gottes Weg ist, und um den 91. Psalm mit größerer Zuversicht beten zu können. Wenn ich aber noch irgendetwas tun kann, lass es mich ja wissen.

Aus unserem Gespräch neulich habe ich wieder gesehen, dass niemand meine Gedanken besser interpretieren kann als Du.

Das ist mir immer eine große Genugtuung. – Wie und wo wirst Du nach der Räumung von Rom Deine Einheit wiederfinden? Sei Gott befohlen, wo Du auch bist.

In Treue und Dankbarkeit grüßt Dich

Dein Dietrich

91. An Eberhard Bethge

6. Juni 1944

Lieber Eberhard!

Nur um den heutigen Tag [Landung der Aliierten in der Normandie] mit Dir und mit Euch allen irgendwie gemeinsam zu erleben, schreibe ich Dir in Eile einen Gruß. Es kam mir nicht überraschend, und doch sind Tatsachen etwas völlig anderes als Erwartungen. Losung und Lehrtext rufen uns alle in die Mitte des Evangeliums – „Erlösung" ist das Wort, um das alles kreist. Im Glauben wollen wir den nächsten Wochen und mit großer Gewissheit der allgemeinen Zukunft entgegengehen, zuversichtlich wollen wir Deinen Weg und unser aller Wege Gott befehlen. Χάρις καὶ εἰρήνη [„Gnade und Frieden"]!

Dein Dietrich

92. An Eberhard Bethge

8. Juni 1944

Lieber Eberhard!

Während Du die ersten Stunden auf der Bahn sitzt und Dich von Stunde zu Stunde weiter von uns entfernst, begleiten Dich meine Gedanken und vielleicht trifft der Brief ungefähr gleichzeitig mit Dir an Deinem neuen Ziel ein. Dass ich heute früh noch einen Brief von Dir bekam, war eine besondere Freude. Dass Du über das Zusammensein ebenso froh warst wie ich, ist mir insofern eine Beruhigung, als ich mir schon Gedanken gemacht hatte, Dir diesen ganzen Nachmittag geraubt zu haben. Was ist das für eine unverständliche Bestimmung über die Kriegspfarrersache? Wir werden der Sache ganz energisch auf den Grund gehen, und Du kannst ganz gewiss sein, dass nichts versäumt wird. Im Übrigen wirst Du doch in mancherlei Hinsicht mit leichterem Herzen abgefahren sein, als Du es zunächst befürchtetest. Wir hatten unser Wiedersehen von Weihnachten über Ostern auf Pfingsten verschoben und ein Fest nach dem anderen ging vorüber. Das nächste Fest aber gehört nun sicher uns, daran zweifle ich nicht mehr. Schön, dass Du Karl Friedrich sahst. Er schrieb mir wieder einen so guten Brief. Für Klaus ist es wohl schwer, nach so langer Zeit den Absprung zu finden. Dass es nicht Mangel an Warmherzigkeit ist, weiß ich ja wirklich. [...] Klaus hat Mamas Neigung, Dinge zu komplizieren, und ihr natürliches Bedürfnis zu helfen, außerdem Papas ungemein kluge Vorsicht geerbt, ohne doch Mamas unbefangene Tatkraft und Papas Konzentration auf das Erreichbare mitbekommen zu haben. Ich glaube, dass er selbst darunter etwas leiden muss. Es gibt kaum etwas Anregenderes, als sich mit ihm zu unterhalten, und ich kann mir auch kaum einen weitherzigeren und großzügigeren, vornehmeren Charakter denken als ihn, aber für die einfachen und notwendigen Entscheidungen des Lebens ist er nicht der Mann [...]. Sieh mal, Gründe dafür, etwas nicht zu tun, gibt es immer; die Frage ist es doch, ob man es trotzdem tut. Wenn man nur das tun will, wofür *alle* Gründe sprechen, wird man nie zum Tun kommen bzw. wird das Tun nicht mehr nötig, da es andere einem schon abgenommen haben. Jedes wirkliche Tun ist doch ein solches, das kein anderer, sondern nur man selbst tun kann. Ich bin mir allerdings klar darüber, dass ich mir diese Rede zuerst selbst halten muss; denn Du weißt ja am besten, wie schwer ich mich oft in geringfügigen Dingen entscheide. Das muss übrigens ein Erbstück meines Großvaters Bonhoeffer sein.

Über Sabines und Gs Grüße (Ich wusste von *beiden* noch nichts! Warum vergisst man immer, mir Wichtiges zu erzählen? Ich hatte oft danach gefragt!) habe ich mich sehr gefreut.

Du stellst nun in Bezug auf die Gedanken, die mich in letzter Zeit beschäftigen, so viele wichtige Fragen, dass ich froh wäre, wenn ich sie selbst beantworten könnte. Es ist eben noch alles sehr im Anfang und es leitet mich, wie meist, mehr der Instinkt für kommende Fragen, als dass ich über sie schon Klarheit hätte. Ich will versuchen, einmal vom Geschichtlichen meinen Standort zu bezeichnen. Die etwa im 13. Jahrhundert (ich will mich auf den Streit über den Zeitpunkt nicht einlassen) beginnende Bewegung in der Richtung auf die menschliche Autonomie (ich verstehe darunter die Entdeckung der Gesetze, nach denen die Welt in Wissenschaft, Gesellschafts- und Staatsleben, Kunst, Ethik, Religion lebt und mit sich selbst fertig wird) ist in unsrer Zeit zu einer gewissen Vollständigkeit gekommen. Der Mensch hat gelernt, in allen wichtigen Fragen mit sich selbst fertig zu werden ohne Zuhilfenahme der „Arbeitshypothese: Gott". In wissenschaftlichen, künstlerischen, auch ethischen Fragen ist das eine Selbstverständlichkeit geworden, an der man kaum mehr zu rütteln wagt; seit etwa 100 Jahren gilt das aber in zunehmendem Maße auch für die religiösen Fragen; es zeigt sich, dass alles auch ohne „Gott" geht, und zwar ebenso gut wie vorher. Ebenso wie auf wissenschaftlichem Gebiet wird im allgemein menschlichen Bereich „Gott" immer weiter aus dem Leben zurückgedrängt, er verliert an Boden. Katholische und protestantische Geschichtsbetrachtung sind sich nun darüber einig, dass in dieser Entwicklung der große Abfall von Gott, von Christus, zu sehen sei, und je mehr sie Gott und Christus gegen diese Entwicklung in Anspruch nimmt und ausspielt, desto mehr versteht sich diese Entwicklung selbst als antichristlich. Die zum Bewusstsein ihrer selbst und ihrer Lebensgesetze gekommene Welt ist ihrer selbst in einer Weise sicher, dass uns das unheimlich wird; Fehlentwicklungen und Misserfolge vermögen die Welt an der Notwendigkeit ihres Weges und ihrer Entwicklung doch nicht irre zu machen; sie werden mit männlicher Nüchternheit in Kauf genommen, und selbst ein Ereignis wie dieser Krieg macht darin keine Ausnahme. Gegen diese Selbstsicherheit ist nun die christliche Apologetik in verschiedensten Formen auf den Plan getreten. Man versucht der mündig gewordenen Welt zu beweisen, dass sie ohne den Vormund „Gott" nicht leben könne. Wenn man auch in allen weltlichen Fragen schon kapituliert hat, so bleiben doch immer die sogenannten „letzten Fragen" – Tod, Schuld –, auf die nur „Gott" eine Antwort geben kann und um derentwillen man Gott und die Kirche und den Pfarrer braucht. Wir leben also gewissermaßen von diesen sogenannten letzten Fragen der Menschen. Wie aber, wenn sie eines Tages nicht mehr als solche da sind bzw. wenn auch sie „ohne Gott" beantwortet werden? Nun kommen zwar die säkularisierten Ableger der christlichen Theologie, nämlich die Existenzphilosophen und die Psychotherapeuten, und weisen dem sicheren, zufriedenen, glücklichen Menschen nach, dass er in Wirklichkeit unglücklich und verzweifelt sei und das nur nicht wahrhaben wolle, dass er sich in einer Not befinde, von der er gar nichts wisse und aus der nur sie ihn retten könnten. Wo Gesundheit, Kraft, Sicherheit, Einfachheit ist, dort wittern sie eine süße Frucht, an der sie nagen oder in die sie ihre verderblichen Eier legen. Sie legen es darauf an, den Menschen erst einmal in innere Verzweiflung zu treiben, und dann haben sie gewonnenes Spiel. Das ist säkularisierter Methodismus. Und wen erreicht er? Eine kleine Zahl von Intellektuellen, von Degenerierten, von solchen, die sich selbst für das Wichtigste auf der Welt halten und sich daher gern mit sich selbst beschäftigen. Der einfache Mann, der sein tägliches Leben in Arbeit und Familie und gewiss auch mit allerlei Seitensprüngen zubringt, wird nicht getroffen. Er hat weder Zeit noch Lust, sich mit seiner existenziellen Verzweiflung zu befassen und sein vielleicht bescheidenes Glück unter dem Aspekt der „Not", der „Sorge", des „Unheils" zu betrachten. Die Attacke der christlichen Apologetik auf die Mündigkeit der Welt halte ich erstens für sinnlos, zweitens für unvornehm, drittens für unchristlich. Sinnlos – weil sie mir wie der Versuch erscheint, einen zum Mann gewordenen Menschen in seine Pubertätszeit zurückzuversetzen, d.h. ihn von lauter Dingen abhängig zu machen, von denen er faktisch nicht mehr abhängig ist, ihn in Probleme hineinzustoßen, die für ihn faktisch nicht mehr Probleme sind. Unvornehm – weil hier ein Ausnutzen der Schwäche eines Menschen zu ihm fremden, von ihm nicht frei bejahten Zwecken versucht wird. Unchristlich – weil Christus mit einer bestimmten Stufe der Religiosität des Menschen, d.h. mit einem menschlichen Gesetz verwechselt wird. Darüber nachher noch ausführlicher. Vorher noch ein paar Worte über die geschichtliche Situation. Die Frage heißt: Christus und die mündig gewordene Welt. Es war die Schwäche der liberalen Theologie, dass sie der Welt das Recht einräumte, Christus seinen Platz in ihr anzuweisen; sie akzeptierte im Streit von Kirche und Welt den von der Welt diktierten – relativ milden – Frieden. Es war ihre Stärke, dass sie nicht versuchte, die Geschichte zurückzudrehen, und die Auseinandersetzung wirklich aufnahm (Troeltsch!), wenn diese auch mit ihrer Niederlage endete. Der Niederlage folgte die Kapitulation und der Versuch eines völligen Neuanfangs auf Grund der Besinnung auf die eigenen Grundlagen in Bibel und Reformation. Heim machte den pietistisch-methodistischen Versuch, den einzelnen Menschen davon zu überzeugen, dass er vor der Alternative: „Verzweiflung oder Jesus" stehe. Er gewann „Herzen". Althaus (in Fortsetzung der modern-positiven Linie mit starker konfessioneller Ausrichtung) versuchte, der Welt einen Raum lutherischer Lehre (Amtes) und lutherischen Kults abzugewinnen und überließ im Übrigen die Welt sich selbst. Tillich unternahm es, die Entwicklung der Welt selbst – gegen ihren Willen – religiös zu deuten, ihr durch die Religion ihre Gestalt zu geben. Das war sehr tapfer, aber die Welt warf ihn vom Sattel und lief allein weiter; auch er wollte die Welt besser verstehen, als sie sich selbst verstand; sie aber fühlte sich völlig missverstanden und wies ein solches Ansinnen ab. (Zwar *muss* die Welt besser verstanden werden als sie sich selbst versteht! Aber eben nicht „religiös", wie es die religiösen Sozialisten wollten!) Barth erkannte als Erster den Fehler aller dieser Versuche (die im Grunde alle noch im Fahrwasser der liberalen Theologie segelten, ohne es zu wollen) darin, dass sie alle darauf ausgehen, einen Raum für Religion in der Welt oder gegen die Welt auszusparen. Er führte den Gott Jesu Christi gegen die Religion ins Feld, πνεῦμα gegen σάρξ [„Fleisch gegen Geist"]. Das bleibt sein größtes Verdienst (Römerbrief 2. Auflage trotz aller neukantianischen Eierschalen!). Durch seine spätere Dogmatik hat er die Kirche instandgesetzt, diese Unterscheidung prinzipiell auf der ganzen Linie durchzuführen. Nicht in der Ethik, wie man häufig sagt, hat er dann versagt – seine ethischen Ausführungen, soweit sie existieren, sind ebenso bedeutsam wie seine dogmatischen –, aber in der nicht-religiösen Interpretation der theologischen Begriffe hat er keine konkrete Wegweisung gegeben, weder in der Dogmatik noch in der Ethik. Hier liegt seine Grenze, und darum wird seine Offenbarungstheologie positivistisch, „Offenbarungspositivismus", wie ich mich ausdrückte. Die BK [Bekennende Kirche] nun hat weithin den Barthschen Ansatz überhaupt vergessen und ist vom Positivismus in die konservative Restauration geraten. Es ist ihre Bedeutung, dass sie die großen Begriffe der christlichen Theologie durchhält, aber darin scheint sie sich allmählich auch fast zu erschöpfen. Gewiss sind in diesen Begriffen die Elemente der echten Prophetie (hierunter fällt sowohl der Wahrheitsanspruch wie die Barmherzigkeit, von denen Du sprichst) wie des echten Kultes enthalten, und insofern findet das Wort der BK überhaupt nur Aufmerksamkeit, Gehör und Ablehnung. Aber beides bleibt unentfaltet, fern, weil ihnen die Interpretation fehlt. Diejenigen, die hier, wie z. B. P. Schütz oder die Oxforder [Oxford-Gruppenbewegung von Frank Buchman] oder Berneuchener, die „Bewegung“ und das „Leben“ vermissen, sind gefährliche Reaktionäre, rückschrittlich, weil sie hinter den Ansatz der Offenbarungstheologie überhaupt zurückgehen und nach „religiöser“ Erneuerung suchen. Sie haben überhaupt das Problem noch gar nicht verstanden und reden gänzlich an der Sache vorbei. Sie haben gar keine Zukunft (am ehesten noch die Oxforder, wenn sie nicht biblisch so substanzlos wären). Bultmann scheint nun Barths Grenze irgendwie gespürt zu haben, aber er missversteht sie im Sinne der liberalen Theologie, und verfällt daher in das typisch liberale Reduktionsverfahren (die „mythologischen“ Elemente des Christentums werden abgezogen und das Christentum auf sein „Wesen“ reduziert). Ich bin nun der Auffassung, dass die vollen Inhalte einschließlich der „mythologischen“ Begriffe bestehen bleiben müssen – das N.T. ist nicht eine mythologische Einkleidung einer allgemeinen Wahrheit, sondern diese Mythologie (Auferstehung etc.) ist die Sache selbst! Aber dass diese Begriffe nun in einer Weise interpretiert werden müssen, die nicht die Religion als Bedingung des Glaubens (vgl. die περιτομή [„Beschneidung“] bei Paulus!) voraussetzt. Erst damit ist meines Erachtens die liberale Theologie (durch welche auch Barth, wenn auch negativ, noch bestimmt ist) überwunden, zugleich aber ist ihre Frage wirklich aufgenommen und beantwortet (was im Offenbarungspositivismus der BK *nicht* der Fall ist!). Die Mündigkeit der Welt ist nun kein Anlass mehr zu Polemik und Apologetik, sondern sie wird nun wirklich besser verstanden, als sie sich selbst versteht, nämlich vom Evangelium, von Christus her.

Nun Deine Frage, wo der „Raum“ der Kirche bleibt, ob er nicht gänzlich verloren geht, und die andere Frage, ob nicht

Jesus selbst an die „Not" der Menschen angeknüpft hat, mithin der vorhin kritisierte „Methodismus" im Recht ist.

9. 6.
Ich breche hier ab und schreibe morgen weiter. Ein Brief an Maria soll auch noch weg. Vielen Dank für Deinen Gruß vom 6. 6. so kurz vor der Abfahrt! Ursel, die ich gestern ein paar Minuten sah, sagte mir schon den Namen von Weidem[ann]; ich konnte ihr sagen, dass dieser ein guter Bekannter von Sack ist, den Justus gut kennt. Letzterer ließ mir heute früh bestellen, dass er an die günstige Erledigung der Angelegenheit glaube. So hoffe ich, dass sich alle Hemmnisse überwinden lassen. Die übrigen Bedingungen sind ja leicht zu erfüllen, und als Schwiegersohn von Rüdiger wird sich auch das Örtliche ohne Weiteres erledigen lassen. Vor einer Eignungsprüfung durch Dohrm[ann] brauchst Du Dich nicht zu fürchten. Wenn Du sagst, dass Du Seminarinspektor warst und bei Wolf doktorieren wolltest, wird er sich hüten, sich auf viele Fragen einzulassen. Bunke ist gewiss sehr wohlgesonnen und Dohrm[ann] sicher auch. Also, es wird schon klappen.

Der Bultmannbrief ging vor mehreren Wochen (kurz vor Deiner Abfahrt) nach Italien. Du wirst ihn, denke ich, vorfinden. – Linkes Urteil meinte wohl, dass er ein deutliches „Gegenüber" empfand, ohne Sentimentalität und Wehleidigkeit. Übrigens, wenn wir schon von „Rolle" sprechen, so ist Deine unzweifelhaft viel schwerer, und ich war sehr froh, dass Du so heiter und tapfer der Zukunft entgegengingst. Kurz, es war für uns beide sehr schön, zusammen zu sein, und ich kann mir nicht denken, dass sich in den Jahren, die noch kommen, daran je etwas ändern wird. Das ist wirklicher Besitz, vielleicht langsam und mühsam erworben, aber wie hat sich alles, was wir beide dafür eingesetzt haben, gelohnt. Schluss! Alles, alles Gute! In Treue und dankbarem Gedenken immer

Dein Dietrich

93. An Eberhard Bethge

21. Juni 1944

Lieber Eberhard!

Für Deinen letzten Gruß aus München vor der Abfahrt hab vielen Dank. Ich kann mir denken, dass die Rückkehr in das leere Zimmer an einem zerrt. Aber es war doch wieder einmal unerwartet schön, dass Ihr noch ein paar Tage zusammen hattet. Dass alles so selbstverständlich einsprang, um Dir das zu ermöglichen, muss Dich doch sehr gefreut haben! Nun bist Du irgendwo auf der Suche nach Deiner Einheit, und ich hoffe, dass, wenn Du dort anlangst, auch schon Grüße für Dich da sind – d. h. vorausgesetzt, dass die alte Feldpostnummer noch stimmt. Heute will ich Dir eigentlich nur einen Gruß schicken. Die Fortsetzung der theologischen Ausführungen oder Gedichte wage ich nicht einzulegen, weil ich nicht weiß, ob Dich die Feldpostnummer noch erreicht. Sobald ich das erfahre, folgt Weiteres. Für Deine Beurteilung und Kritik des Gedichtes bin ich Dir *sehr* dankbar. Ich stehe diesen neugeborenen Kindern von mir selbst ziemlich ratlos und maßstablos gegenüber. Im Kritischen hast Du, glaube ich, überall recht. Aber es bringt mich etwas zur Verzweiflung, für den Vers „ich erfahre das Neue" etwas anderes zu finden, was nicht den ganzen Bau der letzten Verse stört. Aber vielleicht fällt mir noch etwas ein.

Heute Morgen hatten wir den hässlichsten aller bisherigen Luftangriffe. In meinem Zimmer war es ein paar Stunden lang von der Rauchwolke, die über der Stadt lag, so dunkel, dass ich fast Licht eingeschaltet hätte. Zu Hause ist alles in Ordnung, wie ich bereits hörte. Renate ist doch wohl mit dem Kleinen immer in Sakrow; und ihre eventuellen Besorgungen könnte sie doch in Potsdam machen. Dort ist noch nie etwas passiert. Es gefällt mir nicht, dass die Eltern jetzt gerade zurückkommen. Sie sollten vorläufig auch nach S[akrow] ziehen. In Bezug auf den Einsatz unserer neuen Waffe bin ich sehr zuversichtlich und ruhig.

Zum zweiten Mal die schönen langen Sommertage hier zu erleben, fällt mir manchmal etwas schwer; aber man kann es sich eben nicht aussuchen, wo man hingestellt wird. Und so muss man sich durch die kleinen Gedanken, die einen ärgern, immer wieder hindurchfinden zu den großen Gedanken, die einen stärken.

Ich lese z. Zt. das ganz ausgezeichnete Buch des Altphilologen W. F. Otto (Königsberg) über „die Götter Griechenlands", über diese „Glaubenswelt, die dem Reichtum und der Tiefe des Daseins, nicht seinen Sorgen und Sehnsüchten entstiegen ist", wie es am Schluss heißt. Verstehst Du, dass diese Formulierung und die entsprechende Darstellung für mich etwas sehr Reizvolles hat und dass ich – horribile dictu! – an den so dargestellten Göttern weniger Anstoß nehme als an bestimmten Formen des Christentums? Ja, dass ich fast glaube, diese Götter für Christus in Anspruch nehmen zu können? Für meine gegenwärtigen theologischen Überlegungen ist mir dieses Buch sehr wertvoll. – Übrigens steht bei Dilthey viel über Cardano.

Leb wohl für heute! Ich warte täglich auf Nachricht über Deinen Verbleib und bin in Gedanken immer bei Dir!

Von ganzem Herzen grüßt Dich

Dein Dietrich

94. An Maria von Wedemeyer

27. Juni 1944

Meine innigstgeliebte, gute Maria!

Hab Dank für Deinen Brief! Er hat mich nicht traurig gemacht, gar nicht, sondern froh, unendlich froh, weil ich weiß, dass wir so nicht zueinander sprechen würden, wenn wir uns nicht sehr lieb hätten, viel lieber, als wir es beide heute noch wissen; und ist es nicht gut, dass wir es jetzt, da wir getrennt sind, noch gar nicht ganz wissen, wie lieb wir uns haben und sind? Sieh mal, nichts von dem, was Du schreibst, hat mich überrascht oder erschreckt. Ich hatte es mir alles ungefähr so gedacht. Wie sollte ich denn auch meinen, dass Du mich, nachdem wir uns kaum gesehen haben, überhaupt lieben kannst, und wie musste ich nicht über den kleinsten Funken glücklich und froh sein? Wäre es anders, so hätte es ja nur irgendein Fantasiebild, das gar nicht ich bin, sein können, das Du liebst. Unsere Liebe sollte ja gerade erst anfangen, als wir getrennt wurden. Wie gut, dass wir uns in der Ferne nicht in irgendetwas hineingesteigert haben, sondern dass wir alles so hingenommen haben, wie es war und wie es ist! Ich will Dir offen sagen, ich habe manchmal gefürchtet, Du könntest aus Mitleid Ja gesagt haben. Nun weiß ich, dass es das nicht war, sondern dass es so war wie bei mir auch: Wir wussten, dass wir zusammengehören, und wir wissen das heute noch und mehr denn je. Dass es nicht wilde Leidenschaft war und wurde, das liegt an dem Weg, den wir geführt worden sind. Aber dürfen wir darüber heute nicht sogar froh sein? Denn wie viel unerträglicher wäre heute unsere Trennung, zu all der Qual, die sie uns heute schon bereitet, noch hinzu! Wenn die Sonne uns bestrahlt und im Innersten erwärmt, wollen wir uns darüber beklagen, dass sie uns nicht verbrennt? Ich bin darin ganz ruhig und Du musst es auch sein.

Du plagst Dich manchmal in Gedanken an mich? Ach liebste, liebste Maria, kann es Dir denn nicht genügen zu wissen, dass ich durch Dich froh und glücklich geworden bin, froher und glücklicher, als ich noch je in meinem Leben zu werden hoffte. Kann es Dir, wenn Du an Deiner Liebe zu mir irre wirst, denn nicht genug sein, dass ich Dich so liebe, wie Du bist, und dass ich nichts, gar nichts von Dir will, kein Opfer, gar nichts, als Dich selbst? Nur eins will ich nicht, dass Du unglücklich bist und wirst, weil Dir etwas fehlt, weil ich Dir nicht bin, was Du an mir suchst. Du glaubtest am Pfingstmontag, „nicht mehr weiter zu können". Ja, sag mir, kannst Du denn ohne mich weiter? Und wenn Du meinst es zu können, kannst Du es immer noch, wenn Du weißt, dass ich ohne Dich nicht weiter kann? Nein, das ist alles ganz unmöglich. Quäle Dich nicht, liebste Maria. Ich weiß, wie Dir zumute ist, und es kann alles gar nicht anders sein. Alles andere wäre nicht wahr, nicht echt. Aber so wie wir sind, so gehören wir doch zusammen und bleiben zusammen, und ich lasse Dich nicht von mir, ich halte Dich ganz fest, dass Du weißt, dass wir zusammengehören und bleiben müssen. Sieh mal, wenn ich viel jünger wäre, dann würde ich Dich vielleicht ganz anders, aber doch lange nicht so sehr lieben, wie ich es jetzt tue. Ich bin froh, dass ich nicht mehr so jung bin, aber ich weiß auch, dass das für Dich vielleicht schwer ist; aber ich kann es nicht anders denken, als dass Du eines Tages spüren und wissen wirst, dass wir gerade, so wie wir sind, beieinander sein müssen.

Ich danke Dir ganz besonders für das, was Du mir über die Jahre schreibst, von denen ich Dir erzählt habe. Als ich so lange nichts von Dir hörte, fürchtete ich, Du könntest darüber erschrocken sein, aber geglaubt habe ich es im Grunde doch nicht. Und in dem, was Du sagst, höre ich noch einmal dasselbe Ja, das Du mir am 13. Januar 1943 geschrieben, und dieses Ja ist es, an dem ich festhalte, und wenn ich einmal lange auf einen Brief warten muss, dann höre ich es immer und immer wieder und werde darüber beschämt und glücklich, dieses: Ja, Ja, Ja!

Und nun willst Du also eine Zeit lang nicht reisen. Liebste Maria, wenn es Dich zu sehr anstrengt, ist es ganz selbstverständlich, dass das so richtig ist. Aber sieh mal, gibt es für uns eigentlich jetzt etwas Wichtigeres in unserem Leben, als dass wir uns sehen und immer wieder sehen? Legen wir nicht vielleicht etwas gewaltsam zwischen uns, wenn wir freiwillig darauf verzichten? Ich glaube immer, dass wir jetzt nicht mehr allein und getrennt voneinander weiterkommen, sondern nur miteinander, und ich weiß nicht recht, ob Du Dir und mir damit nicht etwas auferlegst, was mehr drückt und in Unruhe treibt, als dass es hilft und ruhig macht. Ruhig bin ich eigentlich nur, wenn Du neben mir sitzt. Geht es Dir anders? Ich habe etwas Angst vor Willkürlichkeiten. Mann und Frau gehören zueinander, so oft und so lang es nur möglich ist. Natürlich können die äußeren Verhältnisse, also jetzt die Reiseschwierigkeiten, das unmöglich machen; aber doch nur die äußeren Verhältnisse.

Lass mich ganz offen sein. Wir wissen nicht, wie oft wir uns in unserem Leben überhaupt noch sehen; so sind nun einmal die Zeiten. Es ist mir ein sehr belastender Gedanke, dass wir uns später einmal Selbstvorwürfe machen müssten über etwas, was nicht mehr gutzumachen ist. Gewiss gibt es äußere Hindernisse absoluter Art, Krankheit, Reiseverbote. Aber sieh mal, innere Hindernisse, so stark sie im Augenblick auch zu sein scheinen, können einen später einmal nie von Selbstvorwürfen entlasten. So ist Frau Niemöller seit Jahren alle 14 Tage nach München zu ihrem Mann gefahren und so bist Du seither immer zu mir gekommen, wenn es nur irgend möglich war.

Du sagst, Du müsstest abends von 8–10 Uhr immer mit Deiner Cousine zusammensitzen, Du entziehst Dich einer vernünftigen ärztlichen Untersuchung und Behandlung, Du schläfst wenig, hast Kopfschmerzen und schonst Dich nicht. Wäre es nicht richtiger, Du sagtest Deiner Cousine ganz klar, Du wolltest um 8 in Dein Zimmer gehen, Du würdest lang genug schlafen, Du würdest Dich an ärztliche Anweisungen halten und Du würdest auf diese Weise Deine Kräfte sammeln, um so lange es noch möglich ist, zu mir zu fahren? Ich kann es mir nicht anders denken, als dass Dich das freier und ruhiger machen würde als das bewusste Wegbleiben. Es scheint mir darin eine gewisse Selbstquälerei zu liegen und eine Überschätzung der Früchte, die das Alleinsein trägt. Du wirst nicht denken, dass ich das alles aus nacktem Egoismus heraus schreibe; es fällt mir im Gegenteil sehr schwer, Dir das zu sagen. Aber ich schreibe es um unser beider willen; ich möchte, dass alles Unnatürliche, Skrupulöse, Künstliche uns fern bleibt. Verlobte gehören zusammen und erst recht, wenn einer in der Lage ist, in der ich mich gegenwärtig befinde. Dass ich Dir damit Opfer, Entbehrungen, Mühen sondergleichen zumute, liebste Maria, wer weiß das besser als ich? Und was täte ich lieber, als Dir dies alles zu ersparen! Wie gern würde ich auf die Freuden, die so ein Besuch in meine Einsamkeit bringt, verzichten. Aber ich habe das starke Gefühl, dass ich das um unser beider, um unserer künftigen Ehe willen nicht darf. Ich muss diese Opfer von Dir annehmen – und kann sie Dir durch nichts vergelten –, um unserer Liebe zueinander willen. Dass Du nicht kommen darfst, wenn Du krank bist, wenn es Dich körperlich überanstrengt, das ist ja so ganz klar! Aber die seelischen Schwierigkeiten müssen wir gemeinsam überwinden! Die Fürsorglichkeit Deines Vetters ist gewiss sehr gut gemeint. Aber es wäre noch fürsorglicher, wenn er Deine Arbeit im Hause so gestaltete, dass sie Dein eigentliches Lebensziel, das doch in unserer Ehe bestehen soll, nicht behinderte. Außerdem muss er doch die Dinge sehen, wie sie wirklich sind; im April fährst Du zu Mutters Geburtstag, im Mai fährst Du zu mir und zu Doris [Fahle], diesmal fährst Du zur Konfirmation, immer sind es doch also mindestens auch andere Dinge, die Dich zur Reise veranlassten. Warum solltest Du nicht auch einmal ganz einfach nur zu mir fahren? Liebste Maria, klingt Dir das alles schrecklich hart? Oder spürst Du hinter dem allen, dass es mir um unsere Ehe, allein darum, geht? Wir dürfen uns nicht uns selbst und unseren Gefühlen überlassen. Daran gehen wir zugrunde. –

Ich habe Dir ganz offen geschrieben, wie ich denke. Nichts von allem Vergangenen macht mir Kummer. Aber für die Zukunft sind nur wir beide verantwortlich und da muss alles klar, gerade und natürlich zugehen, nicht wahr? Und vor allen Dingen müssen wir unser ganzes Leben unter den einen Gesichtspunkt stellen, dass wir zusammengehören, und danach handeln. –

Es ist nicht leicht, dass wir dies alles brieflich miteinander reden müssen; aber es ist Gottes Wille. Die Zeit darf uns einfach nicht zu lang werden. Es gibt über Gottes Willen und unsere Unterwerfung unter ihn einfach keine Diskussion. Ich will gewiss nicht bemitleidet sein, so wenig wie Du es willst, aber ich will, dass Du mit mir wartest und geduldig bist, je länger es dauert, desto mehr. – Und nun sei nicht traurig. Sag mir, was Du denkst, und handle, wie Du musst. Sei aber immer gewiss, dass Dich sehr lieb hat und lieb behält

Dein Dietrich

95. An Eberhard Bethge

27. Juni 1944

Lieber Eberhard!

Eben war Maria bei mir; von ihr hörte ich, dass Deine letzte Nachricht aus Verona stamme und seither nichts Neues von Dir da sei. Obwohl ich also gar nicht weiß, ob und wann Dich Post erreicht, schreibe ich Dir unter der bisherigen Feldpostnummer. Aber um das theologische Thema fortzusetzen, möchte ich lieber noch abwarten, bis von Dir Nachricht da ist. Auch für die Verse gilt das, die sich – besonders ein letztes ziemlich langes Gedicht über hiesige Eindrücke – eigentlich mehr für einen gemeinsamen Abend als für eine lange Postreise eignen. Was magst Du in der vergangenen Reisewoche alles durchgemacht haben. Du musst nicht denken, dass man sich auch nur einen Augenblick an Deine Abwesenheit mit allem, was sie in sich schließt, gewöhnt; man trägt es, aber man gewöhnt sich nicht. Mama hat sich übrigens sofort nach ihrer Rückkehr aus Pätzig mit Döhring in Verbindung gesetzt. Man scheint ganz optimistisch zu sein. Ich kenne D[öhring] als einen sehr aktiven Mann, der sich nicht mit Worten abspeisen lässt; während ich ihn früher gar nicht mochte – ich kannte ihn nur von Predigten –, hat er mir, als ich ihn etwa 1937 einmal besuchte – er war ja auch Privatdozent –, sehr gut gefallen, und wir verstanden uns gut. So denke ich, dass er sich wirklich alle Mühe um die Sache geben wird.

In den letzten 2 Wochen bekam ich von Margret viele herrliche Sachen, u. a. eine Kiste Zigarren, geschickt. Ich fand das ganz rührend und weiß gar nicht, wie ich dazu komme. Sie muss sich doch mit ihren Kindern auch bei Kräften halten und Fritz wird doch nicht Rauchaskese üben! Jedes solche Zeichen des Gedenkens tut einem hier besonders wohl.

Ich schreibe gegenwärtig die Auslegung der ersten 3 Gebote [abgedruckt in: Dietrich Bonhoeffer, *Aber bei dir ist Licht*, Gießen 2018]. Dabei fällt mir das erste besonders schwer. Die übliche Auslegung des Götzendienstes auf „Reichtum, Wollust und Ehre" scheint mir gar nicht biblisch. Das ist eine Moralisierung. Götzen werden *angebetet*, und Götzendienst setzt voraus, dass Menschen überhaupt noch etwas anbeten. Wir beten aber gar nichts mehr an, nicht einmal Götzen. Darin sind wir wirklich Nihilisten.

Noch etwas zu unseren Gedanken über das A.T. Im Unterschied zu den anderen orientalischen Religionen ist der Glaube des A.T. keine Erlösungsreligion. Nun wird doch aber das Christentum immer als Erlösungsreligion bezeichnet. Liegt darin nicht ein kardinaler Fehler, durch den Christus vom A.T. getrennt und von den Erlösungsmythen her interpretiert wird? Auf den Einwand, dass auch im A.T. die Erlösung (aus Ägypten und später aus Babylon, vgl. Deuterojesaja) eine entscheidende Bedeutung habe, ist zu erwidern, dass es sich hier um *geschichtliche* Erlösungen handelt, d.h. *diesseits* der Todesgrenze, während überall sonst die Erlösungsmythen gerade die Überwindung der Todesgrenze zum Ziel haben. Israel wird aus Ägypten erlöst, damit es als Volk Gottes auf Erden vor Gott leben kann. Die Erlösungsmythen suchen ungeschichtlich eine Ewigkeit nach dem Tod. Die Scheol [Totenreich], der Hades, sind keine Gebilde einer Metaphysik, sondern die Bilder, unter denen das irdisch „Gewesene" als zwar existent, aber doch nur schattenhaft in die Gegenwart hineinreichend, vorgestellt wird. Nun sagt man, das Entscheidende sei, dass im Christentum die Auferstehungshoffnung verkündigt würde, und dass also damit eine echte Erlösungsreligion entstanden sei. Das Schwergewicht fällt nun auf das Jenseits der Todesgrenze. Und eben hierin sehe ich den Fehler und die Gefahr. Erlösung heißt nun Erlösung aus Sorgen, Nöten, Ängsten und Sehnsüchten, aus Sünde und Tod in einem besseren Jenseits. Sollte dies aber wirklich das Wesentliche der Christusverkündigung der Evangelien und des Paulus sein? Ich bestreite das. Die christliche Auferstehungshoffnung unterscheidet sich von den mythologischen darin, dass sie den Menschen in ganz neuer und gegenüber dem A.T. noch verschärfter Weise an sein Leben auf der Erde verweist. Der Christ hat nicht wie die Gläubigen der Erlösungsmythen aus den irdischen Aufgaben und Schwierigkeiten immer noch eine letzte Ausflucht ins Ewige, sondern er muss das irdische Leben wie Christus („mein Gott, warum hast Du mich verlassen?") ganz auskosten und nur indem er das tut, ist der Gekreuzigte und Auferstandene bei ihm und ist er mit Christus gekreuzigt und auferstanden. Das Diesseits darf nicht vorzeitig aufgehoben werden. Darin bleiben N.T. und A.T. verbunden. Erlösungsmythen entstehen aus den menschlichen Grenzerfahrungen. Christus aber fasst den Menschen in der Mitte seines Lebens.

Du siehst, es sind immer wieder ähnliche Gedanken, die mich umtreiben. Nun muss ich sie im Einzelnen neutestamentlich belegen. Das folgt etwas später. Für heute genug! Leb wohl, Eberhard, Gott behüte Dich alle Tage! In Treue und Dankbarkeit immer

Dein Dietrich

Ich lese in der Zeitung von tropischer Hitze in Italien, Du Armer! Ich denke an den August 1936. Psalm 121,6!

96. An Eberhard Bethge

30. Juni 1944

Lieber Eberhard!

Heute war hier ein heißer Sommertag, und ich habe die Sonne nur mit geteilten Gefühlen genießen können, weil ich mir denken kann, was für Qualen sie Dir jetzt bereiten mag. Vermutlich sitzt Du jetzt irgendwo verstaubt, verschwitzt, müde und vielleicht ohne die nötige Möglichkeit zum Waschen und Sicherfrischen. Ich kann mir vorstellen, dass Du die Sonne manchmal zu hassen anfängst. Und doch, weißt Du, ich möchte sie einmal wieder richtig spüren in ihrer ganzen Macht, wenn sie einem auf die Haut brennt und allmählich den ganzen Körper zum Glühen bringt, sodass man wieder weiß, dass man ein leibliches Wesen ist, ich möchte mich von ihr, statt von Büchern und Gedanken, müde machen lassen, ich möchte mir von ihr meine animalische Existenz erwecken lassen, nicht jenes Animalische, das das Menschsein erniedrigt, sondern das es aus der Muffigkeit und Unechtheit einer nur geistigen Existenz befreit und den Menschen reiner und glücklicher macht. Ich möchte die Sonne einmal nicht nur sehen und etwas an ihr nippen, sondern sie leibhaftig erfahren. Die romantische Sonnenschwärmerei, die sich nur an Sonnenaufgängen und -Untergängen berauscht, kennt die Sonne als Macht, als Wirklichkeit gar nicht, sondern eigentlich nur als Bild. Sie kann es nie begreifen, warum man die Sonne als Gott verehrte; dazu gehört nicht nur die Erfahrung des Lichtes und der Farben, sondern auch der Hitze. Die heißen Länder sind vom Mittelmeer bis nach Indien und bis nach Mittelamerika die eigentlich geistig schöpferischen Länder gewesen. Die kälteren Länder haben von den geistigen Schöpfungen der anderen gelebt und gezehrt, und was sie original hervorbrachten, die Technik, dient im Grunde nicht dem Geist, sondern den materiellen Lebensbedürfnissen. Ob es uns nicht aus diesem Grunde auch immer wieder in die heißen Länder zieht? Und ob einen solche Gedanken vielleicht etwas mit den Qualen der Hitze auszusöhnen vermögen? Aber vermutlich ist Dir das jetzt alles ganz egal und Du sehnst Dich ganz einfach heraus aus dieser Hölle nach einer Berliner Weiße im Grunewald. Ich erinnere mich genau, wie ich mich im Juni 1923 aus Italien wegsehnte und wie ich erst wieder an einem völlig verregneten Wandertag im Schwarzwald aufatmete. Und ich musste damals nicht Krieg führen und brauchte nur zu genießen. Ich erinnere mich auch, wie Du im August 36 schon die Idee, noch nach Neapel weiterzufahren, entsetzt von Dir wiest. Wie magst Du es jetzt einfach körperlich durchhalten? Früher kam man ohne den „Espresso" gar nicht aus, und Klaus hat zu meinem jugendlichen Ärger damals eine Menge Geld dafür herausgeworfen. Außerdem nahm man sich für die kürzesten Entfernungen eine Kutsche und aß zwischendurch ungezählte granitas und cassatas.

Eben bekomme ich die hocherfreuliche Nachricht, dass Du geschrieben hast und die alte Feldpostnummer behalten hast, woraus ich schließe, dass Du Deine bisherige Einheit wiedergefunden hast. Du glaubst gar nicht, wie beruhigend – jedenfalls relativ beruhigend – das für mich ist; und für Renate bin ich auch sehr froh. Weißt Du, als damals Euer erster Junge erwartet wurde, machte man hier wohl manchmal etwas bedenkliche Gesichter – ich merkte es an den Eltern, die mir im Juli zuerst davon erzählten –, aber wie gut ist es jetzt für Renate und auch für Dich.

Vor ein paar Stunden hat sich hier Onkel Paul angemeldet, um sich mal persönlich um mich zu kümmern. Es ist maßlos komisch, wie alles flügelschlagend herumläuft und wie sich – bis auf wenige rühmliche Ausnahmen – alles an Würdelosigkeit überbietet. Es ist peinlich, aber für manche, so wie sie nun einmal sind, einfach nötig.

Und nun will ich versuchen, das neulich abgebrochene theologische Thema weiterzuführen. Ich ging davon aus, dass Gott immer weiter aus dem Bereich einer mündig gewordenen Welt, aus unseren Erkenntnis- und Lebensbereichen hinausgeschoben wird und seit Kant nur noch jenseits der Welt der Erfahrung Raum behalten hat. Die Theologie hat sich einerseits apologetisch gegen diese Entwicklung gesträubt und ist gegen Darwinismus etc. – vergeblich – Sturm gelaufen; andrerseits hat sie sich mit der Entwicklung abgefunden und Gott nur noch bei den sogenannten letzten Fragen als deus ex machina fungieren lassen, d.h. Gott wird zur Antwort auf Lebensfragen, zur Lösung von Lebensnöten und -konflikten. Wo also ein Mensch nichts derartiges aufzuweisen hat bzw. wo er sich weigert, sich in diesen Dingen gehen und bemitleiden zu lassen, dort bleibt er eigentlich für Gott nicht ansprechbar oder es muss dem Mann ohne Lebensfragen etc. nachgewiesen werden, dass er in Wahrheit tief in solchen Fragen, Nöten, Konflikten steckt, ohne es sich einzugestehen oder es zu wissen. Gelingt das – und die Existenzialphilosophie und Psychotherapie hat in dieser Richtung ganz raffinierte Methoden ausgearbeitet –, dann wird dieser Mann nun ansprechbar für Gott und der Methodismus kann seine Triumphe feiern. Gelingt es aber nicht, den Menschen dahin zu bringen, dass er sein Glück als sein Unheil, seine Gesundheit als seine Krankheit, seine Lebenskraft als seine Verzweiflung ansieht und bezeichnet, dann ist das Latein der Theologen am Ende. Man hat es entweder mit einem verstockten Sünder besonders bösartiger Natur oder mit einer „bürgerlich-saturierten" Existenz zu tun, und einer ist dem Heil ebenso fern wie der andre. Sieh mal, das ist die Einstellung, gegen die ich mich zur Wehr setze. Wenn Jesus Sünder selig machte, so waren das wirkliche Sünder, aber Jesus machte nicht aus jedem Menschen zuerst einmal einen Sünder. Er rief sie von ihrer Sünde fort, aber nicht in ihre Sünde hinein. Gewiss bedeutete die Begegnung mit Jesus, dass sich alle Bewertungen der Menschen umkehrten. So war es bei der Bekehrung des Paulus. Da ging aber die Begegnung mit Jesus der Erkenntnis der Sünden voran. Gewiss nahm sich Jesus der Existenzen am Rande der menschlichen Gesellschaft, Dirnen, Zöllner, an, aber doch durchaus nicht nur ihrer, sondern weil er sich der Menschen überhaupt annehmen wollte. Niemals hat Jesus die Gesundheit, die Kraft, das Glück eines Menschen an sich infrage gestellt und wie eine faule Frucht angesehen; warum hätte er sonst Kranke gesund gemacht, Schwachen die Kraft wiedergegeben? Jesus nimmt das ganze menschliche Leben in allen seinen Erscheinungen für sich und für das Reich Gottes in Anspruch.

Gerade jetzt muss ich natürlich unterbrochen werden! Lass mich nur schnell noch mal das Thema, um das es mir geht, formulieren: die Inanspruchnahme der mündig gewordenen Welt durch Jesus Christus.

Ich kann heute nicht weiterschreiben, sonst bleibt der Brief wieder eine Woche liegen und das möchte ich nicht. Also Fortsetzung folgt!

O[nkel] Paul war da, ließ mich sofort herunterrufen und blieb – Maetz und Maaß waren dabei – über 5 Stunden! Dabei ließ er 4 Flaschen Sekt auffahren, was in den Annalen dieses Hauses wohl einmalig ist, und benahm sich so großzügig und nett, wie ich es ihm nie zugetraut hätte. Er wollte wohl ganz ostentativ deutlich machen, wie er zu mir steht und was er von dem ängstlichen und pedantischen M[aetz] erwartet. Mir hat diese Unabhängigkeit, die wohl im zivilen Bereich undenkbar wäre, imponiert. Im übrigen fiel eine hübsche Geschichte ab, die er erzählte: Bei St. Privat rief ein verwundeter Fähnrich laut: „Ich bin verwundet, es lebe der König!“ Darauf der ebenfalls verwundete General v. Löwenfeld: „Ruhe, Fähnrich, hier wird still gestorben!" – Ich bin neugierig, wie sich der ganze Besuch hier auswirken wird, d.h. in der Beurteilung der Leute.

So, nun leb' wohl und verzeih den abgebrochenen Brief. Ich denke aber, er ist Dir lieber als gar keiner. Ich hoffe, dass wir im Frühherbst wieder zusammen sind!

In treuem und dankbarem Gedenken und in täglicher Fürbitte grüßt Dich von Herzen

Dein Dietrich

1.7.
Heute vor 7 Jahren waren wir zusammen bei Martin!

97. An Eberhard Bethge

8. Juli 1944

Lieber Eberhard!
Wenn ich annehmen könnte, dass Du Dich immer in einer so heiter zufriedenen Verfassung befändest, wie sie aus Deinem letzten Gruß sprach, dann wäre ich wirklich sehr froh. Hab vielen Dank dafür. Dass Du es fertig bringst, Dich von Erinnerungen nicht quälen, sondern erfreuen zu lassen, ist eine große Sache, und ich wäre froh, wenn es mir immer gelänge. Wie seltsam und über Erwarten gut ist es Dir in den letzten Wochen wieder ergangen; erst München, dann Verona, dann der Regentag und schließlich noch die Anerkennung Deines Glücks als besonderes Verdienst. Dein Avancement ist so beängstigend schnell, dass ich Dich bestimmt nie mehr einholen kann; nicht einmal mehr Schritt halten hätte ich mit

Dir können. Im Ernst, es ist doch offenbar eine besondere Gabe in Dir, Dich den Menschen brauchbar und angenehm zu machen. Dazu gratuliere ich Dir! Du sagst, Deine Familie empfände so etwas wie einen Bruch in Deinem Leben. Ich glaube das ebensowenig wie Du. Als ich Dich kennenlernte, waren höchstens noch ein paar Eierschalen abzustreifen; im Übrigen war alles andere schon fertig da. Diesen Eindruck hatte ich schon bei unserer ersten Begegnung, als Du mir aus Wittenberg erzähltest. Im Übrigen habe ich ja auch durch Dich so viele Dinge neu sehen gelernt, dass ich glaube, ich habe mich kaum weniger verändert als Du. In unserer Begegnung lag eine „prästabilierte Harmonie"!

Vor Kurzem schrieb ich Dir noch einen Brief mit einer sehr theoretischen Philosophie über die Hitze. In den letzten Tagen erlebe ich sie nun praktisch am eigenen Leibe. Ich sitze wie in einem Backofen, nur mit einem Hemd, das ich Dir einmal aus Schweden mitbrachte, und einer Turnhose bekleidet (hat man Dir eigentlich die Dir gehörigen Hemden irgendwie entführt? Du kriegst sie bestimmt wieder!), und wage nur aus dem einen Grunde nicht, darunter zu leiden, weil ich mir vorstelle, wie entsetzlich Du Dich jetzt mit der Hitze abquälen musst und wie frivol Dir mein letzter Brief erschienen sein muss! So will ich also versuchen, meinem schwitzenden Gehirn einige Gedanken abzugewinnen und Dir zu schreiben. Wer weiß, vielleicht braucht es gar nicht mehr allzu oft zu sein und wir sehen uns bälder wieder, als wir ahnen. Kürzlich las ich den merkwürdigen und schönen Satz des Euripides bei einer Wiedersehensszene nach langer Trennung: „So ist doch auch das Wiedersehen ein Gott."

Nun wieder ein paar Gedanken zu unserem Thema. Die biblische Seite der Sache darzustellen, erfordert mehr gedankliche Klarheit und Konzentration, als ich heute besitze. Warte noch ein paar Tage, bis es wieder kühler ist! Ich habe auch nicht vergessen, dass ich Dir etwas über die nicht-religiöse

Interpretation biblischer Begriffe schuldig bin. Aber heute erst noch einige Vorbemerkungen: Die Verdrängung Gottes aus der Welt, aus der Öffentlichkeit der menschlichen Existenz, führte zu dem Versuch, ihn wenigstens in dem Bereich des „Persönlichen", „Innerlichen", „Privaten" noch festzuhalten. Und da jeder Mensch irgendwo noch eine Sphäre des Privaten hat, hielt man ihn an dieser Stelle für am leichtesten angreifbar. Die Kammerdienergeheimnisse – um es grob zu sagen – d.h. also der Bereich des Intimen (vom Gebet bis zur Sexualität) – wurden das Jagdgebiet der modernen Seelsorger. Darin gleichen sie (wenn auch ihre Absicht eine ganz andere war) den übelsten Asphaltjournalisten – erinnerst Du Dich an die „Wahrheit" und die „Glocke"? –, die die Intimitäten prominenter Leute ans Licht zogen; hier, um die Menschen gesellschaftlich, finanziell, politisch zu erpressen – dort, um sie religiös zu erpressen. Verzeih, aber ich kann es nicht billiger geben. Soziologisch gesehen, handelt es sich dabei um eine Revolution von unten, um einen Aufruhr der Minderwertigkeit. Wie die gemeine Gesinnung mit der Erscheinung eines Hochgestellten erst dadurch fertig wird, dass sie sich den Betreffenden „in der Badewanne" vorstellt oder in anderen verfänglichen Lagen, so auch hier. Es ist eine Art übler Genugtuung zu wissen, dass jeder seine Schwächen und Blößen hat. Es ist mir im Umgang mit den gesellschaftlichen „outcasts" – „Parias" – immer wieder aufgefallen, dass für sie das Misstrauen das bestimmende Motiv aller Beurteilung anderer Menschen ist. Jede, selbst die selbstloseste Tat eines in Ansehen stehenden Menschen, wird von vornherein verdächtigt. Im Übrigen finden sich diese „outcasts" in allen Schichten. Sie suchen auch im Blumengarten nur den Dung, auf dem die Blumen wachsen. Je bindungsloser ein Mensch lebt, desto eher verfällt er dieser Einstellung. Es gibt auch eine Bindungslosigkeit unter den Geistlichen, die wir das „Pfäffische" nennen, jenes Hinter-den-Sünden-der-Menschen-Herschnüffeln, um sie einzufangen. Es ist, als ob man ein schönes Haus erst kennte, wenn man die Spinnweben im letzten Keller gefunden hätte, als ob man ein gutes Theaterstück erst recht würdigen könne, wenn man gesehen hat, wie sich die Schauspieler hinter den Kulissen aufführen. Es liegt in derselben Richtung, wenn die Romane seit 50 Jahren ihre Menschen erst dann für richtig dargestellt halten, wenn sie sie im Ehebett geschildert haben und wenn Filme Entkleidungsszenen für nötig halten. Das Bekleidete, Verhüllte, Reine und Keusche hält man von vornherein für verlogen, verkleidet, unrein, und man stellt damit nur die eigene Unreinheit unter Beweis. Das Misstrauen und der Argwohn als Grundverhalten gegen die Menschen ist der Aufruhr der Minderwertigen. Theologisch gesehen, ist der Fehler ein doppelter: erstens, man glaubt einen Menschen erst als einen Sünder ansprechen zu können, wenn man seine Schwächen bzw. sein Gemeines ausspioniert hat; zweitens, man meint, das Wesen des Menschen bestehe in seinen innersten, intimsten Hintergründen, und das nennt man dann seine „Innerlichkeit"; und ausgerechnet in diesen menschlichen Heimlichkeiten soll nun Gott seine Domäne haben! Zum Ersten ist zu sagen, dass der Mensch zwar ein Sünder, aber deswegen noch lange nicht gemein ist. Sollten, um es banal zu sagen, Goethe oder Napoleon deswegen Sünder sein, weil sie nicht immer treue Ehemänner waren? Nicht die Sünden der Schwäche, sondern die starken Sünden sind es, um die es geht. Es ist gar nicht nötig, herumzuspionieren. Die Bibel tut es nirgends. (Starke Sünden: beim Genie die Hybris; beim Bauern die Durchbrechung der Ordnung (ist der Dekalog etwa bäuerliche Ethik?); beim Bürger: die Scheu vor der freien Verantwortung. Ist das richtig?) Zum Zweiten: Die Bibel kennt unsere Unterscheidung von Äußerem und Innerem nicht. Was soll sie eigentlich auch? Es geht ihr immer um den ἄνθρωπος τέλειος [„vollkommenen Menschen"], den *ganzen* Menschen, auch dort, wo, wie in der Bergpredigt, der Dekalog ins „Innerlichste" vorgetrieben wird. Dass eine gute „Gesinnung" an die Stelle des ganzen Guten treten könne, ist völlig unbiblisch. Die Entdeckung der sogenannten Innerlichkeit wird erst in der Renaissance (wohl bei Petrarca) gemacht. Das „Herz" im biblischen Sinne ist nicht das Innerliche, sondern der ganze Mensch, wie er vor Gott ist. Da der Mensch aber ebensosehr von „außen" nach „innen" wie von „innen" nach „außen" lebt, ist die Meinung, ihn in seinen intimsten seelischen Hintergründen erst in seinem Wesen zu verstehen, ganz abwegig.

Ich will also darauf hinaus, dass man Gott nicht noch an irgendeiner allerletzten heimlichen Stelle hineinschmuggelt, sondern dass man die Mündigkeit der Welt und des Menschen einfach anerkennt, dass man den Menschen in seiner Weltlichkeit nicht „madig macht", sondern ihn an seiner stärksten Stelle mit Gott konfrontiert, dass man auf alle pfäffischen Kniffe verzichtet und nicht in Psychotherapie oder Existenzphilosophie einen Wegbereiter Gottes sieht. Dem Wort Gottes ist die Zudringlichkeit aller dieser Methoden viel zu unaristokratisch, um sich mit ihnen zu verbünden. Es verbündet sich nicht mit dem Aufruhr des Misstrauens, dem Aufruhr von unten. Sondern es regiert. So, nun wäre es an der Zeit, konkret über die weltliche Interpretation der biblischen Begriffe zu sprechen. Aber es ist *zu* heiß!

Wenn Du ganz von Dir aus an Albrecht u. a. Auszüge aus meinen Briefen schicken willst, kannst Du es natürlich tun. *Ich* würde es von mir aus noch nicht tun, weil ich nur zu Dir so ins Unreine zu reden wage und davon Klärung erhoffe. Aber wie Du willst.

Der Roman ist steckengeblieben, die kleine Arbeit für Dich auch nicht ganz fertig geworden – ich hatte Januar-März so eine unproduktive Zeit. Zwei Gedichte liegen bei [„Wer bin ich", „Christen und Heiden"]. Ein großes über hier [„Nächtliche Stimmen"] würde ich Dir lieber hier zeigen; ich glaube, es ist nicht so schlecht. Vielleicht kommt es einmal extra.

Ich bin so froh, dass Ihr weitab von der Straße liegt! Und dass Du ein Nordzimmer hast und dass es landschaftlich so schön bei Euch ist. Wir werden jetzt bald viel an unsere gemeinsame Reise im Sommer 40 denken müssen, meine letzten Predigten!

Nun leb wohl, hab vielen Dank für jeden Gedanken und Gruß, der zu mir kommt! Mach Dir nicht zu viel Mühe damit! Ich weiß, wie schwer das jetzt für Dich ist. Aber ich freue mich sehr, wenn ich ein Wort höre. – Gott behüte Dich, lieber Eberhard, und führe Dich gesund und bald wieder zu uns zurück! Von Herzen grüßt Dich in Treue

Dein Dietrich

9.7.
Übrigens fände ich es ganz nett, wenn Du meine theologischen Briefe nicht wegwerfen würdest, sondern sie, da sie Dich dort sicher zu sehr belasten, dann von Zeit zu Zeit an Renate schickst. Ich möchte sie später vielleicht wieder einmal für meine Arbeit lesen. Manches schreibt man im Brief unbefangener und lebendiger als im Buch, und im brieflichen Gespräch habe ich oft bessere Gedanken als für mich allein. Es ist aber gar nicht wichtig! – Übrigens freut sich von Zeit zu Zeit auch Herr H. Linke, Berlin-Friedrichshagen, Wilhelmstr. 58 über einen Gruß von Dir.

Nun Schluss! Ich denke, wir sehen uns bald wieder! Alles, alles Gute bis dahin!

Dein Dietrich

98. An Eberhard Bethge

16. Juli 1944

Lieber Eberhard!

Von den Eltern hörte ich gestern, dass Du wieder umgezogen bist. Wie Du äußerlich untergekommen bist, hoffe ich bald zu hören. Die historische Atmosphäre ist jedenfalls reizvoll. Noch vor 10 Jahren hätten wir es kaum verstanden, dass die Symbole des Bischofstabes und -ringes, die sowohl der Kaiser wie der Papst für sich in Anspruch nahmen, zu weltpolitischen Auseinandersetzungen führen können. Waren es nicht wirklich Adiaphora?

Dass sie es nicht waren, haben wir erst aus eigener Erfahrung wieder lernen müssen! Ob nun der Gang Heinrichs des IV. aufrichtig oder diplomatisch zu verstehen ist, vor dem geistigen Auge der europäischen Völker steht das Bild Heinrichs im Januar 1077 unvergessen und unauslöschlich da. Es ist wirksamer als das Wormser Konkordat 1122, das die Sache im selben Sinne formell zum Abschluss brachte. Wir haben alle diese großen Auseinandersetzungen in der Schule als ein europäisches Unglück ansehen gelernt. In Wahrheit liegt in ihnen der Ursprung der geistigen Freiheit, die Europa groß gemacht hat.

Von mir ist nicht viel zu berichten. Ich hörte kürzlich im Radio, wie schon ein paar Mal, Szenen aus Opern von Carl Orff (Carmina burana u. a.), die mir ausgezeichnet gefielen in ihrer Frische, Klarheit und Heiterkeit. Er hat auch Monteverdi für Orchester bearbeitet. Hast Du schon mal darauf geachtet? Dann hörte ich ein concerto grosso von Händel und war wieder ganz überrascht, wie er in dem langsamen Satz (ähnlich dem Largo) so breit und direkt zu trösten vermag, wie wir es nie mehr wagen würden. Händel ist, glaube ich, viel mehr auf den Hörer und auf die Wirkung seiner Musik auf ihn eingestellt als Bach. Darum wirkt er wohl auch manchmal etwas fassadenhaft. Händel will etwas mit seiner Musik, Bach nicht. Stimmt das?

Ich lese mit großem Interesse das „Totenhaus“ [von Fjodor Dostojewski] und bin beeindruckt durch das völlig moralfreie Mitleid, mit dem die Menschen außerhalb desselben sich zu seinen Insassen verhalten. Sollte diese Amoralität, die aus der Religiosität kommt, vielleicht ein wesentlicher Zug dieses Volkes sein und auch gegenwärtigere Ereignisse verständlich machen? Im Übrigen schreibe und dichte ich, soweit die Kräfte reichen. Dass ich jetzt abends oft, so wie wir früher, zum Arbeiten komme, habe ich Dir wohl schon erzählt. Das ist für mich natürlich sehr wichtig und angenehm. Aber damit ist das, was ich Dir über mein Leben berichten kann, auch schon erschöpft. Zu Hause soll alles normal gehen; d.h. Hans geht es gar nicht gut, was mir wirklich sehr leid tut. Manchmal denke ich, wenn er zur rechten Zeit einen guten Pfarrer gehabt hätte, der ihn besucht hätte, wäre vielleicht auch körperlich nicht alles so schlimm gekommen. Sehr froh bin ich, dass Klaus so guter Dinge sein soll! Er war längere Zeit so deprimiert. Nun, ich denke, alles, was ihn so bedrückt, wird bald wieder ganz in Ordnung kommen; ich würde es ihm und der ganzen Familie sehr wünschen. H[ans] Walter ist Unteroffizier geworden! Ich lasse jetzt meine Bücher von Pätzig nach Friedrichsbrunn schicken. Oft muss ich jetzt an die Großmutter Kleist denken; sie ist so schwer beweglich geworden. Vielleicht werden wir unsre Hochzeit noch in Friedrichsbrunn feiern! Maria kann nach den neuen Einschränkungen auch nicht mehr reisen. Vielleicht ist es für sie gut, für mich ist es schade. Sie war leider das letzte Mal, als ich sie sah, ziemlich bedrückt; ich kann es ja verstehen, aber ich finde, sie dürfte es doch nicht sein. Sie hat wohl überhaupt die Neigung, sich in sich selbst zu verspinnen, und dann verspricht sie sich vom Alleinsein zu viel. Es wäre Zeit, dass wir zusammen sein könnten.

Sollte an Dich in absehbarer Zeit die Frage des Predigens herantreten, so würde ich Texte wie Ps 62,2; 119,94a; 42,6; Jer 31,3; Jes 41,10; 43,1; Matth 28,20b zunächst einmal nehmen und mich auf einige wenige wesentliche und einfache Gedanken beschränken. Man muss eine Zeit lang in einer Gemeinde leben, um zu verstehen, wie „Christus in ihr Gestalt gewinnt" (Gal 4,19), und das gilt für eine solche Gemeinde, wie Du sie haben würdest, ganz besonders. Wenn ich Dir irgendwie helfen kann, tue ich es sehr gern.

Nun wieder ein paar Gedanken zu unserem Thema. Ich arbeite mich erst allmählich an die nicht-religiöse Interpretation der biblischen Begriffe heran. Ich sehe mehr die Aufgabe, als dass ich sie schon zu lösen vermöchte. Zum Historischen: Es ist *eine* große Entwicklung, die zur Autonomie der Welt führt. In der Theologie zuerst Herbert v. Cherbury, der die Suffizienz der Vernunft für die religiöse Erkenntnis behauptet. In der Moral: Montaigne, Bodin, die anstelle der Gebote Lebensregeln aufstellen. In der Politik: Macchiavelli, der die Politik von der allgemeinen Moral löst und die Lehre von der Staatsraison begründet. Später, inhaltlich sehr von ihm verschieden, aber in der Richtung auf die Autonomie der menschlichen Gesellschaft doch mit ihm konform, H. Grotius, der sein Naturrecht als Völkerrecht aufstellt, das Gültigkeit hat „etsi deus non daretur", „auch wenn es keinen Gott gäbe". Schließlich der philosophische Schlussstrich: einerseits der Deismus des Descartes: Die Welt ist ein Mechanismus, der ohne Eingreifen Gottes von selbst abläuft; andrerseits der Pantheismus Spinozas: Gott ist die Natur. Kant ist im Grunde Deist, Fichte und Hegel Pantheisten. Überall ist die Autonomie des Menschen und der Welt das Ziel der Gedanken. (In der Naturwissenschaft beginnt die Sache offenbar mit Nikolaus von Cues und

Giordano Bruno und ihrer – „häretischen" – Lehre von der Unendlichkeit der Welt. Der antike Kosmos ist ebenso wie die mittelalterliche geschaffene Welt endlich. Eine unendliche Welt – wie immer sie auch gedacht sein mag – ruht in sich selbst „etsi deus non daretur". Die moderne Physik bezweifelt allerdings wieder die Unendlichkeit der Welt, ohne jedoch in die früheren Vorstellungen ihrer Endlichkeit zurückzufallen.) Gott als moralische, politische, naturwissenschaftliche Arbeitshypothese ist abgeschafft, überwunden; ebenso aber als philosophische und religiöse Arbeitshypothese (Feuerbach!). Es gehört zur intellektuellen Redlichkeit, diese Arbeitshypothese fallen zu lassen bzw. sie so weitgehend wie irgend möglich auszuschalten. Ein erbaulicher Naturwissenschaftler, Mediziner etc. ist ein Zwitter. Wo behält nun Gott noch Raum? fragen ängstliche Gemüter, und weil sie darauf keine Antwort wissen, verdammen sie die ganze Entwicklung, die sie in solche Notlage gebracht hat. Über die verschiedenen Notausgänge aus dem zu eng gewordenen Raum habe ich Dir schon geschrieben. Hinzuzufügen wäre noch der salto mortale zurück ins Mittelalter. Das Prinzip des Mittelalters aber ist die Heteronomie in der Form des Klerikalismus. Die Rückkehr dazu aber kann nur ein Verzweiflungsschritt sein, der nur mit dem Opfer der intellektuellen Redlichkeit erkauft werden kann. Er ist ein Traum nach der Melodie: „O wüsst' ich doch den Weg zurück, den weiten Weg ins Kinderland." Diesen Weg gibt es nicht, – jedenfalls nicht durch den willkürlichen Verzicht auf innere Redlichkeit, sondern nur im Sinne von Matth 18,3!; d. h. durch Buße, d. h. durch *letzte* Redlichkeit! Und wir können nicht redlich sein, ohne zu erkennen, dass wir in der Welt leben müssen – „etsi deus non daretur". Und eben dies erkennen wir – vor Gott! Gott selbst zwingt uns zu dieser Erkenntnis. So führt uns unser Mündigwerden zu einer wahrhaftigeren Erkenntnis unsrer Lage vor Gott. Gott gibt uns zu wissen, dass wir leben müssen als solche, die mit dem Leben ohne Gott fertig werden. Der Gott, der mit uns ist, ist der Gott, der uns verlässt (Markus 15,34)! Der Gott, der uns in der Welt leben lässt ohne die Arbeitshypothese Gott, ist der Gott, vor dem wir dauernd stehen. Vor und mit Gott leben wir ohne Gott. Gott lässt sich aus der Welt herausdrängen ans Kreuz, Gott ist ohnmächtig und schwach in der Welt und gerade und nur so ist er bei uns und hilft uns. Es ist Matthäus 8,17 ganz deutlich, dass Christus nicht hilft kraft seiner Allmacht, sondern kraft seiner Schwachheit, seines Leidens! Hier liegt der entscheidende Unterschied zu allen Religionen. Die Religiosität des Menschen weist ihn in seiner Not an die Macht Gottes in der Welt, Gott ist der deus ex machina. Die Bibel weist den Menschen an die Ohnmacht und das Leiden Gottes; nur der leidende Gott kann helfen. Insofern kann man sagen, dass die beschriebene Entwicklung zur Mündigkeit der Welt, durch die mit einer falschen Gottesvorstellung aufgeräumt wird, den Blick frei macht für den Gott der Bibel, der durch seine Ohnmacht in der Welt Macht und Raum gewinnt. Hier wird wohl die „weltliche Interpretation" einzusetzen haben.

18. 7.

Ob wohl durch die Münchner Angriffe manche Briefe verloren gegangen sind? Bekamst Du den mit den beiden Gedichten? Er war gerade damals unterwegs und enthielt noch einiges Vorbereitende zum theologischen Thema. Das Gedicht über „Christen und Heiden" enthält einen Gedanken, den Du hier wiedererkennen wirst. „Christen stehen bei Gott in seinen Leiden", das unterscheidet Christen von Heiden. „Könnt ihr nicht eine Stunde mit mir wachen?" fragt Jesus in Gethsemane. Das ist die Umkehrung von allem, was der religiöse Mensch von Gott erwartet. Der Mensch wird aufgerufen, das Leiden Gottes an der gottlosen Welt mitzuleiden. Er muss also wirklich in der gottlosen Welt leben und darf nicht den Versuch machen, ihre Gottlosigkeit irgendwie religiös zu verdecken, zu verklären; er muss „weltlich" leben und nimmt eben darin an den Leiden Gottes teil; er *darf* „weltlich" leben, d.h. er ist befreit von den falschen religiösen Bindungen und Hemmungen. Christsein heißt nicht in einer bestimmten Weise religiös sein, auf Grund irgendeiner Methodik etwas aus sich machen (einen Sünder, Büßer oder einen Heiligen), sondern es heißt Menschsein, nicht einen Menschentypus, sondern den Menschen schafft Christus in uns. Nicht der religiöse Akt macht den Christen, sondern das Teilnehmen am Leiden Gottes im weltlichen Leben. Das ist die „μετάνοια" [„Umkehr"], nicht zuerst an die eigenen Nöte, Fragen, Sünden, Ängste denken, sondern sich in den Weg Jesu mithineinreißen lassen, in das messianische Ereignis, dass Jes 53 nun erfüllt wird! Daher: „glaubet an das Evangelium" bzw. bei Joh der Hinweis auf das „Lamm Gottes, das der Welt Sünden trägt" (nebenbei: A. Jeremias hat kürzlich behauptet, „Lamm" sei im Aramäischen auch durch „Knecht" zu übersetzen. Ganz schön, im Hinblick auf Jes 53!). Dieses Hineingerissenwerden in das – messianische – Leiden Gottes in Jesus Christus geschieht im N.T. in verschiedenster Weise: durch den Ruf der Jünger in die Nachfolge, durch die Tischgemeinschaft mit den Sündern, durch „Bekehrungen" im engeren Sinne des Wortes (Zachäus), durch das (ohne jedes Sündenbekenntnis sich vollziehende) Tun der großen Sünderin (Luk 7), durch die Heilung der Kranken (s.o. Matth 8,17), durch die Annahme der Kinder. Die Hirten wie die Weisen aus dem Osten stehen an der Krippe, nicht als „bekehrte Sünder", sondern einfach, weil sie, so wie sie sind, von der Krippe her angezogen werden (Stern). Der Hauptmann von Kapernaum, der gar kein Sündenbekenntnis ablegt, wird als Beispiel des Glaubens hingestellt (vgl. Jairus). Den reichen Jüngling „liebt" Jesus. Der Kämmerer (Apg 8), Cornelius (Kap. 10) sind alles andere als Existenzen am Abgrund, Nathanael ist ein „Israelit ohne Falsch" (Joh 1,47); schließlich Joseph von Arimathia, die Frauen am Grabe. Das einzige, ihnen allen Gemeinsame, ist das Teilhaben am Leiden Gottes in Christus. Das ist ihr „Glaube“. Nichts von religiöser Methodik, der „religiöse Akt“ ist immer etwas Partielles, der „Glaube“ ist etwas Ganzes, ein Lebensakt. Jesus ruft nicht zu einer neuen Religion auf, sondern zum Leben. Wie sieht nun aber dieses Leben aus? Dieses Leben der Teilnahme an der Ohnmacht Gottes in der Welt? Davon schreibe ich das nächste Mal, hoffentlich. Heute nur noch dies: Wenn man von Gott „nicht-religiös“ sprechen will, dann muss man so von ihm sprechen, dass die Gottlosigkeit der Welt dadurch nicht irgendwie verdeckt, sondern vielmehr gerade aufgedeckt wird und gerade so ein überraschendes Licht auf die Welt fällt. Die mündige Welt ist Gott-loser und darum vielleicht gerade Gott-näher als die unmündige Welt. Verzeih, es ist alles noch furchtbar schwerfällig und schlecht gesagt, ich spüre das deutlich. Aber vielleicht hilfst gerade Du mir wieder zur Klärung und Vereinfachung und sei es nur dadurch, dass ich zu Dir darüber sprechen kann und Dich gleichsam immer fragen und antworten höre! Die Adresse ist jetzt H. Linke, Berlin-Friedrichshagen, Wilhelmstraße 58. – Ich bin sehr froh, dass Du die Bergpässe nun schon überwunden hast. Wir stehen hier fast allnächtlich um 1/2 2 Uhr auf. Das ist eine schlechte Zeit und beeinträchtigt die geistige Arbeit etwas.

Ich hoffe, bald von Dir zu hören und grüße Dich mit allen guten Wünschen in treuem und dankbarem Gedenken

immer Dein Dietrich

99. An Eberhard Bethge

21. Juli 1944

Lieber Eberhard!

Heute will ich Dir nur so einen kurzen Gruß schicken. Ich denke, Du wirst in Gedanken so oft und viel hier bei uns sein, dass Du Dich über jedes Lebenszeichen freust, auch wenn das theologische Gespräch einmal ruht. Zwar beschäftigen mich die theologischen Gedanken unablässig, aber es kommen dann doch auch Stunden, in denen man sich mit den unreflektierten Lebens- und Glaubensvorgängen genügen lässt. Dann freut man sich ganz einfach an den Losungen des Tages, wie ich mich z.B. an der gestrigen und heutigen besonders freue, und man kehrt zu den schönen Paul-Gerhardtliedern zurück und ist froh über diesen Besitz. Ich habe in den letzten Jahren mehr und mehr die tiefe Diesseitigkeit des Christentums kennen und verstehen gelernt; nicht ein homo religiosus [religiöser Mensch], sondern ein Mensch schlechthin ist der Christ, wie Jesus – im Unterschied wohl zu Johannes dem Täufer – Mensch war. Nicht die platte und banale Diesseitigkeit der Aufgeklärten, der Betriebsamen, der Bequemen oder der Lasziven, sondern die tiefe Diesseitigkeit, die voller Zucht ist, und in der die Erkenntnis des Todes und der Auferstehung immer gegenwärtig ist, meine ich. Ich glaube, dass Luther in dieser Diesseitigkeit gelebt hat. Ich erinnere mich eines Gespräches, das ich vor 13 Jahren in Amerika mit einem französischen jungen Pfarrer hatte. Wir hatten uns ganz einfach die Frage gestellt, was wir mit unserem Leben eigentlich wollten. Da sagte er: Ich möchte ein Heiliger werden (und ich halte für möglich, dass er es geworden ist); das beeindruckte mich damals sehr. Trotzdem widersprach ich ihm und sagte ungefähr: Ich möchte glauben lernen. Lange Zeit habe ich die Tiefe dieses Gegensatzes nicht verstanden. Ich dachte, ich könnte glauben lernen, indem ich selbst so etwas wie ein heiliges Leben zu führen versuchte. Als das Ende dieses Weges schrieb ich wohl die „Nachfolge". Heute sehe ich die Gefahren dieses Buches, zu dem ich allerdings nach wie vor stehe, deutlich. Später erfuhr ich und ich erfahre es bis zur Stunde, dass man erst in der vollen Diesseitigkeit des Lebens glauben lernt. Wenn man völlig darauf verzichtet hat, aus sich selbst etwas zu machen – sei es einen Heiligen oder einen bekehrten Sünder oder einen Kirchenmann (eine sogenannte priesterliche Gestalt!), einen Gerechten oder einen Ungerechten, einen Kranken oder einen Gesunden – und dies nenne ich Diesseitigkeit, nämlich in der Fülle der Aufgaben, Fragen, Erfolge und Misserfolge, Erfahrungen und Ratlosigkeiten leben –, dann wirft man sich Gott ganz in die Arme, dann nimmt man nicht mehr die eigenen Leiden, sondern das Leiden Gottes in der Welt ernst, dann wacht man mit Christus in Gethsemane, und ich denke, das ist Glaube, das ist μετάνοια [„Umkehr"]; und so wird man ein Mensch, ein Christ (vgl. Jer 45!). Wie sollte man bei Erfolgen übermütig oder an Misserfolgen irre werden, wenn man im diesseitigen Leben Gottes Leiden mitleidet? Du verstehst, was ich meine, auch wenn ich es so kurz sage. Ich bin dankbar, dass ich das habe erkennen dürfen, und ich weiß, dass ich es nur auf dem Wege habe erkennen können, den ich nun einmal gegangen bin. Darum denke ich dankbar und friedlich an Vergangenes und Gegenwärtiges.

Vielleicht wunderst Du Dich über einen so persönlichen Brief. Aber, wenn ich einmal so etwas sagen möchte, wem sollte ich es sonst sagen? Vielleicht kommt die Zeit, in der ich auch zu Maria einmal so sprechen kann; ich hoffe es sehr. Aber noch kann ich ihr das nicht zumuten. Gott führe uns freundlich durch diese Zeiten; aber vor allem führe er uns zu sich.

Ich habe mich ganz besonders über den Gruß von Dir gefreut und bin froh, dass Ihr es nicht zu heiß habt. Von mir müssen noch viele Grüße zu Dir kommen. Sind wir eigentlich nicht 1936 ungefähr diese Strecke gefahren?

Leb wohl, bleibe gesund und lass die Hoffnung nicht sinken, dass wir uns bald alle wiedersehen. In Treue und Dankbarkeit denkt immer an Dich

Dein Dietrich

100. An Eberhard Bethge

25. Juli 1944

Lieber Eberhard!

Ich schreibe Dir jetzt gern, sooft das möglich ist, weil ich auch denke, dass Du immer froh bist, etwas zu hören. Von mir persönlich ist nichts Besonderes zu berichten, auch von der Familie, soviel ich weiß, nicht. Von Maria hatte ich gestern einen Brief, in dem sie schreibt, dass sie jetzt nach Oberbehme in Westfalen zur Schwester ihres Vaters, Frau v. Laer, geht, da die Mutter die kleinen Geschwister aus Pätzig dorthin schickt. Ich finde das ganz vernünftig – zumal Maria in Bayern zweifellos etwas überanstrengt worden ist. Ich habe auch schon überlegt, ob das nicht vielleicht etwas für Renate wäre. Ich weiß zwar nicht, wie sie sich mit Maria versteht; aber sie könnte sich doch durch Klavierstunden vielleicht sehr nützlich machen. Andrerseits ist natürlich die Nähe der Eltern in Berlin und ihrer ganzen Bekanntschaft auch für sie sehr viel wert. Wenn Du aber doch Lust dazu hättest, schreibe doch einfach an Maria. Es werden dort sicher so viele Kinder sein, dass der kleine Dietrich dort bestimmt gut aufgehoben wäre. Tante Elisabeth wird wohl bald die Eltern besuchen.

Die letzten Nächte war unsere Gegend hier mal wieder dran.

Beim Heulen der Bomben denke ich dann immer, wie geringfügig das ist gegenüber dem, was Du da draußen erlebst. Es bringt mich oft richtig in Wut, wie jämmerlich sich hier manche Leute in solchen Situationen aufführen und wie wenig sie dabei bedenken, wie es anderen geht. Hier handelt es sich doch immer nur um wenige Minuten der Gefahr. Wie mag es wohl Jochen Kanitz jetzt gehen? Er stand doch an der Mittelfront.

Ich habe die Memoiren aus dem Totenhaus jetzt zu Ende gelesen. Es steht doch sehr viel Kluges und Gutes drin. Mich beschäftigt noch die Behauptung – die bei ihm ja bestimmt keine Phrase ist –, dass kein Mensch ohne Hoffnung leben könne, und dass Menschen, die wirklich alle Hoffnung verloren haben, oft wild und böse werden. Es bleibt dabei offen, ob hier Hoffnung = Illusion ist. Gewiss ist auch die Bedeutung der Illusion für das Leben nicht zu unterschätzen; aber für den Christen kann es sich doch wohl nur darum handeln, begründete Hoffnung zu haben. Und wenn schon die Illusion im Leben der Menschen eine so große Macht hat, dass sie das Leben in Gang hält, wie groß ist dann erst die Macht, die eine absolut begründete Hoffnung für das Leben hat, und wie unbesiegbar ist so ein Leben.

„Christus, unsere Hoffnung" – diese Formel des Paulus ist die Kraft unseres Lebens.

Ich werde gerade zum Spazierengehen abgeholt. Trotzdem schließe ich den Brief, damit er heute noch abgeht. Leb wohl! Ich denke täglich mit Dankbarkeit und in Treue an Dich! Gott behüte Dich und Renate und Euren Jungen und uns alle!

Immer Dein Dietrich

101. An Eberhard Bethge

27. Juli 1944

Lieber Eberhard!

Nur kurz einen Gruß und Dank für Deinen Gruß vom 16. Ich bin froh, dass Du nicht unter der Hitze allzu sehr zu leiden hast. Hier ist es fast kühl geworden. Dass Du viel zu tun hast, ist gewiss auch eine innere Entlastung; jedenfalls würde es mir so erscheinen. Deine Formulierung unseres theologischen Themas ist sehr klar und einfach. Die Frage, wie es eine „natürliche" Frömmigkeit geben kann, ist zugleich die Frage nach dem „unbewussten Christentum", die mich mehr und mehr beschäftigt. Die lutherischen Dogmatiker unterschieden eine fides directa [unmittelbarer Glaube] von einer fides reflexa [durch Reflexion vermittelter Glaube]. Sie bezogen das auf den sogenannten Kinderglauben bei der Taufe. Ich frage mich, ob hier nicht ein sehr weitreichendes Problem angeschnitten ist. Darüber hoffentlich bald mal mehr.

In der Familie geht es unverändert. Du kannst übrigens ruhig wie bisher schreiben. Jeder freut sich über Grüße. Hast Du die Gedichte (3) [„Glück und Unglück", „Wer bin ich?", „Christen und Heiden"] gekriegt? Für heute genug. Nimm viele herzliche treue Grüße und bleibe gesund. Nimm Dich bei den Mücken vor Malaria in Acht!

Alles Gute wünscht Dir immer

Dein getreuer Dietrich

102. An Eberhard Bethge

28. Juli 1944

Lieber Eberhard!

Ich habe Dir noch nicht für das nette kleine Foto gedankt, das mir in seiner italienischen Aufmachung viel Spaß gemacht hat. Komisch, kann man also auch auf italienisch und auf deutsch fotografieren? und dass das bei einem so unscheinbaren Bild der Fall sein kann, ist das Merkwürdigste. Aber lass doch auch mal von einem Kameraden ein Bild machen, das Dich ganz und in der Natur zeigt. Dass Ihr nur im Hemd arbeitet, ist ja sehr vernünftig.

Du meinst, in der Bibel sei von Gesundheit, Glück, Kraft etc. nicht viel die Rede. Ich habe mir das nochmal sehr überlegt. Für das A.T. trifft es doch jedenfalls nicht zu. Der theologische Zwischenbegriff im AT zwischen Gott und dem Glück etc. des Menschen ist, soweit ich sehe, der des Segens. Gewiss geht es im A.T., also z.B. bei den Erzvätern, nicht um das Glück, aber es geht um den Segen Gottes, der alle irdischen Güter in sich schließt. Dieser Segen ist die Inanspruchnahme des irdischen Lebens für Gott, und er enthält alle Verheißungen. Es würde wieder der üblichen vergeistigten Auffassung des N.T. entsprechen, den a.t.lichen Segen als vom N.T. überholt zu betrachten. Aber sollte es ein Zufall sein, dass im Zusammenhang mit dem Missbrauch des Abendmahls („der *gesegnete* Kelch …" 1Kor 10,16! 1Kor 11,30) von Krankheit und Tod gesprochen wird, dass Jesus Menschen gesund macht, dass die Jünger bei Jesus „nie Mangel leiden"? Soll man nun den a.t.lichen Segen gegen das Kreuz setzen? So tat es Kierkegaard. Damit wird aus dem Kreuz ein Prinzip gemacht, bzw. aus dem Leiden, und eben hieraus entspringt ein ungesunder Methodismus, der dem

Leiden den Charakter der Kontingenz einer göttlichen Schickung raubt. Übrigens muss ja auch im A.T. der Gesegnete viel leiden (Abraham, Isaak, Jakob, Joseph), aber nirgends führt dies (ebenso wenig wie im N.T.) dazu, Glück und Leiden, bzw. Segen und Kreuz in einen ausschließlichen Gegensatz zueinander zu bringen. Der Unterschied zwischen A.T. und N.T. liegt wohl in dieser Hinsicht nur darin, dass im A.T. der Segen auch das Kreuz, im N.T. das Kreuz auch den Segen in sich schließt.

Noch etwas ganz anderes: Nicht nur die Tat, sondern auch das Leiden ist ein Weg zur Freiheit. Die Befreiung liegt im Leiden darin, dass man seine Sache ganz aus den eigenen Händen geben und in die Hände Gottes legen darf. In diesem Sinne ist der Tod die Krönung der menschlichen Freiheit. Ob die menschliche Tat eine Sache des Glaubens ist oder nicht, entscheidet sich darin, ob der Mensch sein Leiden als eine Fortsetzung seiner Tat, als eine Vollendung der Freiheit versteht oder nicht. Das finde ich sehr wichtig und sehr tröstlich.

Mir geht es gut. Von der Familie ist auch nichts Neues zu berichten. Hans liegt mit seiner diphtheritischen Lähmung ganz fest. Aber man scheint guter Zuversicht zu sein. Leb wohl, behalte guten Mut, wie wir auch, und freue Dich schon so wie wir auf ein gutes Wiedersehn!

Von Herzen grüßt Dich

Dein getreuer Dietrich

103. An Eberhard Bethge

3. August 1944

Lieber Eberhard!

Heute wird Euer Kind ein halbes Jahr! Bis es zu sprechen beginnt, wirst Du zu Hause sein. Wie gut, dass Du weißt, wohin Du kommst, wenn Du zurückkehrst. Es ist doch besser, auf etwas Bestimmtes zu warten als auf etwas Unbestimmtes. Maria wird, denke ich, wieder zum Roten Kreuz gehen, wenn ihr Fuß wieder in Ordnung ist. Wo wir uns dann wiedersehen, kann man nicht wissen. Manchmal denke ich, ich habe ihr zu viel aufgeladen. Aber wer konnte das ahnen. Und wenn es nach mir gegangen wäre, wäre meine Situation auch heute längst eine andere. Du musst aber nicht denken, dass ich darüber eine Bitterkeit empfinde. Ich wundere mich selbst manchmal, wie „gefasst" (oder sollte ich etwa sagen: „abgestumpft"?) ich bin. Ob Ihr nun bald wieder umzieht? Und in welche Gegend? Gern wüsste ich, ob Du meine Gedichte gelesen hast. Das sehr lange Gedicht (in Reimen) „Nächtliche Stimmen in T[egel]" musst Du später einmal lesen. Beiliegend findest Du einen Entwurf für eine Arbeit [abgedruckt in: Dietrich Bonhoeffer, *Aber bei dir ist Licht*, Gießen 2018]. Ich weiß nicht, ob Du etwas daraus entnehmen kannst; aber ich denke schon, dass Du etwa verstehst, was ich meine. Ich hoffe, dass ich Ruhe und Kraft behalte, diese Schrift zu schreiben. Die Kirche muss aus ihrer Stagnation heraus. Wir müssen auch wieder in die freie Luft der geistigen Auseinandersetzung mit der Welt. Wir müssen es auch riskieren, anfechtbare Dinge zu sagen, wenn dadurch nur lebenswichtige Fragen aufgerührt werden. Ich fühle mich als ein „moderner" Theologe, der doch noch das Erbe der liberalen Theologie in sich trägt, verpflichtet, diese Fragen anzuschneiden. Es wird unter den Jüngeren nicht viele geben, die das beides in sich verbinden. Wie sehr würde ich Deine Hilfe brauchen. Aber, wenn uns schon das klärende Gespräch genommen ist, so doch nicht das Gebet, unter dem jede solche Arbeit allein angefangen und getan werden kann.

Ich las von „tropischer Hitze“ in Italien. Ist es sehr schlimm? Wie wirst Du Deinen Geburtstag feiern? Erinnerst Du Dich noch an das abendliche Eis in Florenz am 28.8.36? Damals habe ich Dir, glaube ich, gar nichts geschenkt, weil wir kein Geld hatten. Hast Du diesmal eigentlich San Gimigniano gesehen? Und erinnerst Du Dich, dass Du damals auch wegen der Hitze streiktest, diesen Umweg zu machen?! Oder willst Du das heute auch nicht mehr wahrhaben? Oder sollte meine Erinnerung wirklich so falsch sein?

In der Familie nichts Neues. Ich bin immer froh, wenn ich das schreiben kann. Leb wohl! Wenn Du den Cicerone durch hast, wirst Du später ein herrlicher Führer durch Italien sein. Ich freue mich schon darauf!

Alles, alles Gute, jeden Tag und immer! Gott behüte Dich!

In Treue Dein Dietrich

Die Arbeit über die 3 ersten Gebote scheint brauchbar gewesen zu sein, was mich freut. – Schreibe bitte doch nach Friedrichshagen, Wilhelmstraße 58, Herr Linke.

104. An Eberhard Bethge

10. August 1944

Lieber Eberhard!

Das war wirklich eine ganz unvergleichliche Überraschung: Deine erste literarische Betätigung und so gelungen, ja gelungen ist gar kein Wort dafür. Es ist einfach ganz ausgezeichnet, und diese Fähigkeit des Erzählens legt Dir von nun an einfach eine Pflicht auf, Dich weiter in dieser Richtung zu betätigen. Ich sage es wirklich nicht als billige Ermunterung, sondern einfach weil ich die Sache wirklich so gut finde. Ich kann es nicht unterdrücken: Ich habe mich einfach an Stifter erinnert gefühlt, und Du weißt, was das bei mir heißen will! Ich bin wirklich sehr beglückt und finde, Du solltest es schon zu Deinem eigenen Geburtstag an Renate schicken. Es ist jeder Tag schade, den sie es später erhält. Ich schicke es Dir daher umgehend zurück, obwohl ich es gern behielte, aber z. Zt. behalte ich gar nichts hier. Ich habe es ja immer geahnt, dass Du so etwas könntest, aber so habe ich es nicht erwartet. Demgegenüber sind meine eigenen schriftstellerischen Versuche eine tolle Stümperei. Wenn Herz, Kopf und Sprache eins werden, wie es bei Dir ist, dann kommt eben etwas Gutes heraus. Eigentlich müsstest Du es veröffentlichen. Das kannst Du dann aber später zusammen mit anderen Sachen tun. Hab vielen Dank, es war eine wirkliche Freude!

Du kannst übrigens mit meinen Sachen (Gedichten etc.) machen, was Du für richtig hältst. Nur muss man ja auch bedenken, dass nicht etwas in verkehrte Hände kommt. Deine Korrekturen [zu den Gedichten „Wer bin ich?“ und „Christen und Heiden“] halte ich für gut („verächtlich“ kann wegfallen. „*Stehen* bei Gott“ – entsprang wohl dem Gedanken ans Kreuz).

Dass die Erinnerungen Dich nicht mehr „nähren", verstehe ich. Die Kraft der Erinnerungen kommt aber immer wieder aus der Kraft der Dankbarkeit. Gerade in solchen Zeiten soll man sich um Sammlung zur Dankbarkeit im Gebet bemühen. Vor allem darf man sich nie vom Augenblicklichen auffressen lassen, sondern muss die Ruhe der großen Gedanken in sich bewahren und nach ihnen alles messen. Dass das die wenigsten Menschen können, ist es, was man an den Menschen am schwersten erträgt. Nicht die Bosheit, sondern die Schwäche der Menschen ist das, was die Menschenwürde am tiefsten entstellt und herabzieht. Man kann das nur aus einem ganz tiefen Mitleid heraus ertragen. Im Übrigen sitzt nach wie vor Gott im Regiment.

Ich arbeite jetzt an den 3 Kapiteln, von denen ich schrieb. Es ist so, wie Du sagst, dass das „Erkennen" das Erregendste in der Welt ist, und darum bin ich auch jetzt durch die Arbeit ganz gefesselt.

Ich denke viel an Dich in Deiner „Einsamkeit" und bin so froh, dass Du nun auch eine Nebenarbeit gefunden hast, die Dich ganz in Anspruch nimmt. Könntest Du nicht noch ein paar Worte über den Tod des Vaters schreiben? Es ist sicher schwer; aber es sollte wohl doch sein! Und dann schreibe einfach weiter, über Gerhard, über Magdeburg, über das Studium, Musik, Reisen! Bis dahin kannst Du doch einigermaßen objektiv zurückblicken. Was später kam, muss wohl für später aufgehoben werden? Leb wohl für heute. Großmutter tut mir leid. Aber ich hoffe, es ist nicht schlimm. Maria kommt ganz zu den Eltern als Sprechstundenhilfe. Das freut mich sehr! – Nun lass uns weiter guter Zuversicht bleiben und Geduld behalten, und ich hoffe, wir feiern Renates Geburtstag wieder zusammen! Gott behüte Dich und uns alle täglich und schenke uns starken Glauben! Von Herzen

Dein getreuer Dietrich

105. An Eberhard Bethge

11. August 1944

Lieber Eberhard!

Die Tatsache Deiner kleinen literarischen Arbeit, die Du erstaunlicherweise Deiner Einsamkeit in den letzten Wochen abgerungen hast, lässt mich so wenig zur Ruhe kommen, dass ich gleich noch einmal schreiben muss. Es war das Lesen dieser paar gehaltvollen Seiten für mich die freudigste Überraschung seit langer Zeit. Ich hatte es immer gefühlt, dass eines Tages bei Dir in produktiver Hinsicht irgendetwas geschehen würde, und ich erlebe nun die Freude, die Du vielleicht früher auch schon erlebt hast, die Freude darüber, wenn dem Freunde ein Werk gelingt. Du wirst vielleicht sagen, das sei doch nur eine ganz kleine Gelegenheitsarbeit. Das mag es sein, aber es steht mir ganz fest, dass es sehr viel mehr ist, dass es ein Anfang, ein Durchbruch ist, dem nun viel Gutes folgen wird und muss. Es ist dies genau die Art des Schreibens und Erzählens, nach der ich mich sehne und die ich für zukunftsstark halte. Es gibt viele, die heute über dörflich-ländliches Leben schreiben; aber sie tun es entweder mit dick aufgetragener Tendenz oder in falscher Romantik oder mit so bewusster Herbheit (wie in den „Fischern von Lissau"); wer aber tut es so einfach, echt, anspruchslos und ich möchte sagen pietätvoll, wie Du es in den paar Seiten getan hast? Und was für eine Kraft geht davon aus, gerade weil alles so absichtslos ist. Nur bei Gotthelf, Keller und Stifter habe ich Ähnliches gelesen. Du sagst, dass Du einen Ringkampf um die Einfachheit zu bestehen hattest; das glaube ich. Einfachheit ist eine geistige Leistung, eine der größten. Ich glaube, Du hast mit sicherem Griff die Dir angemessene Form – Erzählung, Ich-Form – und den richtigen Gegenstand – Selbsterlebtes, Gesehenes, Beobachtetes, Erfahrenes, Empfundenes, Gedachtes – gefunden. Deine Gabe zu *sehen*, scheint mir das Wichtigste. Allerdings gerade die Art, *wie* und *was* Du siehst. Es ist nicht jenes zudringliche, analysierende, sich in alles hineindrängende, neugierige Sehen, sondern ein klares, offenes, aber ehrerbietiges Sehen. *Dieses* Sehen, um das ich – *theoretisch* – selbst in den Problemen der Theologie bemüht bin, führt nun bei Dir zur künstlerischen Darstellung, und ich glaube, dass hier vielleicht unsre stärkste geistige Verwandtschaft – bei mir ist es ein Sehen mit dem Intellekt, bei Dir mit den Augen und allen Sinnen, aber die Art des Sehens ist eben verwandt – bzw. das wichtigste Ergebnis langer geistiger Gemeinschaft liegt. Kurz – schreibe weiter, oft und viel! Ich hätte nie gedacht, dass Du auf einen Schlag etwas stilistisch so Abgerundetes fertig bringst! Die Freude bei Renate und der ganzen Familie wird sehr groß sein. Du darfst aber nicht mehr so lange warten, bis Du es ihr schickst! Übrigens steckt doch auch ein gutes Stück meditativer Arbeit in den paar Seiten!

Vielleicht bekommst Du in nächster Zeit einen Brief von einem oder zwei mir befreundeten italienischen Offizieren; besonders der Professor Latmiral ist ein sehr feiner und gebildeter Mann, wenn sich zufällig eine Begegnung ermöglichen ließe, wäre sie bestimmt für Dich und ihn eine große Freude; er spricht gut Deutsch; aber auch Gilli ist ein sehr netter Kerl. Jedenfalls kannst Du Dich immer an sie wenden.

In der Familie ist alles in Ordnung. Wann kriege ich die Fotos von der Taufe? Und ein neues Bild vom kleinen Dietrich? –

Dass Oster nach 1. Samuelis 31,4c gehandelt hat, ist doch wirklich unverständlich. Ich erinnere mich noch, wie *er* es war, der sich an dem Sommerabend bei uns zu Haus für Deine Missionsarbeit interessierte und gar nicht lockerließ, obwohl Du eigentlich gar nicht recht Lust hattest. – G[isevius] kennst Du doch auch, nicht?

Durch die neuen Reisebeschränkungen werden die Eltern

wohl leider doch nicht reisen, was mir sehr leid tut. Mama ist gar nicht recht wohl, sie hat mit Ohnmachten zu tun. Die Hemden kriegst Du wirklich später wieder. Aber z. Zt. sind sie mir tatsächlich angenehm. Was soll ich Dir nur zum Geburtstag schenken? Ich denke schon sehr darüber nach. Bis dahin alles Gute und vor allem guten Mut!

Von Herzen
Dein getreuer Dietrich

106. An Maria von Wedemeyer

13. August 1944

Meine liebste Maria!
Es dauert jetzt immer lange, bis die Briefe von einem zum andern kommen. Das liegt wohl an den Luftangriffen, denen gerade Süddeutschland in den letzten Wochen so oft ausgesetzt war. So habe ich in fast 6 Wochen nur einen Brief von Dir bekommen, und leider teilten mir die Eltern bei der letzten Sprecherlaubnis dasselbe von Dir mit. Aber, weißt Du, unsere Briefe sind ja ohnehin nur ein so schwaches Zeichen unserer Zusammengehörigkeit, dass das Beste immer in Gedanken und Gebeten geschehen muss. Und das tut es auch, ob Briefe kommen oder ausbleiben, nicht wahr? Nun hast Du also Deine Arbeit in Berlin aufgenommen. Angestrengte Arbeit wird schon seit Jahrhunderten als die beste Medizin gegen Kummer und Sorgen gepriesen. Manche mögen das Wohltuende der Arbeit darin sehen, dass sie alles Persönliche betäubt. Ich glaube aber, die Hauptsache ist, dass rechte Arbeit selbstlos macht und dass der Mensch, dessen Herz voller Wünsche und Sorgen

ist, nach solcher Selbstlosigkeit im Dienste anderer Menschen Verlangen hat. Und so wünsche ich Dir von Herzen, liebste Maria, dass Deine neue Arbeit Dir diese Wohltat erweist und dass Du gerade in den besonderen Schwierigkeiten auch eine besondere innere Befreiung empfindest. Allerdings glaube ich, dass bei Deiner natürlichen und ererbten Aktivität, um nicht zu sagen Arbeitswut, Dir nicht so leicht eine Aufgabe zu schwer werden wird. Du glaubst nicht, als was für eine Befreiung ich es empfinden würde, endlich einmal wieder nicht nur für mich allein, sondern für andere arbeiten zu können. Trotzdem bin ich täglich dankbar dafür, dass ich mich in meine Bücher versenken und dabei viel Neues lernen kann, und dass ich mir immer wieder einige Gedanken und Zusammenhänge aufschreiben kann, die ich für meine Arbeit brauche. Mit viel Freude habe ich wieder die Gabriele v. Bülow-Humboldt gelesen; sie war kurz nach ihrer Verlobung 3 Jahre lang von ihrem Bräutigam getrennt!

Was für ein Maß von Geduld, von Stillehalten, was für einen großen „Spannungsbogen" hatten die Menschen damals. Jeder Brief dauerte über 6 Wochen. Sie lernten es, was uns die Technik abgenommen hatte, einander täglich Gott zu befehlen und ihm zu vertrauen. Nun lernen auch wir es wieder und wir wollen dankbar dafür sein, so schwer es auch ist.

Meine geliebte Maria, lass uns nie an dem irre werden, was uns widerfährt; es kommt alles aus guten, guten Händen. Am 22. werde ich sehr zu Dir hindenken. Vater ist bei Gott. Er ist uns nur ein paar Schritte voraus. Lass uns mit frohem Herzen an ihn und an Max denken, und darum bitten, dass Mutter immer so getröstet bleibt, wie sie es die vergangenen zwei Jahre war. Leb wohl, geliebte Maria, Gott behüte uns alle!

Von ganzem treuem Herzen immer
Dein Dietrich

107. An Eberhard Bethge

14. August 1944

Lieber Eberhard!

Dieser Geburtstag wird für Dich zum ersten Mal ganz im Zeichen der Briefe stehen; in diesen Tagen werden sie sich auf vielen Wegen zu Dir auf die Reise machen und Dich hoffentlich ungefähr rechtzeitig erreichen; und Du selbst wirst vielleicht in einer ruhigen Stunde Deines Geburtstags Briefe nach Hause schreiben. Epistula non erubescit [Ein Brief errötet nicht.] – und dann erfährt man manchmal durch Briefe mehr, als man sich bei einem gewöhnlichen Geburtstagszusammensein sagt. So wirst Du aus den Briefen, die Du bekommst, erkennen, wie viele Menschen Dich gern haben und an Deinem Leben teilnehmen und an Dir hängen. Es gibt aber kaum ein beglückenderes Gefühl als zu spüren, dass man für andere Menschen etwas sein kann. Dabei kommt es gar nicht auf die Zahl, sondern auf die Intensität an. Schließlich sind eben die menschlichen Beziehungen doch einfach das Wichtigste im Leben; daran kann auch der moderne „Leistungsmensch“ nichts ändern, aber auch nicht die Halbgötter oder die Irrsinnigen, die von menschlichen Beziehungen nichts wissen. Gott selbst lässt sich von uns im Menschlichen dienen. Alles andere ist der Hybris sehr nahe. Gewiss kann eine allzu bewusste Pflege der menschlichen Beziehungen und des Einander-etwas-Bedeutens, wie ich sie jetzt gelegentlich in den Briefen der Gabriele v. Bülow-Humboldt empfunden habe, zu einem Kult des Menschlichen führen, der der Wirklichkeit unangemessen ist. Ich meine demgegenüber hier die schlichte Tatsache, dass die Menschen uns wichtiger im Leben sind als alles andere. Das bedeutet gewiss keine Geringschätzung der Welt der Dinge und der sachlichen Leistung. Aber was ist mir das schönste

Buch oder Bild oder Haus oder Gut gegenüber meiner Frau, meinen Eltern, meinem Freund? So kann allerdings nur sprechen, wer wirklich in seinem Leben Menschen gefunden hat. Für viele Heutige ist der Mensch doch auch nur ein Teil der Welt der Dinge. Das liegt daran, dass ihnen das Erlebnis des Menschlichen einfach abgeht. Wir müssen sehr froh sein, dass uns in unserem Leben dieses Erlebnis reichlich geschenkt worden ist. Und ein Geburtstag ist der gegebene Tag, um sich darüber gemeinsam zu freuen und sich dessen dankbar bewusst zu werden. Du wirst nun 35. Als ich Dich kennenlernte, warst Du 25. In diesem Zeitraum liegt wohl der allmähliche Abschluss Deiner „Lehrjahre", und Du befindest Dich nun im Anfang Deiner schöpferischen Tätigkeit, von der ich mir viel verspreche, ich meine nicht quantitativ, aber qualitativ. Deine kleine Erzählung über den Vater – die Überschrift sollte nur: „Der Großvater" heißen; das andere ist m. E. nicht ganz verständlich. Es klingt, als wäre er nur „dem Namen nach" Großvater. Oder? – Macht es ganz deutlich, dass Du Dich nicht mit mittleren Ansprüchen an Dich selbst begnügst, sondern es von Dir erwartest und verlangst, höchstem Anspruch gerecht zu werden. Ich habe oft beobachtet, dass es darauf ankommt, was für Ansprüche man an sich selbst stellt. Manche verderben sich selbst dadurch, dass sie sich mit Mittlerem abfinden und so vielleicht schneller zu Leistungen kommen; sie haben eben weniger Hemmungen zu überwinden. Ich habe es als einen der stärksten geistigen Erziehungsfaktoren in unsrer Familie empfunden, dass man uns so viele Hemmungen zu überwinden gegeben hat (in Bezug auf Sachlichkeit, Klarheit, Natürlichkeit, Takt, Einfachheit etc.), bevor wir zu eigenen Äußerungen gelangen konnten. Ich glaube, Du hast das anfangs bei uns auch so empfunden. Und manchmal dauert es lange, ehe man eine solche Hürde genommen hat, und man denkt wohl auch gelegentlich, man hätte auf sehr viel billigere, leichtere Weise zu Erfolgen kommen können, wenn man diese Hindernisse einfach umgangen hätte. Aus Deiner letzten Arbeit aber ist es klar zu ersehen, dass Du den Hindernissen nicht ausgewichen bist, sondern dass Du so lange gewartest hast, bis Du sie wirklich überwunden hast. Hinter das, was man sich selbstständig erarbeitet hat, kann man aber nie mehr zurück. Das ist für andere und auch für einen manchmal unbequem, aber das sind dann eben die Unbequemlichkeiten der Bildung. Ich bin froh, den letzten Abschnitt Deiner „Lehrjahre“ bis gerade an die Schwelle, die bei Dir so eigenartig mit der physischen Vaterschaft zusammenfällt, miterlebt zu haben und weiß, dass ich dadurch ganz ungeheuer bereichert worden bin. Für Dein neues Jahr wünsche ich Dir nun – nach Rückkehr zu Deiner Familie und in den Beruf – eine recht große Aufgabe und Verantwortung und gleichzeitig die nötige Ruhe, um von Zeit zu Zeit etwas sehr Gutes schreiben zu können. Mir wünsche ich, dass uns unser geistiger Austausch weiter die Möglichkeit gibt, unsere Gedanken entstehen, aussprechen und klären zu lassen, und noch wichtiger, dass wir aneinander immer den Menschen haben, dem wir unbegrenzt vertrauen können.

Die Losungen des 28. sind schön. Wenn ich am Morgen dieses Tages an Dich denken werde, werde ich mich an sie halten. Mit der Frage „ist denn die Hand ... ?, 4Mose 11,23“ haben wir vielleicht manche unerfüllten Wünsche und Hoffnungen im Sinn. Demgegenüber aber gilt 2Kor 1,20: Nicht alle unsre Wünsche, aber alle seine Verheißungen erfüllt Gott, d.h. er bleibt der Herr der Erde, er erhält seine Kirche, er schenkt uns immer neuen Glauben, legt uns nie mehr auf, als wir tragen können, macht uns seiner Nähe und Hilfe froh, erhört unsere Gebete und führt uns auf dem besten und geradesten Wege zu sich. Indem Gott dies gewiss tut, schafft er sich durch uns Lob. Ich wünsche Dir, dass Du mit Renate, der ich möglichst auch noch zum 28. schreiben werde, immer mehr in diesen Dingen einig wirst.

Leider wurde ich in diesem Brief so oft unterbrochen, dass

er nicht so ruhig und eingehend wurde, wie ich gern wollte. Aber Du weißt, wie sehr ich an Dich denke und wie ich mit lauter guten Wünschen bei Dir bin. Was soll ich Dir zum Geburtstag schenken? Würde Dich das Ikon, das ich einmal aus Sofia mitbrachte, freuen? Oder hättest Du einen anderen Wunsch?

Die Auslegung von 1Sam 31 [Gerücht vom Suizid General Osters] scheint übrigens doch nicht zu stimmen. – Meine Briefe kannst Du vielleicht etwas abseits aufheben! Von der Familie nichts Neues. – Lass uns nun in Geduld und Zuversicht der Zukunft entgegengehen. Gott segne und behüte Dich und uns alle!

In Treue und Dankbarkeit grüßt Dich

Dein Dietrich

108. An Eberhard Bethge

21. August 1944

Lieber Eberhard.

Heute in 8 Tagen ist Dein Geburtstag. Noch einmal habe ich mir die Losungen vorgenommen und darüber etwas meditiert. Es kommt wohl alles auf das „in Ihm“ an. Alles, was wir mit Recht von Gott erwarten, erbitten dürfen, ist in Jesus Christus zu finden. Was ein Gott, so wie wir ihn uns denken, alles tun müsste und könnte, damit hat der Gott Jesu Christi nichts zu tun. Wir müssen uns immer wieder sehr lange und sehr ruhig in das Leben, Sprechen, Handeln, Leiden und Sterben Jesu versenken, um zu erkennen, was Gott verheißt und was er erfüllt. Gewiss ist, dass wir immer in der Nähe und unter der Gegenwart Gottes leben dürfen und dass dieses Leben für uns ein ganz neues Leben ist; dass es für uns nichts Unmögliches mehr gibt, weil es für Gott nichts Unmögliches gibt; dass keine irdische Macht uns anrühren kann ohne Gottes Willen und dass Gefahr und Not uns nur näher zu Gott treibt; gewiss ist, dass wir nichts zu beanspruchen haben und doch alles erbitten dürfen; gewiss ist, dass im Leiden unsre Freude, im Sterben unser Leben verborgen ist; gewiss ist, dass wir in dem allen in einer Gemeinschaft stehen, die uns trägt. Zu all dem hat Gott in Jesus Ja und Amen gesagt. Dieses Ja und Amen ist der feste Boden, auf dem wir stehen. Immer wieder in dieser turbulenten Zeit verlieren wir aus dem Auge, warum es sich eigentlich zu leben lohnt. Wir meinen, weil dieser oder jener Mensch lebe, habe es auch für uns Sinn zu leben. In Wahrheit aber ist es doch so: Wenn die Erde gewürdigt wurde, den Menschen Jesus Christus zu tragen, wenn ein Mensch wie Jesus gelebt hat, dann und nur dann hat es für uns Menschen einen Sinn zu leben. Hätte Jesus nicht gelebt, dann wäre unser Leben trotz aller anderen Menschen, die wir kennen, verehren und lieben, sinnlos. Vielleicht entschwindet uns jetzt manchmal die Bedeutung und Aufgabe unseres Berufes. Aber kann man sie nicht in einfachster Form so aussprechen? Der unbiblische Begriff des „Sinnes“ ist ja nur eine Übersetzung dessen, was die Bibel „Verheißung“ nennt.

Ich spüre, wie untauglich diese Worte sind, das zu bewirken, was sie möchten, nämlich Dich auch in Deiner Einsamkeit fest und froh und gewiss zu machen. Dieser einsame Geburtstag braucht für Dich ja wahrhaftig nicht ein verlorener Tag sein, wenn er Dir zum Anlass wird, einmal wieder die Fundamente klarzulegen, auf denen Du weiterleben willst. Für mich ist es oft eine große Hilfe gewesen, am Abend an alle die zu denken, deren Fürbitte ich gewiss bin, von den

Kindern bis zu den Erwachsenen. Ich glaube, dass ich viel Bewahrung in meinem Leben der Fürbitte Bekannter und Unbekannter zu danken habe.

Noch etwas anderes: Es heißt im NT häufig: „seid stark" (1Kor 16,13; Eph 6,10; 2Tim 2,1; 1Joh 2,14). Ist nicht die Schwäche der Menschen (Dummheit, Unselbständigkeit, Vergesslichkeit, Feigheit, Eitelkeit, Bestechlichkeit, Verführbarkeit etc.) eine größere Gefahr als die Bosheit? Christus macht den Menschen nicht nur „gut", sondern auch stark. Die Schwachheitssünden sind die eigentlich menschlichen Sünden, die mutwilligen Sünden sind diabolisch (und wohl auch „stark"!). Ich muss darüber noch nachdenken.

Leb wohl, bleib gesund und zuversichtlich. Ich hoffe, wir feiern Renates Geburtstag wieder zusammen. Es dankt Dir für alles und denkt in Treue an Dich

Dein Dietrich

109. An Eberhard Bethge

23. August 1944

Lieber Eberhard!
Es ist immer eine schwer zu beschreibende, große Freude, Grüße von Dir zu bekommen. Besonders schön ist die Ruhe, die von Deinem letzten Gruß ausging. Die Vorstellung, dass Du Illustrationen zur Geschichte Deiner Kindheit machst, ist so erfreulich, dass es mir wirklich leidtut, dass Renate nicht daran teilnehmen soll. Ich finde, Du solltest ihr doch wenigstens die Vorfreude gönnen! Auch dass Ihr jetzt eini-

germaßen Ruhe habt, ist sehr gut zu wissen. Das Zitat über 1077 [Gang nach Canossa] ist wirklich schön!

Du machst Dir also die Mühe von Auszügen aus meinen sehr vorläufigen Gedanken. Ich denke, Du wirst, wenn Du sie weitergibst, alles bedenken, was da zu bedenken ist, nicht wahr? Besonders bei Tante Ruth scheint mir das jetzt sehr nötig. Sie übersieht nicht immer alles ganz klar. Die Gedanken stammen ja alle aus der Zeit vor 3–4 Jahren! Im Übrigen kannst Du Dir denken, wie es mich freut, dass Du Dich damit beschäftigst. Wie unentbehrlich wäre mir jetzt eine klärende sachliche Aussprache über diese ganzen Probleme. Es wird einer der großen Tage meines Lebens sein, wenn es dahin kommt.

Ich finde das Gedicht über „Glück und Unglück" auch nicht schlecht. Aber ist es nicht ein wenig zu gedanklich und zu literarisch?

Meine begeisterte Zustimmung zu Deiner Erzählung über den Vater wirst Du doch inzwischen haben? Sie hält übrigens im Eindruck unverändert an.

Von mir aus kannst Du Rainalter ruhig auch die anderen Produkte zeigen, wenn Du Dich darüber unterhalten möchtest. Er kennt mich ja nicht. Es wäre überhaupt das Beste, er würde alle diese Sachen aufbewahren. Dass Hans inzwischen ins Lazarett in Bruder Scharfs Gemeinde gekommen ist, wird Dir Renate geschrieben haben. Es tut mir für Christel und ihn sehr leid; aber vielleicht hat es den Vorteil einer schnelleren Behandlung.

Bitte mache Dir nie Sorgen und Gedanken um mich; aber vergiss die Fürbitte nicht, wie Du es auch gewiss nicht tust! Gottes Hand und Führung ist mir so gewiss, dass ich hoffe, immer in dieser Gewissheit bewahrt zu werden. Du darfst nie daran zweifeln, dass ich dankbar und froh den Weg gehe, den ich geführt werde. Mein vergangenes Leben ist übervoll von Gottes Güte und über der Schuld steht die vergebende Liebe des Gekreuzigten. Am dankbarsten bin ich für die Menschen, denen ich nahe begegnet bin, und ich wünsche nur, dass sie sich nie über mich betrüben müssen, sondern dass auch sie immer nur dankbar der Güte und der Vergebung Gottes gewiss sind. Verzeih, dass ich das einmal schreibe. Lass Dich dadurch bitte keinen Augenblick betrüben und beunruhigen, sondern wirklich nur froh machen. Ich wollte es aber gern einmal gesagt haben, und ich wüsste nicht, wem ich es zumuten könnte, sodass er es wirklich nur mit Freuden hört, außer Dir.

Bekamst Du das sehr unfertige, aber in seinem Inhalt mich sehr bewegende Gedicht über die Freiheit? [Stationen auf dem Weg zur Freiheit, abgedruckt in: Dietrich Bonhoeffer, *Aber bei Dir ist Licht*, Gießen 2018.]

Ich schreibe nun an der „Bestandsaufnahme des Christentums"; leider spüre ich, wie meine Produktivität sich allmählich ans Rauchen gebunden hat; glücklicherweise werde ich in dieser Hinsicht von verschiedenster Seite gut versorgt, sodass es einigermaßen vorangeht. Manchmal erschrecke ich über meine Sätze, besonders im ersten kritischen Teil. Ich freue mich daher schon, das Positive schreiben zu können. Es ist aber alles so unbesprochen, dass es oft zu klotzig herauskommt. Na, drucken kann man es jetzt ja sowieso nicht. Und später muss es erst noch durch die „Kläranlage"! Mit dem Schicken ist es schwierig, da es m. E. kaum leserlich ist (ich muss ja komischerweise beim Produzieren immer deutsch schreiben und außerdem die Korrekturen!). Mal sehen, vielleicht schreibe ich es noch einmal ab.

Heute war Maria hier, so frisch und zugleich fest und ruhig wie selten. Wie gut geht es mir, hoffen zu dürfen, sie zur Frau zu haben. Ich sprach auch über Renate und finde es wichtig, wenn sie jetzt umzieht. Sie will alles Weitere veranlassen.

Du fragst, wie die kleinere und die große Arbeit zusammenhängen. Doch wohl so, dass die kleinere gewissermaßen ein Vorspruch und z. T. eine Vorwegnahme der größeren ist.

Übrigens, H[ans v. Dohnanyi] und O[ster] interessieren sich für Deine Missionsarbeit, ich hatte nichts damit zu tun. Es wurde bisher noch nie darüber gesprochen. Unsere Beziehung ist wesentlich kirchenmusikalisch und wissenschaftlich theologisch; außerdem war Renate der große Anziehungspunkt. – Nach Fehrbellin kannst Du ruhig schreiben.

Nun wünsche ich Dir von Herzen weiter recht viel äußere und innere Ruhe. Gott behüte Dich und uns alle und schenke uns ein baldiges frohes Wiedersehen! In Dankbarkeit und Treue und täglicher Fürbitte denkt an Dich

Dein D.

110. An Maria von Wedemeyer

August 1944

Meine innigst geliebte Maria!

Nun hast Du also ganz von Dir aus und ohne dass ich Dich noch einmal darum gebeten habe, den großen Entschluss gefasst, hierher zu kommen und bei den Eltern zu helfen. Ich weiß gar nicht, wie ich Dir meine Freude darüber beschreiben soll. Als die Eltern es mir erzählten, wollte ich es erst gar nicht glauben und noch heute verstehe ich nicht ganz, wie es überhaupt dazu kam und möglich wurde. Du hattest mir gerade geschrieben, dass Du nach Westfalen gehen solltest. Und auch Deine Mutter ist also mit Deinem Entschluss einverstanden? Ich hatte gerade schon angefangen, mich darauf einzustellen, dass Du wieder zum Roten Kreuz einberufen würdest und wir uns lange Zeit nicht wiedersehen würden. Nun ist das alles ganz anders geworden und ist mir ein sehr großes Geschenk. Zwar werde ich nun bei Alarmen mich um

Dich sorgen müssen, aber dafür weiß ich Dich sonst täglich und stündlich in der Nähe. Wie gut ist das! Wie gut ist Dein Entschluss! Ich danke Dir sehr dafür!

Nun wirst Du also versuchen, Dich in das tägliche Leben bei den Eltern einzuleben. Ich denke, es wird Dir in mancher Hinsicht nicht ganz leicht werden. Beide haben Dich sehr gern, aber es ist nun einmal so, dass in unserer Familie solche Dinge fast ganz unausgesprochen bleiben, während man sie bei Euch ausspricht. Es hat gewiss gar keinen Sinn, darüber zu streiten, was „richtiger" ist. Es sind verschiedene Menschen, die so handeln, wie sie innerlich müssen. Aber ich kann mir denken, dass Dir das viele bei uns Unausgesprochene – so auch besonders in religiöser Hinsicht – zunächst schwerfallen wird. Und doch würde ich sehr froh sein, wenn es Dir gelänge, Dich in das Wesen der Eltern so einzuleben, wie ich mich durch Deine Großmutter in das Wesen Eurer Familie einzuleben versucht habe und dafür nun immer dankbarer geworden bin. Und dann eine sehr große Bitte: Hilf der Mama, über die allzu vielen Sorgen, die sie sich immer wieder macht, hinwegzukommen und sei darin bitte sehr geduldig, liebste Maria! Damit tust Du mir die allergrößte Wohltat. Vielleicht schickt Dich der liebe Gott gerade darum zu ihr, weil sie jetzt eine sehr gute Schwiegertochter braucht, und je mehr Du Mama kennenlernen wirst, desto mehr wirst Du spüren, dass sie eigentlich gar nichts für sich selbst (vielleicht zu wenig!), sondern alles für die anderen will, tut und denkt. Lass uns Gott bitten, dass es Dir gelingt. Und dann – werde ich Dich bald wiedersehen!! Geliebteste Maria, wir müssen noch einmal alle Kraft zusammennehmen zur Geduld. Lass uns nicht kleinmütig werden! Gott hat es so gemacht, dass das Herz des Menschen stärker ist als alle irdischen Gewalten. Leb wohl, Du liebste Maria, hab Dank für alles, alles!

Es umarmt Dich und küsst Dich innig

Dein Dietrich

Sind meine anderen Briefe inzwischen angekommen? Es müssen 3 oder 4 unterwegs sein. Ob welche durch Alarme verloren gingen? Ich habe von Dir seit 6 Wochen auch nur einen einzigen!

111. An Maria von Wedemeyer

19. Dezember 1944,
Gestapo-Zentrale, Prinz-Albrecht-Straße

Meine liebste Maria!
Ich bin so froh, dass ich Dir zu Weihnachten schreiben kann und durch Dich auch die Eltern und Geschwister grüßen und Euch danken kann. Es werden sehr stille Tage in unsern Häusern sein. Aber ich habe immer wieder die Erfahrung gemacht, je stiller es um mich herum geworden ist, desto deutlicher habe ich die Verbindung mit Euch gespürt. Es ist, als ob die Seele in der Einsamkeit Organe ausbildet, die wir im Alltag kaum kennen. So habe ich mich noch keinen Augenblick allein und verlassen gefühlt. Du, die Eltern, Ihr alle, die Freunde und Schüler im Feld, Ihr seid mir immer ganz gegenwärtig. Eure Gebete und guten Gedanken, Bibelworte, längst vergangene Gespräche, Musikstücke, Bücher bekommen Leben und Wirklichkeit wie nie zuvor. Es ist ein großes unsichtbares Reich, in dem man lebt und an dessen Realität man keinen Zweifel hat. Wenn es im alten Kinderlied von den Engeln heißt: „Zweie, die mich decken, zweie, die mich wecken", so ist diese Bewahrung am Abend und am Morgen durch gute unsichtbare Mächte etwas, was wir Erwachsenen

heute nicht weniger brauchen als die Kinder. Du darfst also nicht denken, ich sei unglücklich. Was heißt denn glücklich und unglücklich? Es hängt ja so wenig von den Umständen ab, sondern eigentlich nur von dem, was im Menschen vorgeht. Ich bin jeden Tag froh, dass ich Dich, Euch habe, und das macht mich glücklich froh. –

Das Äußere ist hier kaum anders als in Tegel, der Tageslauf derselbe, das Mittagessen wesentlich besser, Frühstück und Abendbrot etwas knapper. Ich danke Euch für alles, was Ihr mir gebracht habt. Die Behandlung ist gut und korrekt. Es ist gut geheizt. Nur die Bewegung fehlt mir, so schaffe ich sie mir bei offenem Fenster in der Zelle mit Turnen und Gehen. Einige Bitten: Ich würde gern von Wilhelm Raabe „Abu Telfan“ oder „Schüdderump“ lesen. Könnt Ihr meine Unterhosen so konstruieren, dass sie nicht rutschen? Man hat hier keine Hosenträger. Ich bin froh, dass ich rauchen darf! Dass Ihr alles für mich denkt und tut, was Ihr könnt, dafür danke ich Euch; das zu wissen ist für mich das Wichtigste. –

Es sind nun fast 2 Jahre, dass wir aufeinander warten, liebste Maria. Werde nicht mutlos! Ich bin froh, dass Du bei den Eltern bist. Grüße Deine Mutter und das ganze Haus sehr von mir. Hier noch ein paar Verse, die mir in den letzten Abenden einfielen. Sie sind der Weihnachtsgruß für Dich und die Eltern und Geschwister.

1. Von guten Mächten treu und still umgeben,
behütet und getröstet wunderbar,
so will ich diese Tage mit euch leben
und mit euch gehen in ein neues Jahr;

2. noch will das alte unsre Herzen quälen,
noch drückt uns böser Tage schwere Last.
Ach Herr, gib unsern aufgeschreckten Seelen
das Heil, für das Du uns geschaffen hast.

3. Und reichst Du uns den schweren Kelch, den bittern,
des Leids, gefüllt bis an den höchsten Rand,
so nehmen wir ihn dankbar ohne Zittern
aus Deiner guten und geliebten Hand.

4. Doch willst Du uns noch einmal Freude schenken
an dieser Welt und ihrer Sonne Glanz,
dann woll'n wir des Vergangenen gedenken,
und dann gehört Dir unser Leben ganz.

5. Lass warm und hell die Kerzen heute flammen,
die Du in unsre Dunkelheit gebracht,
führ, wenn es sein kann, wieder uns zusammen!
Wir wissen es, Dein Licht scheint in der Nacht.

6. Wenn sich die Stille nun tief um uns breitet,
so lass uns hören jenen vollen Klang
der Welt, die unsichtbar sich um uns weitet,
all Deiner Kinder hohen Lobgesang.

7. Von guten Mächten wunderbar geborgen,
erwarten wir getrost, was kommen mag.
Gott ist bei uns am Abend und am Morgen,
und ganz gewiss an jedem neuen Tag.

Sei mit Eltern und Geschwistern in großer Liebe und Dankbarkeit gegrüßt.

Es umarmt Dich

Dein Dietrich

112. An Paula Bonhoeffer

28.Dezember 1944

Liebe Mama!
Eben habe ich zu meiner ganz großen Freude die Erlaubnis bekommen, Dir zum Geburtstag zu schreiben. Ich muss es etwas in Eile tun, da der Brief gleich noch fort soll. Eigentlich habe ich nur einen einzigen Wunsch, nämlich Dir in diesen für Euch so trüben Tagen irgendeine Freude machen zu können. Liebe Mama, Du musst wissen, dass ich jeden Tag unzählige MaIe an Dich und Papa denke und dass ich Gott danke, dass Ihr da seid für mich und für die ganze Familie. Ich weiß, dass Du immer nur für uns gelebt hast und dass es für Dich ein eigenes Leben nicht gegeben hat. Daher kommt es, dass ich alles, was ich erlebe, auch nur mit Euch zusammen erleben kann. Dass Maria bei Euch ist, ist mir ein ganz großer Trost. Ich danke Dir für alle Liebe, die im vergangenen Jahr von Dir zu mir in meine Zelle gekommen ist. und mir jeden Tag hat leichter werden lassen. Ich glaube, dass diese schweren Jahre uns noch enger miteinander verbunden haben als es je war. Ich wünsche Dir und Papa und Maria und uns allen, dass das neue Jahr uns doch wenigstens hier und da einen Lichtblick bringt und dass wir uns doch noch einmal zusammen freuen können. Gott erhalte Euch gesund!

Es grüßt Dich, liebe, liebe Mama, und denkt an Dich an Deinem Geburtstag von ganzem Herzen

Euer dankbarer Dietrich

113. An Karl und Paula Bonhoeffer

17. Januar 1945,
Gestapo-Zentrale, Prinz-Albrecht-Straße

Liebe Eltern!
Ich schreibe Euch heute wegen des Volksopfers und möchte Euch bitten, in vollem Umfange über meine Sachen zu verfügen; es hieß, es würde auch ein Smoking angenommen; gebt meinen bitte ab; ich habe auch einen übrigen Filzhut und einen zu kleinen „Pfeffer und Salz"-Anzug, auch ein paar braune Halbschuh; Du, liebe Mama, übersiehst jetzt besser als ich, was ich noch habe. Kurz, gebt ohne Bedenken ab, was irgend gebraucht wird! Wenn Euch etwas fraglich [ist], könnt Ihr vielleicht mit Herrn Kommissar Sonderegger telefonieren! Mit wie wenig der Mensch auskommt, habe ich ja in den 2 vergangenen Jahren gelernt. Man hat hier in der Tatenlosigkeit einer langen Haft besonders das starke Bedürfnis, das in den engen Grenzen Mögliche für das allgemeine Ganze zu tun. Ihr werdet das mitempfinden können. Wenn man bedenkt, wie viele Menschen jetzt täglich alles verlieren, hat man eigentlich gar keinen Anspruch mehr auf irgendwelchen Besitz. Ich weiß, dass Ihr ebenso denkt, und möchte nur gern auch selbst an der Sache beteiligt sein! – Fliegt Hans Walter jetzt eigentlich im Osten? Und Renates Mann? – Habt vielen Dank für Euren Brief, auch Maria danke ich für ihren Weihnachtsbrief *sehr*. Man liest die Briefe hier, bis man sie auswendig kann!

Noch ein paar Bitten: Es wurden heute für mich leider keine Bücher abgegeben. Herr Kommissar Sonderegger würde sie auch zwischendurch annehmen, wenn Maria sie herbringt! Ich wäre sehr dankbar dafür. Auch Streichhölzer, Waschlappen und Handtuch fehlten diesmal. Verzeiht, dass ich das sage; es war sonst alles ganz herrlich! Vielen Dank! Könnte ich bitte Zahnpasta und ein paar Kaffeebohnen und ein Abführmittel bekommen? Könntest Du, lieber Papa, aus der Bibliothek bestellen: *H. Pestalozzi*: „Lienhard" und „Abendstunden eines Einsiedlers"; *P. Natorp*: „Sozialpädagogik"; *Plutarch*: „Große Männer. Biographien"?

Es geht mir gut. Bleibt nur gesund! Habt vielen Dank für alles. Maria viele Grüße und Dank! Auch allen Geschwistern und Schwiegermutter!

Von Herzen grüßt Euch
Euer dankbarer Dietrich

Bitte auch Briefpapier beim Herrn Kommissar abzugeben!

Erwähnte Personen

(Die Personen sind werden so aufgeführt, wie sie im Text genannt werden.)

R. **August:** Reinhold Wilhelm August (1910–1943), Mitglied des vierten Finkenwalder Kurses. Gefallen in Russland am 27.9.1943.

Dietrich **Bethge:** Sohn Eberhard und Renate Bethges (geb. Schleicher), der Nichte Bonhoeffers.

Bismarcks: Gemeint ist das Landgut Lasbeck Herbert von Bismarcks (29.8.1884–30.3.1955). Herbert von Bismarck war seit 1912 mit Maria von Kleist-Retzow verheiratet.

Ältere/ihre Schwester **Bismarck:** Ruth-Alice von Bismarck (3.3.1920–28.12.2013), Schwester Maria von Wedemeyers, Herausgeberin von „Brautbriefe Zelle 92".

Onkel Otto **Bonhoeffer** (1864–1932): Bruder von Karl Bonhoeffer, Direktor bei „Bayer Leverkusen".

Hermann **Bunke:** (Bruder des Königsberger Juristen, 1895–1969), stellvertretender Wehrkreispfarrer im Wehrkreis III (Berlin-Brandenburg), hätte E. Bethge eventuell helfen können, eine Militärpfarrerstelle zu bekommen oder dessen Überstellung zum Sanitätswesen der Wehrmacht zu ermöglichen.

Cedergrens: Hugo und Elsa Cedergren, er wird als Generalsekretär des schwedischen CVJM mit dem Zusatz „angeheirateter Neffe des Königs" im „Tarnbrief" am 4.11.1940 erwähnt (DBW 16, 388).

Christel: Christine Bonhoeffer (26.10.1903–2.2.1965), Schwester von Dietrich Bonhoeffer, verheiratet mit Hans von Dohnanyi. Wurde zusammen mit Hans und Dietrich verhaftet.

Christoph: Christoph von Dohnanyi, s. **Klaus und Christoph**.

Klaus **D.:** Klaus von Dohnanyi, s. **Klaus und Christoph**.

Professor v. **Dietze-Freiburg:** Constantin von Dietze (1891–1973), Nationalökonom, 1937 Verbot der Lehrtätigkeit, im selben Jahr Prof. in Freiburg im Breisgau, Mitglied der Bekennenden Kirche und des Freiburger Kreises, im September 1944 inhaftiert, Ende April 1945 befreit.

alte Frau v. **Dohnanyi:** Elsa v. Dohnanyi, Pianistin, Mutter von Hans von Dohnanyi, Schwiegermutter von Dietrichs Schwester Christine.

Hans v. **Dohnanyi:** (1.1.1902–9.4.1945 KZ Sachsenhausen), Dr. iur., seit 1929 Referent im Reichsjustizministerium, 1938 Reichsgerichtsrat in Leipzig, führend im konspirativen Widerstand gegen das NS-Regime; am 5.4.1943 zusammen mit seiner Frau Christine und seinem Schwager Dietrich Bonhoeffer verhaftet. Am 9.4.1945 im KZ Sachsenhausen ermordet.

Dr. F. **Dohrmann:** Dohrmann, Feldbischof. Über ihn sollte E. Bethge eine Feldpfarrstelle bekommen.

Dorothee: Dorothee Schleicher, Nichte Dietrich Bonhoeffers, Tochter Ursula (Ursel) und Rüdiger Schleichers.

Walter **Dreß:** (18.6.1904–6.2.1979), Pfarrer der Bekennenden Kirche, später Professor für Kirchengeschichte in Berlin, Ehemann von Susanne (s. Suse), der jüngsten Schwester D. Bonhoeffers.

Tante **Elisabeth:** Elisabeth von Hase – eine chiffrierte Nachricht, die mitteilen sollte, dass E. von Hase bald ihren Breslauer Wohnsitz vor der näher rückenden Ostfront aufgeben würde.

Else: Sprechstunden- und Haushilfe im Hause Bonhoeffer.

Friedrich Justus: s. **Perels.**

Gerhard: Gerhard Vibrans, Vikar Bonhoeffers in Finkenwalde, Cousin Eberhard Bethges.

Onkel **George:** George Bell (1883–1958), Bischof von Chichester. Traf Dietrich Bonhoeffer zum letzten Mal 1942 in Schweden.

Mario **Gilli:** Hauptmann der italienischen Luftwaffe, wie G. Latmiral in Tegel inhaftiert.

Hans Bernd **Gisevius:** Gisevius, H. Oster, H. v. Dohnanyi, D. Bonhoeffer und E. Bethge führten im August 1940 ein Vorgespräch über Konspiration.

Rüdiger **Goltz:** Rüdiger Graf v. d. Goltz, Cousin von D. Bonhoeffers Mutter, Rechtsanwalt und Staatsrat; Mitglied der NSDAP mit goldenem Parteiabzeichen.

Großmutter: s. Großmutter **Kleist.**

Hans v. **Haeften:** Hans-Bernd von Haeften (1905–1940), Jurist, gemeinsam mit Dietrich konfirmiert, im diplomatischen Dienst tätig, an der Vorbereitung des Attentats auf Hitler am 20.7.1944 beteiligt, am 15.8.1944 hingerichtet.

Onkel **Hans:** Hans von Hase, Vater von Hans Christoph von Hase, Onkel D. Bonhoeffers.

Hans Christoph: s. Hans Christoph von **Hase** (1907–2005), Cousin Bonhoeffers, studierte Theologie auf Anregung Karl Barths.

Hans und Christel: s. Hans v. **Dohnanyi** und **Christel.**

Hans W./ Hans Walter: Hans-Walter Schleicher (1924–2012), Sohn von Rüdiger und Ursula (Ursel) Schleicher, Physiker.

Hans Werner: Hans Werner von Wedemeyer (geb. 1927), jüngerer Bruder von Maria von Wedemeyer.

Paul **Hase:** (14.7.1885–8.8.1944), Generalleutnant Paul von Hase, Nennonkel D. Bonhoeffers, am Umsturzversuch des 20.7.1944 beteiligt, am 8.8.1944 hingerichtet.

Hans Christoph von **Hase** (1907–2005), Cousin Bonhoeffers, studierte Theologie auf Anregung Karl Barths.

Hörnchen: Maria Czeppan, geb. Horn, genannt „Hörnchen", langjährige Erzieherin im Hause Bonhoeffer, Mitglied der Herrnhuter Brüdergemeine.

H. **Jehle:** Herbert Jehle (1907–1983), Mathematiker und Physiker, 1932–1933 im Kreis Bonhoeffers in Berlin.

Jochen: s. Jochen **Kanitz.**

Justus: s. **Perels**

K.-Friedrich: s. **Karl-Friedrich.**

Jochen **Kanitz:** Joachim (gen. Jochen) Kanitz (1910–1996), Mitglied des 1. Finkenwalder Kurses, ab 1936 im Pfarrdienst, im Mai 1939 zur Wehrmacht als Sanitätssoldat eingezogen.

Karl: Karl Barth (1886–1968), bedeutender Theologe des 20. Jh., wichtigster theologischer Lehrer Bonhoeffers, Hauptverfasser der Barmer Theologischen Erklärung von 1934. Bethge hatte ihn auf einer Reise als Missionsinspektor der Gossner Mission im Sommer 1943 über Bonhoeffers Ergehen informiert. Die Zigarre war ein Geschenkgruß.

Karl-Friedrich: Karl-Friedrich Bonhoeffer (13.1.1899–15.5.1957), Dietrichs ältester Bruder, Professor für physikalische Chemie in Leipzig, später in Berlin und Göttingen.

Frau **Keller:** Schlesische Bäuerin, Mutter eines Mitgefangenen Dietrichs.

Klaus: Klaus Bonhoeffer (5.1.1901–23.4.1945), Bruder Dietrichs, Jurist, Chefsyndikus bei Lufthansa, beteiligt am konspirativen Widerstand, wurde in Berlin-Moabit ermordet.

Klaus und Christoph: Klaus (*23.6.1928, Jurist und Politiker) und Christoph (*8.9.1929, Dirigent und Intendant) von Dohnanyi, Söhne von Hans und Christine von Dohnanyi.

Dr. **Kleeberger:** Berliner Internist, Herzspezialist.

Frau v. **Kleist**/Großmutter **Kleist:** Ruth von Kleist-Retzow (4.2.1867–2.10.1945), Gutsherrin in Pommern. Großmutter von Maria, Bonhoeffers Verlobter. Großmutter Kleist brachte Bonhoeffer und der Bekennenden Kirche große Verbundenheit entgegen. Ihre Familie kämpfte bereits vor dem Dritten Reich für die soziale Einbindung von Juden in die Gesellschaft. Ruth unterhielt für ihre Enkelkinder eine Stadtwohnung in Stettin, wo sie zur Gesprächspartnerin und mütterlichen Freundin Bonhoeffers wurde.

Onkel H. J. v. **Kleist-Retzow:** Hans-Jürgen v. Kleist-Retzow (1886–1996), Besitzer von Kieckow, Sohn von Ruth von Kleist-Retzow, nach dem 20. Juli 1944 verhaftet.

Jürgen Christoph v. **Kleist-Retzow:** (1921–1941 [gef.]), Sohn von Hans-Jürgen und Maria von Kleist-Retzow, Enkel von Ruth von Kleist-Retzow, s. Großmutter Kleist.

Konstantin: Konstantin von Kleist-Retzow, Cousin von Maria von Wedemeyer.

Frau v. **Laer:** Friederike von Laer, geb. Wedemeyer, Maria von Wedemeyer's Tante.

Professor **Latmiral:** Gaetano Latmiral. Mitglied einer italienischen Militärkommission, zwischen September 1943 und 1944 Kriegsgefangener im Wehrmachtsuntersuchungsgefängnis Tegel.

Dr. theol. Paul **Lehmann:** Paul Louis Lehmann (1906–1994), amerikanischer evangelischer Theologe, seit 1930 mit Dietrich B. befreundet. Später Professor in Princeton, Harvard und am Union Theological Seminary in New York.

Dr. **Leiper:** Henry Smith Leiper (1891–1975), amerikanischer evangelischer Theologe und Ökumeniker, ab 1938 assoziierter Generalsekretär des im Aufbau befindlichen ÖRK.

H. **Linke:** Helmut Linke, Unteroffizier, Mitglied des Wachpersonals im Wehrmachtsuntersuchungsgefängnis Tegel; zusammen mit Unteroffizier Knobloch Übermittler der illegalen Korrespondenz zwischen Bonhoeffer und Eberhard Bethge.

Lokies: Hans Emanuel Christoph Lokies (1895–1982), Inspektor und später Direktor der Gossner Mission in Berlin, 1941 im Prozess gegen den Prüfungsausschuss des Bruderrates der Altpreußischen Union von den Nazis mitverurteilt.

General v. **Löwenfeld:** Julius Ludwig Wilhelm von Löwenfeld (1808–1880), preußischer General, wurde im Deutsch-Französischen Krieg 1870/71 verwundet.

Wilhelm **Lütgert:** Sohn des Berliner Theologen Wilhelm Lütgert, zuletzt Pfarrer in Dechsel (Neumark), seine Frau Christa, geb. Mumm, war zu dieser Zeit als Hauslehrerin in Pätzig tätig, dem Gut der Eltern Maria von Wedemeyers.

Rudolf **Maaß:** (1893–1945), Berufssoldat, April 1942 Oberstleutnant; Kommandant des Wehrmachtsuntersuchungsgefängnisses Berlin-Moabit, Lehrter Straße 51 (Hauptstelle).

Walter **Maetz:** (1897–?), Hauptmann, Kommandant des Wehrmachtsuntersuchungsgefängnisses Tegel, Seidelstraße 39 (Zweigstelle).

Margret: Margret Onnasch, Schwester E. Bethges, verheiratet mit Fritz Onnasch, (s. Fritz O.).

Marias Großmutter: s. Großmutter **Kleist**.

Marias Mutter: Ruth von Wedemeyer (1897–1985), Tochter Ruth von Kleist-Retzows, verheiratet mit Hans von Wedemeyer.

Martin: Martin Niemöller (1892–1984), U-Boot-Kommandant im Ersten Weltkrieg und später Theologe, Hauptinitiator des Pfarrernotbundes und der Bekennenden Kirche, auf persönlichen Befehl Hitlers im KZ Sachsenhausen und später Dachau von 1937 bis 1945, nach dem Zweiten Weltkrieg Kirchenpräsident der ev. Kirche in Hessen und Nassau.

Max: s. Max Wedemeyer.

kleiner **Michael:** Sohn von Susanne und Walter Dreß (9.7.1935–11.4.1975), nach dem Zweiten Weltkrieg Musiker und Tänzer.

Reinhold **Niebuhr:** (1892–1971), amerikanischer Theologe, Professor am Union Theological Seminary in New York.

Frau **Niemöller:** Else Niemöller, Frau Martin Niemöllers, der 1937 verhaftet wurde.

Fritz **O.:** Fritz Onnasch, vom 18.11. bis 20.12.1937 in Stettin im Gefängnis, Vikar Bonhoeffers und Sohn des Superintendenten Onnasch in Köslin.

Oster: Hans Oster (1887–1945), Soldat, zuletzt Generalmajor im Amt Abwehr unter Admiral Canaris, Widerstandskämpfer seit 1938 mit Hans von Dohnanyi und Dietrich Bonhoeffer, am 21.7.1944 verhaftet, am 9. April 1945 im KZ Flossenbürg ermordet.

Friedrich Justus **Perels:** Jurist und Justitiar der Altpreußischen Union und des Pfarrernotbundes, nutzte bis Oktober 1944 seine Beziehungen, um Pfarrern die Unabkömmlichkeit zu bescheinigen. Im April 1945 durch Erschießen hingerichtet.

R. und Genossen: s. Herr Dr. Roeder.

Rainalter: Josef Rainalter (1907–1996), Rechtsanwalt in Meran; mit Eberhard Bethge in derselben Einheit der Wehrmacht in Italien.

B. **Riemer:** Bernhard Riemer (1911–1943), gefallen in Russland am 9.10.1943. Befreundet mit E. Bethge.

Herr Dr. **Roeder:** Manfred Roeder (1900–1971), Dr. iur., Untersuchungsführer im Verfahren gegen Hans von Dohnanyi, Hans Oster und Bonhoeffer. Zur Jahreswende 1943/44 als Untersuchungsführer abgelöst.

Rüdiger: Rüdiger Schleicher (s. Schleichers).

Tante **Ruth:** s. Großmutter **Kleist**.

Sabine und G.: Sabine (1906–1999), D. Bonhoeffers Zwillingsschwester, und ihr Mann Gerhard Leibholz (1901–1982), Jurist, emigriert nach England aufgrund der NS-Rassengesetzgebung, in Oxford. Nach dem Zweiten Weltkrieg war Leibholz Bundesverfassungsrichter in Karlsruhe.

Dr. **Sack:** Dr. Alfons Sack, 1933 Offizialverteidiger im Reichstagsbrandprozess, Karl Bonhoeffer hatte dafür ein Gutachten erstellt.

Schleichers: Rüdiger Schleicher (14.1.1895–23.4.1945), Ministerialrat im Reichsluftfahrtministerium, beteiligt am konspirativen Widerstand, deswegen am 4.10.1944 verhaftet und am 23.4.1945 ermordet, und seine Frau Ursula (1902–1989), Dietrichs älteste Schwester, wohnten im Haus neben den Eltern Bonhoeffer in der Marienburger Allee, Eltern Renate Bethges.

P. **Schütz:** Paul Schütz (1891–1985), 1930–1937 Professor für Praktische, dann Systematische Theologie in Gießen, 1940–1952 Hauptpastor in Hamburg.

G. **Seydel:** Gustav Seydel, gefallen in der Ukraine am 20.10.1943.

Kommissar **Sonderegger:** Franz Xaver Sonderegger (1899–?), Kriminalkommissar, seit 1939 in der Gestapo Berlin, 1943 Dr. Manfred Roeder zugeteilt für die Verhaftungen und Vernehmungen von Hans von Dohnanyi, Dietrich Bonhoeffer und anderen.

Suse/Susi: Susanne Dreß (22.8.1909–15.1.1991), jüngste Schwester Dietrichs, verheiratet mit Walter Dreß.

Paul **Tillich:** (1886–1965), Theologe, 1924–1933 Professor in Deutschland, dann Verlust des Lehrstuhls und Emigration, 1933–1955 am Union Theological Seminary in New York, danach in Harvard. Anfangs Mitglied der Berneuchener Bewegung.

Baron v. **Truchseß:** Die Familie Truchseß von Wetzhausen ist ein protestantisches Adelsgeschlecht aus Unterfranken. Hedwig von Truchseß, „Hedi", engagierte sich in der Berneuchener Bewegung und war die engste Freundin Maria von Wedemeyers.

Ursel: s. **Schleichers.**

W.: Dr. Kurt Wergin (1900–1973), Rechtsanwalt, befreundet mit Klaus Bonhoeffer, 1934 wegen Nichteintritts in die NSDAP als Justiziar der Berliner Verkehrsbetriebe entfernt, am 16.9.1943 zum Verteidiger D. Bonhoeffers bestellt.

Vater von Maria: Hans von Wedemeyer (31.07.1888–22.08.1942 [gef.]), Politiker und Soldat, lernte im Ersten Weltkrieg Franz von Papen kennen und war später sein Berater, als von Papen Reichskanzler wurde. Mitglied der Berneuchener Bewegung, Mitbegründer der Ev. Michaelsbruderschaft, verheiratet mit Ruth von Kleist-Retzow (s. Marias Mutter).

Vetter von Maria: s. Baron v. **Truchseß.**

Maria von **Wedemeyer:** (23.4.1924–16.11.1977), Tochter von Hans und Ruth von Wedemeyer, Enkelin von Ruth von Kleist-Retzow, im Januar 1943 verlobt mit Dietrich B., 31.1.1945: Führung eines Treckwagens mit den Geschwistern und sechs weiteren Personen in den Westen, danach Suche nach Dietrich in verschiedenen Konzentrationslagern. Nach dem Zweiten Weltkrieg Informatikerin und Managerin in den USA.

Max **Wedemeyer:** (1922–1942), Sohn von Hans und Ruth von Wedemeyer, Bruder von Maria von Wedemeyer, von Dietrich 1938 konfirmiert, am 26.10.1942 als Leutnant an der Ostfront gefallen.

Dr. **Wergin:** Dr. Kurt Wergin, Rechtsanwalt, Freund von Karl Bonhoeffer.

Dieter **Z.:** Wolf-Dieter Zimmermann, Hilfsassistent Bonhoeffers an der Berliner Universität, seit 1936 Seminarist im Predigerseminar Finkenwalde.

H. H. **Zippel:** Hans Henning Zippel (1900–1943 [gef.]), 1934 Mitglied der Provinzsächsischen Bruderschaft der Hilfsprediger und Vikare der Bekennenden Kirche; verheiratet mit Inge, geb. Koch.

Anmerkungen

1 In der folgenden Einführung wird nicht wiederholt, was ich bereits in derjenigen zum Band: Dietrich Bonhoeffer, *Aber bei dir ist Licht: Gebete, Gedichte und Gedanken aus dem Gefängnis*, Gießen 2018, gesagt habe.

2 So auch die Herausgeber im Nachwort von *Dietrich Bonhoeffer Werke* (DBW), Bd. 8, 630f.

3 *Das Zeugnis eines Boten. Zum Gedächtnis Dietrich Bonhoeffers*, hg. vom Ökumenischen Rat der Kirchen, Genf 1945. Vor allem enthielt der Band die übrigen Gedichte und Texte Bonhoeffers aus dem Gefängnis (vgl. dazu im Einzelnen das Vorwort zu DBW, Bd. 8, 9–11). In einer Neuauflage sind die Gedichte und Texte im Rahmen der Bonhoeffer-Werke im Brunnen Verlag 2018 unter dem Titel erschienen: *Aber bei dir ist Licht. Gebete, Gedichte und Gedanken aus dem Gefängnis.*

4 *Brautbriefe Zelle 92. Dietrich Bonhoeffer/Maria von Wedemeyer (1943–1945)*, hg. von Ruth-Alice von Bismarck/Ulrich Kabitz, München 1992.

5 Dietrich Bonhoeffer, *Widerstand und Ergebung. Briefe und Aufzeichnungen aus der Haft*, hg. von Christian Gremmels u. a., DBW, Bd. 8, Gütersloh 1998.

6 Die restlichen finden sich in: Dietrich Bonhoeffer, *Konspiration und Haft (1940–1945)*, hg. von Jørgen Glenthøj u. a., DBW, Bd. 16, Gütersloh 1996.

7 Zur Herkunft der Verlobten vgl. die Lebenserinnerungen der Mutter an die Familie: Ruth von Wedemeyer, I*n des Teufels Gasthaus. Eine preußische Familie*, hg. von Peter von Wedemeyer/Peter Zimmerling, 6. Auflage als Taschenbuch, Moers 2013.

8 Damit soll natürlich nicht bestritten werden, dass der briefliche Austausch mit Eberhard Bethge für die Entstehung, das Aussprechen und die Klärung von Bonhoeffers neuen theologischen Erkenntnissen eine überragende Rolle spielte (so Bonhoeffer im Brief vom 14.8.1944).

9 Vgl. hier und im Folgenden das Vorwort der Herausgeber in DBW, Bd. 8, 7.

10 So auch Helmuth Nürnberger, *Fontanes Welt. Eine Biographie des Schriftstellers,* erweiterte Neuausgabe, München 2007, 722–733; Theodor Fontane, *Briefe*, Bd. 1 bis 4, hg. von Otto Drude und Helmuth Nürnberger unter Mitwirkung von Christian Andree,

zuletzt erschienen im Deutschen Taschenbuch Verlag, München 1998.

11 Rechenschaftsbericht „Nach zehn Jahren", wieder abgedruckt in: Dietrich Bonhoeffer, *Aber bei dir ist Licht: Gebete, Gedichte und Gedanken aus dem Gefängnis*, Gießen 2018.

12 Manche der folgenden Überlegungen verdanke ich dem Gespräch mit Herrn cand. theol. Paul Geck.

13 Vgl. hier und im Folgenden den Brief vom 23.2.1944.

14 *Brautbriefe*, 208.

15 Vgl. hier und im Folgenden den Brief vom 14.8.1944 (DBW, Bd. 8, 567).

16 Vgl. Brief vom 20.5.1944 (DBW, Bd. 8, 440).

17 „[...] nach so langen Monaten der Einsamkeit habe ich einen richtigen Hunger nach Menschen" (*Brautbriefe* 91).

18 Brief vom 24.6.1943 (DBW, Bd. 8, 105).

19 „Eben fällt mein Blick wieder auf Dein Paket. Wie festlich hast Du es mir zugerichtet. Ich erhielt es heute mittag als Überraschung. Auch für den baumwollenen Sweater, der doch nur von Dir gestrickt sein kann, habe ich Dir noch nicht gedankt; ich habe ihn vor Freude gleich angezogen. Er ist herrlich warm und leicht zugleich" (*Brautbriefe* 103f); vgl. auch Brief vom 24.7.1943 (DBW, Bd. 8, 115f).

20 Vgl. dazu im Einzelnen Renate Wind, *Dem Rad in die Speichen fallen. Die Lebensgeschichte des Dietrich Bonhoeffer*, Weinheim/Basel 1990, 138–145.

21 *Brautbriefe*, 168f. Auf der gleichen Linie liegt die folgende Aussage aus einem Brief an Eberhard Bethge: „[...] bei mir ist es ein Sehen mit dem Intellekt, bei Dir mit den Augen und allen Sinnen [...]" (Brief vom 11.8.1944 (DBW, Bd. 8, 565).

22 Brief vom 30.6.1944 (DBW, Bd. 8, 502).

23 Brief vom 21.7.1944 (DBW, Bd. 8, 542).

24 *Brautbriefe*, 38.

25 Brief vom 21.7.1944 (DBW, Bd. 8, 541).

26 Brief vom 27.6.1944 (DBW, Bd. 8, 501).

27 Brief vom 30.4.1944 an Eberhard Bethge (DBW, Bd. 8, 402).

28 Brief vom 16.7.1944 (DBW, Bd. 8, 534).

29 Vgl. hierzu besonders Rainer Mayer, *Christuswirklichkeit. Grundlagen, Entwicklung und Konsequenzen der Theologie Dietrich Bonhoeffers*, Stuttgart [2]1980, 219–221.

30 Brief vom 5.5.1944 (DBW, Bd. 8, 416).

31 Vgl. dazu die Programmschrift „Entwurf für eine Arbeit“ (DBW, Bd. 8, 556–561).

32 Brief vom 16.7.1944 (DBW, Bd. 8, 534).

33 A.a.O.

34 Vgl. DBW, Bd. 8, 535.

35 DBW, Bd. 8, 515f.

36 Vgl. „Gedanken zum Tauftag von Dietrich Wilhelm Rüdiger Bethge“ (DBW, Bd. 8, 436).

37 A.a.O.

38 DBW, Bd. 8, 405, 406, 415.

39 Brief vom 5.5.1944 (DBW, Bd. 8, 415f).

40 Eberhard Bethge, *Dietrich Bonhoeffer, Theologe – Christ – Zeitgenosse: Eine Biographie*, Gütersloh [8]2004, 990.

41 A.a.O., 992.

42 Vgl. die gleichlautenden Buchtitel von Helmut Burkhardt, *Wiederkehr der Religiosität?*, Gießen 1990; Ulrich H. J. Körtner, *Wiederkehr der Religion? Das Christentum zwischen neuer Spiritualität und Gottvergessenheit*, Gütersloh 2006.

43 „Entwurf für eine Arbeit“ (DBW, Bd. 8, 559f).

44 A.a.O, 560.

45 Brief vom 30.6.1944 (DBW, Bd. 8, 504).

46 „Nach zehn Jahren“ (DBW, Bd. 8, 25).

47 Brief vom 3.8.1944 (DBW, Bd. 8, 555).

48 Vgl. den „Entwurf für eine Arbeit” (DBW, Bd. 8, bes. 559f).

49 „Gedanken zum Tauftag von Dietrich Wilhelm Rüdiger Bethge“ (DBW, Bd. 8, 436).

50 A.a.O.

51 Christian Gremmels/Hans Pfeifer, *Theologie und Biographie. Zum Beispiel Dietrich Bonhoeffer*, München 1983, 5.

52 Brief vom 18.7.1944 (DBW, Bd. 8, 537).

53 Brief vom 30.4.1944 (DBW, Bd. 8, 407f).

54 Brief vom 30.6.1944 (DBW, Bd. 8, 504).

55 Brief vom 8.7.1944 (DBW, Bd. 8, 511f).